COMPENDIO DE MUSICOTERAPIA
Volumen II

Serafina Poch Blasco

COMPENDIO DE MUSICOTERAPIA

VOLUMEN II

Herder

Diseño de la cubierta: Arianne Faber

© 1999, Serafina Poch Blasco
© 1999, Herder Editorial, S.L., Barcelona

1.ª edición, 3.ª impresión revisada

ISBN: 978-84-254-2105-1

ISBN Obra completa: 978-84-254-3052-7

La reproducción total o parcial de esta obra sin el consentimiento expreso de los titulares del *Copyright* está prohibida al amparo de la legislación vigente.

Imprenta: Fotoletra
Depósito Legal: B - 6.558 - 2006
Printed in Spain

Herder
www.herdereditorial.com

ÍNDICE GENERAL DE LA OBRA

VOLUMEN I

Prólogo, por J. Obiols Llandrich 7

Introducción
EL ARTE COMO TERAPIA 15
   Teorías significativas en psicología del arte 16
      Teoría de Kant (17); Tolstoi (21); Langer (22); Ross (23)
   Teoría del efecto artístico 25
   Teoría de la información en estética: el arte como conocimiento 26
      Teoría de la información en arte (27)
   Funciones del arte 29
   ¿Qué expresa la obra de arte? 34
   Cómo expresa el sentimiento una obra del arte 35

Capítulo I
TEORÍA DE LA MUSICOTERAPIA 39
   Artes creativas-terapia 39
   Definición de Musicoterapia 39
   Indicaciones de la Musicoterapia 42
   División de la Musicoterapia: curativa y preventiva 44
   Ámbito de aplicación de la Musicoterapia 45
   El musicoterapeuta: perfil personal y profesional 49
      Código ético del musicoterapeuta (51); La identidad del musicoterapeuta (52); Función del musicoterapeuta (52); La carrera de Musicoterapia (53)

POR QUÉ LA MÚSICA ES TERAPÉUTICA 57
      Capacidad de la música para mover al ser humano (57)
   Efectos biológicos 58
   Efectos fisiológicos 58
      Ondas cerebrales (63); El sistema límbico en relación con la música (66); El córtex (67); Teoría de los hemisferios cerebrales (67)
   Efectos psicológicos de la música 70
   Efectos intelectuales 73
   Efectos sociales 76
   Efectos espirituales y trascendentes 77

Importancia de la música como expresión de emociones (79); ¿Cómo puede expresar sentimientos la música? (81)
Principios básicos de la Musicoterapia …………………………………… 83
>Teoría griega del ethos (84); El organismo como un todo (84); Principio homeostático de Altshuler (85); Principio de *iso* (87); Principio de liberación, de Cid (88); Principio de compensación, de Poch (89); Principio del placer, de Altshuler (89)

Capítulo II
ORGANIZACIÓN EN MUSICOTERAPIA …………………………………… 95
Trabajo en distintos tipos de centros ………………………………………… 95
>El departamento de Musicoterapia (95)
Medio hospitalario ……………………………………………………………… 96
>El departamento de Musicoterapia en el hospital psiquiátrico de adultos (96); El departamento de Musicoterapia en un hospital general (97)
Centro de rehabilitación social ……………………………………………… 98
Centros y aulas de educación especial …………………………………… 98
Centros geriátricos ……………………………………………………………… 100

TRABAJO CON LOS PACIENTES O LOS CLIENTES. EL PROCESO MUSICOTERAPÉUTICO …………………………………………………………………… 100
Recogida y análisis de información sobre el paciente ……………… 100
>El assessment con pacientes con minusvalías físicas (101); La entrevista con niños (106)
Planificación del tratamiento y trazado de objetivos ……………… 112
>Objetivos generales en psiquiatría (113); Objetivos generales en psiquiatría infantil y educación especial (114); Actitud adecuada del musicoterapeuta en la sesión (115)
Aspectos organizativos ……………………………………………………… 117
>Trabajo individual o en grupo (117); La formación de grupos en educación especial (119); La formación de grupos en las aulas de educación especial (120); Horario y duración de las sesiones (121)
El tratamiento …………………………………………………………………… 121
>Etapas del tratamiento (121); El tratamiento como estructura (122)
Evaluación y seguimiento …………………………………………………… 123
>Evaluación continua (123)
Finalización del tratamiento ………………………………………………… 125
>El informe final (126)

Capítulo III
METODOLOGÍA EN MUSICOTERAPIA 129
   Teorías psicoterapéuticas más importantes 129
   Clasificación general de los métodos y técnicas en Musicoterapia 129
      Métodos pasivos o receptivos (130); Métodos activos o creativos (130)
   Los métodos pasivos o receptivos: la audición musical 131
      La audición musical como estimuladora de la creatividad y como medio diagnóstico (132); La audición musical como estimulación de imágenes y fantasías y medio de tratamiento (140); Técnica Guided Imagery and Music (143); Técnica de «viajes musicales» de Cid-Poch (144); Métodos modificadores del estado de ánimo y métodos isomórficos (145)
   Métodos activos o creativos 147
      La improvisación en Musicoterapia (148); Improvisación musical de Schmoltz (149); Diálogo musical de Orff-Schulwerk (150); Método Orff-Schulwerk aplicado a Musicoterapia (150); Técnica proyectiva de Crocker (151); Método Nordoff-Robbins (152); Evaluación de la improvisación musical (155); La función del musicoterapeuta en la improvisación musical (156)
   Modelo Bruscia: perfiles para el análisis de la improvisación 157
   Terapia productiva de Friedelman (Escuela alemana) 158
   Musicoterapia para el desarrollo, de Graham y Wood 159
   Musicoterapia analítica (modelo Mary Priestley) 162
   Psicodrama musical (modelo J.J. Moreno) 164
   Otros métodos 165
      Método multimodal en psiquiatría (166)

EL CANTO COMO MEDIO TERAPÉUTICO 167
   Cualidades terapéuticas del canto 167
   Tipo de canciones adecuadas a los niños 168
   Tipo de canciones para adolescentes 171
      Métodos más representativos que utilizan el canto (172)

DANZATERAPIA COMO MÉTODO EN MUSICOTERAPIA 173
   La danza como diagnóstico 174
   Danzaterapia libre expresión 175
      Con adultos y adolescentes (176); Con niños (178)
   Danzaterapia dirigida 178
      Para adultos y adolescentes (178); En educación especial (180);

Objetivos terapéuticos de la danza infantil (190)
Métodos de Investigación en Musicoterapia 191

Capítulo IV
Musicoterapia infantil (I) 197
    Educación especial y trastornos fisiológicos 197
    Musicoterapia en estimulación precoz 198
        Sensibilidad a la música del niño desde el claustro materno (198); Musicoterapia en estimulación precoz del niño con retraso mental (202)
    Musicoterapia en educación especial 204
        Musicoterapia en el centro de educación especial (205)
    Musicoterapia en retraso mental 208
    Causas posibles de retraso mental 209
        Causas orgánicas (209); Factores perinatales y en la infancia (209); Factores ambientales y socioculturales (210)
    Aspecto prioritario a tratar en retraso mental: problemas afectivos 210
    Objetivos generales a perseguir 213
        Desarrollar personalidades estables (213); Desarrollar capacidades intelectuales (215)
    La sesión de Musicoterapia en retraso mental 216
        Formación de grupos (216); Etapas de cada sesión (217); Técnicas a emplear (220); Aprendizaje de conceptos y notas musicales (224); Aprendizaje de las notas musicales fundamentales (225); La música como ayuda en preescritura (227)

Musicoterapia en trastornos neurológicos 228
    Epilepsia 228
    Parálisis cerebral 231
    Lesión cerebral 235
    Síndrome de mínima lesión cerebral. Síndrome de mínima disfunción cerebral 239
        Causas de este síndrome (241); Musicoterapia (242)

Musicoterapia con minusválidos físicos 243
    Niños con espina bífida 243
        Descripción de un programa (244)
    Adolescentes con atrofia progresiva y distrofia muscular 246
        ¿Qué puede aportar la musicoterapia en estos casos? (246)

Capítulo V

MUSICOTERAPIA INFANTIL (II) 251
AUTISMO Y ESQUIZOFRENIA INFANTIL 251
    Autismo infantil 251
        Concepto de autismo (252)
    Psicosis infantil 253
    Esquizofrenia infantil 254
        Otros síntomas (257); Preferencias musicales. Investigación (258); Cualidades de la música especialmente importantes para estos niños (269); Terapia del asombro (272); Estadios del tratamiento (275);Técnicas a utiliza(275)

Capítulo VI

MUSICOTERAPIA APLICADA EN PSIQUIATRÍA DE ADULTOS Y ADOLESCENTES 323
    Etapas comunes del tratamiento 323
        Objetivos generales (324); Contenido de las sesiones (326)
    Trastornos del estado de ánimo 327
    La depresión 328
        Trastorno depresivo mayor (328); Intervención de la Musicoterapia (330); Trastorno bipolar I (334); Musicoterapia (334)
    Trastornos de ansiedad 335
        Trastorno de ansiedad generalizada, antes neurosis de ansiedad (335); Tratorno de conversión, antes neurosis histérica (338); Musicoterapia (339)
    Esquizofrenia 341
        Intervención de la Musicoterapia. Objetivos (343)

GERIATRÍA Y GERONTOPSIQUIATRÍA 351
    Musicoterapia (355); Musicoterapia aplicada en geriatría. Centros de tercera edad (357); Musicoterapia aplicada en gerontopsiquiatría (359); La Musicoterapia con pacientes gerontopsiquiátricos. Una experiencia clínica (360); Consecución de objetivos (366)

MUSICOTERAPIA PARA ADOLESCENTES DROGADICTOS 370
    Situación actual 370
    La aplicación de la Musicoterapia 373

VOLUMEN II

Capítulo VII
LA MUSICOTERAPIA A TRAVÉS DE LOS TIEMPOS 383
Estadio mágico. La teoría de Marius Schneider 383
    Pueblos primitivos inferiores. «Cosmología del hombre primitivo».... 383
    Diversas clases de ritos 388
Fundamento común de los efectos terapéuticos de la música en los pueblos de cultura primitiva superior que influyeron en la península ibérica 390
La musicoterapia en las culturas antiguas que influyeron en España 392
    India 392
    Egipto 394
    El pueblo Hebreo 395
    Grecia 396
        Teoría griega del *ethos* (397); El *ethos* de los modos griegos (398)
    Roma 404
    España prerromana y romana. Testimonios históricos 406
        Las pinturas rupestres (406); Pinturas rupestres que representan danzas (407); Los iberos (410); Los celtas (410); Ligures y tartesios (411); Testimonios literarios de la época (412)
Conceptos musicoterapéuticos de autores españoles del pasado y válidos en la actualidad 414
La música en la colonización de Hispanoamérica 416
        La afición de los indígenas por la música (417); La música como medio de evangelización (418)

Apéndice I. Posibles relaciones entre el tipo de pensamiento simbólico del hombre primitivo y del esquizofrénico 441
Apéndice II. Los cantos mágicos medicinales 452
Apéndice III. Coplas en loor de la Música (Luis de Narváez) 454

Capítulo VIII
LA MUSICOTERAPIA EN LA ACTUALIDAD 461
  Alemania (461); Argentina (463); Australia (464); Austria (465); Bélgica (467); Brasil (467); Canadá (469); Colombia (470); Corea (470); Croacia (471); China (471); Chipre (472); Dinamarca (473); Escocia (473); España (474); Estados Unidos (487); Finlandia (493); Francia (493); Grecia (495); Hungría (495); Irlanda (Norte y Sur) (496); Islandia (496); Israel (496); Italia (497); Japón (497); México (498); Noruega (498); Nueva Zelanda (499); Países Bajos (500); Polonia (501); Portugal (502); Puerto Rico (503); Reino Unido (504); Sudáfrica (505); Suiza (506); Uruguay (507)
  Congresos mundiales de Musicoterapia 508
  La Federación Mundial de Musicoterapia 508
  Asociaciones 510
  Cursos 513
  Revistas 516

Capítulo IX
TEMAS ESQUEMÁTICOS DE PSICOLOGÍA DE LA MÚSICA
  PARA MUSICOTERAPEUTAS 521
La Música. Definición 521
  La melodía 522
    Atributos de la melodía (423); Los intervalos (524); Melodía y altura tonal (524); Melodía e intensidad de sonido (525); Melodía y timbre (525)
  La percepción tímbrica y la edad cronológica 526
    La cualidad tímbrica como suscitadora de emoción (526)
  Los instrumentos musicales. Cualidades psicológicas 527
  La armonía 529
  La tonalidad 530
    Cómo investigar el estado de ánimo que produce una pieza musical (531)
  El tempo 532
  El ritmo 533
    Cualidades del ritmo (535)
Efectos de la música sobre el ser humano 537
  La música como comunicación y lenguaje 537
  Emoción, sentimiento y significado en la música 540
  La medida de la respuesta afectiva a la música 542
  El oyente: tipologías 542

Capítulo X
MUSICOTERAPIA EN CENTROS PENITENCIARIOS — 551
  Para qué existen los Centros Penitenciarios — 551
  El recluso — 552
    Qué supone la reclusión para el interno (553); Qué efectos tiene la prisión en los internos (553)
    Problemas de salud de los internos — 554
    Trastornos psiquiátricos más frecuentes — 555
      Trastornos de adaptación al medio (556); Estados depresivos (557); Trastornos asociados a conductas agresivas o violentas (559);
    El problema de las drogas en los Centros Penitenciarios — 565
      Trastornos que pueden padecer estos enfermos (566)
    El fenómeno social de la violencia — 567
      Conductas antisociales sin eximente por problemas psiquiátricos (568)
  Aplicación de la Musicoterapia — 571
    Musicoterapia en un Centro Penitenciario, ¿por qué? (574)
    Función del musicoterapeuta en el Centro Penitenciario — 575
      Objetivos generales: ¿qué pueden aportar las sesiones de musicoterapia al interno? (577); Metodología (577); Organización (578); Aplicación de la musicoterapia a los diversos grupos (578)
    Internos con trastornos asociados a conductas agresivas o violentas — 581
      Reestructuración de su vida emocional (582); Reeducación de sentimientos (583); Reestructuración de la vida social y laboral (584); Reestructuración de su vida ética y espiritual (585); Estructuración de la sesión (585); La elección del tema musical (586)

Capítulo XI
MUSICOTERAPIA PREVENTIVA — 591
  Importancia de la prevención en el área sanitaria — 591
  Qué puede aportar la Musicoterapia — 592

ÁMBITO SOCIAL: importancia de la música para el hombre actual — 593

ÁMBITO PERSONAL — 598
  Condiciones previas para una mayor efectividad — 598
  El silencio, el sonido y el ruido — 599
    ¿Qué puede aportar la música en el ámbito personal (604)

ÁMBITO FAMILIAR 607
   Utilización de la música en situaciones familiares concretas 608
      Maternidad (608); Ayuda al niño recién nacido (611); Ayuda al niño prematuro (615); Ayuda al niño durante la primera infancia (617)

ÁMBITO ESCOLAR. Utilización funcional de la música en la escuela 621
      Importancia de la música en la educación integral del niño (621); Importancia de la vida emocional del niño en relación a su futuro (622); La teoría de Le Doux (623); La inteligencia emocional (624)
   Usos funcionales de la música en la escuela 625
   Adquisición de conocimientos 625
      Utilización de la música como ayuda a la adquisición de conocimientos (627); Cómo utilizarla (628); Qué aporta la música como medio auxiliar en la adquisición de conocimientos (628); En qué asignaturas puede utilizarse la música (629)
   DISCOGRAFÍA PEDAGÓGICA 630
      La formación del gusto estético musical en el niño y en el adolescente (650)

ÁMBITO ESPIRITUAL 651
      Características de una música genuinamente religiosa (652); Características musicales de la música religiosa (653); Aspectos negativos de la música religiosa actual (654); La música religiosa y los jóvenes (654)
   Géneros de música religiosa 655
      Canto gregoriano (655); Música ortodoxa eslava (658); Música polifónica y organística de todos los tiempos (659); Música religiosa tradicional de cada país (659)

Bibliografía general 667
Índice temático 675

Capítulo VII

LA MUSICOTERAPIA A TRAVÉS DE LOS TIEMPOS

El desarrollo floreciente de esta disciplina en la actualidad es el resultado de siglos y ha ido de la mano del desarrollo de la medicina. Sigerist (1) en su estudio sobre civilización y enfermedad, dice que la medicina pasó por diversos estadios: mágico, religioso, filosófico y científico. La musicoterapia pasó por estos estadios, pero no del todo coincidentes en el tiempo.

ESTADIO MÁGICO.
LA TEORÍA DE MARIUS SCHNEIDER

PUEBLOS PRIMITIVOS INFERIORES.
«COSMOLOGÍA MUSICAL DEL HOMBRE PRIMITIVO»

Marius Schneider (2) despliega una interesante teoría, en los apartados siguientes:

El sonido creador del mundo. «En el momento en que un dios manifiesta el deseo de crearse o crear a otros dioses, de hacer aparecer el cielo o la tierra o al hombre, emite un sonido. Espira, suspira, habla, canta, grita, tose... atruena el espacio o toca un instrumento. El origen de donde emana lo creado es siempre de origen acústico». (3)

Los dioses son cantos. Tienden a convertir el agente causal (el sonido), en causa eficiente (dios) propia del pensamiento prelógico concreto y animista.
En el hinduismo, por ejemplo, el término «Brahma» significó primitivamente «fuerza mágica, palabra sagrada, himno». Fue de la «boca» de Brahma que salieron los primeros dioses. Los inmortales son cantos. Los *Upanishad* no se cansan de repetir que los sonidos *om* o *aum* son las sílabas «inmortales e intrépidas» y creadoras del mundo.

El sonido-luz. En un gran número de mitos se dice que los cantos de la creación hicieron nacer la claridad de la aurora; por ello, los pueblos primitivos atribuyeron con frecuencia este grito de luz al sol, al canto del gallo divino o al rugido de una fiera hambrienta.

Una voz divina crea el mundo y la protohumanidad. En los diversos mitos se suele encontrar a un dios que tiene la idea de la creación, un segundo dios que crea un mundo acústico y un tercero que se ocupa de crear el mundo material. Este tercer dios, el menos importante, es el demiurgo o el coyote, o *transformer* de los etnólogos norteamericanos e ingleses.

Diversas formas de voz crean la materia. Pueden ser truenos, batir de manos de dios…

Sacrificio sonoro. Después que los dioses han creado se sienten cansados. «Prajapati, el cantor creador del Brahmanismo, se siente vacío y cansado después de haber proferido su canto creador, o sea, después de haber sacrificado su cuerpo compuesto de himnos, ya que todo lo que los dioses hacen, es gracias a la recitación cantada. El *Catapatha Upanishad* dice que la recitación es el sacrificio, de ahí la correspondencia entre deidad, música y sacrificio: «Del mismo modo que los dioses viven del sonido de los valles sonoros, éstos viven gracias a la voz de los dioses que los hacen resonar». (4)

Un canto y contracanto dieron nacimiento a la humanidad. Podríamos llamarlo mecanismo de *feed-back*. «Las cosmogonías védicas, hindúes y persas nos cuentan que ya en tiempos míticos, los dioses y los demonios conocían el poder del sacrificio sonoro y se batían encarnizadamente por poseer esta fuerza, y algunas veces incluso la utilizaron para hacer el mal. El *Tândya Mahâ Brâhmana* cuenta que debido a ello la 'Palabra' escapó parcialmente a los dioses y fue a alojarse en las aguas y en los árboles, en las cítaras y en los tambores». (5)

La esencia sonora del hombre. Habiendo nacido el hombre del sonido, su esencia será siempre sonora. En la tribu de los Hopi, a cada recién nacido se le asigna la melodía que ha cantado un pájaro, un *oiseau-moqueur,* en el momento del nacimiento, melodía que se añade al «sonido fundamental» de cada individuo. Por medio de este canto individual, el recién nacido puede incorporarse a una tribu determinada. Es algo así como su tarjeta de identidad. Por ello, no puede haber más hombres sobre la tierra que cantos o nombres disponibles. Es la melodía personal.

Existen dos cantos más, de un carácter más íntimo, que esta melodía personal y que podemos designar como:

Sonido fundamental. Es como el protoplasma de la fuerza vital del hombre. Sólo es conocido por la persona a la que pertenece. Constituye la última realidad metafísica personal del portador. Es la resultante de la individualización de la fuerza activa y anónima que reside en la caverna de la vida: Precede al primer grito del recién nacido, el cual mediante este grito llama al alma que mora en el cuerpo y determina el nombre íntimo del individuo.

Canción individual. Es una melodía que expresa el ritmo *vital individual*. Es conocida por todos, pero tan sólo puede ser cantada por su propietario. No se precisa que sea una canción original, pero sí que sea ejecutada de un modo muy personal. *Una canción que refleje el modo de ser del individuo es realmente inimitable.*

Por tanto, la melodía personal es innata en el hombre e inmortal. El sonido fundamental es, con frecuencia, portador de virtudes curativas debidas a un muerto que aparecía en sueños. La canción individual o personal, conferida generalmente por los héroes de su cultura, corresponde a un individuo, pero por extensión puede expresar también el estado civil de una familia o de una sociedad. ¿Podría equivaler a la música folclórica?

Un héroe civilizador introduce la música en la humanidad. El hombre con sus solas fuerzas no puede ponerse en comunicación con los dioses, debido a que el hombre cortó el «árbol que hablaba», lo cual resultó nefasto (acción que en muchas tradiciones fue realizada por una mujer). Para reparar ese mal, un héroe civilizador descendió del cielo para enseñar a los hombres los ritos y cantos que les ayudaran a vencer la ilusión de los sentidos y les hiciera recuperar la inmortalidad. Dirigió su atención hacia la forma más sustancial de ofrendas, o sea, la *ofrenda sonora*. Este bienhechor mítico les hizo comprender que en este mundo materializado, la ofrenda de un soplo vital, *por el canto*, era el medio más directo, seguro y eficaz para llegar al «puente», al «hilo», a la «escalera» que une el cielo con la tierra. Los dioses no podrían mostrarse insensibles a los sacrificios que los hombres les presentaban porque estos ritos tocan la sustancia de los Inmortales. Se les obliga a participar. Sin embargo, el hombre no está obligado a participar en los sacrificios que el dios le impone; puede, si quiere, hacerse el sordo o permanecer mudo: es libre. El sacrificio, por tanto, es recíproco; constituye la ley de la vida, del mundo. Pero ya que este sacrificio es sonoro, *los dioses se materializan y los hombres se espiritualizan* y por ello se realiza la interpretación del cielo y de la tierra, lo cual conduce a la armonía entre los dioses y el hombre. *El sacrificio sonoro es superior a toda otra forma de sacrificio.*

El *Rigveda* designa al músico como un *hombre que lleva la luz en sí mismo.* Entre todos los mortales, el músico de cantar luminoso es el que más se asemeja a los dioses. Especialmente, el músico ciego parece haber sido considerado una persona más apta, ya que este contacto entre los dioses y el hombre sólo se realiza a condición de una gran dosis de confianza. Un músico ciego es quien mejor puede realizar este requisito ya que su invisibilidad le lleva a una mejor confianza en sí mismo y mayor en dios. (6)

La música es considerada como alimento del dios. Se lee en el *Taittiriya Upanishad* que «los dioses obtienen sustento de lo que se les ofrece en la tierra, al igual que los hombres lo obtienen en lo que reciben del mundo celeste». Son los himnos los que realizan el intercambio de fuerzas entre el cielo y la tierra por medio del *canto alternado.* Los dioses tienen necesidad de cantos de alabanza que les hacen crecer; los hombres tienen necesidad de los cantos de la divina gracia (bajo la forma de lluvia fecundante); el canto alternado nutre tanto a los hombres como a los dioses. El «cielo» cristiano es llamado en muchas tradiciones «la casa de los cantos» o el «país de la música». (7)

Multiplicidad de funciones del héroe civilizador. Se le tiene por un médico, pastor, forjador, pero también y sobre todo por un cantor.

Por medio de la música los hombres imitan a los dioses.

El cantor mago. Casi todos los ritos que ejecuta tienen por finalidad el imitar a los dioses. Con sus cantos busca la analogía con la música de la creación. Así la fuerza evocadora capaz de devolver la primavera, la lluvia o la salud, de construir la escala sonora entre el cielo y la tierra, emana del sacrificio sonoro. La sede de esta capacidad del mago reside en su voz o en el objeto mágico, que casi siempre es un instrumento musical o su símbolo o un símbolo del sonido.

El canto del mago. El mago cantor, para convertirse en tal, debió ejercitarse en el conocimiento de la *música interna de los objetos.* Debe producirse entre el mago y su objeto una compenetración que sobrepase la existente entre el sujeto y el objeto y que confiera al mago la facultad de reproducir con la «voz justa» los sonidos que normalmente no pertenecen más que al objeto imitado.

Por medio de la «voz justa» el mago acierta a despertar a los dioses o los espíritus que animan los objetos y a identificarse con ellos. Como las sustancias de los espíritus evocados han penetrado en el cuerpo del mago, éste, al hacerles hablar por su boca, trata de imponerles su voluntad mediante la inserción del «grito-sustancia» en una canción que mediante las palabras imprime a ésta fuerza, la dirección deseada. Con frecuencia empieza por un murmullo mientras el mago gesticula con las manos a fin de localizar al cuerpo sonoro del espíritu buscado. Su pensamiento poco a poco se esclarece y eleva la voz. Cuando se ha establecido el contacto, un ruido o un silbido señala la llegada del espíritu. La presencia de este ser va acompañada casi siempre de sensaciones auditivas que pueden transformarse después en visuales. Cada uno de estos espíritus es una melodía determinada; el timbre de su voz y el motivo característico de su canto constituyen los elementos principales de la composición en la que el mago aprisiona a dicho espíritu. Otras veces la ceremonia empieza por un grito que asusta a los espíritus. A continuación el mago les canta *sus nombres, sus colores, su lugar de residencia y sus cualidades.* Cuando se las tenía que ver con un espíritu desconocido, empezaba por atraérselo con palabras amables o con invectivas para obligarle a declarar su nombre o su canción.

Los textos de las canciones se reducían frecuentemente a una simple repetición del nombre del espíritu. Para que el rito sea eficaz, cada nombre, cada frase, debe ser ejecutada en una sola respiración. Si el texto contiene varias frases, es indispensable que un tambor, una bocina o una campana suenen sin interrupción para cubrir los silencios del cantor. Es necesario que el rito sea continuo, de lo contrario un mal espíritu podría hacer fracasar el rito introduciéndose en los silencios.

Es necesaria una enorme gama de recursos dinámicos. Hay espíritus que desean ser abordados con dulzura, mientras que otros prefieren que se les hable en un tono claro y fuerte, franco. Un canto mágico es siempre una acumulación de fuerzas, que aumentan a partir del grito inicial. Su potencial depende de la capacidad del mago, el cual debe saber pararse antes de que el canto «estalle».

Es conveniente que el mago posea una buena y bella voz, aunque no es indispensable; lo que sí se precisa es que sea capaz de captar y saber reproducir los sonidos de la naturaleza. Cuando el cuerpo del mago se cubre de piezas metálicas, cáscaras de frutos secos, o sea, objetos que suenen al danzar, el mago convierte su cuerpo en un instrumento de música poseído por los dioses, se constituye en la «piedra» de sacrificio sonoro, colocada en el centro mismo del universo. Todos los demás instrumentos musicales no son más que un pálido reflejo de este instrumento vivo, símbolos.

DIVERSAS CLASES DE RITOS

Todo lo anterior se tradujo en la vida real en la utilización de diversos ritos presentes en los diversos momentos importantes en el nacimiento o trascendentales en la vida humana: muerte, nacimiento, curación, casamiento, recolección (trabajo).

Ritos funerarios. Ya que los muertos son cantos o se encaminan hacia «la casa de los cantos», es natural que éstos se empleen en abundancia en los ritos funerarios. En el momento en que un alma se prepara para recorrer el camino del mundo acústico del que partió en el momento de su encarnación en un cuerpo mortal, se esfuerza por desembarazarse de su cuerpo. Cuanto más prendida a las cosas materiales esté un alma, tanto más precisará de los cantos. El Jaiminiya Upanishad enseña que el canto del Samaveda libra al alma de su envoltura mortal. En pueblos muy primitivos la familia del moribundo trata de ayudar al alma del agonizante imitando o reforzando el último sonido, o sea el último sacrificio sonoro de la persona, su último soplo vital. Los gritos violentos que los Dogon lanzan al final de los cantos funerarios expresan igualmente los últimos suspiros del moribundo.

En los capítulos XVIII al XX del *Libro de los Muertos,* los antiguos egipcios colocaban en la cabeza del muerto la «corona de la voz justa», que permitía a los muertos la recitación victoriosa del libro sagrado.

Muchos de los gritos o música instrumental, en pueblos primitivos, tienen por objeto el hacer huir a los espíritus malos. (8)

Cantos rituales en el nacimiento y en la circuncisión. En China, cuando un príncipe heredero nace, el maestro de música, ayudado de su diapasón, a partir de cinco notas emitidas por el recién nacido en el momento de nacer, le da el nombre, que se supone que lleva implícito su destino. En el primer grito, los Douala reconocen el antepasado que se reencarna en el recién nacido. Los habitantes de Haití, desde antes del nacimiento del niño, cantan su nombre, puesto que para ellos no pueden existir más hombres que cantos disponibles.

El hecho más significativo externamente en la pubertad del adolescente es el cambio de voz. El rito que acompaña y confirma el cambio operado es la circuncisión. Esta ceremonia estaba envuelta en cantos, sobre todo durante los días precedentes a ella, período en el que los protagonistas permanecían recluidos. Se llamaba a estos cantos «la canción del miedo».

Ritos de recolección. Los principales son los encaminados a implorar la lluvia, los de siembra, recolección y los de primavera.

Ritos de casamiento. En general no ofrecen un marcado interés musical. Más interesantes son los ritos prenupciales.

Ritos de curación. Para comprender el significado profundo de estos ritos, se precisa detenernos a pensar en la filosofía de los pueblos de la Antigüedad, uno de cuyos principios era la creencia de que el mal físico era causado por los pecados cometidos por el nombre, consciente o inconscientemente. Debido a ellos, el hombre estaba a merced de espíritus malignos, los cuales se alimentaban de la sustancia sonora del hombre.

Los Yuchi designan a sus escuelas de medicina como *bempino*, que significa «cantar». En ellas cada persona recibe su canción curativa personal. Para combatir las epidemias se ponían a proferir gritos salvajes mientras azotaban el aire con ramas de árbol (el árbol es símbolo de la música). Ningún rito tenía eficacia si no iba acompañado de cantos. Escenas parecidas son comunes a infinidad de tribus y pueblos prehistóricos.

Se considera al enfermo como un «medio-muerto» cuya alma vaga fuera del cuerpo, amenazada constantemente de ser comida por un espíritu. La ceremonia debe empezar por hacer un llamamiento al alma ya que los Yuchi creen que no se puede ayudar a una persona a menos que su alma esté presente. (9)

El médico debe conocer gran número de cantos y de timbres de voz ya que cada espíritu que provoca una enfermedad tiene su canto peculiar. El médico o chamán tratará con su canto de imitar y afianzar la voz quebrada de estos espíritus. Busca atraerse al espíritu cantando del modo más semejante posible a él, con el fin de aprisionarlo y sacrificarlo después.

Ocurre a veces que el médico sólo conoce una melodía. Entonces se dedica sólo a curar una sola clase de enfermedad.

Los instrumentos musicales son usados también mediante procedimientos homeopáticos en los que la música obra simbólica o mágicamente, por ejemplo, ingiriendo cuerdas de instrumentos parecidos al laúd y pintadas de diversos colores, según la enfermedad que se quiera curar. Pero no obran directamente como en el caso de los cantos. (10)

FUNDAMENTO COMÚN DE LOS EFECTOS TERAPÉUTICOS DE LA MÚSICA EN LOS PUEBLOS DE CULTURA PRIMITIVA SUPERIOR QUE INFLUYERON EN LA PENÍNSULA IBÉRICA

España, por su situación geográfica y por diversos factores en su devenir histórico, está formada por el fermento cultural que a su paso han dejado multitud de pueblos, de tal modo que como ningún otro pueblo de Europa conserva la impronta de culturas tan diversas como las indoeuropeas (ligures, celtas, griegos, romanos, visigodos), por un lado, y las semíticas (iberos, fenicios, cartagineses, árabes, judíos), por otro, y a través de ellas influencias pérsicas, egipcias y hebreas.

Las culturas indoeuropeas y las semíticas son básicas, diversas y esenciales en el continente euroasiático. Es necesario tenerlas presentes porque las dos configuraron la raza y cultura hispánica.

Laín Entralgo (11) las aplica a la medicina; algunos de sus conceptos son los siguientes:

Cultura semítica	**Culturas indoeuropeas**
1. Ven los fenómenos naturales como una «teofanía» = algo por.	«Realización» de la divinidad: algo en que ésta se hace patente.
2. Su religión: personalista y ética. Dios será «el Señor». Relaciones entre los dioses: políticas y personales.	Irá orientada hacia una visión del mundo más naturalista o física. Relaciones entre los dioses: genéticas y familiares.
3. Enfermedad: Equivale a pecado, impureza moral castigo, apartamiento de la divinidad.	Castigo de los dioses casi siempre y causa primera.
a) Diagnóstico: Se sometía al enfermo a una especie de examen de conciencia para determinar en qué había ofendido al dios.	«No había una intimidad personal, sino la naturaleza humana del adivino movida secretamente por la virtud de los dioses».
b) Patogenia o causa próxima: Es un pecado, una impureza moral.	Para los griegos homéricos: —Las flechas que dispara Apolo invisibles, pero reales. —La impureza corporal y física que resulta de ellas.
El síntoma corporal era una consecuencia secundaria de la impureza primaria.	Era manifestación primaria e inmediata del castigo divino.

Cultura semítica	Culturas indoeuropeas
La punición consiste en la impureza moral como impureza física.	Consiste en el síntoma corporal, interpretado.
El hombre (el asirio antiguo) llegó a pensar que era capaz de caer en pecado sin quererlo ni advertirlo, «inconsciencia moral». Incipiente versión del «inconsciente psicológico».	No existe tal concepto.
c) Tratamiento: Tratamiento casual, exorcismo, la plegaria, la ofrenda, el sacrificio para librarse de la impureza moral.	Las hecatombes (sacrificio ritual), plegarias, baño lustral para desprender la impureza física.
Tendencia religioso-personalista: espiritual.	Tendencia religioso-naturalista: somática.

De todo ello se deduce que en la etapa mítica de la musicoterapia, los principios fundamentales sobre los que se basaba eran, en resumen:

a) *La música es un don de la divinidad,* e incluso, *la divinidad* misma en muchas épocas.

b) *La enfermedad es una disarmonía psicosomática* y, debido a ello, la curación debe consistir en el restablecimiento de la armonía primitiva. Esta idea fue reconocida por Boecio (s. VI). Por tanto, la medida terapéutica por excelencia tenía que ser la música.

c) *La enfermedad equivaldría a pecado* y, por tanto, castigo de dios. Esta postura era admitida por todos los pueblos antiguos, incluso por los judíos. El cristianismo destruyó tal creencia. Por eso, si la enfermedad equivale a pecado y pecado significa ofensa a la divinidad, nada mejor que la música para aplacar a la divinidad y obtener la curación.

d) *El dualismo* existente en casi todas las religiones, el bien y el mal, se refleja en la creencia de que *por medio de la música* (don de la divinidad buena, la divinidad misma) *podía ahuyentarse el espíritu malo.* La música era el auténtico talismán mágico para alejar a los malos espíritus, a la enfermedad. Tal es según algunos autores el origen y la finalidad de las canciones de cuna y el colgar esquilas al cuello de los ganados.

Para los pueblos antiguos, pues, el poder curativo de la música residía en una especie de magia capaz de alejar al mal espíritu que se aloja en el individuo enfermo. Esta creencia persistió hasta bien entrada la Edad Media e incluso llega hasta nuestros días entre los pueblos primitivos actuales. El hombre creía que modulando su voz a tenor de los cánones sagrados podría llegar a imponer su voluntad a las mismas divinidades y convertirse en verdadero déspota de las religiones celestes. El no civilizado, al transformar lo creado en un mundo animado por espíritus invisibles (animismo), necesitó ante todo congraciarse con ellos, conocer sus nombres y propiedades a fin de poder utilizarlas en el momento oportuno. (12)

«La música en los tiempos más remotos no es más que una rama del arte de los encantamientos». (13)

«Para reconocer a los demonios provocadores de la enfermedad, el médico llama en su ayuda a sus espíritus auxiliares por medio del canto, del tambor o del gong. A continuación trata de hacer su diagnóstico. Empieza por buscar el nombre de la enfermedad, ya que toda enfermedad desaparece en cuanto oye cantar su nombre. Por este motivo, los Douala dicen que la enfermedad se asusta de su propia voz.

En ceremonias parecidas de los Kavirondo (África), los auxiliares del chamán sacuden una especie de sonajeros hasta que el enfermo empieza a temblar y a gemir. Entonces creen haber encontrado el ritmo del espíritu nocivo.

Los chamanes de los Kintak-Bong (Asia) tratan a los enfermos en sus cabañas; el coro que se encuentra fuera ayuda con sus cantos a que el chamán entre en éxtasis y pueda así encontrar al demonio. En cuanto lo ha conseguido repite continuamente su nombre, el nombre del espíritu de la enfermedad.

LA MUSICOTERAPIA EN LAS CULTURAS DE LA ANTIGÜEDAD QUE INFLUYERON EN ESPAÑA

INDIA

Ciryl Scott desarrolla una teoría muy interesante acerca de la influencia del tipo de música sobre las personas que forman una cultura, en cada una de las civilizaciones de la antigüedad, India, Egipto, Grecia y Roma.

Sobre la India dice: «Las características de la música de la India no son las de volumen (de fuerza), sino las de sumisión, y por ello posee cuartos tonos». (14)

Este hecho confiere a su música unas características que inducen a la meditación, al trance contemplativo. El cuarto tono es tan delicado que «sutiliza» la mente. Lleva a la adquisición de la sabiduría, que para ellos es un conocimiento sutil y espiritual.

La nueva escala y ciencia de los mantrams fueron utilizadas por los sacerdotes indios para conseguir estos fines. Son cantos que deben ser interpretados siete veces al día: antes de la meditación, al mediodía, al atardecer... Cada canto poseía un efecto muy determinado, por lo que nadie se atrevía a cantar el canto del amanecer al mediodía, por ejemplo.

Más que desarrollar la música como arte pretendieron que la música les ayudara a desarrollar sus facultades mentales y místicas. Siendo como eran contemplativos por naturaleza y *sabiendo que ciertas secuencias de notas provocaban estados de profunda meditación,* empezaron a experimentar y buscar nuevas formas. El resultado fue:

Samadhi = a trance superconsciente. Si bien en este estado de trance escuchaban la «música de visión», no se esforzaron por sacarle un provecho material. Era un medio de esperar la unión con Dios.

La música india tiene sólo tres variedades: música alegre, música solemne y música triste. Tampoco cuenta con instrumentos capaces de expresar fervor enérgico o poder, y por ello la música India ha permanecido en gran parte homofónica, restringida... e inolvidable. Se convirtió en un arte minoritario. «Si el arte en Occidente hubiera permanecido estancado, habría ocurrido lo mismo. Cabe considerar de qué modo el tipo de música de la India ha condicionado el desarrollo del país. Es verdad que el clima no les ha ayudado, pero, tal vez de haber tenido un tipo de música enérgico, variado, la trayectoria cultural y hasta económica pudo cambiar.» (15)

Los ritos de curación. «La musicoterapia busca salvaguardar y fortificar la sustancia pura y sonora del hombre. Ella alcanza su apogeo cuando se esfuerza por depurar y aumentar el volumen normal de esta sustancia vital con la intención de provocar la inmortalidad al hombre.» (16) Sigue el autor refiriéndose a los médicos vedas, que inventaron un «medicamento» que curaba la ceguera de los hombres sumidos en las ilusiones de los sentidos. El yogui que cantaba la sílaba aum sabía que la vocal a es el sonido de la tierra, la u es el del espacio intermedio y la m toca el cielo y hace caer la columna que soporta el cielo y que separa a los dos mundos.

La curación por la música bajo esta forma sigue un camino inverso: «La musicoterapia busca restablecer la materia a su origen sonoro y luminoso y conservar al hombre en su pureza acústica original». (17)

Generalmente, los indios creen que la enfermedad está causada por faltas conscientes o inconscientes cometidas por el enfermo. La enfermedad hace aumentar la materia inerte del hombre y disminuye la sustancia sonora. Todo rito curativo es un sacrificio expiatorio para purificar tanto al enfermo como al demonio de la enfermedad.

Los Grandharvas hindúes son dioses cantores y danzantes de extraordinario poder sobre los animales del mundo.

Desde tiempos remotísimos, en la India se había comprobado, gracias a la maravillosa intuición y el sentido del misterio que poseen, la influencia que la música ejerce sobre las plantas en determinadas condiciones.

EGIPTO

La música de Egipto se caracteriza por poseer tres tonos. Si la de la India actuaba sobre la *mente,* la egipcia actúa sobre las *emociones.*

Trataron de calmar, sedar el organismo emocional y purificarlo de vibraciones groseras o, en ciertos casos, inducir a una especie de trance emocional.

Esto se aprendía en escuelas esotéricas llamadas «los Misterios». En estas escuelas, uno de los primeros ejercicios consistía en provocarles un trance con ayuda de la música y otros ritos. Se trataba de vislumbrar qué ocurría en el estado post mortem de la existencia.

Los egipcios trataban de obtener sabiduría oculta, mientras que los hindúes buscaban la sabiduría espiritual.

Los egipcios creían que la música era un regalo del dios That, quien había creado el mundo no por el pensamiento o el gesto, sino con un terrible grito que tuvo el suficiente poder para hacer surgir de la nada todas las cosas. Existen los cantos a Isis, Osiris y Ra acompañados al laúd. A través de ellos hablaban a la divinidad. Sus ideales espirituales eran los de amor y armonía del corazón. (18)

Isis y Serapis eran los grandes sanadores y al médico Imhotep lo convirtieron en dios. Trabajaban siempre con cantos, al labrar la tierra, segar, remar... y en todo tipo de ceremonias. Se acompañaban palmeando. Las castañuelas parecen tener un origen egipcio, al igual que el órgano, liras, guitarras, trompetas, arpas, flautas, címbalos y tambores.

Su música les ayudaba a tener un carácter ecuánime, lo cual se refleja en sus obras de arte: elegantes y sobrias por naturaleza, esquematizadas.

Fetis (19) atribuye los inmensos trabajos realizados por los egipcios, las pirámides sobre todo, al mágico poder de la música. Al son de los cantos rítmicos ejecutaron la proeza de levantar aquellas obras colosales. Algunos de estos cantos o parecidos se conservan aún, se pueden escuchar a los bateleros que cruzan el Nilo, en Asuán, hoy día. Hay el canto para cruzar el escollo, el canto para virar de borde, el de los poceros... De aquí nacería sin duda la actual música funcional en el trabajo.

En Egipto, mediante la respiración curaban todas las enfermedades y se cantan todavía unas canciones nacidas hace miles de años pensadas de acuerdo con esta teoría; se llamaban canciones de Mazdaznan. Se debía respirar profundamente en determinados pasajes, señalados de antemano y de un modo regular. En 1963 aún pude recoger algunas de estas canciones en Asuán.

En Egipto se encontró el primer documento escrito acerca de la influencia de la música sobre el cuerpo humano, que data de 2.500 años (a.C.), en un papiro descubierto por Petrie en 1889 en Kahun.

Herofilo, médico famoso de Alejandría, regulaba la pulsación arterial de acuerdo con la escala musical y en correspondencia con la edad del paciente. Sólo este ejemplo ya indica el altísimo nivel que había alcanzado la utilización de la música como terapia. Es muy significativo el hecho de que en los hospitales de El Cairo fuera utilizada la música alrededor del año 1284, que según parece es el testimonio más antiguo que tenemos, según Werner Kuemmel (1977).

EL PUEBLO HEBREO

El primer testimonio musical que se encuentra en la Sagrada Escritura corresponde al empleo del canto como medio de dirigirse a Dios. En el Éxodo (IV, 15) se encuentra el texto del canto de victoria en acción de gracias por el paso del mar Rojo, entonado por Moisés y todos los israelitas.

En el libro sagrado Números (IV, 10) se relata el mandato de Dios a Moisés de construir dos trompetas de oro que servirían para convocar a la comunidad para partir, levantar el campamento hacia la Tierra Prometida, entrar en combate y en las solemnidades religiosas. Pero no sólo con la finalidad funcional de convocar, sino como medio de que se acordaran de Dios: «en las fiestas religiosas, en el momento de los holocaustos y sacrificios de comunión, ellas [el sonido de las trompetas] os harán acordar de vuestro Dios».

En la toma de Jericó se lee: «Y el séptimo día tomen los sacerdotes siete trompetas de las que sirven para el jubileo y vayan delante del Arca del Testamento, y en esta forma daréis siete vueltas a la ciudad, tocando los sacerdotes sus trompetas; y cuando se oiga su *sonido más continuado, y después el más corto* hiriese vuestros oídos, todo *el pueblo gritará a una grandísima algazara,* y caerán todos los cimientos de los muros de la ciudad por todas partes»... (20)

Pero el pasaje más conocido se refiere al rey David. En el Libro I de Samuel (cap. XVI) se relata: «El espíritu del Señor se retiró de Saúl, y atormentábale un espíritu malísimo. Si Tú, Señor nuestro, lo mandas, tus siervos que tienes aquí delante, buscarán un hombre hábil en *tocar el arpa* para que cuando el Señor permita que te agite el mal espíritu, la toque y sientas gran alivio...».

«Con esto, siempre que asaltaba el mal espíritu a Saúl, cogía David el arpa y tañíala; con esto Saúl *se recreaba y sentía mucho alivio,* pues se retiraba de él el mal espíritu.» (21)

Este relato es tal vez el testimonio histórico escrito más antiguo sobre la eficacia de la música como terapia en estados depresivos. (22)

Otro pasaje se refiere al profeta Eliseo, quien como se hallaba poseído de cólera contra el rey; llamó a un tañedor de arpa para sosegarle y restituirle el don de la profecía: «Mas ahora traedme acá uno que toque el arpa. Y mientras éste cantaba al son del arpa, la virtud del Señor se hizo sentir sobre Eliseo...» (23)

GRECIA

En la Grecia antigua, Apolo representó muchas cosas: fue el dios de la pureza mental y moral, el dios de las musas y de la música, también de la medicina. Sin embargo, Orfeo fue el dios más representativo de la música y los aspectos curativos de la misma.

Para Scott la música griega se caracteriza por el «medio tono», que actúa sobre la parte material o física del hombre. «Por tanto, hemos pasado de lo sutil (India), a algo menos sutil (Egipto), y finalmente a lo grosero: por debajo de esta música ya no puede llamarse música, sino mero sonido o ruido». (24)

Los griegos parece que construyeron su concepto de la belleza a partir del sentido de equilibrio de los egipcios, «un feliz equilibrio entre todas las facultades que distinguen al hombre y, especialmente, las morales. Belleza y bondad iban unidas; la belleza era concebida como un recreo del espíritu, no de los sentidos». (25)

Grecia fue el primer país de Europa que llevó la música a un estado de relativa perfección. Se convirtió en un arte y en cierto sentido hasta en una ciencia.

En cuanto al arte, en la música griega, el elemento de creación musical no aparece hasta muy avanzada la cultura griega, lo cual fue reprochado por los celosos guardadores de la tradición sagrada. Esto era así porque se asumía el origen divino de la música. Soterico de Alejandría escribe: «El delicioso y útil ejercicio de la música no fue de humana invención, sino originado por el dios a quien todas las virtudes y perfecciones adorna: Apolo». (26)

Existían unas fórmulas rituales a las que la música debía ajustarse. Es verdad que desde Terpandro existía una labor de creación, pero sólo en calidad de trabajo sobre la fórmula establecida o como un reflejo del talante personal o de la idiosincrasia del artista. En realidad, así ha procedido la música primitiva en todas las culturas. Ello es debido a este origen religioso de la música.

«Querían que el hombre se sujetara a los ritos y fórmulas ancestrales, de lo contrario la música que hubiera compuesto no habría tenido "encanto", o sea, poder de encantamiento, ni por otra parte pensaban que ningún mortal fuera capaz de inventar giros "nómicos" puesto que éstos nacieron en las cavernas misteriosas de la tradición.

»Sin embargo, sus *aedas,* sus *citaredes* no se limitaban a reproducir melos de una manera servil. Eran realmente artistas, eran creadores de la música que ejecutaban, sólo que la conocían por inspiración del numen y su inspiración no se hacía según su capricho. Esto habría quitado fuerza y autoridad a su canto. Se hacía dentro de las normas preestablecidas. Por ello, por proceder la música de la divinidad, es por lo que *su música poseía valores terapéuticos*». (27)

«Se comprende esta necesidad de conservar las condiciones primitivas del *nomo* a fin de que no perdiera su fuerza mágica, que era la razón de su existencia, su *ethos*.» (28)

«Daban el nombre de *nomos* a grupos melódicos que son como el germen de las formaciones melódicas más extensas, en las que se concentraba el poder mágico ancestral o tribal-nacional. En todas las músicas orientales parece reconocida la existencia de estos grupos melódicos.

»*Ethos* para los griegos era la manera como la fuerza mágica del nomos obra sobre la sensibilidad del oyente, o sea, infundiéndole determinados estados de ánimo: tristeza, alegría, entusiasmo, nostalgia...

»Los griegos, ya desde los pitagóricos, estaban convencidos del poder curativo de la música; por ello se preocuparon de determinar, en cuanto fuera posible y siempre de un modo muy relativo, la expresión predominante en cada modo griego.» (29)

Teoría griega del *ethos*

«La idea del *ethos* se funda en el postulado de que entre los movimientos de la música y los psíquicos del hombre existen relaciones íntimas que hacen posible a la música un influjo determinado sobre el carácter humano.» (30)

El musicólogo español Adolfo Salazar (31) tiene un estudio que es el más documentado y crítico sobre el tema.

Arístides Quintiliano enumera tres moods o estados de ánimo que la música puede provocar:

Systaltiké: Composición musical que produce un efecto deprimente o que despierta sentimientos penosos.

Diastaltiké: el género de música con que se levanta el espíritu.

Hesikastiké y *Mese:* pone calma al espíritu agitado. (32)

Mucho antes, Aristóteles (33) había señalado que la música puede actuar de varios modos sobre nuestra voluntad:

a) puede incitarnos a la acción, es el *ethos* práctico, *praktikón;*

b) puede despertar una fuerza o vigor en nuestro temperamento *(ethikón);*

c) puede producirnos una mengua o desfallecimiento en nuestro equilibrio moral (*malakón, thenödes* = trenódico);

d) puede quitarnos por algún tiempo el empleo de nuestras facultades volitivas de suerte que perdamos la consciencia de lo que estamos haciendo, entregándonos al poder avasallante del *ethos* de esa música que es conocido como *enthousiastikón;* peculiar de los ritos dionisíacos, éxtasis. (34)

Aristóteles cree que la música posee un efecto sedante, calmante, un efecto que hoy diríamos de evasión o *aloofness* y que él denomina *katharsis.*

Por qué las *harmoniai* producen estos *ethos* (estado de ánimo), Salazar dice: «En aquel tratado [Política VIII, 5], el estagirita comienza por afirmar que la *forma* [de cada modo griego] tiene una importancia especial porque no es puramente simbólica *(semeîa)* ni opera por asociación de ideas, sino que las formas son una *copia* exacta de las *formas del temperamento moral (mynémata ton éthon),* lo cual es el fundamento de la diferente influencia moral, o *ethos* ejercido por las diferentes *harmoniai*». (35) Este concepto no puede por menos que recordar el de Susan Langer cuando escribe, refiriéndose al modo como la música influye en nosotros de manera que con ella podamos expresar sentimientos: «gracias a su *forma* y *estructura* [la de la música], las cuales se parecen a la forma de las emociones...». (36)

El *ethos* de los modos griegos

La teoría musical griega se compone de varios elementos: armónico, melódico, rítmico e instrumental. Cada uno de estos elementos podía producir un determinado estado de ánimo, o *mood.*

Atendiendo a fines metodológicos se seguirá el orden inverso en su desarrollo:

a) *ethos* de los instrumentos musicales;

b) *ethos* de los ritmos;

c) *ethos* de los tonoi (tonos);

d) *ethos* de las harmoniai o escalas.

El ethos *de los instrumentos musicales.* Hay que recordar aquí los instrumentos musicales que más utilizaban los griegos: la lira, la cítara (parecida a la lira, pero con la caja de forma rectangular, de tres cuerdas en un principio y de cinco y siete después). El *forminx,* compuesto de una concha de tortuga y de una piel que hacen el oficio de caja armónica. Las arpas. El *aulos* (flauta griega parecida a un oboe rudimentario). *Aulos* doble, que se conoce con el nombre de *diaulos*. La flauta del dios Pan, o siringa, estaba considerada como pastoral. (37)

Existe un disco maravilloso que puede ilustrar cuanto se dirá en estos apartados. (38)

Los griegos dividían a los instrumentos musicales que poseían, en cuanto a los efectos que su sonido causaba en ellos, en dos grupos:
1. *ethos* de la música citarística,
2. *ethos* de la música aulética, tanto instrumental como vocal.

Al primer grupo le corresponde el *ethos* propio de los himnos litúrgicos, canciones libatorias y heroicas. Esta música y la citarodia, en general, producen un efecto *ethico* que es viril, grave, majestuoso y que por conducir el alma hacia el «justo medio», caro al espíritu platónico, se considera que es propio de armonía *eólica* o *hypodórica;* su carácter es más *ethico,* más dinámico.

Al segundo grupo pertenece la armonía *frigisti,* de carácter entusiasta, báquico. En esta armonía se construían las músicas auléticas propias y canciones rituales en los festines y las ditirámbicas.

El **ethos** *de los ritmos.* Hay que recordar aquí la riqueza de ritmos que poseían los griegos, casi impensable en aquellos tiempos.

Ritmos griegos: (39)

Espondeo: Dos tiempos (o sílabas largas)
Pirriquio: Dos tiempos débiles (o sílabas breves)
Troqueo: Fuerte y débil
Yambo: Débil y fuerte
Moloso: Tres tiempos fuertes
Tríbaco o *baraquisílabo:*
Dáctilo: Un tiempo fuerte y dos débiles
Anapéstico: Dos tiempos débiles y uno fuerte
Baquio: Un tiempo débil y dos fuertes
Antibaquio: Dos tiempos fuertes y uno débil
Peán: Tres tiempos débiles y uno fuerte
Jónico mayor: Dos tiempos fuertes y dos débiles
Jónico menor: Dos tiempos débiles y dos fuertes

El ethos que se atribuía a cada uno de los ritmos tuvo un valor más permanente que el que se refería a las harmoniai, por dos razones:

a) La vitalidad rítmica no es un *valor convencional*, sino que permanece porque puede comprobarse ahora mismo.

b) La teoría métrica griega no sufrió las alteraciones de la armonía porque apenas podemos estar seguros del sonido de cada nota, ya que no existía la escritura musical. (40)

Arístides Quintiliano escribió: «En la marcha, los pasos suficientemente grandes e iguales que siguen el ritmo espondeo tendrán un *ethos* moderado y viril. Otros pasos suficientemente grandes, pero desiguales, que siguen el ritmo del troqueo o del peán, serán más animados de lo conveniente: otros, que son iguales entre sí, pero muy pequeños y que siguen el ritmo del pírrico, tendrán un carácter de ordinariez y vulgaridad; otros, breves y desiguales, limítrofes de los ritmos irracionales, carecen de consistencia.

Finalmente, los pasos donde diversos ritmos se mezclan sin orden ni concierto imitarán los titubeos de un imbécil o de un hombre que divaga».

Otros ritmos, denominados *orthios* y *troqueo* semántico e integrados por sonidos muy largos, expresan grandeza, según el mismo autor (Gevaert). (41)

Gevaert divide la teoría rítmica griega en pies binarios y pies terciarios y combinaciones de ambos:

a) *Pies binarios* (ritmo 2/4 y derivados, en versión actual): 1. el dáctilo o el dactílico, que es el metro de la poesía, tiene un *ethos* severo y grandioso, como corresponde al andar de los dioses cuya marcha acompaña; 2. el anapesto se distingue por su acentuación muy marcada y rica de matices. Le corresponderá un *ethos* decidido, activo, que es el de los cantos embateria que Tirteo compuso para los jóvenes espartanos que marchaban al combate. Otra forma anapéstica era la danza pírrica, compuesta de valores breves e iguales, que tiende, como todos los ritmos que se encuentran en este caso, a la rapidez de movimientos, en aire animado.

b) *Pies terciarios.* Se prestan, en general, a gran variedad de efectos que con frecuencia proceden de causas externas; tal es el caso del pie córeo (koreios), el del corredor o danzante, que viene a corresponder a nuestro compás 3/8. A esta métrica corresponde también el *troqueo* propio de las danzas en corros. Sobre este metro se ajustan también el *cordax,* danza erótica procedente de los viejos *komos,* banquetes lascivos, en el Ática. El *yambo* se presta a las marchas militares. El *anapesto* conviene a las marchas solemnes.

Los ritos terciarios de movimientos moderados son adecuados a las danzas trágicas como la *emeleia,* de pausadas y graves evoluciones. El ritmo *logaédico* tiene un aire campesino, lo mismo que la danza *síkinnis* de los sátiros en el tityrambo.

c) *Pies binarios y terciarios combinados.* Al combinarse dos a dos dan origen a pies quinarios, entre ellos están:

Danzas de ritmo erótico, de carácter entusiástico.

Danzas báquicas, que expresan exaltación tumultuosa.

Los ritmos jónicos, mayor y menor y que Gevaert hace corresponder a los ritmos 6/8 y 3/4, se aplican a sentimientos impetuosos, violentos o convulsivos, como en algunos pasajes de las tragedias de Eurípides y Esquilo.

El coriambo, de carácter desordenado.

El dochmíaco, propio para expresar pasiones violentas, el dolor y la desesperación.

Estos ritos abundan en Esquilo. Gevaert los hace corresponder a 3/8 y 5/8. Sin embargo en Eurípides, el dochmíaco se transforma en la expresión de la alegría tumultuosa. (42)

El **ethos** *de los* **tonoi.** Se centra sobre todo en la altura de los registros de la voz y de los instrumentos musicales.

Relaciona el registro alto de la voz con la excitación pasional y el registro bajo con la blandura propensa a la dejación. «Puesto que una nota profunda es blanda y tranquila y una nota alta es excitante» (Aristóteles, en *Problemas*). (43)

En la *Política* de Aristóteles se dice: «Tal arte puede sentar reglas que dirijan el empleo de la voz según convenga a cada variedad de sentimiento: cuándo debe ser alta, cuándo intermedia y cómo usar de los *tonoi,* según que la tensión de la voz deba ser alta, baja o media, así como según los ritos que se empleen en cada caso» (Pol. III, i).

Arístides Quintiliano escribe: «El *ethos* de los sonidos es diferente si están altos o más bajos». (44) Esto se extiende a las regiones de la voz.

A cada región de la voz se adjudica un ethos diferente:

Zona de la voz	Estilo	Armonía o modo griego de composición musical
Netoide (alta) (notas agudas)	Nómico	*Mixolidisti*
Mesoide (medio) (notas medias)	Ditirámbico	*Frigisti* e *Hypofrigisti*
Hypatoide (bajo) (notas graves)	Trágico	*Lydisti,* grave

Para Arístides, estos tres caracteres presentaban unos efectos que hoy podríamos calificar como de vago-simpáticos desde el punto de vista médico: «Habría un estilo de composición contractiva *(systaltiké),* aquélla con la que levantamos el espíritu *(thymós)* y otra media *(mese)* por cuyo efecto volvemos a traer la calma». (45)

Los géneros y los matices tenían efectos peculiares. Arístides, al hablar del *ethos* que radica en las diferentes regiones vocales, afirma: «El cambio en las cuerdas movibles de los tetracordios puede producir cambios de carácter, al acarrear diferentes maneras de genos». (46)

***El* ethos *de las* harmoniai *o escalas.* Los modos griegos** (Del libro de Joaquín Turina, *Tratado de composición musical.* Vol. I. Madrid, 1946, pp. 93-94.)

Los modos que llevan la partícula *hiper-* fueron muy poco usados. En la práctica quedaron los tres principales, el dórico, el frigio y el lidio; los secundarios, que llevan la partícula hipo-, y el hiperdórico, que tomó el nombre de mixolidio.

El hipodórico se llamó eólico; el hiperdórico se llamó mixolidio y el hipofrigio se llamó jónico.

El *ethos* o *mood* asignado a cada uno de ellos, según documentación histórica, es el siguiente: es fundamental reproducir el diálogo que Platón, en su *Repúb*lica, pone en boca de Sócrates. Desterraba de la república toda expresión inadecuada de dolor. Sin duda podía existir el treno, que es una forma ritual establecida y convenida, pero no así lo trenódico, que era una viciosa extensión de aquel *ethos* en la vida diaria:

«¿Qué *harmoniai* son trenódicas *(threnoodeis)*?», pregunta Sócrates.

Glauco responde:

«La mixolidia, la syntono-lidia y sus semejantes.»

Sócrates las tacha de la lista y pasa adelante:

«Pero la embriaguez y la pereza están prohibidas también a los guardianes. ¿Qué *harmoniai* son blandas (relajadas) y conviviales *(malakai te kai sympotikai)*?»

Y su interlocutor contesta:

«La yástica (jónica) y la lidica, que puede decirse que son flojas, remisas.»

«Entonces, ¿cuáles quedan?», inquiere Sócrates.

«Parece que la doristi y la frigisti.»

«Pero yo no entiendo de *harmoniai* —asegura Sócrates—, pero dame una que tenga el tono y el acento de un hombre valiente cuando sufre peligros o contrariedades peleando pacientemente contra la fortuna, y también una apropiada para la hora de la paz, para la oración que ha de ser escuchada por los dioses, para la persuasión o exhortación que se dirigen a los hombres; en general, para un sobrio goce del reposo y la prosperidad.»

«Esas *harmoniai* —declara Glauco—, una propicia para el valor y la otra para la templanza son, justamente, la doristi y la frigisti.» (47)

Se enumeran los estados de ánimo ligados a las situaciones siguientes: dolor, pereza, embriaguez, hombre en lucha, para la paz, para la oración, para la persuasión, para el reposo y para la prosperidad, lo cual quiere decir que debió de existir un modo adecuado para cada una de estas situaciones.

Otro testimonio importante es *Laques* de Platón, donde vuelve a referirse a los modos *yasti, lidisti,* que los repudia porque no infunden valor, que es de lo que trata la obra (V. nota 38). También repudia las *harmoniai lidisti* por el mismo motivo, aunque no en cuanto a expresar dolor. (48)

Esquemáticamente, puede decirse de cada modo que inducía a:

Dórico: Equilibrio, armonía (Platón, *República,* VIII, 5).
Algo mayestático.
Valor (Platón).
Inducía al coraje, a la autoestima y al respeto por la ley.
Modestia y pureza (Casiodoro).
Reflejaba las tradiciones militares y el temperamento de Esparta. (49)

Frigisti: Reposo, dignidad y autocontrol (Platón y Aristóteles).
Estimula la fuerza combativa (Casiodoro).
Excita al entusiasmo, ya que sus orígenes consistieron en las libaciones de las cantantes (Aristóteles, *Problemas*).

Lidisti: Induce a sensaciones voluptuosas. «Propio de la tragedia, una armonía grave» (Arístides Quintiliano). (50)
Propia para la lamentación, por su temple alto (agudo). (Plutarco, *Peri Mousikés*).
Ayuda a ahuyentar las preocupaciones (Casiodoro).
«Aristoxeno recuerda que Olympo, que fue su introductor en la Grecia continental, la llevó para aplicarla a la música trenódica en los *aulos*». (51)

Hipodórico Expresaba nobleza y vigor.
o *aiolisti:* Podía ser expresión de un carácter altanero e indomable (Aristóteles). (52)
Puede ayudar a recomponer la salud mental e inducir al sueño (Casiodoro).
Expresión del carácter nacional de los tesalios, que eran atrevidos e autoindulgentes, pero hospitalarios y caballerosos (Heráclides). (53)

Hipofrigio «*Ethos* de acción» (Aristóteles, Política). (54)
o *jónico:* «Dureza y severidad, como los habitantes de Mileto que eran orgullosos» (Heráclides). (55)
Ayuda a elevar los pensamientos a cosas celestiales (Casiodoro). (56)
Era considerado como suave.

Mixolidio o Plutarco recuerda que su origen remonta a Safo; es una combinación
hiperdórico del lidio con el dórico.
«El mixolidio es patético y conveniente a la tragedia» (Plutarco). (57)
«El mixolidio es el tono del lamento apasionado». (58)
«De esta combinación el mixolidio heredó la grandeza y dignidad de la *doristi* y el *pathos* propio de la *lydisti*» (Plutarco). (59)
«Armonía patética» (Aristóteles). (60)

Wolf (61) se refiere a los modos griegos así: «El carácter del modo dórico, según los escritores antiguos se presta para la expresión de lo sublime; el hipodórico o el eólico expresan nobleza y vigor; ambos están estrechamente relacionados con la cítara. El modo frigio, en cambio, es el modo típico del aulo: su carácter es apacible según Aristóteles, entusiasta, de todos modos apto para dar expresión a intensos movimientos afectivos; el jástico sirve para expresar el goce de una vida risueña; el hipofrigio era considerado como suave. El lidio es el tono de la queja y del plañido; sin embargo, parece haber sido empleado más tarde como característico de la gracia. El mixolidio es el tono del lamento apasionado.

Consonancia y disonancia de sonidos. Platón enuncia un principio fundamental en musicoterapia: el que unos sonidos nos parezcan acordes o desacordes dependerá de la semejanza o de la compatibilidad de estos sonidos en nosotros: «De même encore l'explication des sons que nous percevons rapides ou lentes, aigus ou graves, et tantôt faux, en raison de leur manque d'accord avec les mouvements qu'ils provoquent en nous, tantôt justes, en raison de leur acord avec eux». (62)

Musicoterapia preventiva y curativa. La teoría del ethos en su conjunto es la base científica de la que ha podido partir la musicoterapia científica, del mismo modo que el pensamiento griego ha sido la base de otras ciencias como la medicina, las matemáticas, la política, las bellas artes y entre ellas la música, etc. Esta teoría tan bien estructurada no fue algo concebido a priori, sino como consecuencia de una actitud y unas vivencias de aquella sociedad. La música no era sólo un arte, sino una terapéutica tanto preventiva como curativa. La enfermedad era considerada como una disarmonía entre la parte física del hombre y su parte psíquica, teoría que recoge luego Boecio. Los diversos modos musicales eran utilizados para ayudar a transformar la desarmonía = enfermedad, enarmonía = salud.

ROMA

Mientras que los griegos terminaron por idolatrar la belleza y la voluptuosidad, las formas físicas, perdiendo con ello su capacidad de razonamiento y hasta su capacidad de percepción, los romanos instauraron el *culto del hombre* hasta llegar a la perversión. (63)

Los romanos fueron un pueblo de acción más que de imaginación. Su arquitectura fue masiva, su arte realista y su actitud ante la religión casi material.

La música fue tenida no como un arte, sino como algo que utilizar. Siendo un pueblo eminentemente militar, la música de este género fue importante: era energética, capaz de producir salud, coraje y virilidad. Esta música ejercía influencia sobre la parte física porque no influía sobre la imaginación ni sobre las emociones.

Los efectos de esta música marcial pura y simple, sin estar contrarrestada por influencias refinadas, puede en el curso del tiempo, degenerar y convertirse en perniciosa para el carácter, convertir el coraje en brutalidad y la virilidad sexual en sensualismo. Esto es lo que sucedió en Roma. (64) ¿No está sucediendo lo mismo, en muchos estratos de nuestra sociedad, en aquellos que viven inmersos en músicas de estas características?

En el año 293 a.C., Roma adoptó el culto a Esculapio haciendo énfasis en los aspectos psicosomáticos de la enfermedad y de la salud, administrando pócimas y efectuando prácticas quirúrgicas a quienes acudían al templo e invitando a músicos y a poetas a que participaran en la curación de estas personas. No se iba sólo a orar, sino que en el templo se atendían las necesidades humanas relacionadas con la enfermedad física y psíquica. Los oráculos ayudaban a tranquilizar ante la incertidumbre de presagios y de lo desconocido.

Asclepíades calmaba sediciones, levantamientos, introduciendo cambios en la música. Curaba el insomnio con la ayuda de música armoniosa, tocada a distancia. Curaba la enfermedad mental con sonidos armoniosos.

Xenócrates usaba la música de órgano para curar la enfermedad mental.

Caius Aurelianus: usaba el modo frigio de manera melancólica unas veces y otras como con furia, ya que los dos modos son necesarios, placen y estimulan. El modo dórico es útil en casos de risas inmotivadas y de comportamiento infantil.

Se creía que la música podía ayudar en casos de picaduras de serpientes, como ayuda a combatir la peste; que los estados de tristeza y depresión eran terreno abonado para la enfermedad, mientras que un cuerpo relajado y alegre ayudaba a combatirla.

Cicerón (106 a.C.-43 d.C.) llamó a la filosofía, la medicina del alma y a la música como su instrumento, a causa de su influencia sobre las emociones.

Galeno (131-201), 200 años después, identificó al espíritu que animaba al hombre como pneuma con características físicas y psíquicas y decía que la música era la más grande de las musas ya que formaba parte de la poesía, del canto, de la música instrumental y de la danza, y podía ser utilizada como medio curativo gracias a sus componentes: armonía, melodía y ritmo. Es muy importante el orden en que cita estos elementos, ya que en música *lo esencial es la armonía y la melodía pero no el ritmo, que es un auxiliar de la música, el sostén, pero no lo esencial,* como se tiende a considerar.

Recomendaba la música como antídoto contra la mordedura de serpientes y escorpiones.

Ovidio (43 a.C.-18 d.C.), recomendaba las cítaras, las liras y el canto. Cantar moviendo los brazos rítmicamente contribuía a debilitar las pasiones.

Catón: habla del sonido dulce de la flauta como ayuda para facilitar la tarea del cazador.

Virgilio (70 a.C. -18 d.C.) pensó que nadie hay tan estúpido y tan insensible que no sea conmovido por el canto.

Apuleyo (120 d.C.- ?): En su tratado De musica dice que la música es piadosa e indica que ayuda a fomentar la religiosidad. Llega incluso a afirmar que la religión aplaca a Dios Trino y Uno, no menos por la música que implorando misericordia por los cantos y continuas alabanzas del órgano.

Roseto sostenía que en la primitiva iglesia cada cual cantaba a su capricho con tal de que lo que cantara contribuyera a dar gloria a Dios. La música es el arte que complace a Dios y a los hombres...

Marciano Capella (s. V) creía que la fiebre podía ser curada con música al igual que las úlceras. Personas con ciática o lumbago podían ser curadas si se tocaba la flauta sobre su cuerpo o cerca de la región afectada, en modo frigio.

ESPAÑA PRERROMANA Y ROMANA. TESTIMONIOS PREHISTÓRICOS

Las pinturas rupestres

Las primeras manifestaciones que es posible encontrar, demostrativas de que la música era usada ya en edades tan remotas, las hallamos representadas en pinturas rupestres, realizadas probablemente a finales del Paleolítico Superior. Según Pericot, se pueden situar entre los años 15.000 al 10.000 a.C. «Con el Auriñaciense, aquellas razas, recién venidas al Occidente europeo, alcanzaron el apogeo de la creación artística, lo mismo en el arte mobiliar que en el rupestre. Arte excelso enlazado con las creencias religiosas y con toda clase de prácticas mágicas, motivado además por un posible deseo estético íntimo y por el afán de perpetuar lo que veían; sus bellas obras no fueron igualadas sino mucho después, en las épocas de mayor esplendor...» (65)

España y el sur de Francia se llevan la primacía mundial en dichas representaciones. En 1954 se contaban más de 40 estaciones en Francia y en España más de 35. Sin embargo, en España el número ha crecido notablemente en los últimos años y en Atapuerca (Burgos) los descubrimientos resultan asombrosos por su antigüedad y riqueza en cuanto a utensilios que se están encontrando y que se hallan en fase de estudio.

España cuenta con dos regiones de arte rupestre de características muy diversas: la francocantábrica, al norte, y la levantina, al este de la Península Ibérica, la cual es a su vez de características muy parecidas a las de la zona del norte de África.

En pintura rupestre pueden distinguirse claramente dos tipos de pintura, la figurativa o «llena» y la esquemática.

Resulta curiosa la constatación de este hecho al compararla con los estilos que se observan en el dibujo infantil. En éste se dan estos dos estilos, que corresponden a dos fases diversas del desarrollo del niño. Lo mismo ocurre con el dibujo de ciertos niños esquizofrénicos (véase el «caso Gretta», págs. 135 ss.) (66) o con adultos que padecen la misma enfermedad.

Se trata de buscar en las pinturas rupestres escenas que parezcan sugerir danza, ya que son las únicas manifestaciones musicales encontradas hasta ahora. «En realidad, entre los pueblos primitivos, «música y danza son una misma cosa». (67) Lo mismo ocurre en los niños, en su primera infancia y en los niños autistas. «Resulta casi imposible separar el concepto de música del de danza porque tienen las dos, elementos en común: el ritmo y la melodía-armonía. Ni la música puede existir sin la danza ni ésta sin la primera, porque el ritmo, sin la melodía-armonía, podrá mover a la acción compulsiva, pero nunca crear arte, y la danza es un arte. Por otra parte, la música en sí, independientemente de cualquier intencionalidad dinámica, tiene la cualidad de «mover», de incitar al movimiento de los diversos órganos y sistemas corporales y sobre todo a la psique humana. De ahí su valor como estimulante de la afectividad, inteligencia, creatividad, etc.» (68)

Esto es así porque los dos, hombre primitivo y niño, reaccionan de un modo inmediato y sintético a los estímulos externos —ante el sonido en este caso— ya que debido al tipo de pensamiento mágico o prelógico desconocen la profundidad de la reflexión intelectual. El fenómeno externo es percibido automáticamente como algo profundo porque es vivido como totalidad. De ahí el impacto que la música produce en tales grupos humanos y de un modo todavía más dramático, en el enfermo esquizofrénico y en los niños autistas.

Pinturas rupestres que representan danzas

Cogul (Lleida). Representa un grupo de nueve mujeres, con faldas acampanadas hasta los tobillos y con peinados cónicos, que están alrededor de un hombre desnudo que muestra ostensiblemente su falo. Se trata, en opinión de Curt Sachs, de una «danza fálica o de fecundidad». (69)

Se encuentra emplazada formando parte de un conjunto de figuras, en una roca de.11 por 14 metros. Fue descubierta por el reverendo Ramón Huguet en 1907 y estudiada por Ceferino Rocafort, Julio Soler y el geólogo Luis M. Vidal, del Institut d'Estudis Catalans de Barcelona, en 1908. Se cree que pertenece al final del Paleolítico Superior. Es de estilo figurativo. (70)

Peñón de la Graja (Jaén). Se encuentran representadas «dos figuras esquemáticas que parecen representar una danza desorganizada». (71) Son dos figuras en actitud de salto, con los brazos en la cintura y un penacho de plumas en la cabeza. Podría tratarse de un paso de danza aún común en España, en varios bailes folclóricos en los que la pareja de bailarines se desliza en círculos con el brazo izquierdo de uno de ellos enlazado al izquierdo también de su pareja. Por el modo de representar al cuerpo humano (un círculo partido en dos) parece pertenecer al período Neolítico.

Cueva de la Salvadora: barranco de Valltorta (Castellón). Grupo de tres hombres: «En un rincón se ven tres hombres tocados con gorros de plumas, al parecer danzando, según denuncian sus graciosas posturas, como si se movieran a un mismo compás». (72) Parecen pertenecer a finales del Paleolítico Superior o principios del Neolítico. Estilo esquemático.

Peñón del Tajo de las Figuras (Casas Viejas, Cádiz). Cuatro figuras, en círculo, una de ellas parece un niño con los brazos abiertos. Se diría en actitud de danza alrededor de tres pequeños animales (es opinión personal). Podría estar ligado a un rito totémico y parece pertenecer a principios del Neolítico.

Peñón del Tajo de las Figuras (Casas Viejas, Cádiz). «Abigarrado grupo de motivos halteriformes que consideramos, siguiendo a Breuil, (73) como una escena de danza. Posiblemente tenga un sentido relacionado, en parte, con lo religioso, ya que absolutamente todas las figuras son halteriformes o combinaciones de éstas y triángulos». (74)

P. Acosta, en el valioso estudio que hace de otros cinco grupos de figuras, consideradas por J. Cabré y E. Hernández Pacheco como escenas de danza, disiente fundándose en su propia opinión y en la de H. Breuil. Personalmente, creo que tal vez su criterio resulta un tanto estricto debido, tal vez, a la afirmación que preside el capítulo que la autora dedica a la danza, cuando dice: «Resulta difícil la identificación de una escena de este tipo y bastante, o casi imposible, la de un personaje aislado que por su posición parece danzar. Aunque este problema, no obstante, se resolviera positivamente, surge inmediatamente otro con idénticas dificultades: el tipo de la danza y las causas que lo originaron». (75)

Sin embargo, parece que está fuera de toda duda razonable el que todo pueblo primitivo asocia indefectiblemente la danza a sus creencias mágico-religiosas. Por otra parte, las pinturas rupestres tenían un carácter mágico, o sea, que se representaba en ellas todo lo que era esencial en la vida de quienes las realizaban, tal como animales (con el deseo de que se hicieran más accesibles a ser cazados), seres antropomórficos o chamanes disfrazados de animales; escenas familiares (padre, madre, niño), madre con su hijo cogidos de la mano; hombre extrayendo miel de un panal, además de escenas de caza y lucha. Maringer opina que la danza tenía además otra finalidad: «En cambio, esos meridionales [se refiere a la provincia rupestre del Levante español] de sangre ardiente parecen haber gustado extraordinariamente de la danza que practicaban mucho más que sus vecinos del Norte, para dominar las fieras». (76)

Otros testimonios sugieren un posible empleo de la música: entre ellos deben señalarse los que se refieren a la caza de los animales, precedida de ceremonias mágicas.

Maringer escribe: «En diversas cuevas se han encontrado repetidamente silbatos y flautas de huesecillos huecos. Si como parece tales instrumentos se empleaban durante las ceremonias mágicas, entonces es que los magos de la tribu de la época glaciar acompañaban con música sus invocaciones. Esto parece corroborarlo el interesante hallazgo efectuado en la cueva de Trois-Frères (Francia), un grabado en el que aparece, a la izquierda, un instrumento que muy bien pudiera ser una flauta, y a la derecha, dos animales huyendo a la desbandada. En estos animales hay algo raro. El primero pudiera ser un reno hembra, pero sus patas delanteras semejan las del hombre. El otro es todavía más fantástico. En su huida se vuelve hacia el hechicero como cautivado por su música. La mitad anterior de su cuerpo es de bisonte y la posterior, de reno. ¿Qué otra cosa puede representar este grabado sino una escena de magia en la que tanto el hechicero como ambos "animales" son cazadores disfrazados?». (77)

Existe en la Cueva del Pindal (Asturias), en la región francocantábrica, el dibujo de un elefante en cuyo interior sólo aparece el corazón. Es interesante como testimonio del valor mágico concedido a estas representaciones.

El autor citado y otros muchos describen escenas que ocurren en tribus de primitivos actuales, en las que el mago de la tribu suele dibujar en el suelo o en una corteza de árbol el contorno del animal que desea matar. Pintan el corazón de rojo y dibujan una flecha en él mientras cantan:

> *Te disparo al corazón, te doy en el corazón*
> *¡oh!, animal, en el corazón te alcanzo.*
> *Así soy yo, así soy, amigos míos;*
> *no fallaré animal alguno* (78)

Esta canción fue recogida en la tribu de los Ojibwa. El hecho de dibujar lo que se desea obtener responde al mecanismo de proyección de deseos, lo cual es inherente a la naturaleza humana desde siempre. El hombre primitivo creía ciegamente en el poder mágico de sus deseos cuando los exteriorizaba gráfica o plásticamente.

Los iberos

Muestran raíces netamente mediterráneas antiquísimas. Los poquísimos testimonios existentes hablan de danzas guerreras. Estos testimonios provienen de Diodoros, que a su vez los tomó de Poseidonios y se refieren a los lusitanos (oeste y norte de la Península): «El historiador sikeliota habla de los lusitanos de la época de Viriato, que se lanzaban al combate avanzando hacia el enemigo con movimientos rítmicos, mientras cantaban un himno semejante al *paian* griego, costumbre semejante a la que Livius alude cuando, hablando de los turdetanos, dice que atacaban danzando según sus costumbres». (79)

El dato representativo, desde el punto de vista que nos ocupa, es el hecho de que el *paian* griego era el tipo de canto elegido por Apolo Alexikakor, según la mitología, para curar las enfermedades: «Sabido es que Apolo Alexikakor, el que aleja las enfermedades en el Panteón griego, era el principal dios de la medicina. Enviaba las epidemias con sus flechas y curaba las enfermedades mediante el *paian,* un canto guerrero, cuando lo tenía a bien». (80)

Otro testimonio se refiere al canto: Cuando murió Viriato, «mientras su cuerpo se consumía, cuenta Apianos, tanto los soldados de a pie como los jinetes, todos con sus armas, dieron vueltas a su alrededor entonando sus glorias al modo bárbaro, y no se apartaron del lugar hasta que el fuego se extinguió». (81) «El hecho de dar vueltas alrededor del féretro o pira mortuoria encierra un sentido mágico y medicinal en algún sentido». (82)

En tiempos de paz, este mismo pueblo «se entretenía con movidísimas danzas, al decir de Diodoro, que exigían gran flexibilidad de piernas». (83)

Los celtas

Procedían, según parece, de Centroeuropa, pero su cultura se tiñó con los caracteres de las ya existentes en la Península Ibérica: iberos y ligures.

Eran gente pacífica, muy amante de la familia: «En los banquetes se sentaban en poyos por orden de dignidad y edad, después danzaban al son de una flauta o trompeta». (84) También se los describe como gente muy religiosa y valiente: «Los soldados, cuando los clavaban en la cruz, cantaban alegres himnos en honor de sus dioses». (85)

Danzas de lluvia o ritos de prosperidad. Los ritos de lluvia son una modalidad de los ritos de prosperidad. A su vez, los ritos de lluvia guardan estrecha relación con los ritos de medicina.

Como la más representativa danza lunar, existe aún actualmente la muñeira, en Galicia; «entre los celtas y sus vecinos, la deidad principal indígena era la Luna, como entre los germanos, a la que dedicaban bailes y fiestas nocturnas en las noches de plenilunio». (86)

Danzas solares. Se consideran danzas solares la sardana y la jota.

La **sardana**, propia de Cataluña y del sur de Francia, en opinión de Capmany debió de nacer como expresión de la veneración que profesaban al Sol, el cual en su diario recorrido va de Este a Oeste en forma circular y con regularidad. De ahí nacería la antigua forma de sardana llamada *curta* (corta). (87)

Es el tipo de danza representado en la cerámica de Liria. Fue descrita ya por Homero en la Ilíada: «Unos grupos de jóvenes danzarines forman graciosos círculos en los que jóvenes y doncellas, dándose las manos, puntean moviendo con destreza los pies, con ligereza y habilidad, dando vueltas con igual facilidad como el guerrero, aplicando la mano al torno, prueba si funciona bien». Estrabón: «Entre los bastetanos [Sureste de la Península Ibérica] era costumbre danzar hombres y mujeres cogidos de las manos». (88) Puesto que la sardana es un baile solar pertenece también a los ritos de prosperidad. (89)

La **jota** es un baile corresponde al grupo de los ritos de impetración de lluvia (90) o de fecundidad y, por lo dicho anteriormente, también medicinales. A ella alude Diodoro de Sicilia: «En tiempos de paz, estos lusitanos [Oeste de la Península Ibérica] se entretenían con movidísimas danzas que exigían gran flexibilidad de piernas». (91) Podía trtarse de una forma de jota ya que es una de las danzas básicas de la Península Ibérica; bajo diversas modalidades regionales prácticamente se baila en toda España, y luego pasó a Hispanoamérica ya que la «canción de aliento entrecortado» partió de la Península y existe en Argentina, México y Chile. «Se trata de una derivación de la jota navarra». (92)

La jota será tanto más específicamente medicinal cuanto sea ejecutada con ritmo más acelerado. En este sentido se utilizaba, «al igual que la tarantela, en la curación de los mordidos por tarántulas». (93) «En sentido amplio pertenecen a este grupo los zapateados andaluces». (94)

Ligures y tartesios

Parece que estas dos culturas coincidieron o se turnaron con la de los iberos en el sur de España, la actual Andalucía.

«Los ligures, de carácter vivo y alegre, astutos y falaces o exagerados». (95)
Los tartesios estuvieron en contacto con los griegos antes de la fundación de Cádiz a través de los fenicios.

«La riqueza minera de España atrae a forasteros, al lado del comercio está el intercambio de canciones y danzas, y era tan brillante el grado de civilización de la costa sur peninsular, que hasta las leyes estaban versificadas y eran cantables...», «Los contactos de los griegos de Focea con el pueblo hispano se produjeron *antes* de que en Grecia florecieron las teorías sobre la música. De aquí que haya podido decirse con buena lógica por García Bellido que el modo dórico lo importaron los griegos del sur español, aunque al sistematizar las escalas le dieran el nombre de Doria». (96)

«Se recordará que Estrabón, tomándolo quizá de Asklepíades de Myrcea, dice ponderando la antigüedad y excelencia de la cultura turdetana o tartésica que tenía, además de poemas y leyes en verso, recopilaciones históricas muy viejas». (97)

Los turdetanos gozaban de justa fama de que sus mujeres eran bailarinas extraordinarias y cantantes peculiares.

Testimonios literarios de la época

Entre los muchos testimonios literarios que se pueden encontrar sobresalen los siguientes:

Marcial. Poeta aragonés, dice en el cap. IV, 71: «Edere lascivos ad Baetica crusmata gestus [castañuelas] et Gaditanis.ludere docta modis».

En el cap. XIV, 203: «Su cuerpo, ondulado muellemente, se presta a tan dulce estremecimiento y a tan provocativas posturas que haría desvanecerse al propio Hippólytos, si la viere».

En el cap. V, 78:

> *Bellus homo est, flexos qui ordine crines;*
> *Balsama qui semper, cinnama semper olet;*
> *Cantica qui Nili, qui Gaditana susurrat;*
> *Qui movet in varios brachia vosa modos.*

Estrabón, II, 3,5. Recoge el testimonio de Poseidonios acerca de Eudoxos (explorador de la costa de África del siglo II a.C.), que partió de Cádiz para uno de sus viajes no sin antes haber reclutado en la ciudad *muchachas jóvenes cantoras,* además de médicos, técnicos y carpinteros de ribera.

Estrabón en otro pasaje se refiere a bailarinas (puellae gaditanae) que hacían las delicias en los festines romanos y que competían con las bayaderas egipcias y griegas.

Juvenal, Sat. XI, 162 y siguientes:

> *Forsitan expectes, ut Gaditana canoro*
> *incipiant prurite choro...*
> *Non capit has nugas humilis domus.*

Estas citas demuestran el prestigio y la popularidad de la música «andaluza» desde antes de la llegada de los celtas a la Península, ya que el pueblo ligur parece haberse establecido antes. Por tanto, se trataría de un tipo de música anterior a toda influencia griega, ni persa ni árabe, ya que éstos últimos no llegan a la Península hasta el siglo VIII d.C. Tampoco tenía influencia de los gypsy, gitanos o zíngaros, que llegaron en caravanas hacia el siglo XV, lo mismo que a Francia, Europa y gran parte de América.

«Por tanto, el tipo de música "andaluza" es genuinamente española, tal vez la música más genuinamente española, por haber tenido menor influjo cultural europeo». (98)

Lo más característico del folclore andaluz es el *cante flamenco,* cuyo mismo nombre fue sujeto de apasionadas polémicas acerca de su significado y origen. Finalmente, parece que la versión más acertada sea la proporcionada por Marius Schneider al haber hallado correspondencias simbólicas entre:

El sonido mi equivale a pavo real flamenco... Dolor... Deber... Matrimonio... Fecundidad... Ritos de lluvia... Canto melismático (que es característico del *cante hondo*).

A su vez, el sonido Mi es característico del *cante flamenco,* el cual, por su parte, corresponde a los ritos medicinales.

Lo mismo cabe decir de otros elementos característicos como son: la *saeta,* el *yodel* y el *canto melismático,* los cuales en opinión de Schneider están relacionados con los ritos mencionados en las culturas totemísticas. (99)

Aparte de esta relación simbólica, el *baile flamenco* y el *cante hondo* tienen una característica común y es la de una libertad de expresión casi absoluta. Parece que la pauta que todo baile posee y a la que es preciso someterse, en el flamenco está reducida a la mínima expresión. Lo esencial radica en la expresión, en una total exteriorización de sentimientos. Por ello apenas existen movimientos angulosos en su ejecución, sino que son esencialmente ondulantes y sinuosos. La línea recta es sustituida en todo momento por la curva y en el cante —casi un recitado— no es importante en realidad el «afinar», sino la capacidad de expresión dramática.

CONCEPTOS MUSICOTERAPÉUTICOS DE AUTORES ESPAÑOLES DEL PASADO Y VÁLIDOS EN LA ACTUALIDAD

Quintiliano, que nació en Calahorra (Logroño, 35 o 42 d.C.), fue el primer profesor de retórica y aporta varios testimonios. Dice que Crisifo, el filósofo, seleccionó melodías especiales para que las nodrizas ayudaran a dormir a los bebés. (100) Para ayudarse en el trabajo (música funcional), Epaminondas de Tebas, en la construcción de la ciudad de Messene, ordenó que: «trabajaran con el acompañamiento de la música, que debía ser tocada con flautas». (101) Antiguamente, los músicos eran tan celebrados que eran contados entre los hombres célebres e ilustres. (102)

Llama la atención Quintiliano acerca de cómo el modo frigio podía hacer enloquecer, y sobre la artificialidad con que se declaraba. Sólo un orador con conocimientos de música puede ser un perfecto orador y, para serlo, debe estudiar música y leer a los poetas. (103) Se lee: «Dame el conocimiento de los principios de la música que tienen el poder de excitar o apaciguar las emociones del hombre...». (104)

Quintiliano reseña que Pitágoras y sus discípulos tenían la costumbre de tocar la lira al levantarse con el fin de sentirse aptos para el trabajo. (105)

Séneca, que nació en Córdoba (4 a.C.) y fue el más ilustre de los estoicos; dice:

«Quien desconoce la música, no conoce nada que tenga sentido.» (106)

«Tú, amigo mío, me enseñas cómo armonizar entre ellos el tiple y el bajo y cómo a pesar de que las cuerdas producen diversos sonidos, el resultado es armonía; sin embargo, mejor lleva a mi alma a estar en armonía con ella misma y no permitas que mis propósitos sean discordantes. Tú me estás mostrando cuán tristes pueden ser los modos; muéstrame, mejor, cómo en medio de la adversidad puedo yo evitar emitir tonos dolorosos.

«Pitágoras aplacaba, al son de la lira, los pesares del espíritu. Nadie ignora, al contrario, que el clarín y la trompeta son dos excitantes, al igual que ciertos cantos resultan calmantes y reposan el espíritu.» (107)

Séneca cuenta cómo Mecenas se curó del insomnio que le aquejaba desde hacía tres años escuchando música armoniosa, tocada a distancia. (108)

Marcial, natural de Bílbilis, cerca de Calatayud (Zaragoza), refiere cómo «los cisnes y otros animales músicos, peces, elefantes, pájaros y serpientes y delfines, todos responden a los sones armoniosos». (109)

Cuenta que Damón prescribía y usaba melodías emotivas para apaciguar a los hombres en estado de embriaguez cuando se comportaban de un modo extravagante, como por ejemplo cuando ordenó al que tocaba la flauta que tocara un ritmo espondeo para hacer cesar una conducta irracional debida a la confusión mental ocasionada por intoxicación. (110)

San Isidoro de Sevilla (570-646). Su idea más original, puesto que las demás son citas de autores clásicos, es la de que se debió al «arte de la modulación» y no a milagro sobrenatural el poder curar la melancolía del rey Saúl. La Sagrada Escritura se refiere a la facilidad con que el joven David sabía aplacar o modificar el estado de ánimo esencialmente melancólico del rey Saúl. (111) Refiriéndose a efectos terapéuticos en general, afirma: «Musica movet affectus, provocat in diversum habitum sensus». (112)

Avicena (980-1037). «Todo género de dolores se desvanecen y curan con la música, y ello comprendiendo todas las causas de que puedan proceder.» (113) La música posee una cierta cualidad hipnótica: es capaz de polarizar nuestra atención descentrándola del dolor moral o físico.

Arnau de Vilanova (1240-1311). «Con dulces cantares y amenas vistas se restablece el ánimo de los convalecientes.» (114)

Señala el genuino sentido y valor de la musicoterapia, la cual no sirve para curar todo género de enfermedades, sino como fuerza modificadora del estado de ánimo, lo cual a su vez es la mejor ayuda a la eficacia de los remedios físicos, farmacológicos o psicológicos. La influencia del espíritu sobre el cuerpo es innegable, y viceversa. De ahí la razón de ser de la medicina psicosomática.

Pedro de Mexía (1500-1552). Historiador, poeta y didáctico. Fue cronista del reino en tiempos de Carlos V. En su tratado *Silva de varia lección,* publicado en 1542, habla de la picadura de la tarántula y describe el modo musical adecuado para su curación. Es la primera cita que se refiere al fenómeno del tarantismo.

Andrés de Laguna (1494-1560). En su traducción del griego al castellano del *Pedacio dioscorides amazambeo* hace una descripción sintomatológica de los efectos de la mordedura de la tarántula: «...porque unos cantan, otros ríen, otros lloran, otros saltan, otros duermen, otros sudan, otros tiemblan y, finalmente, otros hacen otras cosas extrañas. Pero a todos estos accidentes tan diferentes es un remedio común la música, la cual mientras dura, cada uno tor-

na en sí mismo y parece no tener mal ninguno, y en cesando la voz, o los
instrumentos, vuelve a su propia locura». (115)

Ciertamente, se trataba de los efectos del veneno inoculado por el arácnido que atacaba al sistema nervioso, por lo que sus características eran parecidas a las producidas por otras sustancias tóxicas causantes de psicosis exógenas. Sin embargo, debido a un estado de histeria colectiva relacionado con el temor a la tarántula, es de suponer que en muchos casos no se trataría más que de simples episodios de locura. En musicoterapia, lo verdaderamente interesante está en el hecho de que la música, tanto en tino como en otro caso, era realmente eficaz no por el contenido mágico que el vulgo le atribuía, sino por sus efectos ciertos.

LA MÚSICA COMO AYUDA EN LA COLONIZACIÓN DE HISPANOAMÉRICA

La música estuvo presente desde el primer momento en el descubrimiento y colonización de América. Durante la travesía del Atlántico, al describir la vida diaria de aquellos marinos, Doserres (116) señala que les ayudaba el cantar al alba:

Bendita sea la luz
y la Santa Trinidad.
Bendita sea el alba
y el Señor que nos la manda.
Bendito sea el día
y el Señor que lo envía.
Amén, buen viaje, buen viaje pasaje.

Y a las doce y a la puesta del sol:

Bendita sea la hora
en que Jesús nació
la Virgen que le parió
san Juan que le bautizó.

En aquellos barcos solían llevar además de la vihuela (antecedente de la guitarra), otros instrumentos como trompetas, pífanos y atabales.

«En la penosa travesía del océano, donde se amansaban las impaciencias, manos hábiles toman en la vihuela gratos acordes que evocaban el suelo natal, a la vez que levantaban la fe y llenaban de esperanzas a los bisoños conquistadores colonos que se arriesgaban en aquellas temerarias empresas que los arrastraban a recorrer el Nuevo Mundo, buscando ciudades misteriosas y a seres sobrenaturales, creados en sus afiebrados espíritus.»

«Al son de la vihuela, pitos, cascabeles y castañuelas alegraban los bizarros mocetones la tediosa travesía, cantando coplas y romances, viejos y nuevos, que circulaban estampados en hojas sueltas y que, como precioso tesoro, guardaban después en los holgados bolsillos de sus chaquetones». (117)

Ya en el Nuevo Continente, la música les ayudaba en sus expediciones: «Estos instrumentos —los mencionados— eran comunes en los cuerpos expedicionarios. Sus notas daban aliento y marcialidad a las mesnadas conquistadoras en su andar por caminos inexplorados a través de llanuras sin fin o montañas erizadas». (118)

La afición de los indígenas por la música

Parece que entre todos los pueblos autóctonos del Nuevo Mundo, los incas del Perú eran quienes tenían una música más evolucionada.

Como instrumentos musicales poseían el tambor, varias clases de pitos, flautas, zampoñas, el pinculio y la quena.

«La *quena* es el instrumento por excelencia de la raza incaica, cuyos sonidos, todo ternura, todo amor, son profundamente tristes porque son profundamente sentidos.» (119)

Su escala musical consiste «en la disposición de una escala compuesta de cinco sonidos que se suceden en una forma tal que no ha lugar a los semitonos, teniendo dos intervalos en tercera menor...». (120)

Cuando los españoles llegaron a Río de la Plata y Tucumán (Argentina) se encontraron con unos nativos que conocían los secretos del canto: «Estaban dotados del genio de las aves, en las que la misma naturaleza les inspira el canto». (121)

Eran unos cantos muy rudimentarios, «unas cantinelas rústicas y monótonas; aquellos gritos estridentes y fastidiosos de los que nos hablan los primeros cronistas, aunque disonantes y ofensivos a los oídos de éstos, tenían el mágico poder de expresar, grosera tal vez pero intensamente, los sentimientos de alegría y de placer y de ira y de dolor. Eran tiempos musicales acordados y aptos para el fin que se proponían al entonarlos». (122)

Los vilelas (Tucumán) utilizaban la música para realizar curaciones mediante el canto. El padre Alfonso Sánchez recoge un canto típico para estas ocasiones, que se reducía a estas palabras: «Che y ech...Che y ech...Che y ech...Ye, ye, ye», «y repitiendo este sonsonete pasaban las horas y aun las noches enteras al lado del enfermo, con el fin de restituirle la salud». (123)

Tenían cantos de guerra y otros cantos y bailes para iniciar sus fiestas. Utilizaban pocas palabras; por ejemplo, los indios lules e insistines podían pasarse toda una noche repitiendo «Peitolo Yavalí», que quiere decir 'corred por el valle'. Los indios paisanes cantan al ponerse el sol: «Ocolte Colate Nitai» (mira que viene el zorro). O otra: «Yilep nitai.- atip perenai» (el hechicero viene, que sea bienvenido), que iban repetir hasta la salida del sol. (124)

Los abipones, muy belicosos, sin embargo eran muy aficionados a la música, al baile y a las escenas teatrales, que tenían lugar especialmente en el nacimiento del hijo del cacique o dedicadas a la constelación de las Pléyades. Cuando esta constelación desaparecía de su vista, decían que estaba enferma y cuando en el mes de mayo reaparecía, se alegraban de que hubiera recobrado la salud y entonces cantaban al son de trompetas y tambores. (125)

En los entierros el canto está presente, «dirigido por una anciana de la tribu que lleva en la mano una vara adornada con cascabeles, que le sirve de batuta, entona un canto triste: siguen todos los demás con pausa en gritos descompasados». (126)

De los indios guaraníes, ya en el siglo XVIII, Muratori escribió: «Es increíble la inclinación natural que tienen los indios guaraníes a todo lo que es música... y a esa inclinación se añade la admirable habilidad que tienen para la música vocal e instrumental». (127) «Tienen una singular afición por la armonía». (128)

La música como medio de evangelización

Lo expuesto anteriormente refleja la realidad con la que se encontraron los españoles cuando llegaron al Nuevo Mundo. No es de extrañar, pues, que aprovecharan aquellas cualidades musicales subyacentes como medio de ayudar a los indios a entrar en contacto con ellos y atraerlos hacia sus creencias. Creían que eso era lo mejor que podían hacer, cosa que en aquella época ni se ponía en duda.

Los españoles tuvieron que empezar por desterrar las malas costumbres. Furlong (129) recoge el testimonio de Leite según el cual en la expedición de don Pedro de Mendoza (1535), de 11 naves con unos 2.000 expedicionarios con rumbo a Buenos Aires, uno de ellos, Nuño Gabriel, comenzó a reunir en una casa grande a los indígenas del lugar, sobre todo a los hijos de los caciques y de los principales caudillos indios, y les enseñaba no sólo a leer y a escribir, sino que «les hizo cantares contra sus vicios; esto es, contra el comer carne humana, contra el tatuarse, contra el matar a otros...». (130)

Furlong en la obra citada recoge diversos testimonios acerca de la ayuda que significó para los misioneros la utilización de la música en sus diversas formas.

El padre jesuita Alonso Barzana llegó a Tucumán en 1585, y en 1594 escribía: «Todas estas naciones son muy dadas a bailar y a cantar, y tan porfiadamente que algunos pueblos velan la noche cantando, bailando y bebiendo. Los lules, entre todos, son los mayores músicos desde niños...Y así la Compañía (de Jesús), para ganarlos, con su modo los iba catequizando... dándoles nuevos cantares de graciosos tonos, y así se sujetan los corderos, dejando arcos y flechas». (131)

Barzana y el padre Pedro Añasco llegaron a amansar no tan sólo a los apacibles lules, sino también a los terribles matarás. (132)

Un franciscano, san Francisco Solano, llegado a Tucumán en 1590, penetraba en las selvas a los acordes de un violín, y en el Museo Histórico de Córdoba (Argentina) existe un lienzo representando este hecho, mientras las aves de la selva se acercan al artista. (133)

En la cristianización del Brasil, el padre Manuel de Noriega solía decir: dadme una orquesta de músicos y conquistaré al punto todos los fieles para Cristo. (134)

Reducciones del Paraguay. «Imbuidos de esta verdad, los padres Juan Saloni, Tomás Fields, Esteban Grao y Manuel Ortega penetraron decididamente en las selvas quinientos y más kilómetros al NO de la Asunción, con rústicos instrumentos que pudieron obtener en la capital paraguaya, e iniciaron así aquella maravillosa realización social y cultural que la historia recuerda y enaltece con el nombre de Reducciones Guaraníticas...» (135)

El padre Charlevoix, basándose en los relatos de los primeros misioneros, escribe: «La natural afición de los indios sirvió para poblar las primeras Reducciones. Los jesuitas, navegando por los ríos, echaron de ver que cuando para explayarse santamente cantaban cánticos espirituales, acudían a oírlos tropas de indios, y parecían tener en ello especial gusto. Aprovechándose de ello para explicarles lo que cantaban; y como si tal melodía hubiera cambiado sus corazones, haciéndoles susceptibles de los afectos que les querían inspirar, no tenían dificultad en persuadirlos a que los siguiesen; los hallaban dóciles, y poco a poco hacían entrar en sus ánimos los grandes sentimientos de la religión». Incluso pusieron música a toda la doctrina cristiana, lo que produjo muy buen efecto. (136)

Existe un óleo del pintor mexicano Gonzalo Carrasco que representa a misioneros jesuitas navegando en una barca, tocando instrumentos musicales.

Por qué utilizaron la música. El misionero Peremás, que fue misionero con los indios guaraníes primero y luego catedrático de la Universidad de Córdoba (Argentina) en el siglo XVIII, asevera que fueron las doctrinas de Platón las que ejercieron influencia preponderante sobre los jesuitas que iniciaron y organizaron las Reducciones, y que esa influencia explica la enorme importancia que atribuyeron a la música no tan sólo como medio para atraer al indio, sino también como instrumento de su refinamiento social y cultural.

Peremás (137) habla también de cómo la música estaba presente durante las tareas diarias, tal como Platón deseaba: Aun en las tareas ordinarias, aun al roturar la tierra, abrir canales al agua, podar los árboles, sonaban los instrumentos músicos que todo lo alegraban, y hasta iban y venían al trabajo al son de músicas y cantos.

De los resultados obtenidos son un reflejo las escenas de la película La misión, dirigida por Roland Joffé, con música de Ennio Morricone (1986).

Oliva Sabuco (1562-1622?). Era hija de Miguel Sabuco Álvarez, procurador síndico de Alcaraz y boticario. Fue educada por el célebre humanista Pedro Simón Abril. Publicó la obra *Nueva filosofía de la naturaleza del hombre, no conocida ni alcanzada de los grandes filósofos antiguos, la cual mejora la vida humana,* publicada en Madrid en 1587 y 1588; en Braga (Portugal) en 1622, y reimpresa en Madrid en 1728. La edición de 1588 fue recogida y tachada por el Santo Oficio, al igual que la de 1622. La de 1728 fue puesta en el índice. La paternidad de la obra no está clara. Se atribuye últimamente al padre de Oliva, el cual habría adoptado el seudónimo del nombre de su hija para prevenirse contra el Santo Oficio o tal vez, como dice Picatoste, prefiere atribuirla a su hija simplemente por ser mujer: «Entre las cuales debemos citar a Dña. Oliva Sabuco, que escribió con tal superioridad respecto de su época, que muchos han creído imposible que fuera una mujer, sospechando que bajo ese nombre se oculta el de algún célebre médico». (138) Sin embargo, faltan testimonios para disputarle la paternidad a esta insigne mujer.

Hace referencia la musicoterapia en dos capítulos: «De la música, la qual alegra, y afirma el celebro, y da salud a toda enfermedad». (139)

Con este título encabeza el capítulo, en el que puede leerse: «La música es el contrario del mal sonido desproporcionado, y así hace el contrario efecto, es la cosa que más conforta, alegra, y afirma el celebro, de las que ay fuera del hombre, porque como sea un género de alegría espiritual que alegra el ánima, se le pega, casi como efecto de alegría natural, en tanto que con la música se sana el daño que hizo el veneno en el celebro, y se pone por remedio». (140)

La primera idea era, y es, aplicación directa de un principio médico muy importante en la Edad Media y que el infante Juan Manuel expresa así: «Quien la enfermedad quiere sanar, con melecina contraria la ha de curar». (141)

Se consideraba, pues, a la enfermedad como una «desarmonía orgánica», la cual podría curarse con el remedio o estímulo contrario: la armonía. Esta idea se remonta a concepciones filosóficas míticas. «...es la cosa que más conforta, alegra, y afirma el celebro, de las que ay fuera del hombre».

Localiza Oliva Sabuco el efecto más importante de la música en el cerebro y no en el corazón, como otros autores. Concibe la música como algo que está «fuera del hombre». Corresponde a la concepción renacentista de desmitificación de las fuerzas de la naturaleza. Acierta al decir: «...porque como sea un género de alegría espiritual que alegra el ánima, se le pega, casi como efecto de alegría natural...», o sea, capaz de modificar el estado de ánimo del enfermo. Se excede en la última afirmación, ya que la música carece del poder de ser un antídoto contra un veneno específico, como es el que inocula la tarántula, que es a lo que se refería el autor. El poder de la música desde el punto de vista médico es, sobre todo, indirecto: actuando sobre la psique humana influye sobre su parte fisiológica.

Cita Oliva Sabuco a Teostrato, Alexandro y Petrogilio como autores clásicos que hablaron de tarantismo partiendo de casos observados en la región de Apulia, en Italia: «...que un género de arañas, que se nombran tarántulas, que se crían en la Pulla, tienen tanta ponzoña, y veneno, que el hombre a quien pican luego pierde todos los sentidos, y muere, si no es socorrido presto con el remedio que halló experiencia, que es la música, tañéndola suavemente, y luego el hombre que fue picado comienza a baylar con mucha furia y fuerza, sin cansarse, hasta que aquella ponzoña se gasta y passa su furia». (142)

Lo que el autor aporta es su enjuiciamiento de por qué la música era efectiva. Ya no se habla de efectos mágicos de la música, sino como fuerza capaz de incitar al baile, o sea, al movimiento físico, que era lo que el cuerpo humano del atarantado precisaba contra los efectos paralizantes del veneno. Esta actividad es perfectamente sabia y racional desde el punto de vista médico. Observación acertadísima: «tañéndola [la música] suavemente». De mi experiencia profesional con enfermos mentales adultos y con niños psicóticos resulta que una música inspirada, a bajo volumen y sedante, es la que más les incita a la acción, tanto física como psíquica, mucho más que una música excitante.

Continúa: «...Y digo yo que obrará más la música juntando con ella buen olor y palabras de buena esperanza».

En esta concepción, Oliva Sabuco se adelanta a su época al señalar la importancia de las «buenas palabras», o sea psicoterapia de apoyo, junto con una terapéutica «olfatoria» de la que científicamente se sabe bien poco todavía; presumo que en aquella época daban mayor importancia al sentido del olfato que en el presente.

Cabe destacar otro aspecto: la importancia de que el músico terapeuta no se limite únicamente al empleo de la música, o sea que sus conocimientos no pueden limitarse en modo alguno a los puramente musicales, sino que precisa esencialmente del conocimiento a fondo de formas de psicoterapia, principios, junto con un conocimiento lo más profundo posible del enfermo mental, de la psiquiatría.

Acerca de la medicina preventiva, indica: «...y que de esta manera se podrían curar muchas enfermedades, como los que tienen apoplexia, o epilepsia, que dicen mal de corazón, y sienten cuando les quiere venir, que un rato antes que les venga dan con gran furia, y si hallassen música sin duda alguna, y así digo...».

Hace Oliva varias observaciones sobre psicología del comportamiento que indican una aguda y muy fina percepción psicológica; por ejemplo: «Mitiga la ira, a los ayrados, extrañamente (con que no sepan que se hace por aquel efecto)».

El capítulo 47 de su libro 8º, lo titula: «Del sonido excesivo y repentino, que hace ese daño en su proporción». En él se escribe: «El sonido excesivo y repentino sin. proporción hace caer, y derriba ese jugo del celebro en su proporción como el sonido de un arcabuz repentino que hace muchos daños, especial en mugieres que se han visto malparir. Finalmente, todo demasiado sonido, que no hace proporción de número y tiempo, es contrario al hombre. Especial tiene tres sonidos, que derriban esta humanidad del celebro, que son oír un hipo penoso, o limar hoja delgada, o llorar agriamente. También oír cantar mal, oír leer mal, y oír a un necio inoportuno». (143)

Es curiosa la enumeración de sonidos desagradables, fruto de observación personal, al igual que los efectos perniciosos de la «desarmonía» musical.

Sobre los efectos patológicos del ruido, de toda clase de música «inarmónica» o emitida a volumen superior al normal, como se estila no sólo en las llamadas «discotecas pop», sino también en muchos hogares, el hombre está ya pagando su tributo: el incremento de la enfermedad mental y de los desequilibrios nerviosos temporales que se traducen en dolencias físicas (úlceras de estómago, infartos de miocardio, etc.), accidentes de tráfico y laborales, riñas familiares... Apenas le es ya concedido al hombre el superlujo del silencio, tan importante para el mantenimiento de su estabilidad emocional.

La música tiene como misión propia el proporcionar al hombre vitalidad, tanto fisiológica como psicológica, relajación, serenidad... La música, como toda manifestación artística, tiene como misión el hacernos intuir, además, las realidades extrasensoriales, sobrenaturales; jamás debe convertirse en todo lo contrario. Debiera existir un control, un organismo que decidiera sobre la calidad y adecuación humana de la música que se da a escuchar a la llamada comunidad de consumo, al igual que una vigilancia rigurosa para salvaguardar el descanso nocturno, especialmente en las grandes ciudades, donde el problema resulta cada vez más agobiante. Es preciso y urgente sensibilizar a la sociedad acerca de que es preciso controlar los ruidos, especialmente durante las horas de descanso nocturno, y a las empresas constructoras sobre la necesidad de que los nuevos inmuebles se construyan con materiales adecuados que los aíslen del ruido, y eso no como un lujo más, sino como una necesidad, o sea con carácter obligatorio.

Domingo Pedro Cerone (1566-?). Italiano de nacimiento, pero español de adopción, fue chantre de la capilla de Felipe II. En su obra *El melopeo y maestro, tractado de música theórica y práctica...* (Nápoles, 1613), se refiere, en el capitulo XXIII, a muchas de las ideas sobre la importancia de 1a música como terapéutica, desarrolladas por autores clásicos. Dice al final: «Muchos otros exemplos pudiera escrivir en este particular, assi de historias antiguas como modernas y algunos pocos de nuestros tiempos: pero assi por guardar a, qui la brevedad que conviene, como porque entiendo recogerlos en las *Adiciones música* que he determinado escrivir (siendo Dios servido) para recreación y satisfacción de los curiosos, no los quiero referir». Sin embargo, no llegó a escribir, o cuando menos a publicar, tales *Adiciones música*, por lo que nos vemos privados de una fuente importante de información.

Algunas de sus ideas originales: a) *El gusto por la música es innato en el hombre:* «Como Dios haya puesto en el hombre esta natural música; assi el hombre tiene natural inclinación y amistad con ella». (144) Dicha afirmación la prueba con el testimonio de Boecio: «Cierta experiencia tenemos, que el estado de nuestra ánima y cuerpo en alguna manera es compuesto de proporciones, con las cuales produce el hombre harmónicas modulaciones. El que canta ô tañe un modo jocundo y alegre, no penseys que lo haze para que la música le dé alegria (dize Papinio), sino para que el harmonía alegre que está en el corazón del que canta o tañe, en alguna manera la produzca, con la qual se deleyte: lo mesmo es del cantor triste, que busca modos proporcionados con su tristeza para despertarla». (145) «Y de aqui es que los pequeños niños sin tener uso de razón, callan y se aduermen con el dulce canto de la madre, y con el áspero se provocan a yra y a eriojo.» (146) Esta última idea es tomada de Galeno.

Aduce Cerone, además, como prueba de este innatismo, testimonio de autores clásicos acerca de los efectos causados por la música en los animales y en diversos seres inanimados. De todo ello infiere: «Concluiremos que no ay cosa tan amiga de naturaleza, ni que tanto cudicie y apetezca, como es la música: y que por el consiguiente no ay edad, officio, dignidad o estado de persona, que no se deleyte con la música, y quien no guste della, con verdad se puede dezir que no está compuesto con harmonía: pues la mesma naturaleza consiste en proporciones y tratamientos harmónicos». (147)

Desde el punto de vista psicológico es un dato significativo la actitud de rechazo de una persona a la música: dato a tener en cuenta. Cervantes hace decir a Sancho: «Señora, donde hay música no puede haber cosa mala». (148) Y a la inversa.

b) *Música abraza todas las disciplinas:* «Mas la música no solamente es buena para tractar el entendimiento como ciencia especulativa, sino que aprovecha a las constumbres y favorece a las virtudes. De mas desto, también reduze el hombre á la contemplación de las cosas celestes: y tiene tal propiedad, que toda cosa á quien se añade haze perfeta». (149)

La traducción moderna a la observación, «que toda cosa a quien se añade haze perfeta», podría ser la llamada «música funcional» y «música de fondo», indispensable ya en cinematografía, por ejemplo. En cuanto a la «música funcional», resulta incuestionable la eficacia de la música en el mundo del trabajo laboral, siempre y únicamente cuando ésta sea adecuada a la personalidad del trabajador y a la índole del trabajo a realizar. Todos los procedimientos que se limiten a «comprar a kilos» música grabada en otras latitudes y se limite a reproducir tales piezas musicales sin tener en cuenta nada más, es totalmente ineficaz –en cuanto ayuda en el trabajo y mayor productividad– e incluso puede resultar contraproducente: menor productividad, aumento de accidentes de trabajo... La música, como toda fuerza emanada de la naturaleza y del hombre, es una fuerza ciega en cuanto a sus efectos: se precisa de una adecuación, y esto ciertamente es muy difícil, pero no imposible.

Cualquier actividad humana, sin olvidar la vida diaria escolar, (150) se dignifica, se poetiza, al conjuro de una música adecuada.

c) *La música como la más excelente recreación:* «Y advierte que entre todas las recreaciones, la música es la más noble, la más digna, y la que opera mayores efectos: y por ésta (sin las otras causas) fue puesta entre las artes liberales...». Ciertamente, el catalogar a la música como recreación y en el sentido específico en que lo hace, además de otras ideas que expone, es original. La educación y la psiquiatría han revalorizado la importancia de la recreación; en el ámbito de la última se ha creado la ludoterapia, que en países anglosajones se denomina *recreation therapy* o *play therapy,* y se usa en ellos la música como parte integrante, si bien en sentido mucho menos específico que en musicoterapia.

P. Benito Jerónimo Feijoo y Montenegro (1676-1764). Monje benedictino del monasterio de Samos (Orense) y maestro general de su orden y profesor de Teología en la Universidad de Oviedo. Un gran polígota español:

«El deleyte de la Música, acompañado de la virtud, hace en la tierra el noviciado del Cielo.» (151) Este es el título de una de sus *Cartas,* en la que habla de la música como:

a) *Recreación:* La música que «a tiempos proporcionados, descanse el áni-

mo de la fatiga, disipe el fastidio, que muy continuadas inducen las obras...».
«...una recreación honestisima, qual es la de la música...». (152)

b) *La música como la más excelente entre las demás bellas artes:* «Entre todas las artes es la más noble, más excelente, la más conforme á la naturaleza racional, y la más apta á hermanarse con la virtud...». (153)

Para demostrarlo, Feijoo aporta argumentos: «el primero, de su mayor nobleza; el segundo, de su mayor conformidad á la naturaleza humana; el tercero, de su mayor honestidad ó utilidad moral». (154) Para ello se funda en los clásicos griegos, en la Sagrada Escritura dando un sentido racional a sus interpretaciones, en san Isidoro, en el padre Cornelio Alapide, y cita casos de curaciones referidas en la Historia de la Academia Real de las Ciencias (1707, 1708) de Francia.

Ideas interesantes: «...la suavidad de la música es de quanto hay en la tierra symbolo, ó viva imagen de la felicidad del Cielo». (155)

La música es la más conforme a la naturaleza humana. Trata de probarlo aduciendo el testimonio de Aristóteles: «La música es una de aquellas artes que deleytan con proporción á nuestra naturaleza; de modo que parece que ésta tiene cierta especie de parentesco con la música. Por lo qual muchos sabios dixeron que nuestro ánimo es harmonía, otros que tiene harmonía». (156)

Para ello, Feijoo expone el concepto de Armonía cuerpo-alma: «Lo que yo diré. y digo, no fundado en la autoridad de algun Phylósofo, sino en lo que me siguiere la razón, es que en nuestro ser, en este todo compuesto.de cuerpo y alma racional, resplandece la más perfecta, la más sublíme, la más admirable harmonía de quantas produxo la naturaleza, ó discurrió el arte». (157)

c) *El concepto de la interrelación cuerpo-alma*, que es el fundamento de la medicina psicosomática: «Quanto suena en el cuerpo, resuena en el alma; quanto suena.en el alma, resuena en el cuerpo.Toque en qualquiera parte del cuerpo la punta de una aguja... se resiente toda el alma. Sienta el alma qualquiera aflicción, qualquiera congoja... al punto, como ecos de aquel dolor, resultan en el cuerpo...algún desorden en las funciones, ó vitales, ó animales. Lo mismo sucede con las pasiones del alma... La ira mueve la sangre hacia la superficie, el temor la recoge hacia dentro; el amor de concupiscencia la hace arder en llamas impuras». «La misma consonancia... se experimenta asimismo en las deleytables». (158)

Pero se lamenta Feijoo de no poder probar el por qué de esta relación profunda música-ser humano, como tampoco se puede hasta la fecha, a fondo: «Pero siendo y.cierta, como acabo de probar, esta acorde consonancia entre las dos partes esenciales de nuestro ser, alma, y cuerpo, se descubre claramente aquella especie de parentesco, de que habló Aristóteles, que hay entre nuestra naturaleza y la música; aunque ni Aristóteles ni los sabios anonymos que cita la explicaron. Por consiguiente, se convence que entre todas las artes delectables la más conforme… la naturaleza racional es la de la música». (159) Aduce ejemplos entresacados de la Sagrada Escritura.

d) Por último, trata de probar que *«el gusto de ella* [de la música] *dispone el ánimo para la virtud»*. Y además que ello es «connatural» a la música: «Porque el gusto de la música allana… la alma el camino para la virtud, quitando gran parte de los estorvos, ó tropiezos que hay en él. Estos estorvos son las pasiones ó inclinaciones viciosas»... «¿Y cómo quita esos estorvos? De dos maneras. Concurren …esa utilísima obra la inclinación genial… la música, y el goce actual de ella». (160)

Feijoo encuentra que el goce de la música es el mejor sustitutivo a las inclinaciones negativas: «Esa limpia pasión [la música] (si pasión se puede llamar) no sólo aparta la atención de la alma… quien domina, de los objetos que la pueden ser nocivos; mas la hace mirar, como indignos de su nobleza, todos aquellos que en la qualidad de viciosos necesariamente incluyen la infamia de torpes, y villanos». «De este modo la inclinacion… la música allana… la alma el camino de la virtud.» (161)

e) *La música como ayuda en la depresión:* «La música es lo más apropiado que hay para la melancolía». Y Feijoo aduce ejemplos de la Sagrada Escritura. (162)

f) *De qué dependen los efectos de la música.* Aduce el benedictino unas finas observaciones al decir: «...y es que los mayores ó menores efectos de la música no sólo penden de la mayor ó menor destreza del Artífice: no sólo de la calidad de la composición, mas también del modo de.la execución. Se ve muchas veces, como yo lo he visto, que un mismo tañido, y en el mismo instrumento, executado por una mano hechiza y executado por otra desagrada. En el modo de herir la cuerda hay una latitud inmensa entre el más perfecto, y el más imperfecto, aunque toda.esa latitud consta de unas diferencias como indivisibles, cuya recíproca distinción no perciben la vista, ni el oído, ni el entendimiento. Asimismo, observar, ó no observar aquel tiempo preciso, y como momentáneo, que es el justo de la pulsacion, dá, ó quita la gracia á la música...». (163)

g) *Virtud curativa de la música.* Aporta diversos ejemplos entresacados de los griegos, de san Agustín y de la Edad Media. (164)

«Maravillas de la música, y cotejo de la antigua con la moderna.» (165) Feijoo se plantea en esta Carta la cuestión acerca de si la música de su tiempo producía los mismos efectos admirables que la música de la antigüedad: «Si es admirable, que la música antigua haya encendido ó apagado violentas pasiones, aun lo es más, al parecer, que haya servido para curar varias enfermedades...» (166)

Pero duda Feijoo de su veracidad porque «ninguno de los autores que testifican aquel grande imperio de la música sobre las pasiones habla como testigo de vista ú de experiencia propia». (167) También porque no hay por qué atribuir a prodigio hechos que puedan ser explicados por otras causas. Y finalmente, porque juzga como fabulosas muchas de las curaciones atribuidas a la música en la antigüedad.

Relata, sin embargo, un caso extraído de la *Historia de la Academia Real de las Ciencias de Francia*, de 1707, según el cual «un famoso músico y gran compositor fue atacado de una fiebre que aumentándose progresivamente, al dia séptimo le hizo caer en un violento delirio, casi sin algún intervalo, acompañado de gritos, llantos, terrores, y perpetua vigilia. Al tercer día del delirio, uno de aquellos instintos naturales, que se dicen hacen buscar a los Brutos enfermos las hierbas que les convienen, le induxo. pedir alguna música para su diversión. Cantáronsele, acompañadas debidamente con instrumentos, algunas composiciones de Mr. Bernier, célebre artífice de música en Francia. Luego que empezó, se le serenó el rostro, se pusieron tranquilos los ojos, cesaron enteramente las convulsiones, vertió lágrimas de placer, careció de fiebre mientras duró la música; mas cesando ésta, se repitieron la fiebre y los síntomas. A vista de un suceso tan feliz, y tan imprevisto, se repitió muchas veces el remedio, lográndose siempre la suspensión de la fiebre y el delirio mientras duraba la música. Algunas noches le asistía una pariente suya, quien hacía cantar, y danzar, siempre con alivio suyo; y aun tal vez sucedió, que no oyendo más música que un cantarcito vulgar de estos con que se entretienen los muchachos por las calles, con él sintió algún provecho. En fin, diez días de música, sin otra añadidura de parte de la medicina que una sangría del tovillo, que fue la segunda que recibió en todo el discurso de la enfermedad, le curaron perfectamente». (168)

En este caso Feijoo acepta los efectos de la música, pero aun concedido esto (que los efectos se debieran a la segunda sangría o a la Naturaleza) subsiste en el suceso referido un indudable y maravilloso efecto de la música, «acaso mayor que el de la curación total, que es la pronta suspensión de la fiebre, y síntomas, lograda tantas veces, quantas se repitió la música». (169)

Este caso es muy interesante por el hecho de la repetición de los efectos ante el mismo estímulo y el hecho de que Feijoo lo hubiera resaltado, dado que constituye una de las premisas de la investigación científica.

Hace el benedictino unas observaciones muy atinadas respecto a si es mejor una melodía cantada o acompañada por la guitarra o una música coral o instrumental: «Yo he visto. infinidad de sugetos recrearse mucho más oyendo una buena voz, acompañada de una guitarra rasgueada, que oyendo el concierto de muchas voces, y instrumentos». (170)

«Música de los templos.» En este ensayo. (171) formula una serie de observaciones acerca del tipo adecuado de música que se requiere en el templo como suscitadora del talante religioso, adecuado al lugar y a los momentos dedicados a la relación interpersonal del hombre con Dios. «¿En el templo no debiera ser toda la música grave? ¿No debiera ser toda la composición apropiada para infundir gravedad, devoción y modestia?» (172) «El que oye en el órgano el mismo minué que oyó en el sarao, ¿qué ha de hacer, sino acordarse de la dama con quien danzó la noche antecedente? De esta suerte la música que había de arrebatar el espíritu del asistente desde el templo terreno al celestial, le traslada de la iglesia al festín...» (173) Pero aclara: «No es esto querer desterrar la alegría de la música; sí sólo la alegría pueril y bufona... e... la música más alegre y deliciosa de todas es aquella que induce una tranquilidad dulce en el alma, recogiéndola en sí misma y elevándola, digámoslo así, con un género de rapto extático sobre su propio cuerpo para que pueda tomar vuelo el pensamiento hacia las cosas divinas». (174)

Creo que estos mismos principios son totalmente vigentes en el campo de la música religiosa. En otro terreno es muy acertada la observación acerca de los efectos psicológicos que producen los cromatismos en quien escucha esta forma de expresión musical. «La experiencia muestra que las mudanzas que hace la voz en el canto, por intervalos menudos, así como tienen en sí no sé qué de blandura afeminada, no sé qué de lubricidad viciosa, producen también un afecto semejante en los ánimos de los oyentes, imprimiendo en su fantasía ciertas imágenes confusas, que no representan cosa buena.» (175) «La segunda razón porque esa disminución de figuras destruye la música es porque no se da lugar al oído para que perciba la melodía.» (176)

Esta nota es muy importante con relación al tipo de música adecuada a los niños o a enfermos mentales. Las composiciones musicales formadas por una línea melódica demasiado cambiante o rápida crea tensión, por la imposibilidad del sujeto en abarcar o seguir dicha línea melódica, al igual que le ocurre ante una conversación que no puede seguir por su rapidez excesiva o por su incomprensibilidad. Algo parecido sucede ante una música inarmónica, la cual le creará tensión, aunque por otra causa mucho más sutil.

P. Antonio José Rodríguez (1709-1781). Monje cisterciense del monasterio de Santa María de Veruela. Autor de la obra *Palestra crítico-médica en que se trata de introducir la verdadera medicina, y desaloxar la tyrana intrusa del reyno de la naturaleza.* Obra en seis tomos. El V libro lo titula: «Yatro-Phonia ó medicina música». Apareció en Pamplona en 1744. La palabra Yatro deriva de la griega *yatros,* que es un sobrenombre de Apolo, el dios médico y músico, o músico-médico con mayor propiedad.

Es la primera obra de musicoterapia española con inquietudes científicas. Según parece, existe un único ejemplar, en la Biblioteca del Palacio Real de Madrid. El fundamento médico-científico en el que basa su teoría yatrofónica descansa en los siguientes puntos:
Parte de la medicina humoral, tradicional, para terminar anteponiendo a ella como más fundamental una medicina de bases psicosomáticas.

Considera a la música, como sonido físico, capaz de modificar estos humores y, en su aspecto armónico o «modal», como elemento capaz de modificar el estado de ánimo y a través de él influir sobre los humores corpóreos, o sea, sobre las funciones fisiológicas del ser humano.

Vislumbra el que la música cura únicamente las enfermedades debidas a anomalías en el estado de ánimo.

La música es ayuda eficaz en todo tipo de enfermedades, por cuanto toda enfermedad causa dolor y el dolor afecta negativamente al estado de ánimo del enfermo.

Las ideas más interesantes para nosotros. Estado de ánimo y enfermedad: «Pues digo ahora; se padecen muchas enfermedades, y muy peligrosas, cuya causa movente y conservante es el afecto de ánimo. Es sumamente cierto que sí. El Espíritu Santo lo dice, por la melancolía; y por los demás géneros de afectos, lo persuaden altamente la experiencia y la medicina». (177) Las enfermedades que ocasiona las nombra casi todas: «Apoplegía, alferecía, haemoptysis [tuberculosis], hemorrhagias furiosas, todas fiebre, todas supresiones, todos fluxos». (178)

Ciertamente, cada vez más la medicina señala la gran importancia de los problemas emocionales como causa desencadenante de múltiples enfermedades fisiológicas, o cuando menos como causa predispositiva. Luego, atajando la causa, se modificará el efecto. «Que sabiendo con certeza que la música mueve a alegría, por lo cual deshizo la tristeza que era causa, está en arbitrio del médico el proseguir una alteración en los humores favorables, contraria a la que se les mantenía morbosamente con la tristeza...» (179) «Alégrese el alma con la música. Pero como en virtud del decreto de unión no se afecta el alma sin que comunique a los espíritus y humores aquel género de afecto, moviéndolos respectivamente a su índole, de aquí es que así como antes los movía por su tristeza morbosamente, ahora debe, por el impulso de alegría, moverlos al contrario, consiguientemente alterarlos hacia el término de perfecta symetría. Si a estas dos ventajas de obrar, añadimos el movimiento, que por sí y mecánicamente debe intimar la música a los humores, sin dependencia del alma, tendremos atacado a la causa, y productos morbosos, por tres columnas de una fuerza casi insuperable. Me persuado que esta mutua dependencia, y conexión de movimientos de la alma a los humores, y de éstos a la alma fue conocido, y aun quizás aplicado por los médicos muy antiguos». (180)

¿Puede curar la música las enfermedades no causadas por afecto de ánimo?
«Pero también para este genero de dolencias afirmo que puede tener un lugar muy distinguido el medicamento músico». (181) «Figurémonos otra fiebre coagulante maligna... En ésta no fue la causa original el terror, la tristeza; pero dudo constantemente que en el curso de la enfermedad no acompañen estos afectos, haciéndose como causa para mantener la fiebre. La aprensión, el desconsuelo, el pavor, la tristeza, son asistentes perennes de todo enfermo que tenga juicio... Con que en cuanto la música imprime movimientos de alegría en el alma, no puede dexar de, intimándoles este nuevo movimiento a los humores, alterarlos y llevarlos a otro término que el que tienen por enfermos.» (182)

Efecto catártico de la música: «...Distrae también al alma la música, en virtud de su melodía, de aquel cuidado, y aflicciones que les administra la dolencia. Uno de los afectos más constantes de la música es el embeleso... Lo prueba el que muchas veces, sin saber lo que se hace y sin advertencia, se lleva el compás o el ayre músico, ya con los dedos, manos, pies, o cuerpo, oyendo la música». (183) «Todo esto prueba un alto embeleso del alma hacia la música y una poderosa distracción de todas las operaciones hacia. otros objetos sensibles.» (184)

Efecto anestésico de la música: «Es bastante cierto que, detenida el alma en la melodía y percibiéndola con deleyte y embeleso, es consecuencia necesaria el que no sienta los dolores.» El porqué de este efecto analgésico lo razona, así: «...La sensación triste, que es el dolor, está en el alma, y no en la parte que padece la ofensa, porque en la parte solamente esta el fundamento del dolor, o el dolor fundamental; pero la sensación dolorosa está en el alma, porque sólo el alma es capaz de sentirlo». (185)

Musicoterapia diferencial: «Lo segundo, que en orden a la percepción del sonido, no es igual en todos los hombres ni uniforme, como es constante; porque a unos gusta el instrumento que a otros disgusta.. Unos se deleytan con el modo de música que a otros desagrada». (186) «Debe tenerse tambien presente la vida del sugeto, y su classe en el mundo, para apropiarle el modo y el instrumento.» (187)

El autor aconseja para personas sencillas, pastores o «rústicos», la flauta o la gaita. Para «gente labradora, o mozos, y mozas de servicio de plaza y cántaro», la guitarra, el violín y «aquellas canciones comunes que ellos mismos usan». Para personas cultivadas, instrumentos delicados, arpa, clavicémbalo, viola. «Esta misma diferencia sucede con los tarantulados, según nos describen sus historiadores...» (188)

La eficacia de la técnica musicoterapéutica se basa en la «personalización», o sea, la adecuación del método a la persona concreta, a su personalidad, a sus necesidades físicas, psíquicas y de trascendencia. La eficacia de las sesiones de musicoterapia en grupo, con un conjunto de pacientes, es siempre relativa y se admite por razones de orden práctico y crematístico: imposibilidad de efectuar sesiones individuales cuando el número de pacientes es elevado. Sin embargo, las sesiones en grupo tienen una serie de valores de orden social y humano importantes en psiquiatría.

La observación relativa a los instrumentos concretos citados es válida de un modo general. El autor tuvo en cuenta únicamente la clase social del sujeto, presuponiendo que su sensibilidad estaría de acuerdo con ella, lo cual no ocurre en la realidad más que de un modo muy general, especialmente en nuestra época, debido a la gran facilidad de audición musical.

Francisco Javier Cid. Médico. Publicó en 1787, en Madrid, *Tarantismo observado en España, con que se prueba el de la pulla, dudado de algunos, y tratado de otros de fabuloso: y memorias para escribir la historia del insecto llamado tarántula.* La extensión de este trabajo no permite hacer un estudio crítico sobre el tarantismo, lo cual, por otra parte, resultaría arriesgado debido a la carencia de un estudio científico, desde el punto de vista médico, de este peculiar fenómeno. Castillo de Lucas trata el tema. (189) José Muñoz, en 1864, hizo un estudio médico del veneno de la tarántula, y en 1782 se incoó un expediente llamado «de la tarántula», por orden de la Junta Gubernativa de la Medicina. Sin embargo, carecemos de un estudio médico a la luz de las modernas concepciones.

Ciertamente, el veneno de la tarántula era el causante de dicho accidente en algunas ocasiones, pero tal vez en la mayoría de ellas se trató de casos psiconeuróticos provocados tal vez por histeria colectiva. Lo importante aquí es que tanto en uno como en otro caso la música vocal o instrumental, adecuada a cada uno de ellos, fue una ayuda valiosísima y realmente eficaz, como lo demuestran testimonios fehacientes.

Cid intentó un estudio científico, basado en la observación de los hechos, partiendo de 35 casos ocurridos en La Mancha, «observados y comunicados por los respectivos médicos de los pueblos donde sucedieron», tal como dice el autor en el índice de su obra.

En el capítulo dedicado a la «Filosofía de la música» destaca la temática siguiente:

Poder de la música. Comentando a Séneca, dice: «¡Qué poderoso influxo tiene la música sobre el cuerpo humano! ¡Qué extensión de imperio sobre los afectos del espíritu! ¡Y qué impresiones tan prodigiosas causa en nuestra máquina!». (190) Con sentido crítico rehúsa aceptar como verídicos ciertos testimonios de la literatura clásica acerca de portentosas curaciones a través de tal medida, como la peste, por ejemplo, según afirma Plutarco: «No se concibe medio ni modo con que ésta [la música] pueda corregir la infección». (191) Pero cree que la música pudo tener una acción profiláctica debido a que: «Pudiera únicamente precaver algunas disposiciones acomodadas á recibir el contagio. El susto y el temor disponen á los hombres á contraer enfermedades más bien que los alegres y festivos... Con que solamente por esta parte se puede permitir que la música alegrando los ánimos y avivando los espíritus precaviese á algunos del contagio, no siendo muy poderosa la causa ó vicio del ayre». (192)

La música mueve los afectos. «La quotidiana experiencia enseña que los afectos se mueven al compás de la música: se mitigan unas pasiones y se encienden otras. Los hombres de groseras y bárbaras costumbres se civilizan, y los ánimos se disponen a emprehender cosas grandes.» (193)

La música como ayuda en el trabajo. Cita el ejemplo de algunos pueblos de Aragón en donde existía la costumbre de asalariar a un gaitero para que tocara su instrumento durante el tiempo de moler o machacar el yeso que utilizaban en la construcción. «Es cosa graciosa ver á ocho ó diez hombres según la cantidad de yeso que se muele, estar todo el día con sus mazos casi sin descanso jugándolos sobre el terreno al compás de cierta sonata muy proporcionada para que medie precisamente el tiempo necesario de levantar y bajar el brazo. Bien conocen los dueños de esta maniobra las ventajas que logran con el pago de aquel jornal, al parecer inútil. Son bien notorias. Una es que les estimula al trabajo, otra que se les suaviza, y otra que precisamente al llevar el compás, en lo que tienen su poco de vanidad, no pierden casi golpe en las horas de trabajo...» (194) La música funcional no tiene otro fundamento.

Cómo obra la música. La música actúa dependiendo de la delicadeza del órgano y de la sensibilidad del sistema nervioso de cada persona. (195)

La música actúa de un modo maquinal en los niños. «...porque a la verdad no se puede dar efecto en el cuerpo humano sin que intervenga el alma como principio senciente; pero no interviene [la música] moviendo afectos. De esta especie es el que produce en los niños de cuna. Lloran porque algo les incomoda, y al canto de las nodrizas callan. En este caso no mueve el alma afecto alguno en virtud de la música. Únicamente atenta la criatura a aquel sonido la suspende dexándola en una especie de éxtasis, y como ocupada en percibir, aunque sin discreción, las especies de aquellos sonidos modulados, no siente la irritación ó molestia que la ocasionaba el objeto de su llanto.» (196)

No resulta cierta la afirmación según la cual la música en el niño de cuna, incluso recién nacido, le mueva de un modo maquinal, desprovisto de afecto. No lo es ni respecto a la música en sí ni menos en cuanto a lo que representa para el niño la persona que le acune con canciones.

No es cierto en lo que se refiere a la música debido a que entre las bellas artes es la que más específicamente tiene el poder de expresar los sentimientos, de dirigirse a la afectividad. Ello sucede gracias a su forma y estructura, que se parecen a la forma de las emociones, por lo cual a la música le resulta posible incluso el simbolizarlas: «Dado que los sentimientos humanos son expresados con mayor congruencia bajo la forma musical que bajo la del lenguaje, la música puede revelar la naturaleza de las emociones con más detalle que a través del lenguaje». (197)

La naturaleza de la música es de orden afectivo: Por tanto, influye en el adulto y el niño pequeño, en tal sentido, de modo positivo o negativo. Los griegos, a través de su teoría del ethos de la música, observaron ya que entre los movimientos de la música y los psíquicos del hombre existen relaciones íntimas que hacen posible a la música un influjo determinado sobre el estado de ánimo del ser humano. (198)

Por otra parte, el niño pequeño, a través de su pensamiento alógico, intuye la autenticidad afectiva de las personas que le rodean, especialmente las más próximas, como son sus padres, la nodriza..., y reacciona a su vez a las actitudes y demostraciones mínimas de afecto. «El segundo modo de obrar la música en el hombre es en el alma. Percibe ésta en la música, si le es grata, una cosa que la deleyta sin que tenga parte en el bien que supone, sea ó no verdadero, su compañero el cuerpo en virtud del decreto de unión...» (199) Lo que el autor quiso señalar fue que ciertas composiciones afectan especialmente a la parte psicológica del ser humano más que a la fisiológica, pero que indirectamente afectan siempre a las funciones fisiológicas del hombre. La medicina psicosomática cada vez pone más de manifiesto las relaciones íntimas y recíprocas cuerpo-alma, y sus límites se hacen cada vez más imprecisos. «El tercer modo de obrar la música en el hombre es el de mover las pasiones y agitar las partes donde principalmente se radican.» (200)

En la enfermedad mental. «De solo la música usaba Asclepiades en la curación de los locos y frenéticos, y con ella conseguía lo que no podía con todos los remedios más decantados del arte.» «Es sabido que la música sosiega el ánimo perturbado, agita el tranquilo, y mantiene otras veces un género de calma, si debidamente se aplica con respecto al estado de perturbación y tranquilidad...» (201)

Variedad de objetos. Así llama el autor a una técnica psicoterapéutica en uso en aquella época. Consistía en hacer viajar al enfermo distrayendo con ello su atención y polarizándola en otros centros de interés: «...borrar las ideas que por antiguas están profundamente radicadas en la imaginación del maníaco». (202) «Si hubieran reflexionado los médicos en la música y su modo de obrar habrían sustituido al penoso, largo y dispendioso remedio del viajar al barato, fácil, inocente y eficacísimo de la música, puesto que en cada momento se renuevan de mil modos los objetos.» (203)

Sustitución de una pasión por otra. «El que una determinada música calme los delirios es fácil de entender y explicar»... «Pero no lo es igualmente que un violento y vehementísimo dolor de cabeza sea curado con el impetuoso y violentísimo, cual es el horrísono y estrepitoso sonido del tambor dentro de la cámara.» «...para explicar este alivio cierto no se debe recurrir en el caso al simple modo mecánico con que obra, sino al secundario y más eficaz de la renovación de nuevas pasiones por la representación de contrarios objetos e ideas». (204)

Este principio continúa siendo vigente en psicoterapia, y no es más que la aplicación de aquel principio recogido por el infante don Juan Manuel: «Quien la enfermedad quiera sanar – con medicina contraria la ha de curar». (205)

Bartolomé Piñera y Siles. Médico. Escribió y publicó, en 1787, *Descripción de una nueva especie de corea, o bayle de San Vito originada de la picadura de un insecto, que por los fenómenos seguidos, a ella se ha creído ser la tarántula. Enfermedad de que ha adolecido y curado a beneficio de la música Ambrosio Silvan: narración de los síntomas con que se ha practicad. Informe dado a la Real Junta de Hospitales, por el Dr. Piñera y Siles, Académico de la Real Academia Médica de Madrid, médico en esta Corte y uno de los del número de los Reales Hospitales General y de la Pasión de ella.* Esta obra, desconocida, es a mi juicio el mejor estudio hecho sobre un caso auténtico de tarantismo, con todo el rigor científico que la época permitía, pero suficiente.

Se trata de un diario clínico escrito por el doctor Piñera acerca del proceso de recuperación de un paciente que fue picado por una tarántula, Ambrosio Silvan, un adolescente de catorce años, de ocupación aprendiz de cerrajero. El proceso de recuperación se llevó a cabo en la sala de San Mateo del Hospital General de Madrid, en la que el paciente ocupaba el número 41. Ingresó el día 25 de junio y abandonó el hospital completamente restablecido el día 5 de septiembre de 1787. (206)

Fue asistido por los doctores Piñera y Siles, y Miguel Morago. Consultores: doctor Manuel Gilabert, presidente de la Real Junta de Hospitales y médico de Cámara del duque de Medinaceli; doctor Juan Gámez, médico de Cámara de Su Majestad, etc. Además, «personas de ambos sexos, y de todas clases y condiciones, baxasen y solicitasen presenciar el bayle del Ambrosio...». (207)

Entre ellas cita a la condesa de Benavente, a la duquesa de Osuna, marquesa de Mortara, conde de Montijo...

Después de una minuciosísima descripción de los síntomas, «...conceptué que su enfermedad era el Baile de San Vito, ó de San Weit así llamado por el nombre de una capilla cerca de Ulm, en la Suavia...». (208)

Sin embargo, este diagnóstico fue falso, puesto que los remedios usuales en tales casos no surtieron el mínimo efecto. «Por todo el 26, parte del 25 y la mañana del 27, advertía yo ciertos síntomas particulares en esta corea, que no había notado en ninguna otra, quales eran las convulsiones de los ojos y cara, y los retemblidos, encogidas, sorpresas, y espanto que le causaban á este muchacho ciertos objetos; consulté á Sydenham; vi á Senerto; registré á Cullen, á Gaubio y Sauvages que describen la corea, y en ninguno encontré los últimos sintomas particulares que acabo de describir.» (209)

«A presencia de este singular fenómeno, recordándome de haber leído en Baglivio que los picados de tarántula tienen cierta predilección por el color encarnado...» «...Entonces el muchacho, como quien trae a la memoria un suceso de que no se ha hecho alto, me respondió que el día 3 del mismo junio estando en el Molino del Canal... de repente sintió una picadura en el cuello... y cogió un bicho que tenía muchas patas, al que tiró al suelo y pisó... que en la parte picada se le levantó un tumorcillo como una avellana...». (210)

Estos y otros detalles que se leen en el texto de Piñera no parecen dejar lugar a dudas de que realmente se trataba en este caso de un accidente de tarantismo auténtico y no de un episodio psiconeurótico.

Una vez establecido el que ninguno de los remedios físicos aplicados en aquella época surtieron efecto, se decidió, siguiendo a Baglivio, a usar la música. Pero aquí surgió la primera dificultad: «Quando juzgaba que estas reflexiones bien meditadas, y deducidas de la atenta observación del enfermo, inclinarían el ánimo del compañero á que se practicase la música, encontré una absoluta oposición alegando varias razones, siendo la más poderosa, que en un hospital no se debía aplicar un remedio como la música, y que si no surtía efecto nos expondríamos a la mofa e irrisión de la Corte». (211)

El tratamiento empleado, gracias a que se impuso el buen criterio del doctor Gilabert, presidente de la Junta de Hospitales, quien apoyó el uso de música en este caso, fue el siguiente: «...y el 30 de junio... á mi presencia, habiendo hecho vestir al Ambrosio y puesto en pie, sujeto por tres practicantes, dos que lo mantenían por baxo de los brazos, y otro que le sostenía la cabeza por el sumo dolor que le causaba al más mínimo movimiento el vexigatorio, empezó Merlo á tocar en la vihuela el son llamado tarantela, y luego que lo oyó Ambrosio, movido de un singular impulso principió á mover con arreglo, compás y uniformidad el pie derecho, y aunque arrastrando algo el izquierdo, observaba el mismo arreglo; causaba compasión el contraste de afectos que se advertían en Ambrosio; ya lleno de satisfacción manifestaba cierto ayre risueño; ya exhalaba los más agudos suspiros y ayes, cuando impelido de las vibraciones de la sonata se veía obligado á hacer algunos movimientos más impetuosos con que movía el brazo y la cabeza; me acerqué al Merlo, le ordené que tocase más aprisa, y pulsase con más celeridad y vehemencia las cuerdas... y en este mismo instante el Ambrosio excitado de una vehemente conmoción se desprendió de los tres que le sostenían, y principió a vailar por sí solo, sin apoyo de nadie, con más arreglo; ...ántes de medio cuarto de hora principió á sudar; su cara tomó un color roxo obscuro casi amoratado; mudó Merlo la sonata, perdió el Ambrosio el equilibrio, empezó á contristarse, á llorar, y á no haber sido porque á tiempo se le sostuvo, hubiera caído de golpe en el suelo; á pocos minutos volvió Merlo a tocar la tarantela sin que lo advirtiera nadie de los circunstantes, ni el Ambrosio, y éste principió á bailar de nuevo con algún más arreglo, notándose algún más perfecto movimiento...». (212)

Con esta minuciosidad de detalles continúa el diario reseñando las sesiones de baile, que oscilaron de media a dos horas, pero en dos sesiones diarias. Fue el único remedio que se le aplicó, aparte de la extracción local del veneno inoculado por la tarántula, que debido a haber transcurrido ya unos 20 días desde el accidente, naturalmente el veneno le había atacado ya el sistema nervioso. Pudo abandonar el hospital totalmente restablecido el 5 de septiembre de 1787.

Una observación interesante es la siguiente: «El Dr. Juan Gámez advirtió juiciosamente, y se admiró que siendo la tocata en su medio bastante triste, regocijara al Ambrosio con tan perfecto arreglo y compás». (213)

En mis experiencias musicoterapéuticas con dos niños autistas en el Centro Médico de la Universidad de Nueva York, en el año 1966, y en Creedmoor State Hospital de la misma ciudad en 1967, desconocía este hecho. Una música triste puede incitar al regocijo y a la acción. En mis experiencias (214) se demuestra que es cierto, pero sólo con niños autistas y en determinados tipos de psicosis. En cambio, no lo es en niños mongólicos o retrasados mentales de origen orgánico ni tampoco en niños normales en situación normal.

En otro pasaje se lee: «El día II de Agosto por la noche, se advirtió que tocándole los mismos praxticantes la tarantela no baylaba... entonces le dije: ¿por qué no baylas? y me respondió que la música y sonido no le causaba novedad; ...se le empieza a tocar, principia a menearse, sin arreglo, compás ni orden, echando cada pierna por un lado sin concierto; ...expresándome que jamás había baylado ni sabía; de lo que me he informado, y he hallado cierto». (215)

La música es eficacísima en las primeras etapas del proceso de recuperación en enfermos mentales para dejar de serlo en las etapas posteriores casi en la misma proporción en que fue eficaz al principio. Esta observación personal (216) concuerda plenamente con la de este autor y con la de A. C. Sherwin. (217)

Rafael Rodríguez Méndez. Médico y escritor. Nació en Granada el 24 de octubre de 1845 y murió en Barcelona el 20 septiembre de 1919. Catedrático de Higiene de la Universidad de Barcelona en 1874. Fundó y dirigió la *Gaceta Médica de Cataluña* y fue director del manicomio de Sant Boi de Llobregat (Barcelona).

Parellada (218) recoge la cita de 45 artículos de este autor, entre los que se encuentra una serie de artículos en la revista del manicomio *La razón de la sinrazón,* que constituyen su obra *Tratamiento moral de los alienados* (1879-1880), donde trata temas tales como «grandes espectáculos, música, baile, declamación, ceremonias religiosas, etc.». (219)

Corbella y Doménech comentan: «En otro aspecto Rodríguez Méndez podría ser considerado uno de los pocos médicos que preconizan abiertamente el uso de la música en terapéutica, o sea, un pionero de la musicoterapia. En esta etapa vemos tres escritos sobre el tema: el ya mencionado sobre un concierto en el asilo de Marsella; los dos capítulos dedicados al baile y la música dentro de la serie del tratamiento moral de los alienados y finalmente otro sobre la influencia del canto en la salud». (220)

Francisco Vidal y Careta (1860-1923). Médico barcelonés, músico, alumno del eminente pianista Juan Bautista Pujol. Licenciado y doctor en Medicina y Cirugía (Madrid, 1885). Licenciado y doctor en Ciencias Naturales por la Universidad de Madrid; fue catedrático de Paleontología Estratigráfica en la Universidad de La Habana. En 1895 ganó la misma cátedra en la Universidad de Madrid. Como compositor su obra más notable es una ópera, Cristóbal Colón, que se estrenó en el Liceo de Barcelona.

Presentó su tesis de doctorado en la Universidad Complutense de Madrid bajo el título: *La música en sus relaciones con la medicina.* Esta tesis de carácter teórico está inspirada en autores franceses, especialmente en Rambosson, Fetis, Dogiel, Bauquier, Sauvage. Cita únicamente a un español, el doctor Rodríguez Méndez, catedrático de Higiene de la Facultad de Medicina de Barcelona y director del Manicomio de Sant Boi de Llobregat (Barcelona). Este catedrático usaba la música en dicho centro psiquiátrico, tal como lo expresa en una carta dirigida a Vidal y Careta: «Me contestó diciendo que está satisfecho de ella como agente terapéutico, y que uno de sus primeros pasos en la dirección del manicomio fue el reorganizar la orquesta (toda compuesta de enfermos), que ensaya varias horas al día y que durante el paseo colectivo de los pacientes por los jardines toca piezas distintas, valiéndose de los aires nacionales en los casos de profunda melancolía, especialmente con los gallegos, habiéndose visto casi resurrecciones con la gallegada, jota, sardana, etc.».

«Nuestra orquesta –dice– se compone hoy de un director que sufre una manía periódica, siendo menos duraderos aquellos accesos en que se le puede despertar la afición a la música; de un maníaco agudo, que está en calma cuando toca la flauta; de un demente, en el concepto científico de la palabra, que no tiene casi otras muestras de vida de relación que su sensibilidad musical, transfigurándose cuando toca; de varios maníacos crónicos con alucinaciones, que durante los ejercicios musicales descansan de sus desvaríos; de un loco razonador, bastante perverso, que se torna bueno y sumiso cuando se entretiene con la música; de un joven que hace años estando loco aprendió solfeo y un instrumento de viento que le ha dado el pan durante su vida libre, una vez dado de alta, y que hoy le sirve para acelerar su curación...» «También –dice– hay coros y se logra con éstos no sólo lo que con la. música, sino también cultivar la memoria. Teníamos un enfermo que no quería hablar y se le puso en los coros, y un día echó a cantar como los demás, curándose del mutismo. Había otro que no andaba bien; a los dos o tres pasos se paraba, luego seguía y así... por de prisa que le hiciéramos andar. Se dio orden de que la música tocase pasodobles y que se le pusiera a la cabecera de los pensionistas y marchase. Nuestro enfermo anduvo el primer día con menos interrupciones y poco a poco se quitó el retraso con la marcha y después sin ella». (221)

Vidal y Careta da las siguientes conclusiones:

«1.ª La música es un agente que produce descanso y distrae al hombre en sus ocupaciones.

2.ª Es un elemento tanto más social que el café, tabaco y todo lo que engendra el trato, y por lo tanto es bueno que el hombre sepa utilizarlo.

3.ª Que deben establecerse orfeones y conciertos populares de música clásica que haciendo al hombre más indiferente a la música trivial contribuyan a moralizarle.

4.ª Que es indispensable conocer la acción fisiológica de sus distintos géneros para mejor aplicarla donde convenga, desechando la que no sea descriptiva.

5.ª Que es innegable el influjo de ella en perceptología, así como también que conviene adelantar este estudio más de lo que se ha hecho hasta ahora.

6.ª Que debieran organizarse orquestas en todos los manicomios, aunque sólo fuera para solaz de los vesánicos.

7.ª Que es conveniente aplicarla en las neurosis para que se tengan pronto datos seguros y se regularice su empleo.

8.ª Que deben combatirse con tal agente todos los casos de excitación ó depresión nerviosa». (222)

Resulta curiosa, además de equivocada, en la conclusión 4.ª, la idea de que deba desecharse la música que no sea descriptiva. Esta idea pudo estar en boga, y se comprende, dentro del marco del wagnerianismo, corriente en plena efervescencia en la Barcelona de aquel entonces.

José de Letamendi. Médico eminente, escritor, poeta, músico y pintor. Catedrático de Anatomía de la Universidad de Barcelona y posteriormente decano de la Facultad de Medicina de la Universidad de Madrid.

Como músico fue un partidario decidido de Wagner, de quien mereció el siguiente elogio: «Ningún alemán, ningún francés ni italiano ha podido, en su peculiar forma de conocer y expresarse, causarme tan hondo y grato sentimiento de admiración como este sabio, sin comparación ilustre y genial, a quien usted tiene la dicha de llamar "su amigo". No se ofenda usted si le hablo de mi asombro ante esta manifestación no ya de mero interés, sino de esa que yo llamaría plástica profundidad de Letamendi». (223) Esta carta, fechada en Bayreuth el 26 de septiembre de 1878, la dirigió Wagner a Joaquín Marsillach, autor de una biografía del compositor para la que Letamendi escribió el prólogo.

Los últimos 16 años de su vida los pasó enfermo de mayor o menor gravedad, a pesar de lo cual desempeñó una actividad científica asombrosa. En tal situación él mismo nos cuenta la importancia desempeñada por la música desde el punto de vista terapéutico: «En 1885, atravesando un largo período de acerbos sufrimientos físicos contra los cuales nada, absolutamente nada, podían los ordinarios remedios, y sabiendo por práctica, como médico, cuán útil es en casos extraordinarios considerar al mundo entero como inmensa botica puesta a disposición del más experto, resolví buscar en algún vivo empeño moral la resolución necesaria para obtener en lo físico, ya que no la curación, siquiera un razonable alivio. Tratándose de ir en busca de lo arduo, elegí, sin vacilación alguna, la composición musical...». (224)

El resultado fue primero un *Dies irae* para ampliarlo luego a una *Misa de réquiem* a toda orquesta con coros y solos a cuatro voces. Se estrenó en El Escorial, en el aniversario de Felipe II, el 13 de septiembre de 1888. De ella dice Letamendi: «Valga, pues, esta obra musical lo que valiere, á mí ya me ha recompensado largamente de los sudores que me cuesta con las virtudes medicinales que para mi cuerpo su concepción y desarrollo ha tenido. Por tanto, de no aplaudirla los músicos, celébrenla los médicos, que razón hay para ello. Mas, si unos y otros la alabaren, bendita sea la música por haberme, con tan rara coyuntura, granjeado tan cabal y pura dicha». (225)

Es un raro ejemplo de cómo la música, en el aspecto de composición musical, puede resultar altamente terapéutica. El testimonio, desde el punto de vista científico, no puede ser más elocuente, proviniendo nada menos que de una eminencia en el campo de la medicina.

Antonio María Gordon y de Acosta. Publica, en 1898, *Indicaciones terapéuticas de la música* (La Habana).

Candela Ardid. *La música como medio curativo de las enfermedades nerviosas.* CIM. Bilbao, 1994. Texto integral de la edición publicada en 1920 por Candela Ardid.

Víctor Marín Corralé. *La música como agente terapéutico,* discurso de inauguración del curso académico 1935 de la Academia de Medicina de Zaragoza (43 pp.).

Nota: El epígrafe «Conceptos musicoterapéuticos del pasado válidos en la actualidad», desde san Isidoro al doctor Letamendi, es transcripción del artículo del mismo título publicado en el *Anuario del Instituto Español de Musicología.* Consejo Superior de Investigaciones Científicas (CSIC). Barcelona. Vol. XXVI, 1971, pp. 147-171.

APÉNDICE 1

POSIBLES RELACIONES ENTRE EL TIPO DE PENSAMIENTO SIMBÓLICO DEL HOMBRE PRIMITIVO Y DEL ESQUIZOFRÉNICO*

Cuando el autor empezó a investigar en la Historia de la Musicoterapia Española en 1968 le impresionaron los hallazgos de Marius Schneider, musicólogo, Director que fue del Instituto de Etnografía Musical de Berlín. Sus teorías le parecieron de gran interés en conexión con un intento de aproximación o de interpretación de alguno de los aspectos del mundo simbólico del hombre primitivo, del niño hasta los dos años y del esquizofrénico. De algún modo pueden estar ligados, estos hallazgos, con la teoría de los arquetipos de Jung.

El mismo Schneider cuenta así el hallazgo que nos ocupa: «Después que en el invierno de 1943-1944, el Consejo Superior de Investigaciones Científicas, a propuesta de Mn. H. Anglés (Director del Instituto Español de Musicología) me hubo hecho el honor de llamarme para emprender investigaciones folklorísticas en España, un día del verano de 1944, el Dr. C.E. Dubler me llevó de excursión a Ripoll. Al ver los animales esculpidos en los capiteles del claustro de esta ciudad y las huellas de influencia iránica y bizantina de la fachada de la catedral, mi intención y mis recuerdos se dirigieron una vez más hacia Oriente. *El ritmo de sucesión tan extraña que formaban estos animales me hicieron recordar una teoría de la India del siglo XIII que identificaba ciertos animales con determinados sonidos musicales*». (1)

Más tarde, en su visita a otros claustros románicos, los de la catedral de Gerona y de San Cugat del Vallès (Barcelona), construidos en los siglos. xi y xii, pudo probar en sus estudios posteriores que realmente *estos animales eran la simbólica representación de notas musicales.*

Pudo probar que mediante la substitución de cada animal por una nota musical, empezando por el pilar número 1, resultaba casi matemáticamente la nota-

---

* Comunicación al III Congreso Internacional de Psiquiatría Social y I Symposium Internacional de Musicoterapia. Zagreb, 21-27 de septiembre de 1970. *Revista de Psiquiatría y Psicología Médica de Europa y América Latinas*, XIII, 2, 1977; 91-105.

ción de un himno religioso. En el caso de San Cugat del Vallès se trata del himno del siglo XI:

> *Ut pia tecum Cucufas beate Regna coelorum marites tenentes Det*
> *Deo nostra resonans placentem lingua canorem. Amen.* (2)

Se trata pues del himno del Santo a quien está dedicado el monasterio. Lo curioso en este caso es que cuando Schneider hizo la substitución de cada animal por una nota musical, este himno no se había encontrado aún. Revolviendo en el archivo del monasterio montones de documentos sin clasificar todavía, se encontró este himno junto con su partitura musical.

El himno representado en el claustro de la catedral de Gerona está dedicado a la Virgen María:

> *Cunctis intere a stat generosior Virgo Martyribus: prodigio novo,*
> *In tantos moriens, non moreris. Parens*
> *Diris fixa doloribus. Amen.* (3)

Esta interesante teoría de Schneider, no sólo identifica simbólicamente los *animales con notas musicales* sino *también planetas, números, colores, sentidos corporales, categorías temporales e ideológicas.*

Grupos ideológicos (5)

Sonido FA. Rasgos característicos

1) elemento: fuego (cabellos);
2) astros: Sol. Zodíaco lunar: Leo. Luna nueva;
3) color: encarnado;
4) sentido: vista (ojo);
5) animales: todo, león, jaguar, serpiente solar, gallo encarnado, pez-fuego, dragón-encarnado, araña;
6) símbolos: círculo, óvalo, bastón, espada, relámpago, pie, lago de sangre, pilón;
7) números: 1(2), 10, 11;
8) horas, casas: 68. Domingo;
9) ideología:
 a) valentía, autoridad, potencia;
 b) purificación mística y resurrección;
 c) potencia sexual masculina;
10) personas: mártires, médicos.

Sonido DO. Rasgos característicos

1) elemento: fuego-aire (cabellos-plumas, metal);
2) astros: Marte: Zodíaco lunar: Aries, Cáncer, Géminis. Luna creciente;
3) color: encarnado-amarillo (naranja);
4) sentidos: vista-olfato (ojo-nariz);
5) animales: elefante, caballo y toro alado, lobo, oso, ciervo, asno, carnero, cabra, tortuga encarnada, fénix, águila, halcón, buceros, paloma, mochuelo, pez volador, cisne, caracol;
6) símbolos: mandorla, hacha doble, dos líneas paralelas, pareja, puerta, garganta de la montaña, escalera, plano inclinado, árbol quemado, arco, espiral, S, escalera, bifurcación. Y, cuello, espalda;
7) números: 2 (3) y 11-12;
8) horas: mediodía (812). Jueves;
9) ideología: ley del Géminis, eco, ritos de guerra, de prosperidad, de resurrección y de ascensión, saber claro, puerta hacia Dios, tribunal, paraíso, infierno, nacimiento de las almas;
10) personas: Géminis, héroes, profetas, reyes, antepasados, gemelos, jueces.

Sonido SOL. Rasgos característicos

1) elementos: aire (metal, plumas, canto, silbido);
2) astros: Júpiter. Zodíaco lunar. Escorpión. Luna creciente (segunda fase).
3) color: amarillo;
4) sentido.: olfato (nariz);
5) animales: aves pequeñas, paloma, abeja, mosca, serpiente voladora, oca;
6) símbolos: mons menae, triángulo con vértice aplastado, martillo;
7) números: 3;
8) horas: 12-14. Viernes;
9) ideología: saber divino, ritmo divino (alabanza);
10) personajes: personajes celestes, voz divina.

Sonido RE. Rasgos característicos

1) elementos: tierraaire (madera-metal); piel-pluma;
2) astros: Mercurio. Zodíaco lunar. Libra. Luna creciente (segunda fase);
3) color: amarillo-verde;
4) sentido: gusto (lengua);
5) animales: dargón verde, pavo real, pico-carpintero, abubilla (Re-Sol): cigüeña, golondrina, gorrión, ballena);
6) símbolos: formas cónicas y rectangulares, tubo, plano inclinado, trapecio con base ancha, pecho (corazón), cresta del pavo real, escudo, rueda, lago de la montaña;

7) números: 45;
8) horas, casas: 16 (1418). Sábado;
9) ideología: relación de analogía entre el cielo y la tierra, inteligencia, lenguaje, arte y ciencia, salud, encarnación, parábola;
10) personas: ángel, niño, hombre, sabio.

Sonido LA. *Rasgos característicos*
1) elemento: tierra;
2) astros: Venus, Zodíaco lunar: Virgo. Luna llena;
3) color: verde;
4) sentido: tacto (mano);
5) animales: kokila, ruiseñor, lagartija verde, serpiente terrestre (cocodrilo), araña;
6) símbolos: piel, óvalo, huevo óvalo atravesado por el eje FALA, pote;
7) números: 56;
8) horas y casas: 1820. Miércoles;
9) ideologías: vida erótica, ritos de amor, noviazgo; 10) mujer, cazador.

Sonido MI. *Rasgos característicos*
1) elemento: tierra-agua (piel);
2) astro: Saturno. Zodíaco lunar: Tauro. Luna menguante;
3) color: verde-azul (violado);
4) sentido: tacto humano (mano), oído (oreja);
5) animales: buey, vaca, oveja, tortuga, rana, cocodrilo, búfalo, león domado, sapo;
6) símbolos: trapecio, maza, martillo, yugo, arco, piel, coraza, ombligo, vientre;
7) números: 7;
8) horas, casas: 22 (2024). Martes;
9) ideología: sacrificio violento, ofrenda del sacrificio, ritos de prosperidad, conciencia del deber, dolor, vida vegetativa, matrimonio;
10) personas: sacerdotes y pastores (cazadores).

Sonido SI. *Rasgos característicos*
1) elemento: agua (escamas);
2) astro: Luna. Zodíaco: Piscis. Luna menguante;
3) color: azul-negro;
4) sentido: oído (oreja);
5) animales: pez, garza real, serpiente acuática, araña acuática;
6) símbolos: triángulo con vértice abajo, órganos genitales místicos, bambú;

7) números: 8;
8) horas, casas: 1 (242);
9) ideología: saber místico, melancolía, culto divino;
10) personas: santo, hombre ascético, pescador, músico.

Además de haber encontrado estos grupos de analogías para cada uno de los sonidos, halló además analogías para intervalos de dos y tres notas, que aquí no es posible incluir.

En el claustro de Santa María de Ripoll, los animales son en menor número y de ahí que parezca poco probable una subestructura específicamente musical, en el orden de los capiteles. En cambio, si bien es cierto que los tres claustros encierran el curso del año y por analogía el de la vida humana, no parece menos probable que el claustro de Ripoll, en vez de tener una base musical descanse en un plano medicinal, si bien de índole puramente metafísica, pero como *en el pensamiento simbólico se confunden los dos mundos*, el físico y el metafísico, *podemos, explicar dicho claustro como la representación de una curación*.

Una descripción completa de este claustro y sus simbolismos, nos llevaría muy lejos y además nadie mejor que el autor en su obra: La danza de espadas y la tarantela (5) par hacerlo, aquí sólo es posible entresacar unas cuantas ideas que den una visión general, como base del tema que nos ocupa.

El claustro de Ripoll forma un trapecio o cuadrado irregular.

Si partimos de la columna 33 que corresponde a la hora 22, vemos representado en dicha columna un hombre echado sobre su lecho mortuorio, una comida funeraria y un par de sirenas cuyo llanto llama al enfermo hacia el mundo subterráneo (recordemos que todo enfermo es un medio-muerto o sea a medio camino del sepulcro dirigiéndose hacia un mundo subterráneo). Mientras el cuerpo entra en la boca del caimán el águila marina parece amparar al alma (columna 34, 1 de noviembre).

Los cuatro lados del capitel 35 muestran dos caras y dos dorsos. Parece que simboliza la entrada del hombre en la tumba (muerte pasajera), pues mostrar el dorso quiere decir marcharse, o en caso de enfermedad, se presenta el dorso al médico, para que éste trace una cruz sobre él, puesto que los espíritus de la muerte suelen atacar a sus víctimas por la espalda.

En la columna 40 hallamos el caballo medicinal que ha de llevar al enfermo, a través del purgatorio, hacia la periferia de la montaña. Delante de dicho animal asoma un hombre con un arco o un arpa.

Al penetrar el enfermo en el subterráneo mar de llamas de la montaña, se encuentra con San Pedro y San Pablo con la espada, la cual simboliza toda la zona del sonido FA. Entre los capiteles 44 y 45 se inicia la progresiva inversión en la montaña, indicada por los animales y la cabeza de buey, invertidos, del relieve en la pared (columna II).

Desde la columna 44 hasta la 57 se presentan los animales característicos del mar de llamas; a saber: dragones, leones, águilas marinas y sirenas con dos colas elevadas, que simbolizan el sol de la noche saliendo del mar de llamas (columna 52).

A igual distancia del sol, en los capiteles 47 y 57 se ve a Daniel en la fosa de los leones.

Los ángeles en los capiteles 51 y 53 forman un corro el cual corresponde al primer corro y a la primera *degollada* (FA) en el mar de llamas, mientras que el correspondiente corro en el radio valle-montaña (convalecencia y segunda *degollada*) se halla en las columnas 22 (un grupo de mujeres) y 24 formado por un corro de muchachas. Verificase la línea FALA (fuego purificador-fuego erótico; febrero-agosto) de la misma manera que en la danza de espadas. El sonido FA abarca las horas 39 de la mañana, la aurora y la salida de Ô 1 sol que simbolizan el fuego del purgatorio. Pasa el sol por la puerta de los leones (formada por dos animales con una cabeza común, columna 49) y entra en el corro de los ángeles del purgatorio, entre las 6 y las 7 de la mañana, mientras que al ponerse el sol (mujeres de la columna 22), entra arrebolando el cielo en el corro de las mujeres terrestres (columna 24). En la columna 23 considerada como la columna propia del ocaso, asoma el diablo entre las 6 y las 7 de la tarde» (6).

La columna del Sol (52) ha sido interpretada como una escena de náufragos. Se ven hombres sumidos en las ondas hasta las caderas que son los penitentes o sea los enfermos colocados en el mar de las llamas para quedar así purificados de sus males.

En la columna 53 aparecen unos hombres en posición muy extraña: tienen muy separadas las piernas, juntan las manos por debajo del vientre y parecen ligados por una soga. ¿Están sufriendo algún castigo? No se sabe, pero deben de tener alguna relación con ritos de medicina, puesto que se conoce también esta actitud extraña en los bailes de espadas de Lifú.

Los capiteles 54 (grifones) y 65 (pájaros: pájaro con cola de serpiente en forma de S), símbolos de la primavera (marzo), con lo que nos acercamos a la superficie de la montaña.

Al aproximarse el mes de mayo el enfermo se encamina hacia la zona específica de los salvadores y de los médicos. Se encuentra con san Jorge, el dragón y la princesa y ha de sostener una lucha contra el dragón y las sirenas que se agarran al barco con el propósito de hundirlo (columna 6), hasta que le socorren los bufones (Géminis-médicos) de los capiteles 7 y 8. Estas columnas representan la batalla de las *danzas de espada* y señalan el momento crítico, la hora 11-12 durante la cual el enfermo acusa la forma del primer cuarto de luna (primavera) y lleva en cada extremidad un espejo. Míranse en él las sirenas que están agarradas por las manos a las naves, con el fin de sumergir al paciente en el lago del dragón.

Y así sucesivamente hasta llegar al sacrificio que los padres del enfermo ofrecen al final de la convalecencia que coincide con la luna que simboliza el día 18 de octubre o sea el día de San Lucas, médico.

Este claustro de Ripoll constituye pues un ejemplo único en el mundo, por su significación y por su antigüedad.

Como se ha visto la idea central descansa en la antiquísima, proveniente de las culturas semíticas, de considerar la enfermedad como el resultado de pecado, de impureza moral, lo cual llevaba al apartamiento de la divinidad y al correspondiente castigo. El síntoma corporal era una consecuencia secundaria de la impureza primaria. «El asirio antiguo llegó a pensar que el hombre es capaz de caer en pecado sin quererlo ni advertirlo» (7). Este concepto pudo ser la incipiente versión del «inconsciente Psicológico».

Como tratamiento en cada cultura, en realidad se ha buscado un modo que pudo ser: exorcismo, plegaria, ofrenda, sacrificios para librarse de la impureza moral. En el claustro de Santa María de Ripoll, del siglo XII, está plasmada la idea dominante en aquella época: como el pecado constituye una falta de salud, el camino de la *indulgentia, absolutio et remissio peccatorum»* corre parejas con el de la purificación, de la curación y de la convalescencia (8).

Tanto este claustro como los de San Cugat y Gerona, constituyen una prueba más de la importancia metafísica y religiosa que la Música tenía en la España de la Edad Media, consecuencia sin duda de la que significó en épocas remotísimas. No puede olvidarse que si tal teoría musicoterapéutica fue plasmada en un claustro, lo fue con deliberada intención pedagógica y divulgadora, como ocurrirá en las vidrieras de las catedrales. Si se plasmaron tales simbolismos es porque aquellas generaciones estaban a la altura de tales conceptos, cosa que no ocurre hoy. La «desmitificación», la « materialización» de todo es la nota predominante. El hombre va perdiendo casi por completo la facultad de simbolización. Se atiene a la que ve, a lo que palpa, nada más. Y esto es grave para una Cultura.

Refiriéndonos a la teoría de Schneider de correspondencias, los grupos ideológicos reseñados muestran o son un ejemplo palpable del tipo de pensamiento del hombre primitivo, prelógico, o mejor, según Masserman, «alógico».

Para el hombre primitivo todo el mundo posee vida por sí misma y está animado, incluyendo cosas que nosotros consideramos normalmente inanimadas. Se proyecta a sí mismo, sus características personales, ambiciones y tendencias en cosas fuera de sí mismo. Por ello su existencia está relacionada íntimamente con los acontecimientos que tienen lugar en la Naturaleza. Trata de dominar incluso al mundo físico controlándolo mágicamente.

Levi-Strauss trata de adentrarse en la mentalidad del hombre primitivo. En su *teoría del estructuralismo* especula acerca de la posibilidad de que la mente humana pueda ser prisionera de un código secreto, encerrado en el inconsciente, el cual tendría muy poco que ver con la realidad consciente. Cree en la existencia de un orden preestablecido que se trasluce en el comportamiento del átomo, en la órbita de las estrellas, por ejemplo, y si es así en el mundo físico, también debe existir un orden dentro de la mente humana.

Este autor postula dos órdenes de realidad, pero sólo uno de ellos es susceptible de control humano. Al nivel controlable, el hombre aplica su inteligencia al universo que le circunda y crea sistemas sociales para satisfacer sus necesidades. Pero a un nivel más profundo, el patrón implacable que está impreso en la mente humana, dirige o da forma a todo lo que constituye al hombre como ser social.

Para LeviStrauss la comunicación está en la base de toda sociedad, pero la comunicación verbal es sólo *una* de sus formas. La *música,* el arte, los ritos, el mito, la religión, literatura, cocina, tatuajes, costumbres… éstas y otras pueden ser consideradas como lenguajes.

Nadie hasta ahora ha logrado descifrar este código, pero este autor intenta con sus especulaciones explicarnos cómo debe funcionar.

Parece estar basado en el deseo universal, humano, de *orden.*

«El pensamiento que nosotros llamamos primitivo está fundado en su necesidad de un orden.»

«Lo que el hombre primitivo busca sobre todo, no es verdad sino coherencia; no la científica distinción entre verdad y falsedad sino una visión del mundo que satisfaga a su alma.»

El niño en sus primeros meses busca el orden, lo necesita. Incluso en sus preferencias musicales: detesta lo estridente, lo inarmónico, y se complace en la igualdad rítmica, en los sonidos armónicos, en una altura tonal que no sobrepase su nivel de tolerancia[*]. No es de extrañar pues que estas mismas preferencias, y de un modo apasionado, sean las del niño autista (síndrome de Kanner), no importa su edad cronológica, puesto que su trauma ha detenido su desarrollo emocional a un estadio muy primario. Esta tesis que sostiene quien escribe (9) últimamente ha venido a ser reforzada por la de Ruth Friedman (10), al analizar los primeros balbuceos de recién nacidos.

---

[*] Según Arieti (10) el niño pequeño presenta ciertas tendencias autistas o prelógicas, tales como el uso de símbolos propios y la confusión, entre semejanza e identidad.

Esta coherencia trata de hallarla, el primitivo (lo explica Levi-Strauss en su *ley de participación*) y también el niño antes de los dos años, *estableciendo relaciones entre las cosas* y entre *las partes de las cosas*. Esta facultad, esta especial intuición, sin duda, está atrofiada en nuestros días.

La relación que los primitivos vieron entre, un animal, un sonido, un color, un astro, un sentido corporal, un símbolo, un número, una hora, una ideología, una persona... y otras que debieron existir, sin duda, no sólo en nuestro Edad Media y mucho antes, sino también en la India, en China (al menos por lo descubierto hasta ahora), responde a esta necesidad de *coherencia,* de encontrar similitud entre las cosas, de relacionarlas... como medio, entre otros, de hacerlas más suyas, más «entrañadas».

Este tipo de pensamiento prelógico, del hombre primitivo, presenta indudablemente una cierta similitud, en el engranaje, con el tipo de pensamiento del enfermo esquizofrénico, y en algunos aspectos con el tipo de pensamiento del niño antes de los dos años.

El mundo alucinante del paciente esquizofrénico se basa en la utilización del símbolo como expresión indirecta de sus necesidades vitales básicas. Bleuler señaló que las perturbaciones de las asociaciones son los síntomas básicos. «Debido a esta debilidad, los afectos "predominan sobre el curso de los pensamientos" y los "deseos y temores controlan el rumbo en lugar de las conexiones lógicas; así se forman los delirios, dominando a menudo al contenido ideacional, y un marcado pensamiento dereístico obtiene, con su falta de contemplación por la lógica ordinaria y con su tendencia al simbolismo, el desplazamiento y la condensación."» (9)

La mayor dificultad en Psicoterapia está en encontrar la clave que pueda ayudar a interpretar esta simbolización.

Con frecuencia se ha formulado la pregunta: ¿Cuál es la similitud o las diferencias entre el tipo de pensamiento del esquizofrénico y del hombre primitivo? Parece cierto que los dos, más un tercero, el niño, viven inmersos en un mundo simbólico. Pero ¿usan los mismos símbolos?

En el paciente esquizofrénico existe separación entre el Yo y el mundo exterior a él, entre percepción e imagen; sin embargo, *no existe identidad entre el tipo de pensamiento del hombre primitivo y el esquizofrénico.*

El primitivo y el aborigen actual están mentalmente sanos. Son sociables, no se aíslan ni viven encerrados dentro de sí mismos como defensa de ningún problema afectivo, por ejemplo. El primitivo y el niño difieren del esquizofrénico en que aquéllos viven «en» el mundo físico fuera de ellos mismos, de cara a la realidad y a la vida, tratando de vivir dentro de la realidad, en la realidad (precisamente el proceso de, desarrollo del niño consiste en ir hacia el mundo exterior, hacia lo real, absorbiendo lo más posible de esta realidad).

Por el contrario, el paciente esquízofrénico vive aislado, fuera de la, realidad. Establece su propio código, su lenguaje personal sin convalidación consensual, en opinión de Sullivan, y ello se debe al tipo de pensamiento autístico.

Estas teorías de Schneider pueden ser útiles no como clave matemática de interpretación de ciertos aspectos de los dibujos o preferencias musicales de los esquizofrénicos, sino como ayuda muy valiosa para tratar de comprender mejor el intrincado o los intrincados mecanismos de simbolización.

Investigación

La autora tuvo oportunidad de realizar investigaciones en este campo desde 1968. Empezó por investigar en niños de edad preescolar y, en 1970, con 100 enfermos esquizofrénicos del Instituto Psiquiátrico Provincial Camilo Alonso Vega de Madrid.

Invitó a 56 pacientes hombres y a 44 mujeres, en pequeños grupos a realizar la siguiente experiencia:

Les hacía escuchar cada una de las siete notas fundamentales de la escala musical, en la octava central de un xilófono, rogando eligieran un color, entre los siete fundamentales. Que dibujaran un animal, un número y una profesión.,

Expresión simbólica de las siete notas musicales fundamentales en cuanto a color, número, animal e ideología.
Porcentajes de comparación entre grupos

Nota	Color		Número		Animal		Ideología	
	H.	M.	H.	M.	H.	M.	H.	M.
DO	52	34	23	18	59	39	10	0
RE	58	32	12	18	20	16	5	2
MI	43	39	14	13	20	18	7	4
FA	38	36	25	23	27	20	7	4
SOL	46	30	20	2	14	30	7	0
LA	22	13	12	4	14	18	3	0
SI	66	54	9	4	14	23	0	13
Total	45	34	16	12	24	23	5	3

Categorías mejor identificadas

Categorías	Hombre	Mujer
Color	45%	34%
Animal	24%	23%
Número	16%	12%
Ideología	5%	3%

Porcentaje de orden de preferencias

Color		Número		Animal		Ideología	
H.	*M.*	*H.*	*M.*	*H.*	*M.*	*H.*	*M.*
SI: 66	SI:54	FA:25	FA: 23	DO: 59	DO: 39	DO: 10	SI: 13
RE: 58	MI:39	DO: 23	DO: 18	FA: 27	SOL: 30	MI: 7	MI; 4
DO: 52	FA: 36	SOL: 20	RE: 18	RE: 20	SI: 23	FA: 7	FA: 4
SOL: 46	DO: 34	MI: 14	MI: 13	MI: 20	FA: 20	SOL: 7	RE: 2
MI: 43	RE: 32	RE: 12	LA: 4	SOL: 14	MI: 18	RE: 5	DO: 0
FA: 38	SOL: 30	LA:12	SI: 4	LA:14	LA:18	LA:3	SOL: 0
LA: 22	LA:13	SI: 9	SOL: 2	SI:14	RE:16	SI: 0	LA:0

La nota musical mejor identificada en cuanto a *color* fue el SI, en negro o azul oscuro: 66 % los hombres y en un 54 % las mujeres. La peor identificada en cuanto al color fue la LA con un 22 % para los hombres y en un 13 % para las mujeres. La nota LA también es la más difícil de identificar en las demás categorías.

Con frecuencia, los enfermos esquizofrénicos o enfermos hipersensibles realizan el siguiente cambio: identifican la nota SI con el color rojo en vez de hacerlo con el negro o azul oscuro. Lo mismo puede observarse con niños psicóticos, repetidamente, y con niños con lesión cerebral. Tal vez se deba a que su estado de hipersensibilidad les impide aceptar estímulos hirientes, sonidos agudos como es el SI, sin reaccionar agresivamente. Experiencias realizadas con personas normales dieron un porcentaje mucho más bajo de aciertos.

De algún modo los resultados obtenidos con enfermos esquizofrénicos, parecidos a otros realizados con niños de edad preescolar, podrían ser datos a tener presentes como supervivencia de un inconsciente colectivo, según teoría de Jung.

BIBLIOGRAFÍA

1. Schneider, Marius.: El origen muúsica de los animales símbolos en la Mitología y la Escultura antiguas. C.S.I.C. Instituto Español de Musicología. Pág. V. Barcelona, 1946.
2. ídem., pág.: VI.
3. ídem., pág. Apénd.: Ejemplos musicales, pág. 3.
4. idem., pág. 210 y siguientes.
5. Schneider, Marius: La danza de espadas y la tarantela. C.S.I.C. Instituto Español de Musicología. pág. 148. Barcelona, 1948.
6. Laín Entralgo: Enfermedad y Pecado. Toray. Pág. 17. Barcelona, 1961.
7. Schnéider, Marius: La danza de las espadas y la tarantela. Pág. 145.
8. Lewis, Nolan, D. C.: En Kasanin: Pensamiento y lenguaje en la esquizofrenia. Edic. Hormé, Pág. 14, 1958.
9. Poch, Serafina: Musicoterapia para niños autistas. Historia de la Musicoterapia Española Tesis de Doctorado. Universidad Complutense. Madrid, 1971.
10. Friedman, Ruth: Los comienzos de la conducta musical. Paidos, Buenos Aires, 1974.

APÉNDICE II

LOS CANTOS MÁGICOS MEDICINALES

Como ejemplo de la existencia de cantos mágicos de sanación, en todas las culturas y en todos los pueblos, sirvan los datos que contiene el *Cançoner* de Joan Amades (*Folklore de Catalunya*, Selecta.-Barcelona.-1951), que recoge 5423 piezas.

Dividiendo las canciones mágico-medicinales que contiene en canciones de Medicina Preventiva y en canciones de Medicina Curativa, se encuentran:

Canciones de Medicina Preventiva:
75 Canciones de cuna.
1163 Canciones de trabajo, divididas en 75 tipos de trabajo.
36 Canciones preventivas de accidentes, divididas en 25 tipos de accidentes.

Canciones de Medicina Curativa:
41 Canciones, divididas en 20 tipos de enfermedades.

Una de las canciones de cuna se titula: «*El poder del cant*» (El poder del canto), que es especialmente adecuada al tema que nos ocupa:

(Texto catalán)	*(Versión casi literal)*
«El poder del cant"»	El poder del canto
Don Francisco se n´estava	Don Francisco estaba
tancadet a la presó:	encerrado en prisión:
quan sa mare el ´nava a veure	cuando su madre lo visitaba
n´hi venia gran tristor;	le embargaba un gran dolor;
ai del bon ai,	hay del buen ai,
del bon aire;	del buen aire;
ai del bon ai	hay del buen hay
de l´amor.	del amor.
Ja n´hi compra una guitarra	Va y le compra una guitarra
que en tenia molt bon so	que tenía muy buen son
a la presó l´hi portava	y a la prisión se encamina
per calmar-li la tristor	para calmar su dolor.
Quan la tingueu trempadeta	Cuando esté ya afinada

cantareu una cançó. —Quina voleu que jo us canti? quina en cantaría jo? —La que cantava ton pare el dia de l'Ascensió.—- Don Francisco la cantava amb un to commovedor. Els infants en ses bressoles s'adormien de dolçor; els ocells que van per l'aire no saben de volar, no. El rei també l'escoltava de dalt del seu mirador; ja preguntava als seus patges: —¿Qui és aquest cantador?— Ja n'hi feien de resposta: — N'és un pres de la presó.— El rei, de tant que li agrada, llença llágrimes de plor. Promptament mana als seus patges que el treguin de la presó, que si ell tenia la culpa no cantaria pas, no.	me cantarás una canción. —¿ Qué canción quereis que os cante? ¿Cual os cantaría yo?— — La que cantaba tu padre el día de la Ascensión.—- Don Francisco la cantaba de un modo conmovedor. Los niños en sus cunitas se dormían con amor; los pajarillos que vuelan no saben volar, no. El rey también le escuchaba desde lo alto del mirador; y preguntaba a sus pages: — ¿Quién es este cantador?— Y le daban por respuesta: —Es un preso de la prisión.— Al rey, le emociona tanto, que todo él se convierte en llanto. Prontamente manda a sus pages que lo libren de la prisión, ya que si él fuera culpable no cantaría así, no.

Joan Amades recogió esta canción de María Martret en Barcelona, en 1918. Son muy acertados el análisis y comentarios que hace, y qu,e traducidos, dicen así :«Esta canción puede ser considerada como uno de los documentos más notables de nuestro *Cancionero,* tanto por la inspiración de la letra como por el elevado concepto que tiene de la canción, la cual llega incluso a encantar a los animales, a detener en su vuelo a los pájaros y a cautivar al rey hasta el punto de no poder creer en la delincuencia de alguien que pueda cantar como aquel preso. Casi no puede hacerse un elogio más elevado del valor espiritual de la canción y es muy notable que sea la musa popular quien lo haga. La melodía es nostálgica, tiene el aire de canción de cuna y es suficientemente armoniosa para hacer dormir a los niños en sus cunitas, según dice la misma canción».

APÉNDICE III

COPLAS EN LOOR DE LA MÚSICA
(Luís de Narváez)

Luis de Narváez, autor de estas coplas, fue vihuelista de Felipe II y músico muy famoso.Las publicó en 1538, en Valladolid, en el libro *Los Seis Libros del Delphin de Música de cifras para tañer vihuela. Fue impresa la presente obra de los seis libros del Delphín hecho por el excelente músico Luis de Narváez en la muy noble ciudad de Valladolid por Diego Hernández de Córdova impresor. Acabóse a treinta días del mes de octubre. X.D.XXX.Viii.* (Referencia facilita María Jesús Recio Villalar, del Curso de Postgrado de Musicoterapia de la Universidad de Valladolid).

Las coplas son un buen ejemplo de las ideas del tiempo de su autor sobre los efectos de la música.

1. La virtud comunicada
   merece mayor loor
   que alcanzándose mejor
   entonces es más amada
   y por esto
   con buen celo me he dispuesto
   a escribir de los secretos
   de música y sus efectos
   según lo que entiendo de esto.

2. Los cielos con los planetas   *(teoría griega de "la música de*
   difieren en movimientos   *las esferas")*
   por esto los elementos
   y por ser tan diferente
   tanto más es excelente
   hacen cosas muy secretas
   lo criado   *(la música esencia de todo.-*
   por música está formado   *teoría de M. Schneider: «Cosmo-*
   porque está proporcionado.   *logía musical del hombre pri-*
                                       mitivo»)

3. Con todo sentido humano
   tiene grande concordanza
   muéstranos la semejanza
   de la de Dios soberano
   y en su templo   *(música religiosa)*

se muestra claro el exemplo
que le hacen mil servicios
loándole en los oficios
con ésta que yo contemplo.

4. El romero y peregrino   *(el canto como renovador*
cansado de caminar   *de la energía física)*
comineza luego a cantar
por alivio del camino
y el pastor
cuando hace más calor
no siente el trabajo de él   *(música funcional en el trabajo)*
porque tañe su rabel
con que siente gran dulzor.

5. Las mañanas y las siestas
en los veranos las aves   *(los animales son sensibles*
cantando sonos suaves   *a la música)*
descansan en las florestas
y el infante
cuando más llora al instante   *(efectos del canto en los bebés:*
oyendo al ama cantar   *dejar de llorar y alegrarles)*
deja luego de lorar
y muestra alegre semblante.

6. La moza que se levanta
al servicio de su dueño
engaña con ésta al sueño   *(música funcional en el trabajo)*
si con el trabajo canta
finalmente
en las batallas presente
las trompetas más animan   *(música militar)*
y entre todos mucho estiman
esta virtud excelente

7. Esta alegra nuestra vida   *(efecto de alegría)*
y ésta alivia nuestra pena   *(efecto de tristeza)*
de ésta la gloria está llena
por virtud esclarecida
los pasados
en la ciencia señalados
y en esfuerzo más valientes
de músicos excelentes
fueron todos muy loados.

8. Los que están de amor vencidos   *(la música en la vida afectiva)*
con ésta a las alboradas
las vihuelas acordadas
de sus damas son oídos

       y de ver
       afligido y sin placer
       un espíritu penado
       nace en ellas un cuidado
       que las hace bien querer. *(suscita amor; transforma la realidad)*

9. Con cantar los labradores
    engañan a su trabajo *(música funcional en el trabajo)*
    y con grosero gasajo
    contrahacen los cantores
    los finados
    con música son honrados *(la música fúnebre: para acom-*
    cuando sus obsequias hacen *pañar en el último viaje del ser*
    porque a Dios mucho le placen *humano)*
    sus oficios bien cantados.

10. Es subir su propiedad
     más alto que ningún ave
     significa majestad
     y de esta conformidad
     es la música suave. *(la música suave, como de vihue-*
lista, en la corte de Felipe II, su-
gería al autor majestad, pero una
música suave no suele sugerir
jestad, excepto si a tal idea se
opone la de sumisión.)

11. Que sube el entendimiento
     tan alto en contemplación *(inmediatez de la música en su-*
     que lo pone en un momento *gerir sentimientos que en este*
     en el divino aposento caso *son de contemplación)*
     porque allí es su perfección.

NOTAS BIBLIOGRÁFICAS

(1) SIGERIST, H.: «Civilisation and Desease». Cornell University Press. Ithaca, N.Y. 1944. EN: BOXBERGER, R. «An Historical Study of the "National Association for Music Therapy"». Music Therapy. NAMT. 1962, p. 133.

(2) SCHNEIDER, M.: «Le role de la musique dans la mythologie et les rites des civilisations non europées». Enciclopedie de la Pleiade. Gallimard. París, 1960, pp. 131 y ss.

(3) SCHNEIDER, M.: (2), p. 132.
(4) SCHNEIDER, M.: (2), p. 145.
(5) SCHNEIDER, M.: (2), p. 147.
(6) SCHNEIDER, M.: (2), p. 154.
(7) SCHNEIDER, M.: (2), p. 158.
(8) SCHNEIDER, M.: (2), p. 195.

(9) POCH, S.: Musicoterapia para niños autistas. Historia de la musicoterapia española. Tesis de doctorado. Universidad Complutense. Madrid, 1971, p. 31.

(10) POCH, S.: (9), p. 31.

(11) LAÍN ENTRALGO, P.: Enfermedad y pecado. Toray. Barcelona, 1961, pp. 17 y 28.

(12) POCH, S.: La influencia de la música en el niño. Tesina de licenciatura. Universidad de Barcelona. 1964, p. 67.

(13) PAPINI, G.: Gog. Barcelona, 1932, p. 332.

(14) SCOTT, C.: Music, its secret influence throughout the ages. The Aquarium Press. Londres, 1969, p. 154.

(15) SCOTT, C.: (14), p. 154.
(16) SCHNEIDER, M.: (2), p. 202.
(17) SCHNEIDER, M.: (2), p. 203.
(18) POCH, S.: (12), p. 8.

(19) FETIS: «Curiosités historiques de la musique». Revue Britanique, I, 1893.

(20) SAGRADA ESCRITURA: Libro de Josué. Cap. III. Apostolado de la Prensa. Traducción: P. Petiso. Madrid, 1953.

(21) BIBLIA DE JERUSALÉN: Libro I de Samuel. Cap. III, 16. Desclée de Brouver. Traducción dirigida por A. Ubieta. Bilbao, 1976, p. 312.

(22) POCH, S.: (12), p. 11.

(23) BIBLIA DE JERUSALÉN: Libro de los Reyes. Cap. III. Desclée de Brouver. Traducción dirigida por A. Ubieta. Bilbao.

(24) SCOTT, C.: (15), p. 165.
(25) SCOTT, C.: (15), p. 165.

(26) SALAZAR, A.: La música en la cultura griega. El Colegio de México. Fondo de.Cultura Económica. México, 1954, p. 333.

(27) POCH, S.: (12), p. 13.

(28) PLUTARCO: Diálogo: «Peri Mousikés». Cap. IV. Traducción: Weil y Reinach. París, 1900.

(29) POCH, S.: (12), p. 14.
(30) POCH, S.: (12), p. 14.

(31) MONRO, D. B.: The Modes of Ancient Greek Music. Oxford. Inglaterra, 1894.
(32) SALAZAR, A.: (26), p. 333.
(33) SALAZAR, A.: (26), p. 348.
(34) ARISTÓTELES: Política,.VII, 7.
(35) SALAZAR, A.: (26), p. 339.
(36) LANGER, S.: Philosophy in a new key. Harvard University Press, 1951, p. 193.

(37) TURINA, J.: Tratado de composición músical. Vol. I. Unión músical Española. Madrid, 1946, p. 101.

(38) PANIAGUA, G.: Musique de la Grèce Antique (disco). Conjunto Atrium músicae de Madrid. Harmonia Mundi, n.º 1.015. Francia, 1978.

(39) TURINA, J.: (37), p. 95.
(40) SALAZAR, A.: (26), p. 348.

(41) GEVAERT, F. A.: «Histoire et théorie de la musique de l'antiquité». Vol. I. Gante, 1875. Vol. II, 1881, cap. V, p. 118. En: A. Salazar, (26), p. 348.
(42) GEVAERT, F. A.: (41). II y III, cap. IV.
(43) ARISTÓTELES: «Problemas». Cap. XIX, 49. En D. B. Monro: The modes of the ancient Greek music. Cap. VIII. Oxford, 1894.
(44) MONRO, D. B.: (31). Cap. 25.
(45) SALAZAR, A.: (26), p. 346.
(46) SALAZAR, A.: (26), p. 346.
(47) PLATÓN: La República. Traducción: Paul Shorey. Loeb Classical Library, p. 398.
(48) SALAZAR, A.: (26), p. 337.
(49) MONRO, D. B.: (31). Cap. 6.
(50) MONRO, D. B.: (31). Cap.8.
(51) SALAZAR, A.: (26), p. 345.
(52) MONRO, D. B.: (31). Cap. 8.
(53) MONRO, D. B.: (31). Cap. 6.
(54) MONRO, D. B.: (31). Cap. 8.
(55) MONRO, D. B.: (31). Cap. 6.
(56) CASIODORO: Inst. Div. Litt.. Cap. II, 5, 2.
(57) PLUTARCO: (28). En A. Salazar (26), p. 345.
(58) WOLF, J.: Historia de la música. Labor. Barcelona, 1949, p. 19.
(59) SALAZAR, A.: (26), p. 345.
(60) ARISTÓTELES: Política. En D. B. Monro (44). Cap. 8.
(61) WOLF, J.: (58), p. 19.
(62) WOLF, J.: (58), p. 20.
(63) SCOTT, C.: (14), p. 176.
(64) SCOTT, C.: (14), p. 176.
(65) PALOMEQUE: Historia Universal. Vol. I. Bosch. Barcelona, 1954, p. 23.
(66) POCH, S.: .(9) . Cap. VI, pp. 399-492.
(67) NETTL, P.: La música en la danza. Espasa Calpe. Madrid, 1945, p. 15.
(68) POCH, S.: (9), p. 41.
(69) SACHS, C.: Historia universal de la danza. Centauro. Madrid, p. 79.
(70) POCH, S.: .(9), p. 41.
(71) PERICOT, L.: «La prehistoria de la Península Ibérica». Cuadernos Minerva. Barcelona, 1923. p. 23.
(72) MENÉNDEZ PIDAL, R.: Historia de España. Vol. I, figura 364. Espasa Calpe, 1947, p. 450.
(73) BREUIL, H.: Les pintures rupestres schématiques de la Peninsule Ibérique. Vol. III, figura 81. Lagny, 1933, 35.
(74) ACOSTA, P.: La pintura rupestre esquemática en España. Universidad de Salamanca, 1968, p. 168.
(75) ACOSTA, P.: (74), p. 168.
(76) MARINGER,J.: Los dioses de la prehistoria. Editorial Destino. Barcelona, 1962, p. 155.
(77) MARINGER, J.: (76), p. 153.
(78) MARINGER, J.: (76), p. 151.
(79) GARCÍA BELLIDO: «Música, danza y literatura entre los pueblos primitivos de España». Revista de Ideas Estéticas. Nº. 3. Madrid, 1943, p. 76.
(80) SCHNEIDER, M.: La danza de espadas y la tarantela. Instituto Español de Musicología (CSIC), Barcelona, 1948, p. 40.
(81) GARCÍA BELLIDO: (79), p. 76.
(82) LAFUENTE, M.: Historia General de España. Tomo I, 1877, p. 4.
(83) POCH, S.: (9), p. 74.
(84) LAFUENTE, M.: Historia General de España. Tomo I. Barcelona, 1877, p. 4.
(85) LAFUENTE, M.: (84), p. 4.
(86) CARO BAROJA, J.: Los pueblos del norte de la Península Ibérica, p. 200.

(87) CAPMANY, A.: Com es balla la sardana. Barcelona, 1922, p. 8.
(88) ESTRABÓN: Libro III, 3, 7.
(89) SCHNEIDER, M.: El origen musical de los animales símbolos en la mitología y la escultura antiguas. Instituto Español de Musicología (CSIC). Barcelona, 1946, p. 241.
(90) SCHNEIDER, M.: (89), p. 253.
(91) DIODORUS: Vol. V, 35, 5.
(92) MISCELÁNEA EN HOMENAJE A MONSEÑOR ANGLÉS: La canción de aliento. Recortado.en América. Instituto Español de Musicología.(CSIC). Vol. II. Barcelona, 1958, p. 519.
(93) SCHENEIDER, M.: (80), p. 20.
(94) POCH, S.: (9), p. 76.
(95) ROSSY, H.: Teoría del cante hondo. CREDSA. Barcelona, 1966, p. 27.
(96) ROSSY, H.: (95), p. 27.
(97) GARCÍA BELLIDO, ALERTA FALTA EL NOM. : (79), p. 78.
(98) POCH, S.: .(9), p. 77.
(99) SCHNEIDER, M.: (89), pp. 253 y 259.
(100) QUINTILIANO: Instituciones oratorias. Libro I, p. 31.
(101) QUINTILIANO: (100), p. 10.
(102) QUINTILIANO: (100), p. 10.
(103) QUINTILIANO: (100). Libro X, p. 31.
(104) QUINTILIANO: (100), p. 10.
(105) VIDAL y CARETA, F.: La música en relación con la medicina. Tesis de doctorado en Farmacia. Universidad Complutense. Madrid, 1892, p. 16.
(106) SÉNECA: Epi. LXXXVIII, 8.
(107) SÉNECA: De Ira. III, 9.
(108) SÉNECA: Proverbios. III, 9.
(109) MARCIAL: Epigramas. IX, n.º 927, 928.
(110) MARCIAL: (109), n.º 926.
(111) ISIDORO DE SEVILLA: Etimologías. Libro III. Cap. XVI.
(112) ISIDORO DE SEVILLA: Véase (111). Libro II. Cap. XVI.
(113) CERONE, P.: El melopeo y maestro. Nápoles, 1613, p. 233.
(114) FERNÁNDEZ, F.: La medicina árabe en España. Barcelona, 1936, p. 146.
(115) LAGUNA, A. de: Pedacio Dioscorides Anazarbeo. Edit. 1651. Libro II. Cap. LVI, p. 157.
(116) DOSERRES, H.: Bordejeando. Buenos Aires, 1927, pp. 21-22.
TORRE REVELLO, J.: «Músicos coloniales». En Estudios, Revista de la Academia Literaria del Plata. Vol. 72, n.º 394. Buenos Aires, diciembre de 1944, p. 392.
(118) FURLONG, G.: Músicos argentinos durante la dominación hispánica. Editorial Huarpes. Buenos Aires, 1945, p. 18.
(119) CABRAL, J.: La música incaica. Buenos Aires, 1915.
(120) MONTESINOS, F. de: «Memorias antiguas historiales y políticas del Reino del Perú». En Colección de libros raros y curiosos. Madrid, 1882.
(121) PEREMÁS, J.: De vita et moribus tredecim virorum. Faenza (Italia), 1792, p. 40.
(122) FURLONG, G.: Véase (118), pp. 34-35.
(123) FURLONG, G.: Véase (118), p. 35.
(124) FURLONG, G.: Entre los Vilelas de Salta. Buenos Aires, 1939, p. 59.
(125) FURLONG, G.: Véase (118), p. 37.
(126) FURLONG, G.: Véase. (118), p. 39.
(127) MURATORI, M.: Relation des Missions du Paraguai. París, 1754, p. 118.
(128) CHARLEVOIX, P. F.: Historia del Paraguay. Vol I. Madrid, 1912, p. 59.
(129) FURLONG, G.: Véase (118), p. 17.
(130) LEITE, S.: «Antonio Rodrigues, soldado, viajante e jesuita». En Páginas de historia del Brasil. Río de Janeiro, 1937, pp. 117, 136.
(131) BARZANA, Alonso de: Carta del padre Alonso de Barzana. N.º 8. Vol. VIII, 1594. Academia de la Historia. Madrid. legado 81, folios 65, 66.
(132) LITTERAE ANNUAE 1590, 1595. Neapoli 1604, pp. 124-130.

(133) FURLONG, G.: Véase (118), p. 42.
(134) MAFFEO, J. P.: Historia Indiarum. Cap. XC. Citado por Premás, véase (121), p. 430.
(135) FURLONG, G.: Véase (118), p. 45.
(136) CHARLEVOIX, P.F.: Véase (128), p. 60.
(137) PEREMÁS, J.: Véase (121), p. 68.
(138) PICATOSTE, F.: Estudios sobre la grandeza y decadencia de España. Vol. I. Madrid, 1858, p. 53.
(139 y 140) SABUCO y ÁLVAREZ, M.: Nueva filosofia de la naturaleza del hombre no conocida ni alcanzada. Libro 8.º. Cap. 48. Madrid, 1587, pp. 156-158.
(141) Infante don JUAN MANUEL: El libro de los Exemplos. Biblioteca de Autores Españoles, vol. LI. Madrid, 1884, p. 480,
(142 y 143) SABUCO y ÁLVAREZ, M.: Véase (139).
(144 a(147) CERONE, P.: Véase (113), p. 156.
(148) CERVANTES, M. de: El Ingenioso Hidalgo D. Quijote de la Mancha. Parte II. Cap. XXXIV.
(149 y 150) CERONE, P.: Véase (113), p. 156.
(151 a 155) FEIJOO, B. J.: «El deleyte de la música, acompañada de la virtud, hace en la tierra el noviciado del cielo». En Cartas eruditas y curiosas. Carta I, tomo IV. Madrid. Pedro Marín (edit.), 1774. pp. 2, 2, 2, 8.
(156) ARISTÓTELES: «Politica. Libro 8, cap. 5». En Feijoo (151), p. 8.
(157 a 164) FEIJOO, B. J.: Véase (151), pp. 9, 9, 12, 13, 14, 18, 21, 24, 27.
(165 a 170) FEIJOO, B. J.: «Maravillas de la música y cotejo de la antigua con la moderna». En Cartas eruditas, y curiosas. Carta XLIV, tomo I. Madrid, 1774, pp. 336, 336, 337, 338, 339, 339, 342.
(171 a 176) FEIJOO, B. J.: Música de los templos. Biblioteca de Autores Españoles, tomo 141, pp. 37, 44, 37, 40, 38, 41.
(177.a 188) RODRÍGUEZ, Antonio José: Yatro phonia ó medicina música. Pamplona, 1744, pp. 23, 23, 24, 24, 24, 25, 26, 32, 32, 32, 34.
(189) CASTILLO DE LUCAS: «Los tarantulados. Su cura por la música y la danza». Boletín Colegio de Médicos de España, noviembre de 1952.
(190 a 196) CID, Francisco Javier: Tarantismo observado en España por el que... Madrid, 1787, pp. 231, 231, 234, 239, 241, 257, 257.
(197) LANGER, S.: Phylosophy in a new key. Harvard University Press, 1942, p. 193.
(198) POCH, S.: Véase (12).
(199 a 205) CID, F. J.: Véase (190), pp. 300, 299, 300, 311, 311, 316.
(206 a 213) PIÑERA y SILES, B.: Descripción de una especie de corea ó bayle de San Vito. Imprenta de Benito Cano. Madrid, 1787, pp. 7, 34, 7 a 9, 10, 10, 14, 16 a 18, 23.
(214) POCH, S.: Véase (9).
(215) PIÑERA y SILES, B.: Véase (201), p. 69.
(216) POCH, S.: Véase (9).
(217) SHERWIN, A. C.: «Reactions to Music of Autistic (schizophrenic) Children». Amer. Journal Psychiat., n.º 109, 1953, p. 823.
(218) PARELLADA, D.: L'obra psiquiàtrica catalana impresa a l'entresegle 1875-1936. De Glosa. Barcelona,1980, pp. 136, 139, núm. 1097 a 1141.
(219) CORBELLA, J. y DOMÉNECH, E.: Bases históricas de la psiquiatría catalana moderna. PPU. Barcelona,1987, pp. 286-287.
(220) CORBELLA, J. y DOMÉNECH, E.: (219), p. 287.
(221 y 222).VIDAL y CARETA, F.: «La música en sus relaciones con la medicina». Gaceta Médica Catalana. Barcelona, 1882, pp. 16 y 31.
(223 a 225).LETAMENDI, J. de: Obras completas. Vol. I, pp. 66, 10, 12.

Capítulo VIII

LA MUSICOTERAPIA EN LA ACTUALIDAD

La utilización científica de la música como terapia y la existencia de profesionales musicoterapeutas ha de situarse en el siglo XX. Dada la gran extensión que podría alcanzar este apartado, y no siendo ello posible, me limitaré a lo más sobresaliente de cada país, haciendo énfasis en su evolución histórica. En este apartado es fundamental la consulta del libro *Music Therapy: International Perspectives*, editado por la doctora Cheryl Maranto (1993), junto con otros autores; esta obra está compuesta por la respuesta que cada país dio acerca de la evolución y desarrollo de la Musicoterapia en el país respectivo.

Dado que al final del capítulo hay un listado de asociaciones, universidades y revistas profesionales, se omiten algunos de los datos de cada país. Para una información actualizada consulten www.musictherapyworld.net.

ALEMANIA

Según testimonio del profesor Schmölz (1), antes de 1973, en lo que fue Alemania del Oeste, al doctor H.G. Jaedicke (2) (3) se le considera el pionero de la Musicoterapia europea por sus publicaciones y su práctica.

En lo que fue la Alemania del Oeste sobresale el nombre del médico doctor H. R. Teirich, editor del libro *Music in der Medizin* (4) en el que colaboran otros 14 médicos autores: M Brunner-Orne; F.E. Orne; G. Destunis; R. Dreikurs; H. Giltay; L. Radcliffe Grote; K. König; P.J. Moses; I.H. Schultz; B. Stokvis; Hede Teirich-Leube; W. Tränkle y H. Wendt. Los doctores en Filosofía H. A. Illing; H. Petri-Wolde y Rotraud Seebandt y el músico C. Bresgen.

El doctor Blanke recoge más de 2000 artículos sobre musicoterapia. Antes de esta fecha ya en numerosas clínicas y hospitales la musicoterapia era aplicada.

En lo que fue Berlín Oeste, el doctor Harm Willms había fundado la Sociedad Alemana para la Musicoterapia. Johanna von Schulz fundó un curso de formación de musicoterapeutas en el Instituto Superior de Música, con in Internado que dirigía el doctor Willms, psiquiatra.

En lo que fue la República Democrática Alemana (1960-1968) los profesores doctora Christa Kohler (5) y doctor Christof Schwabe (6) crearon en 1969 la Sección de Musicoterapia en la Universidad de Lepzig.

En la actualidad existen ocho universidades que imparten la carrera de Musicoterapia.

El profesor Ernst Walter Selle (7) es el Director del Programa en la Universidad de Heidelberg y quien proporciona la información en cuanto al desarrollo de la formación de musicoterapeutas que se imparte en la actualidad.

En 1975 tuvo lugar en Heildelberg la I Conferencia «La Musicoterapia como profesión», para establecer qué función debía tener el musicoterapeuta en el campo de la salud y cómo debía preparársele.

En 1977 se presentó el plan de estudios a la universidad de Heidelberg. En 1978 tuvo lugar la II Conferencia «El musicoterapeuta profesional» en la que ya estuvieron presentes políticos y delegados ministeriales.

En 1979 comienza el Curso de Musicoterapia de cuatro años en la Universidad de Heidelberg; sus fundadores fueron Walter Selle, Volker Bolay y Rainer Boller. Los primeros estudiantes se graduaron en 1983. En 1985 existe el título de Diplomado en Musicoterapia-Musicoterapeuta Profesional, reconocido por el Ministerio de Educación y Ciencia. Todavía este curso es el único existente en Alemania, para no graduados o básico, lo cual quiere decir que los estudiantes pueden acceder a este curso sin preparación previa. En 1995 se funda el Heidelberg Institute for Music Therapy Research. El Instituto ha iniciado los proyectos de documentación miltimedia y de evaluación de la investigación «IMDoS».

La Cominidad Clínica de Herdecke había establecido un curso piloto de dos años en 1978-1980. En la primera promoción, nueve estudiantes fueron preparados por Mary Priestley (Gran Bretaña), Barbara Hesser (EE.UU.), Paul Nordoff-Clive Robbins (EE.UU.) y Johannes Eschen (Alemania).

J. Eschen estableció un Curso de Musicoterapia en la Escuela de Música y Drama en Hamburgo, en 1980.

Otros cursos: Berlín (Escuela de Artes); Universidad de Münster (Departamento de Educación Musical); Universidad de Witten/Herdecke (Facultad de Medicina). Son cursos de postgrado en dos años a tiempo completo o tres a tiempo parcial. Se pueden cursar los cursos de doctorado en la Universidad de Witten/Herdecke y en la Universidad de Hamburgo. La Universidad de Westfalia inició su programa en 1983. Otros cursos los imparten las universidades de Giessen, Aachen, etc.

En Hamburgo se celebró el VIII Congreso Mundial de Musicoterapia y el II Congreso de la Federación Mundial de Musicoterapia en 1996.

International Society for Music in Medicine. Fue fundada por los doctores Roland Droh y Ralph Spintge. (8) con acasión del International Music Medicine Symposium on Anxiety, Pain and Music in Anesthesia, el 3 de diciembre de 1982, en Lüdenscheid. Esta asociación, en sus inicios, estaba formada en sus dos terceras partes por médicos y el resto por musicoterapeutas y científicos interesados en investigar sobre este tema.

El II Symposium Internacional:Música y Medicina se celebróen 1984 en Lüdenscheid.

El V Symposium Internaccional: Música, Fisiología, Medicina y Comportamiento Social tuvo lugar en la Universidad de Texas, Centro de Ciencias de la Salud en San Antonio, 17-19 de marzo de 1994.

En 1998 tuvo lugar en Melbourne el VII International Music Medicine Symposium y la 24th. Annual Conference of the Australian Music Therapy Association.

En 1986 se celebró en Hamburgo el VIII Congreso Mundial de Musicoterapia: Sonido y Psique, organizado por el Instituto de Musicoterapia de la Hochschule für Musik und Theater Hamburg, el director del cual es el profesor doctor Hans-Helmut Decker-Voigt, y la Federación Mundial de Musicoterapia. El presidente del Comité Científico fue el doctor Henk Smeijsters.

ARGENTINA (9)

La educación musical de niños discapacitados o enfermos es el movimiento antecesor al de la existencia de la musicoterapia como tal. Fue un movimiento importante empezado por la profesora de música Mª Laura Nardelli en 1948. Durante la década de los 50 un grupo de profesores de música del Collegium Musicum de Buenos Aires, entre ellos G. Graetzer, E. Epstein, Frances Wolf, V. de Gainza y P. Stokoe introducen los métodos de pedagogía musical de Dalcroze, Martenot, Orff, Kodaly, Willems, Suzuki, Bentley, etc... Algunos de ellos empezaron a trabajar con niños discapacitados en escuelas y hospitales enseñándoles música, lo cual no es musicoterapia.

El doctor Rolando O. Benenzon, psiquiatra infantil y con estudios de composición musical, se interesó por el tema de la musicoterapia. Se fundó la Asociación Argentina de Musicoterapia (ASAM) en 1966, con el doctor Benenzon como presidente.

Programas de formación. El primer programa en la América Latina fue el de la *Universidad privada El Salvador,* en Buenos Aires, en el Departamento de Otoneurofoniatría del doctor Julio Bernaldo de Quirós. El doctor Benenzon lo organizó y fue su director. El programa se suspendió en 1970-1972 y se reanudó formando parte de la Facultad de Medicina, como carrera auxiliar, bajo la dirección de Elcria Belloc. En 1977 a la carrera de 3 años se le añadió un cuarto curso con seis meses de internado supervisado y un trabajo de investigación como tesis. Desde 1989 la directora de la carrera es Leonor Alamann, graduada en trabajo social y músico.

Universidad Nacional de Buenos Aires. En marzo de 1993 se aprobó un curso de 3 años y 300 horas de trabajo supervisado, y presentación de tesis, en la Facultad de Psicología. Los coordinadores son Ida Aisenwaser (Musicoterapia), Julio Fainguersch (Música) y Marcelo Bianchedi (Ciencias de la Salud). La tituación equivale a la de licenciatura.

Universidad Argentina John F. Kennedy. Desde 1982 ofrece un curso de Musicoterapia, pero no la carrera. Es un curso que se requiere para obtener el doctorado en Psicología Clínica, y proporciona información sobre el uso de la musicoterapia como técnica intermediaria en psicoterapia. Lo imparte el doctor Benenzon y la profesora G. Wagner.

La Asociación de Musicoterapeutas Argentinos (AMURA) se fundó en 1981, con Roberto Reccia como primer presidente. El 95 por ciento de los musicoterapeutas profesionales han sido formados en la Universidad El Salvador.

El doctor Benenzon, desde 1971 ha impartido cursillos de Introducción a la Musicoterapia en diversos países de habla española. Fue Presidente de la World Federation of Music Therapy.

En 1976, Buenos Aires fue la sede del II Congreso Mundial de Musicoterapia.

AUSTRALIA (10)

Es notable la existencia de una Asociación de Musicoterapia, ya en 1922, a consecuencia de que Luisa Luisa Vescelius Sheldon, hermana de la pionera de la Musicoterapia de EE.UU. Eva Vescelius, pronunció unas conferencias que dieron paso a la creación de la Society for Music Therpapeutics, en Sydney. La Cruz Roja Australiana organizaba conciertos en los hospitales y en 1954 nombraron a Eleonor Barber como musicoterapeuta asalariada.

En 1968 la visita de S. Beresford-Pierce, musicoterapeuta inglesa, reorientó aquellas actividades.

Pueden considerarse como pioneros: Ruth Brigth, músico; había empezado a trabajar como musicoterapeuta en un hospital en 1962, y en 1967 publicó *Music and Mental Health*. A su iniciativa se debe la primera Conferencia de Musicoterapia, en Sydney, en 1975, y la fundación de la Asociación de Musicoterapia de Australia (AMTA) de la que fue presidente (1975-1978 y 1981-1984). Fue presidente de la World Federation of Music Therapy.

Denise Erdonmez fue la primera musicoterapeuta titulada en EE.UU. (1968-1970). Fue Presidente de la AMTA (1978-1981 y 1989-1991). Otros: Gary Fisher (1984-1986) y Dianne Allison (1987-1989 y 1991-93).

La formación se imparte en la Universidad de Melbourne desde 1978 a nivel de *bachelor degree* en cuatro años. La Directora es D. Endormez y la tutora, Helen Schoemark. La Universidad de Queensland empezó el mismo programa en 1990. Se exige, como en EE.UU. un internado de 1.040 horas para obtener el título de Musicoterapeuta Registrado o Certificado.

Los musicoterapeutas trabajan con el siguiente tipo de población:

Geriatría y Psicogeriatría	43,1%
Adultos con retraso mental	13,7%
Enfermos mentales adultos	9,8%
Rehabilitación Física de adultos	7,8%
Minusválidos niños y adultos	7,8%
Problemas emocionales infantiles	5,8%
Enfermos terminales/Cuidados paliativos	5,8%

En julio de 1998 se celebró en la Universidad de Melbourne el VII International Music Medicine Symposium, organizado por la asociación alemana International Society for Music in Medecine, y la "24th Annual Conference of the Australian Music Therapy Association.

AUSTRIA (11)

La publicación de la obra ya mencionada del doctor Teirich, en 1959, parece que fue el detonante para la puesta en marcha de un programa de formación, si bien ya en 1958 se había fundado la Austrian Society for the Promotion of Music Therapy.

El primer programa de Musicoterapia de Europa se estableció en la Vienna University for Music and Performing Arts, en el curso 1959-1960. La primera Directora fue la profesora Editha Koffer-Ulrich, que era violinista y había permanecido durante un año en EE.UU. observando el trabajo que se realizaba allí. En 1970 tomó la dirección el profesor Alfred Schmölz (fallecido en 1995).

En 1992 el Programa se incorpora a la Facultad de Música de la Universidad de Viena. Continúa siendo un programa de tres años: dos teóricos y uno de prácticas clínicas. No se admiten más de 10 a 12 alumnos por curso, y es gratuito. Los alumnos provienen de Austria y de países de habla alemana, como también del Benelux, EE.UU., Finlandia, Groenlandia, Italia y Japón. En 1993 había unos 100 profesionales musicoterapeutas en Austria.

En la Escuela de Psicología de la Universidad de Salzburgo hubo un curso de Musicoterapia para el tratamiento de niños con retraso mental; funcionó de 1982 a 1986.

La Sociedad Austríaca para la Promoción de la Musicorterapia se creó bajo los auspicios de renombrados expertos en psiquiatría, psicopatología y música como la profesora E. Koffer-Ulrich, profesor H. Sittner, presidente de la Academia para la Música y las Artes; profesor doctor Hoff, director de las clínicas universitarias de neurología y psiquiatría; y el profesor doctor Rett, jefe del Departamento de Neuropediatría. Esta Asociación se disolvió en 1975.

Schmölz (12) cita los hospitales dondeya en 1973 existía el Servicio de Psiquiatría:

Viena: Hospital Psiquiátrico de la Ciudad de Viena; Clínica Psiquiátrica Universitaria (musicoterapeuta: profesor Schmölz); Instituto Ludwig-Boltzmann para exploraciones de trastornos cerebrales infantiles.- Director médico, profesor doctor A. Rett (a él se debe la descripción del síndrome de Rett); Hospital Neurológico de la Ciudad de Viena (Departamento Infantil); Hospital para trastornos cerebrales y enfermos neurológicos; Jardín de Infancia Especial de Viena; Centro para enfermos alcohólicos.

Salzburgo: Clínica de nervios del Estado: Dir. Med. doctor G. Harrer; Sanatorio Grobmainerhof; Instituo Orff.

Innsbruck: Clínica Psiconeurológica de la Universidad de Innsbrug; Hospital estatal de Innsbruck, Dep. De Psiquiatría Infantil. La Institución Herbert von Karajan, bajo la dirección del doctor Revers y el profesor Harrer lleva a cabo investigaciones sobre la emoción musical.

En 1993 los campos donde está más extendida la utilización de la musicoterapia son: Neurología y Rehabilitación Neurológica; Enfermos psiquiátricos agudos; Enfermos psiquiátricos internados por largo tiempo; Gerontopsiquiatría; Geriatría y Gerontología; Enfermos psicosomáticos; Minusvalías físicas; Trastornos de comportamiento.

En 1984 se fundó la Asociación Austríaca de Profesionales Musicoterapeutas.

BÉLGICA (13)

Según Jos De Backer, en 1993 la musicoterapia aún está en sus comienzos: sólo hay unos pocos profesionales entrenados convenientemente. Sin embargo ya en 1976 se formó una organización en la zona flamenca: Vlaamse Werkgroep voor Music Therapy, pero en 1979 se disolvió.

En 1985 se creó la Flemish Association for Music Therapy. Tiene doce miembros que han recibido su formación en Holanda, Austria o EE.UU.

En Walonia existe la :Association pour la Recherche, l'Enseignement, et les Applications de la Musicotherapie en Belgique (AREM, 1981). Cuenta con ocho miembros.

Existe un Máster de Musicoterapia, de cinco años, en la Universidad Católica de Lovaina, en sustitución de un Curso de Introducción a la Musicoterapia que existía desde 1985. Los profesores responsables son E. Warmoes y Jos De Backer

BRASIL (14)

A la gran extensión de esta nación se debe el que existan muchas asociaciones de Musicoterapia. Últimamente se trabaja con la intención de unificarlas.

Rio de Janeiro. En los años 1950 Liddy Mignone fundó un movimiento de educación musical para disminuidos (lo cual no es propiamente musicoterapia). Por el mismo tiempo, el Hospital Psiquiátrico Pinel empezó a desarrollar un programa de musicoterapia coordinado por el doctor Jacques Nirenberg, quien más tarde (1968) fue Presidente de la Asociación Brasileña de Musicoterapia.

En 1972 la profesora Cecilia Conde, directora del Conservatorio de Música del Brasil y que trabajaba con el doctor Nise da Silveira en un hospital psiquiátrico; Doris Hoyer de Carvalho que trabajaba en la Sociedad Brasileña Pestalozzi con niños con retraso mental; y Gabriele de Souza e Silva decidieron crear un Programa de Formación de Musicoterapeutas con el asesoramiento del doctor Benenzon. La directora del mismo fue Cecilia Conde; actualmente lo es Marco Antonio Carvalho.

En 1992 y a iniciativa de Cecilia Conde, se creó un Curso de Postgrado en el Conservatorio de Música del Brasil, institución privada. En 1998 este curso fue reconocido por el Ministerio FEderal de Educación.

Paraná. La Musicoterapia en Paraná fue iniciada por la profesora Clotilde Espinola Leining, quien mientras se especializaba en música coral bajo la dirección de Héctor Villa-Lobos, se interesó por este tema. En 1952 empezó a buscar literatura, en 1968 viajó a EE.UU. y trabajó como interna en instituciones clínicas. Se informó sobre los programas de musicoterapia existentes. En 1969 creó un Curso de Postgrado en la Facultad de Educación de Paraná. El programa era de 1.500 horas de clase en dos años, y 360 horas de prácticas. Este curso era para graduados en Educación Musical y funcionó hasta 1980. Desde entonces el curso se extendió a cuatro años. En la creación de este curso, la profesora Espinola contó con el asesoramiento del doctor Benezon. Este curso es gratuito y, para acceder a él, se requieren conocimientos musicales.

Se creó el Centro para la Aplicación de la Musicoterapia con la colaboración del doctor Paulo de T. Monte Serrat. Otros nombres significativos son los del profesor Otavio M. Ulisseia, sociólogo y el psicólogo, y el profesor Eliseo Mosca de Carvalho.

Sao Paulo. La Musicoterapia empezó en Sao Paulo con los cursos del doctor Benezon, invitado por la profesora Clementina Nastari, a su vez fundadora de la Sao Paulo Association of Music Therapy (ASPAM) durante los años 1970.

En 1985 empezó un curso en la Facultad Marcelo Tupinambá, dirigido por el doctor Carlos R. Randi y la profesora Clementina Nastari. Actualmente lo dirige el MT Aluisio Duboc Maluf. Esdte curso está dividido en cuatro áreas: medicina, música, psicología y sensibilización.

Otros nombres: Anita Guimaraes, coordinadora del curso y de actos de la asociación, y la MT Rosa Cristiane F. da Cruz por sus actividades en la Asociación de Investigación y Enseñanza de Musicoterapia.

Rio Grande do Sul. La Musicoterapia empezó durante la década de 1960 en el Hospital psiquiátrico de Sao Paulo con la doctora Di Pâncaro, y también en escuelas de Educación Especial.

Contribuyeron al desarrollo de la Musicoterapia en este Estado, particularmente, la doctora Di Pâncaro, la profesora Elizabeth Pavlick, la profesora Dora Blauth Rocha, la profesoar Elizabeth Taveira, la profesora Vera Marilza Piasenski y la profesora Heloisa Kramer.

Minas Gerais. Diversas personas hicieron posible el desarrollo de la Musicoterapia en este Estado. Citemos a María da Gloria Vono de Carvalho y las musicoterapeutas Benedita Borges de Andrade, Mª Eugenia Albinatti y Marilia Katie Schembri. Cuentan con la Asociación de Musicoterapia de Minas Gerais.

Goiás. La Goiás Association of Music Therapy fue fundada en 1990, a raíz de unos cursos impartidos por la profesora Cecilia Conde y la musicoterapeuta Lia Rejane Mendes Barcellos en la Universidad Federal de Goiás. En 1993 empezó un Curso de Postgrado en la Universidad Federal del Brasil, el primero en una universidad estatal brasileña.

Nombres significativos son los del profesor Dalva Albernaz, profesor Dilma Yamada, doctor Joaquím Tomé de Souza, Jaira de Jesús Bilemjiam y Norair Patto.

Bahía. La Asociación de Musicoterapia de Bahía se fundó en 1991. Empezó en 1993 un curso en la Universidad Católica del Salvador.

Santa Catarina. Elizabeth dos Santos Felicio, musicoterapeuta que estudió en Rio, fundó la Asociación de Musicoterapia de Santa Catalina en 1989.

CANADÁ (15)

A tres figuras pioneras se debe el nacimiento de la Musicoterapia en Canadá:
Fran Herman, RMT, que empezó a trabajar con niños con necesidades especiales, utilizando la música ya en la década de 1950. Fue durante muchos años directora del Departamento de las Artes Creativas de un centro de Toronto, y fundó una asociación.

Por la misma época, Teresa Pageau, RMT, que había realizado el internado de Musicoterapia en EE.UU., trabajaba como musicoterapeuta en el Hospital de San Juan de Dios en Montreal, y fundó una asociación provincial.

Norma Sharpe, RMT., empezó a trabajar como musicoterapeuta en Ontario, en el Hospital Psiquiátrico de Santo Tomás, en 1957. A principios de los años 1970 se puso en contacto con unas 300 personas y organizaciones interesadas en Musicoterapia a lo largo y ancho del Canadá. En 1974 ella y un pequeño grupo de Ontario organizaron la I Conferencia «Musicoterapia: una idea a la que ha llegado su tiempo». La Asociación Canadiense de Musicoterapia, se fundó durante esta conferencia y Norma Sharpe fue su presidente desde 1974 hasta 1976.

En la década de 1970 Carolyn Kenny y Nancy McMaster, musicoterapeutas en Vancouver (British Columbia), colaboraron en un estudio sobre Musicoterapia del Departamento Nacional de Salud y Bienestar Social. Este estudio dio lugar al establecimiento de un Curso de Formación en el Capilano College (norte de Vancouver), en 1976. Era una diplomatura de dos años.

En 1985, Susan Munro empieza un programa en la Universidad de Québec, en Montreal. Connie Isenberg-Grzeda la sucedió en la dirección del curso. La doctora Rosemary Fisher estableció un curso en la Wilfrid Laurier University in Waterloo, Ontario, en 1986.

Susan Munro fue Presidente de la Canadian Association for Music Therapy (CAMT) desde 1977 hasta 1980.

COLOMBIA (16)

Los inicios parten de un grupo de profesionales: el doctor Alberto Correa, médico y músico, fundador de la Sociedad Antioqueña de Medellín, que trabajaba con niños con retraso mental;Bernardo Benjumea, psicólogo y pedagogo musical que trabajaba con niños autistas, y María Isabel reyes, músico psicoeducadora de niños sordos.

En 1971 el doctor Benenzon y Antonio Yepes dieron una conferencia que titularon «Introducción a la Musicoterapia». En 1972, María Fux visitó Colombia y estimuló el interés por la danza-terapia. En aquel año el doctor Vargas Hernando Rodríguez fundó la Asociación Colombiana de Musicoterapia de la que él mismo fue primer presidente.

Durante estos años, María reyes y Bernardo Benjuméa dieron conferencias por todo el país. En 1976, en el II Congreso Mundial de Musicoterapia (Buenos Aires) ya estuvieron presentes los mencionados profesionales con dos trabajos: «MT para niños sordos» y «MT en autismo infantil: un caso clínico».

En 1977 se inició en el Colegio de Cauca, de Popayán, un Curso para no graduados; por razones económicas, después de dos semestres dejó de funcionar. Sin embargo los estudiantes continuaron por su cuenta fuera de la Universidad y realizaron el trabajo de investigación que se les había asignado para el final de sus estudios.

En 1987 se crea la Sociedad Colombiana de Musicoterapia. En 1991 se organiza el I Symposium Nacional de Musicoterapia, en Santafé.

COREA (17)

En 1952 la teoría de la musicoterapia fue tratada por varios doctores; en la década de 1960 un neuropsiquiatra, el doctor Yu, Suk-Jin del Hospital Bethro, y el doctor Jin Sung-Gi del Hospital Nacional de Psiquiatría, utilizaron la música para estabilizar estados mentales en pacientes psiquiátricos. En 1968 los pacientes del Hospital Psiquiátrico Nacional y los de los Hospitales Sung-Mo recibían instrucción en apreciación musical.

La Asociación Coreana de Arte Clínico fue creada en 1983.

En 1985. en el Hospital Beak de Seul, Chung Young-Go utilizaba música como una técnica auxiliar en terapia psicodinámica.

En septiembre de 1986, Ihm Eun-Heil abre el Ihm´s Music Therapy Center, en Seúl. En 1988 presentó su trabajo en la Conferencia Anual de la NAMT en Atlanta, en 1990.

En 1992 Barbara Hesser dio conferencias sobre Musicoterapia. Muchos profesionales coreanos se han formado en Musicoterapia en otros países.

CROACIA (18)

La Sociedad Croata de Musicoterapia se creó con motivo del III Congreso Internacional de Psiquiatría Social y I Symposium Internacional de Musicoterapia, ambos celebrados en Zagreb, del 21 al 27 de septiembre de 1970.

Durante el mismo symposium se constituyó el "nternational Board of Music Therapy and Social Psychiatry" con el doctor Darko Breitenfeld, psiquiatra, como presidente y, como vicepresidentes, Juliette Alvin (Londres) y Alfred Schmölz (Viena).

Este primer symposium fue presidido por el doctor Jules Masserman (EE.UU.). *Chairman:* doctor J. Bierer (G.B.). *Chairman* del Comité organizador: doctor Vi. Hudolin y doctor Breitenfeld (Yu.).

Presentaron ponencias: Muskatev (EE.UU.), R. Matz (Yu.), E. Koffer-Ulrich (Alem.), M.F. Thompson (EE.UU.), F. Knigth (G.B.), Hudolin y Breitenfels (Yu.), Ch. Braswell (EE.UU.), H.R. Teirich (Alem.),M. Cipra (Yu.), Ch. Schwabe (Alem.), E. Thayer Gaston (EE.UU.) (mandó ponencia pero no estuvo ya que había fallecido unas semanas antes), A. Schmölz (Aust.), A. G. Pikler (EE.UU.), V. Keller (Chec.), H.P. Reinecke y H. Willms (Alem.), I. Radl-Formann (Aust.), I. Supicio (Yu.), H.M. Sutermeister (Suiza), F. Hart (G.B.), I. Castelliz (Aust.), M. Markovic (Yu.), J.J. Levy (EE.UU.), H. Asper (Suiza), D. Bring Crocker (EE.UU.), J. Alvin (G.B.), E. Basic (Yu.), G. Schmetzstorff (Alem.), S. Poch (Esp.), N. Martin (EE.UU.), A. Fenwick (G.B.), E. G. Joseph (EE.UU.), N. M. Wasserman (EE.UU.), M. Dickinson (EE.UU.), J. Molcan (Chec.), M. Levering (G.B.), B. Callieri y A. Petiziol (It.), A. Hasenchrl (Aus.), M. Berghofer (Yu.), D. Geller (Alem.), F. Schultze-Gerlitz y E. Krack (Alem.), M. Valentinsing (It.), V. Vargha (Hun.), J.P. Stankovic (Yu.), etc.

En 1971, organizado por la Clínica Universitaria, la Academia de Música y la Sociedad Croata de Musicoterapia, se celebró en Zagreb el II Symposium de Musicoterapia. Posteriormente se fueron repitiendo tales simposios cada dos años.

CHINA (19)

Desde hace dos mil años existen, en China, referencias del uso de la música como curación de enfermedades en libros de medicina antiguos. Pero como ciencia moderna, la Musicoterapia es reciente.

La primera aplicación fue la música en electroterapia, utilizada en el Hospital Militar de Sheyang por el doctor Shi-jing Li, en 1981. En fisioterapia ideó, con éxito, un procedimiento que consistió en generar señales eléctricas a través de un fonógrafo corriente. Este procedimiento fue adoptado en todos los hospitales militares. Por este invento el doctor Li recibió el Premio Chino a la Ciencia y la Tecnología.

En 1979 el doctor Bang-Rui, de Arizona (EE.UU) dio una conferencia sobre Musicoterapia en el Instituto Central de Música de Beijing. Más tarde los profesores Zhong-geng Chan y Bo-yuan Zhang, del Departamento de Psicología de la Universidad de Beijing, investigaron sobre las reacciones psicológicas a la música.

El doctor Wo Zhan, del Centro de Convalecientes Ma-Wang-Dui, en Chansha (provincia de Hunan), desarrolló su propio método de músico-psicoterapia. Este método es utilizado en este hospital desde 1984. Con él tratan neuropatías y trastornos psicológicos. Los instrumentos y el equipamiento han sido realizados por el doctor Zhan y Yi-De Liu. Ambos han impartido cursos y este método ha ayudado a doscientos hospitales a crear el departamento de Musicoterpaia.

Durante estos años profesores del Instituto Nacional Chino de Música de Beijing cooperaron con los psiquiatras de los hospitales de las ciudades de Beijing y Fugian iniciando programas de Musicoterapia para pacientes psiquiátricos.

En 1988, el presidente del Instituto, profesor Xi-an Li, con la aprobación del Ministerio de Cultura, crea el primer programa de Musicoterapia en el Instituo Chino de Música de Beijing.

El mismo año el profesor Xi-an Li y el Director del Hospital Hui-long-guan de Beijing crean la Asociación China de Musicoterapia. También en el mismo año se crea el Instituto Chino de Musicoterapia con Zue-shu-Fab como primer secretario. Este programa fue el único profesional de China hasta 1993. Cuenta con más de 100 miembros representando a 25 provincias.

Los métodos utilizados son: Musicoterpia receptiva, Métodos de Recreación, métodos para niños con retraso mental, Electroterapia Musical, Música en Electropuntura y Anestesia con Electroacupuntura, y Música.

CHIPRE (20)

Hasta 1993, en Chipre, había un solo musicoterapeuta registrado en Gran Bretaña, Anthi Agrotou, quien desde 1987 trabaja en este campo, en la institución Nea Eleousa y en la práctica privada. Ha organizado conferencias y ha intervenido en programas de radio para promocionar esta terapia. Ha publicado cinco artículos.

DINAMARCA (21)

Hacia 1969, un profesor de música, Gunnar Heerup y el médico Dr. Ole Bentzen, fundaron la Sociedad Danesa de Musicoterapia, del que fue presidente, el prof. Heerup, trabajando activamente en la promoción de esta terapia. Otros profesionales fueron:

Synnove Friis estudió musicoterapia en Suiza, trabajó durante 25 años con pacientes geriátricos y afásicos. Fue musicoterapeuta consultor e impartió cursos de formación a fisioterapeutas y terapeutas ocupacionales en toda Escandinavia.

Claus Bang, un maestro de música que recibió entrenamiento en el método Nordoff-Robbins, ha contribuido significativamente en el campo de los sordos y ha participado en numerosos congresos y simposios internacionales.

En 1982 se estableció en la Universidad de Aalborg un programa por las profesoras Inge Nygaard Petersen y Benedikte Barth Scheiby (musicoterapeutas formadas en Alemania, en la Universidad de Herdecke). Pedersen fundó también el Nordic Group for Clinically-Based Music Therapy Research. Hanne-Mette Kortegaard ha trabajado intensamente en la consecución de un estatus académico para la musicoterapia y ha representado a Dinamarca a nivel internacional.

Desde 1995 el programa de Musicoterapia es de 5 años (3 años de Bachillerato + 2 de Máster) y se obtiene un MA (Master Arts) en Musicoterapia (Wigram, Pedersen and Blonde 2002).

La Universidad de Aalborg desde 1993 dispone del único Doctorado (PhD) en Musicoterapia de Europa. En colaboración con la EMTC y con la WFMT la Universidad de Aalborg ofrece a los profesionales musicoterapeutas la oportunidad de hacer investigación en la práctica clínica bajo la dirección académica y control del Prof. Tony Wigram, director del programa de Doctorado.

En 1995 organizaron la III Conferencia Europea de Musicoterapia.

ESCOCIA (22)

En 1978 dos musicoterapeutas profesionales empezaron a trabajar en Escocia. En la actualidad (1993) hay 19 profesionales más.

En 1980 Julienne Cartwright crea la asociación Nordoff-Robbins Music Therapy-Scotland, una rama de la asociación Nordoff-Robbins Music Therapy-

Londres. Esta asociación conce el premio anual «Welcome to Music» al mejor vídeo, desde 1990.

ESPAÑA (23)

Tal como se describe en el capítulo anterior, del pasado existen interesantes testimonios sobre el empleo de la música con finalidad terapéutica; véase por ejemplo el médico Piñera y Siles (1787), el doctor Rodríguez Méndez (1845) y el testimonio de la utilización de la audición musical —música de órgano— en el hospital de Vic (Barcelona) a mediados del siglo XVIII (24).

Cada vez que la autora ha precisado tratar el tema de la evolución histórica de la Musicoterapia científica en España, hasta comienzos de la década de 1980, le ha resultado muy difícil, ya que se ve obligada a hablar de sí misma cuando desearía poder hablar de muchas personas más que hubieran trabajado como musicoterapeutas profesionales desde que se inició en esta aventura. Sin embargo sí puede hablar de muchas personas, y personalidades no profesionales del tema, sin cuyo soporte profesional y moral no hubiera podido ella realizar la labor emprendida, ni en general se hubiera alcanzado el nivel profesional que tiene la Musicoterapia en la actualidad.

Como en la mayoría de países, la etapa científica hay que situarla en la década de 1960, y concretamente en 1962, cuando Serafina Poch, empieza el trabajo de investigación sobre musicoterapia como tema de su tesina de licenciatura «La influencia de la música en el niño», (25) título que no se ajusta a la verdad ya que su contenido era sobre musicoterapia en su totalidad, aunque tal denominación no hubiera sido aceptada entonces. Juliette Alvin consideró este trabajo como el punto de partida de la musicoterapia en España (carta de 10 de diciembre de 1964). Director de la tesina fue el doctor Nicanor Ancochea, psiquiatra y profesor de Fundamentos Biológicos de la Educación en la Universidad de Barcelona.

El profesor Thayer Gaston, leyó la mencionada tesina en 1965 e hizo posible que realizara el Internado de Musicoterapia con Myrthe F. Thompson (véase el epígrafe sobre Estados Unidos) en el Essex County Overbrook Hospital, Cedar Grove (NJ), Departamento de Musicoterapia y Artes Creativas-Terapia, del que la señora Thompson era directora. (septiembre de 1966 a marzo de 1967). Previamente había trabajado como musicoterapeuta durante dos meses en el Departamento de Psiquiatría Infantil en el Hospital Mont-Providence de Montreal (Québec), y en el Centro Médico de la Universidad de Nueva York: Instituto de Medicina Física y Rehabilitación, Unidad de niños con espina bífida, (junio a septiembre de 1966). El internado incluyó un curso intensivo de

Enfermería Psiquiátrica; Danza Terapia y Arte Terapia; entrenamiento en el método Nordoff-Robbins una vez por semana con los propios autores, en Filadelfia, y formación como musicoterapeuta.

Finalizado el Internado, trabajó como musicoterapeuta, en el Creedmoor State Hospital de Nueva York, Departamento de Psiquiatría Infantil, con la doctora Lauretta Bender ya mencionada. Inició el programa de Musicoterapia en aquel departamento y era el único que lo tenía de todo el hospital.

De regreso a España, en 1968, escribió y presentó la tesis doctoral *Musicoterapia para niños autistas* en 1971 (26), dirigida por el profesor doctor Juan José López-Ibor, catedrático de Psiquiatría en la Universidad Complutense, y expresidente de la World Psychiatric Association.

Fue contratada por el Instituto Español de Musicología (Consejo Superior de Investigaciones Científicas) para realizar investigaciónes en «La Historia de la Musicoterapia Española» (1971); «Musicoterapia para niños con problemas emocionales» (1972); «La música como ayuda en el diagnóstico clínico» (1973); «Musicoterapia para niños con minusvalía física» (1974) y «Musicoterapia para enfermos mentales adolescentes y adultos» (1975). Dirigía el Instituto Español de Musicología el doctor Miquel Querol Gavaldá.

Trabajó como musicoterapeuta en el Hospital Clínico de Barcelona, cátedra de Psiquiatría (profesor Joan Obiols Vié) en 1971, como voluntaria con enfermos psiquiátricos; fue el primer hospital que contó con este tipo de terapia en toda España. En 1975-1976 trabajó como jefe del Departamento de Musicoterapia de este hospital.

Trabajó también como musicoterapeuta en la Escuela Boscana (síndrome de Down) de Barcelona (1969-1970), la primera escuela que contó con este tratamiento en España. En 1970-1971, en la Escuela Primaria de la Base Militar Conjunta EE.UU.-España, de Torrejón de Ardoz; En 1971-1972, en el Instituto Psicopedagógico Mundet (Diputación de Barcelona); de 1972 a 1975, en el Hospital Psiquiátrico Infantil Fray Bernardino Álvarez, de Madrid (Ministerio de Sanidad); en 1977-1981 en el Centro de Educación Especial Princesa Sofía (Ministerio de Educación y Ciencia) de Madrid; en la Escuela Pública de Educación Especial de Martorell (Barcelona) (1990-1991) y, desd 1994, en el Instituto Psiquiátrico Tomas Dolsa, de Barcelona, con enfermos psiquiátricos crónicos y psicogeriátricos.

A finales de la década de los 60, el músico José Rodríguez Cordero dirige un conjunto instrumental y coral de adolescentes y jóvenes con retraso mental de la Fundación Centro de Enseñanaza Especial, en Pozuelo de Alarcón.

En 1974, Natividad García impartía Educación Musical, siguiendo el método Orff, a niños con retraso mental en el Instituto Municipal de Educación de Madrid.

En 1976, el profesor Samperio Flores, catedrático de Musicología de la Escuela Normal del Magisterio de Santander se interesó en el tema y diseñó un test proyectivo sonoro, a raíz de un Cursillo de Introducción a la Musicoterapia impartido por el doctor Benenzon en 1976.

Asistencia a Congresos y Seminarios hasta 1983

Asistió a las Conferencias Nacionales de la NAMT en 1966, 1967, 1974, 1979, 1994 y 1995. Al I Symposium Internacional de Musicoterapia, dentro del III Congreso Mundial de Psiquiatría Social (Zagreb, 1971).

Representó a España, por la Dirección General de Sanidad en el I Seminario Internacional de la Academia Europea de Berlín, de la Asociación Alemana de Musicoterapia y el Comité Europeo de Musicoterapia: «La música como experiencia social, comportamiento, socialización y socioterapia» (1973).

Representó a España, por la Dirección General de Sanidad, en el I Congreso Mundial de Musicoterapia de París (1974). Asistieron también el profesor Joan Obiols Vié, el doctor Francisco Mendiguchía, Manuel Alonso, de Barcelona, Paloma Camacho y Natividad García, de Madrid, y Saturnino Samperio, de Santander. S. Poch presentó las ponencias: «La situación de la Musicoterapia en España y Musicoterapia en autismo infantil».

I Conferencia Nacional sobre minusválidos físicos *Minusval-74* (1974): «Musicoterapia con minusválidos físicos».

II Congreso Internacional de Educación Especial (Sevilla, junio 1974): «Musicoterapia en Educación Especial».

Conferencia Anual de la Asociación Española de Neuropsiquiatría: «Musicoterapia en autismo infantil» (Las Palmas de Gran Canaria, 1974).

V Symposium Internacional sobre Psiquiatría Social, Alcoholismo y Musicoterapia: Musicoterapia y arte terapia con una niña esquizofrénica (Porec, Yugoslavia, 1975).

Representó a la Asociación Española de Musicoterapia (constituida pero aún no aprobada oficialmente) en el II Congreso Mundial de Musicoterapia de Buenos Aires (1976), presentando el trabajo: «Musicoterapia en una clínica psiquiátrica». El señor Samperio presentó: «Un test proyectivo sonoro».- La señora Marina Solís: «Musicoterapia en Psiquiatría». Asistieron, además, Paloma Camacho y Natividad García, de Madrid.

Asociaciones

Asociación Española de Musicoterapia (Madrid). Por iniciativa de S. Poch, se creó esta asociación cuya presentación y lectura de Estatutos hizo en el I Congreso Mundial de Musicoterapia, en París (1974): «Situación de la

Musicoterapia en España». La Asociación no pudo ponerse en marcha por falta de apoyo.

El 2 de junio de 1976, con motivo del II Congreso Mundial de Musicoterapia de Buenos Aires, a iniciativa de S. Poch, que trabajaba entonces con el profesor Obiols, y con el apoyo incondicional del mencionado catedrático, se funda en la Cátedra de Psiquiatría de la Universidad de Barcelona la Asociación Española de Musicoterapia. Como miembros fundadores formaron la comisión gestora el doctor Juan José López-Ibor Aliño, psiquiatra; el profesor Alfonso Ledesma, catedrático de Psiquiatría de la Universidad de Salamanca; el doctor Adolfo Serigó Segarra, secretario general del Patronato Nacional de Asistencia Psiquiátrica (máximo organismo estatal para el desarrollo de la Psiquiatría en España); el profesor doctor Miquel Querol, Director del Instituto Español de Musicología (Consejo Superior de Investigaciones Científicas); profesora María Soriano, fundadora y Presidente de la Asociación Española para el Estudio Científico del Retraso Mental y exmiembro del Real Patronato de Educación Especial; y el catedrático de Psicología de la Universidad de Barcelona, doctor Miquel Siguán. La Asociación fue legalmente aprobada en 1977, con motivo del I Symposium Nacional de Musicoterapia, de Madrid. Prestó su apoyo para que se aprobara rápidamente, el director general de Asistencia Social (INAS) y se contó también con la ayuda del señor Daniel Terán.

I Symposium Nacional de Musicoterapia: se celebró en Madrid (28 marzo a 2 abril, 1977), organizado por el Centro de Educación Especial Nuestra Señora del Carmen, del Instituto Nacional de Asistencia Social (Ministerio de Sanidad), su diirector fue don Ángel Garijo.

Ponencias presentadas: «Situación actual y perspectivas de la musicoterapia en España»: S. Poch.

«La musicoterapia en el ámbito de la pedagogía terapéutica»: Roberto Reccia (Argentina).

«La música como técnica complementaria de comunicación»: Daniel Terán y otros.

«La musicoterapia en disminuidos auditivos»: Roberto Reccia (Argentina).

«La musicoterapia en enfermos psicóticos»: S. Poch

«La musicoterapia y su aplicación en psicopatología infantil»: Rolando Benenzon.

«Presentación de un test proyectivo-sonoro»: Miguel Angel Samperio.

«La musicoterapia y su aplicación en la psicopatología del adulto»: Rolando Benenzon.

«La musicoterapia y los problemas de conducta en el deficiente mental»: Juliette Alvin.

«La musicoterapia en el desarrollo social y educacional del deficiente mental»: Juliette Alvin.

Comunicaciones: «Trabajo en musicoterapia para enfermos físicos»: Paloma Camacho.
«Música especializada en el Instituto Nacional de Pedagogía Terapéutica»: Mª Cristina Madroñero.
«El llanto ritual y la taranta: dos ejemplos de musicoterapia a nivel etnofolklórico»: Alfonso Pantaleón.
«Musicoterapia en esquizofrénicos»: Marina Solís.

La primera Junta Directiva (1978-1980) estuvo formada por: Presidente: profesor Alfonso Ledesma. Vicepresidente: profesora María Soriano. Secretaria general: doctora Serafina Poch, RMT. Tesorero: don José Rodríguez Cordero. Vocales: profesor Albert Blancafort, director de los Coros de la Radiotelevisión Española; doctor Miquel Querol; doctor Juan Sanz, psiquiatra; monseñor Federico Sopeña, musicólogo, académico, exdirector del Museo del Prado. Asesora Jurídica: doña Carmen Ferrer, abogado.

Conferencia del doctor Darko Braitenfeld: (17 octubre 1978) Era el presidente del International Board of Music Therapy and SocialPsychiatry, y director de los Cursos de Formación de musicoterapeutas del Departamento de Psiquiatría de la Universidad de Zagreb. Dio una conferencia invitado por la Asociación, en la Cátedra de Psiquiatría de la Universidad Complutense (Prof. F. Alondo Fernández), sobre «Aspectos transculturales de la Musicoterapia». Habló de los orígenes del movimiento actual en pro de la Musicoterapia, «que se inició en EE. UU. inmediatamente después de la I Guerra Mundial, pero que fue desarrollado a través de personas procedentes de Europa, donde existía ya tradición». Habló de los métodos utilizados en cada país.

I Reunión Científica de la Asociación: (17 de junio, 1979). Tuvo lugar en el Centro de Educación Especial Princesa Sofía de Madrid (Ministerio de Educación y Ciencia), sobre el tema: «Pasado, presente y futuro de la Musicoterapia». Presidieron el acto: el profesor Ledesma, el doctor Serigó, el doctor Querol, doña María Soriano, el señor Rodríguez Cordero. La asistencia fue de unas 200 personas.

II Symposium Nacional de Musicoterapia. Organizado por la Asociación y la Cátedra de Psiquiatría de la Universidad Compolutense. Se celebró en el Colegio de Médicos de Madrid, los días 29 y 30 de marzo de 1979.

Se desarrollaron las ponencias: «Musicoterapia en Educación Especial»: por María Soriano, profesora de educación especial, y Serafina Poch, RMT. «Musicoterapia en Psiquiatría«: profesor F. Alonso Fernández, catedrático de Psiquiatría, doctora S. Poch, RMT, doctor Alvarez Villar, psiquiatra y doctor García Barros, psiquiatra.

«La Musicoterapia: desarrollo y situación actual»: S. Poch. RMT.

«Dos notas sobre aplicaciones terapéuticas de la música, en las Memorias de la real Academia Médico Práctica de Barcelona (1978)»: doctora Edelmira Doménech, profesora de Psiquiatría de la Universidad Autónoma de Barcelona.

«Refuerzo a través del Tiroson» (demostración práctica): don Ramon Galindo Castillo, ingeniero.

Conferencias: «La música, modificadora de las dimensiones de la persona en estados de infraconciencia», por el profesor Rojo Sierra, catedrático de Psiquiatría de la Universidad de Valencia.

«Musicoterapia como tratamiento en las secuelas de un traumatismo craneoencefálico», por doña Paloma Camacho Acevedo, terapeuta ocupacional y músico.

«Filosofía Sufi»: doña Francisca Nieto.

«Una expeirencia en Musicoterapia con niños límite»: doña Begoña Ibarrola. La música como terapéutica del espíritu humano»: don Francisco Carmona.

Concierto Infantil: un grupo de adolescentes con retraso mental del Centro Fundación de Enseñanza Especial de Pozuelo de Alarcón, dirigido por Rodríguez Cordero, interpretaron canciones folflóricas con instrumentos musicales.

Concierto extraordinario de piano: en el Teatro Real de Madrid, (30 de marzo, 79) como conclusión del Symposium, a cargo del pianista don Antonio Baciero. Interpretó obras de A.Cabezón, William Byrd, Purcell, J.S. Bach, F. Schubert y una obrsa inédita del P. Antonio Soler. Su interpretación fue magistral.

Presentación de la Asociación. La Asociación fue presentada a la XXX Conferencia Nacional Anual de la NAMT, en Dallas, en 1979. Del 1 al 4 de noviembredel mismo año, tuvo lugar en la Universidad Metodista de Dallas, el Symposium: «La teoría de la Musicoterapia» organizado por el profesor Ch. Eagle y presidido por el profesor William Sears. Participaron 14 profesores de musicoterapia de EE.UU., Edith Lecourt de Francia, Teresa Pageau de Canadá y S. Poch de España.

III Semana Nacional del Disco (Sevilla, 19-24 de noviembre, 1979). «La utilización del disco en musicoterapia» (S. Poch), dentro del Panel: «Disco y aplicaciones sociales». Entre la audiencia había diversos directores o delegados de casas discográficas, quienes se interesaron mucho por el tema.

II Junta Directiva. Presidente: doctora S. Poch, RMT. Vicepresidente: doña María Soriano. Secretaria: Mª Dolores García. Tesorero: F. López-Gete. (a su fallecimiento le sustituyó el don José Rodríguez Cordero). Vocales: Daniel Terán, Rosa Clamagirand y Francisco Rovatti.
Comisión de Honor: Todos los Miembros de la Comisión Gestora.
Socios de Honor: don Antonio Baciero, concertista de piano; profesor William Sears, RMT. (NAMT), profesor de Musicoterapia de la Universidad de Kansas; señora Juliette Alvin (Inglaterra); doctor Darko Breitenfeld, presidente del Comité Internacional de Musicoterapia (Yugoslavia); profesor Alfred Schmölz, director del Programa de Musicoterapia de Viena.

Salzburg Seminar on American Studies (Salzburgo, Austria, 13-29 de marzo de 1980): esta 179 edición fue dedicada a «La música y las artes como medio de cambio individual y social»; estuvo presidido por Bertram Brown, profesor de Psiquiatría de la Universidad George Washington, exconsejero de Salud Mental de la Casa Blanca y exdirector del National Institut for Mental Healt". La doctora Poch fue invitada a asistir en representación de España.

Cursos de formación. Era prioritaria la labor de formación de profesionales a nivel universitario, pero existía el problema general de que la universidad española estaba cerrada a la creación de nuevas carreras, por lo que lo único posible eran cursos de 40 a 70 horas.
Desde 1975 a 1987 S. Poch impartió 19 de estos cursos, en universidades u organismos oficiales:
1975: Universidad de Barcelona, cátedra de Psiquiatría (3 meses).
1975: Universidad de Murcia: I.C.E. 35 horas.
1977: Escuela Nacional de Psiquiatría. Para enfermeras psiquiátricas.- Madrid. 40 horas.
1977: Asociación Nacional de Pedagogía Terapéutica. Salamanca. 25 horas.
1978: SEREM. Ministerio Sanidad. Palma de Mallorca. 30 horas.
1978: Cursos de Expresión a Distancia. Ayuntamiento de Barcelona. 40 horas.
1979: IV Bienal del Sonido de Valladolid e Instituto de Ciencias de la Educación de la Universidad de Valladolid. 40 horas.
1979: Universidad de Valladolid: I.C.E. 25 horas.
1979: Universidad Complutense, I.C.E. 70 horas.
1979: INSERSO. Ministerio de Sanidad: Sevilla. 25 horas.

1980: Instituto Municipal de Educación.-Ayuntamiento de Madrid. 30 horas.
1981: Universidad de Barcelona, cátedra de Psiquiatría. 40 horas.
1981: Instituto Nacional de Educación e Instituto nacional de Educación Especial (Ministerio de Educación y Ciencia). Madrid. 40 horas.
1981: Universidad de Comillas, Madrid. 40 horas.
1981: Colegio de Doctores y Licenciados en Filosofía y Letras de Madrid. 40 horas.
1982: Obra Cultural de la Caixa. Barcelona. 10 horas.
1982: Consejería de Cultura del Consejo Regional de Murcia, Diputación de Murcia y Asociación de Padres de Niños Autistas. Murcia. 30 horas.
1982: Escuela de Verano «Rosa Sensat». Barcelona. 30 horas.
1983: Universidad Politécnica de Barcelona, I.C.E. e Instituto español de Musicología. Barcelona. 36 horas.
1984: Univerisdad Politécnica de Barcleona, I.C.E. e Instituto Español de Musicología. Barcleona. 36 horas .
1987: Colegio de Doctores y Licenciados en Filosofía y Letras y Ciencias de Cataluña y Baleares. Barcelona. 35 horas.

El doctor Benenzon desde 1976 ha dado Cursillos de Introducción a la Musicoterapia de 15 horas., que han ayudado a divulgar el tema.

En 1978 el profesor F. Alonso Fernández y la doctora Poch, presentaron un proyecto de Curso de Postgrado, en dos años, en la Universidad Complutense de Madrid, pero no fue aprobado, por lo novedoso del tema.

En 1980, se consiguió que fuera aprobado un Curso de Especialización de Musicoterapia para Profesores de Educación Especial, en dos años, por el Ministerio de Educación, Instituto Nacional de Educación Especial, a través de su Director General, don Juan Mª Ramírez Cardús. El cambio de ministro de Educación interrumpió el proyecto.

Se consiguió quela Asociación fuera declarada de Utilidad Pública, por los ministerios de Sanidad, Educación e Interior, el 4 de marzo de 1981.

La labor de promoción y divulgación del tema desde 1970 a 1981, se realizó a través de 20 entrevistas en TVE, especialmente en Madrid; en radio, 27 y en prensa, 29.

Hasta 1981 contaba la Asociación con 200 asociados de toda España. Por traslado de residencia, la doctora Poch dejó la Presidencia de la Asociación. Le sucedió don Daniel Terán Fierro.

En 1991 se organizó el I Encuentro Internacional de Musicoterapia, en Madrid. Organizan conferencias y cursillos. La Asociación edita un boletín de noticias: *Informa*.

Associació Catalana de Musicoteràpia (Barcelona)

La fundaron en el Instituto Español de Musicología S. Poch, el doctor J. Mª. Llorens, Director del Instituto, el Sr. J. Serrabona, psicólogo, y la Sra. Nuria Batlle, ATS.

Fue legalmente aprobada el 6 de junio de 1983. Permaneció inactiva, como tal asociación hasta 1990 cuando se vió la posibilidad de organizar Cursos de Postgrado, dado que la Universidad Española tenía cerrada la creación de nuevas carreras. Éste fue el motivo de no haberse podido organizar antes Cursos de Postgrado. Con esta finalidad se formó la nueva Junta Directiva compuesta por: doctora S. Poch (Presidente), profesora Edelmira Doménech (Vicepresidente), doctor J. Solé Puig (secretario), doctor Joan Obiols Ll. (Tesorero). Vocales: doctor Jordi Obiols Ll., doctor Josep Martí, doctor Francesc Balagué y doctor Josep Martí. Socios de Honor: profesor C. Ballús, profesor Ch. Eagle (EE.UU.), doña Montserrat Figueras de Savall, profesor R. Graham (EE.UU.), doña Alicia de la Rocha, profesor E. lecourt (Francia), profesor A. Ledesma, profesor J.J. López-Ibor A., doctor J.M. Llorens, profesor Oriol Martorell, profesor J.L. Martí Tusquets, profesor Josep Moreno (EE.UU.), doctor J. M. Querol, doctor C. Robbins (EE.UU.), maestro Joaquín Rodrigo, maestro A. Ros-Marbá, maestro Jordi Savall, dom Ireneu Segarra OSB, doña María Soriano, doctor Ralph Spintge (Alemania), maestro Nicanor Zabaleta.

Curso de Postgrado en Musicoterapia. Fue posible la aprobación de este curso en 1991, por la Universidad de Barcelona, gracias a que el profesor C. Ballús, catedrático de Psiquiatría, de la Facultad de Medicina de la Universidad de Barcelona, aceptó en su cátedra el proyecto de Curso que se le presentó. Con la colaboración eficaz del doctor Joan Obiols LL. y del Departamento de Etnomusicología (doctor Josep Martí) del Consejo Superior de Investigaciones Científicas. Este fue el primer curso de Musicoterapia que impartió una universidad española y en una Facultad de Medicina.

El curso 1992-1994 fue el de la primera promoción. Era un curso de dos años para postgraduados (expuesto en el capítulo I, págs 56-57). Era un curso Asociado a la NAMT con lo que los alumnos, al finalizar los estudios podían acudir a realizar el internado en EE.UU. Siguieron este curso 16 alumnos. Dirección del Curso: profesor C. Ballús y doctora S. Poch. Coordinador: doctor J. Obiols LL.

El curso 1994-1996 se celebró también en la Universidad de Barcelona y lo siguieron 14 alumnos.

Curso 1996-1998: Universidad Ramon Llull (Barcelona). 12 alumnos.

Curso 1998-2000: Universidad de Valladolid. 14 alumnos.

Primer Curso

	UB	URL	UVA
	45 créditos	49,5 créditos	55 créditos
Dirección	Prof. C. Ballús	Dra. S. Poch	Dra. S. Poch
	Dra. S.Poch		Prof. M. Morante
Coordinación	Dr. J. Obiols Ll.		
Medicina			
Neurofisiología	Prof. M. Sánchez T.	Dra. Júdez	Dra. S. Martín
	Dr. Soler Bachs		
	Dr. J.M. Berenguer		
Medicina física:	Dr. F. Balagué	Dra. Júdez	Dra. M. Ruíz
Psicopatología			
de adultos	Dr. J. Obiols Ll.	Dr. J. Obiols Ll.	Dra. F. Alonso del T.
	Dr. Jordi Obiols Ll.	Dra. S. Subirá	Dra. S. Martín
Psicopatología			
Infantil	Prof. E. Doménech	Dra. Júdez	Dra. M. Ruíz M.
Música			
Historia de la			
música	Dr. César Calmell	Dr. C. Calmell	Prof. J.I. Palacios
Piano e impro-	Sr. A. Fernández	Sra. E. Arús	Prof. M. Morante
visación	Sra. E. Arús		
Guitarra (I)	Dra. M. Brotons	Sr. J.M. Olmos	
Danza	Sra. M. Cortés	Sr. Toni Fabregat	Prof. R. Castañón
Instr. Orff y di-			
rec. conjuntos	Prof. M. Cateura	Prof. M. Cateura	Prof. M. Morante
Psicología			
y Antropología de la Música:			
Psicología de la			
música (I)	Dra. S. Poch	Dra. M. Brotons	Dra. S. Poch
Antropología			
de la música	Dr. J. Martí	Dr. J. Martí	Prof. M. Manzano
Musicoterapia			
Historia de la			
musicoterapia	Dra. S. Poch	Dra. S. Poch	Dra. S. Poch
Teoría.	Dra. S. Poch	Dra. S. Poch	Dra. S. Poch
Metodología y			
Organización (I):	Dra. S. Poch	Dra. S. Poch	Dra. S. Poch
Aplicada:			
Infantil (I)	Dra. S. Poch	Dra. S. Poch	Dra. S. Poch

Segundo Curso

Medicina

Psicoterapias	Prof. J. Obiols Ll.	Prof. Dr. J. Obiols	Dra. F. Alonso
	Prof. Ortega-		Dra. S. Martín
	Monasterio		

	UB *45 créditos*	*URL* *49,5 créditos*	*UVA* *55 créditos*
Música			
Piano (II) e improisación	Sr. A. Fernández	Sra. E. Arús	Prof. M. Morante
Guitarra (II)	Dra. M. Brotons	Sr. J.M. Olmos	
Canto y dirección c oral	Sr. Jordi Colomer	Sr. J. Colomer	Sra. M.C. Estavillo
Psicología y Sociología de la Música			
Psicología (II)	Dra. M. Brotons	Dra. M. Brotons	Dra. N. Escudé
Sociología	Prof. A. Rodríguez	Prof. A. Rodríguez	Prof. M. Manzano
Musicoterapia			
Aplicada:			
Infantil (II)	Dra. S. Poch	Dra. S. Poch	Dra. S. Poch
Adultos y adolescentes	Dra. S. Poch	Dra. S. Poch	Dra. S. Poch
Prácticas clínicas	Dra. S. Poch	Dra. S. Poch	Dra. S. Poch

En octubre de 2001 empezó un Máster de Musicoterapia en Les Heures, en la Universidad de Barcelona de dos años:

(2001-2003) (2002-2004) Dirección: Prof. Dr. Carlos Ballús y Dra. Serafina Poch, RMT.

(2003-2005) (2004-2006) Dirección Científica: Dra. S. Poch, RMT. Dirección académica: Prof. Dr. Carlos Ballús y Nuria Escudé, MT. Curso aprobado por ECArTE.

Todos los alumnos han de realizar un trabajo clínico de seis meses una vez finalizados los estudios universitarios.

Estos cursos están afiliados a la AMTA a fin de que los alumnos que lo deseen puedan ir a realizar el Internado de seis meses allí.

Hasta el momento, tres alumnos, uno por cada promoción, han realizado el Internado en EE. UU.: Patricia Martí (1994), Carmen Canet (1997) y Beatriz Barranco (1998).

Otros alumnos han finalizado ya el trabajo clínico equivalente: Nuria Escudé, Carlos Sánchez y Marta Casellas. Todos ellos son musicoterapeutas registrados (MTR) por la Asociación.

Actividades

Asistencia al **IV Congreso Mundial de Musicoterapia.** París, 1983. Intervención: «Un caso de autismo infantil» y «Musicoterapia preventiva». Representante por España en la constitución de la Federación Mundial de Musicoterapia.

V Congreso Mediterráneo de Psiquiatría Social. Barcelona, 1985: Organizado por S.Poch. Presentaron ponencias el doctor Darko Breitenfeld: «Musicoterapia con alcoholicos»; S. Poch: «Musicoterapia en Psiquiatría Social»; Collet Ballot Reims: «Musicoterapia con niños de pre-escolar».

I Jornada Internacional de Musicoterapia: Musicoterapia en los ámbitos sanitario, social y educativo (14 de julio de 1993). Palacio Les Heures (Universidad de Barcelona). Tuvo por objeto hacer la presentación oficial de la Asociación. Estuvo organizada por la Asociación (S.Poch) y contó con la valiosa colaboración de la cátedra de Psiquiatría y Psicología Médica de la Universidad de Barcelona (profesor C. Ballús y doctor Joan Obiols) y Estudios de Formación Continuada de la Fundación Bosch y Gimpera (UB).

Presentación de la Jornada: profesor doctor C. Ballús y doctora S. Poch.

«Musicoterapia y medicina»: doctora Jayne Standley (EE.UU.)

«Musicoterapia y salud mental»: doctora Melissa Brotons (EE.UU.).

«Musicoterapia en psicosis y autismo infantil»: doctora Serafina Poch.

«Musicoterapia en educación especial: análisis de los contenidos de las investigaciones recientes en niños y adolescentes»: doctora Judith Jellison, (EE.UU.).

«Musicoterpaia en minusvalías infantiles, físicas y mentales»: doctor David Wolfe.

Mesa Redonda: «Promoción de la musicoterapia en los ámbitos sanitario,social y educativo». Moderadores: doctora Edelmira Doménech y doctor Joan Obiols LL.

Participaron todos los ponentes y representantes de las administraciones: Sanitaria, Educativa y de Servicios Sociales.

Clausura de la Jornada con la presencia de representantes de las Consejerías de Sanidad, Educación, Servicios Sociales, Universidad de Barcelona y Fundación Bosch y Gimpera.

Symposium de Musicoterapia dentro del X World Congress of Psychiatry. Madrid, 23-28 agosto de 1996.

Organizado por esta Asociación, por invitación del profesor J.J. López-Ibor, entonces secretario general de la World Psychiatric Association. Fue *chairman* el doctor John McIntyre, expresidente de la American Psychiatric Association. *cochairman:* S. Poch.

Las ponencias fueron: «Music Therapy and Psychiatry»: doctor Mc Intyre (EE.UU.)

«Musicoterapia, ¿por qué?»: S. Poch.

«Musicoterapia con personas mayores deprimidas»: doctora Suzanne Hanser, (EE.UU.).

«Musicoterapia en Psiquiatría Infantil»: S. Poch.
Póster: «Musicoterapia hoy»: S. Poch.

El Curso de Postgrado de la Universidad de Barcelona fue presentado a la Conferencia Anual de la NAMT, en Orlando, en 1994, por S. Poch, que también asistió a la Conferencia Anual de 1995.

Como promoción, la Asociación ha estado presente en cinco entrevistas y un reportaje de televisión entre 1981 y 1997. En 35 entrevistas por radio y 10 reportajes en prensa y revistas.

I Congreso Nacional de Musicoterapia. «El musicoterapeuta, un profesional para el s. XXI». 17-19 de febrero de 2006.

Asociación para el estudio de la investigación en música, terapia y comunicación (27)

En 1983 Aitor Loroño, médico naturista, y Patxi del Campo, educador, fundan el Centro de Investigación de Musicoterapia, en Vitoria. La denominación actual de este asociación es Asociación de Musicoterapia: Música, Arte y Proceso.

En 1986, Patxi del Campo funda la Escuela de Musicoterapia y Técnicas de Grupo, centro privado, en Vitoria, y desde ella organiza cursos de verano de Musicoterapia y Técnicas de Grupo. El primero se celebró en 1987.

Han organizado Seminarios Europeos de Musicoterapia, desde 1989.

Organizaron el I Encuentro Universitario de Musicoterapia en la Universidad Ramon Llull de Barcelona (1992).

En 1993, Patxi del Campo fue el Coordinador del VII Congreso Mundial de Musicoterapia celebrado en Vitoria. Desde entonces es el Secretario de la Federación Mundial de Musicoterapia.

Curso de Postgrado. Empezaron un Postgrado, en 1993-1994, organizado por esta Asociación. En 1995-1996, ya contaban con la colaboración del Departamento de Didáctica de la Expresión Musical, Plástica y Corporal de la Universidad del País Vasco. Son cursos a base de seminarios, en fines de semana. Los imparten diversos profesionales extranjeros y españoles.

El Curso está dividido en las áreas: Musicoterapia, Sonido y música, Psicología y Pedagogía y Técnicas de expresión y comunicación.

Centro de Investigación Musicoterapéutica (CIM)

Asociación creada por Aitor Loroño, médico naturista, en 1987, en Bilbao.

Este centro imparte cursos de postgrado, a nivel privado, en colaboración con la Escuela de Musicoterapia de Burdeos (G. Ducorneau). Son cursos de dos años a base de seminarios y encuentros.
Publican la revista *Música, Terapia y Comunicación,* desde 1987.

Asociación Valenciana de Musicoterapia

La fundó en Valencia, el 12 de septiembre de 1991, Francisco Blasco Vercher, profesor de Educación Especial de la EU del Profesorado de la Universidad de Valencia.
Imparte la asignatura de Musicoterapia en Educacion especial. Colabora con el Curso de Bilbao y otros.

En diversas universidades de España se imparten cursos de Introducción a la Musicoterapia para profesores de Educación Especial, impartidos por no profesionales musicoterapeutas y sólo con la intención de divulgar el tema.
En la Universidad de Cádiz, Patricia L. Sabbatella, argentina, musicoterapeuta profesional que cursó su carrera en la Universidad El Salvador, imparte desde 1991 la asignatura de Musicoterapia en tres especialidades de la Facultad de Educación: Educación Especial, Trastornos de Audición y Lenguaje y Educación Musical.

ESTADOS UNIDOS (28)

Es sin duda, el país donde la Musicoterapia se ha desarrollado más extensamente; en la actualidad cuenta con unos 7.000 profesionales en ejercicio. Lo que distingue a este país, y es la razón de su expansión, es su afán asociativo, el trabajo en equipo y en especial la labor de invesigación con el fin de demostrar la eficacia de la Musicoterapia.
A Ruth Boxberger (29), se debe un estudio de la Historia de la Musicoterapia en este país, completado por Alan L. Solomon (30), William B. Davis (31), (32); de estos estudios entresaco la información siguiente.
En este país, antes de la I Guerra Mundial se encuentran casos aislados de la utilización de la música. Con el descubrimiento del fonógrafo por Edison, se incrementó el interés por el uso de la música en los hospitales, como diversión durante el día y como ayuda para dormir, por la noche. También en la sala de operaciones, para mitigar la preocupación, y fue considerada efectiva en las anestesias locales.
EVA VESCELIUS (su actividad se extiende de 1900 a 1917) músico, fue la figura pionera en este campo. Autora de múltiples artículos y de un libro: *Music*

in Health (1918) (33), que es la recopilación de los artículos aparecidos en la revista que ella había fundado con el mismo título (1913). Ya en 1903 había fundado la National Society for Musical Therapeutics en Nueva York. Ejerció notable influencia. Murió en 1917. Su primera intervención data de 1900, al presentar el trabajo «Musical Vibration in the Healing of the Sick» (34).

En 1919, la Columbia University de Nueva York organizó un curso de Musicoterapia; lo impartió Margaret Anderton, que había adquirido práctica como enfermera durante la I Guerra Mundial. El curso se dividió en dos partes: necesidades de los pacientes psiquiátricos y necesidades de los pacientes con problemas físicos.

Isa Maud Ilsen (su actividad se extiende de 1905 a 1930), enfermera, funda en 1926 la National Association for Music in Hospitals. Su propósito fue introducir la musicoterapia en los hospitales con la cooperación de las autoridades médicas. Ya en 1905 empezó a utilizar la musicoterapia con enfermos físicos y mentales; con personas con retraso mental y posteriormente con tuberculosos. También con soldados con neurosis de guerra y otros problemas derivados de la misma. Fue *lecturer* en Musicoterapia de la Columbia University.

El 17 de marzo de 1937 tuvo lugar en Nueva York una reunión con el tema de la Musicoterapia, «Panel Discussion on Music Therapy», en el que tomaron parte los siguientes profesionales (35):

Willem Van de Wall (1887-1953). Era arpista profesional, director coral y profesor de educación musical. Había formado parte de importantes orquestas como la Metropolitan Opera House, la New York Symplony y la Marine Band durante la I Guerra Mundial. En 1919 empezó a utilizar la música en el tratamiento y prevención de la enfermedad mental. Su primera experiencia fue en el Central Islip State Hospital, de Nueva York y en años posteriores en el Allentown State Hospital para enfermos mentales. Su trabajo atrajo la atención de la Rusell Sage Foundation que le financió para que pudiera dedicarse a este campo. Bajo tales auspicios publicó *Music in Institutions*. (36) Entre 1925 y 1932 dio una serie de clases en el Teachers College de la Universidad Columbia, sobre la utilización de la música en la enfermedad y en el trabajo social. En 1944 fue nombrado presidente del Comité para el uso de la Música en Hospitales. (37) Durante la II Guerra Mundial fue director de la Unidad de Educación de Adultos del Gobierno Militar de EE. UU. En Alemania, en 1944, junto con el doctor Hamilton realizó una encuesta sobre la utilización de la úsica en los hospitales (38). El resultado de esta encuesta fue el siguiente: de los 209 hospitales que contestaron, 192 utilizaban la música en alguna de sus formas.

Jarriet Ayer Seymour (su actividad se extiende desde 1915 a 1944). Nace en 1867 en Chicago. Era músico. Conoce los escritos de Eva Vescelius y trabaja en hospitales militares durante la I Guerra Mundial con soldados con neurosis de guerra. En 1920 publica: *What Music can do for you* (49), uno de cuyos capítulos se titula: "Music and Health", donde habla de sus ideas sobre Musicoterapia. En 1944, poco antes de morir, publica: *An Instruction Course in the Use and Practice of Musical Therapy* (40).

Loretta Bender (1899-1987), fue una renombrada psiquiatra infantil y una autoridad en su especialidad y en otros síndromes. Autora del Test Gestático Visomotor. Trabajó en el Bellvue Hospital de Nueva York hasta el 1955 y desde entonces en el Creedmoor State Hospital de Queens, N.Y. En su obra *Child Psychiatric Techniques* dedica un capítulo a la Danza Creativa-Terapia y otros a las Artes Creativas-Terapia (41) (42). En el ya mencionado encuentro de 1937, habló de la utilización que de las artes creativas-terapia hacían en el Departamento de Psiquiatría Infantil del Hospital Bellvue de Nueva York, con 70 de los niños ingresados. Incluían actividades musicales como canto, bandas rítmicas y juegos musicales. Relató casos de niños que se habían beneficiado de la música y concluyó: «La música forma una parte de todo el programa, pero una parte importante como ayuda a la integración de los diversos componentes de la personalidad como el sensorial, motórico, emocional y social». (43) En 1967, siendo Directora de la Unidad de Psiquiatría Infantil en el Creedmoor State Hospital, hizo posible que existiera el profesional musicoterapeuta para tratar a niños esquizofrénicos, autistas y con problemas emocionales. Fue para mí un privilegio ser esta profesional.

Samuel T. Hamilton (1875-1951). Fue un famoso psiquiatra que se interesó por la musicoterapia. Autor de numerosos libros y artículos de Psiquiatría. En 1944 realizó, junto con William Van de Wall, una encuesta a nivel nacional sobre la utilización de la música en los hospitales (44). En 1948 era director del Essex County Overbrook Hospital, N.J., donde desde hacía varios años existía el Departamento de Musicoterapia bajo la dirección de Myrtle F. Thompson, una de las fundadoras de la NAMT. El doctor Hamilton, en el Encuentro de 1937, fue el último en hablar y pronosticó que en las próximas dos o tres décadas la Musicoterapia se practicaría en gran número de hospitales. En 1950, en la I Conferencia Nacional de la National Association for Music Therapy, presentó una ponencia: «Músic in Mentals Hospitals». El doctor Hamilton fue Presidente de la American Psychiatric Association y el tercer presidente de la NAMT.

Otras figuras y organizaciones relevantes. Diversas asociaciones nacionales de músicos hacía años que se interesaban por la musicoterapia y se dieron cuenta de que se necesitaba algún tipo de liderazgo. Por otra parte la formación de profesionales musicoterapeutas se veía como una necesidad, por lo que ya en 1944 Robert Unkefer introdujo el primer programa de Musicoterapia en la Universidad East Lansing, de Michigan. Cinco años más tarde existían 5 universidades en EE.UU. con programa de Musicoterapia: Universidad de Kansas, Lawrence, con Thayer E. Gaston; Chicago Musical College, con Esther G. Gilliland; College of the Pacific, en Stockton, California, con Wilhelmina K. Harbert y el Colegio Alverno en Milwaukee con la Hermana M. Xaveria, O.S.F. (45).

En 1947, el Comité Ejecutivo del National Music Council invitó a Ray Green, un militar, a presidir el Comité para el Uso de la Música en los Hospitales. Un informe de este comité indica que en 1948 había 117 hospitales que tenían contratados a músicos a tiempo completo, de los cuales 49 eran hospitales militares de veteranos del Estado (46).

Eastern Conference on Functional Music. Tuvo lugar en 1948, en Boston, organizada por Arthur F. Flagler Fultz.

Conference for Hospital Musicians: en la Universidad de Kansas, por Thayer Gaston

En 1949 Esther G. Gilliland organizó la North Central Conference on Functional Music. También Roy Underwood del Michigan State College.

National Association for Music Therapy (NAMT). Nació el 2 de junio de 1950 en la Nueva York, en el American Music Center, presidiendo Ray Green. Se nombró una Comisión para que redactara los Estatutos. Estaba constituida por Frieda Dierks, Esther G. Gilliland, Roy Underwood, Arthur Flagler Fultz, Eswin Hughes y Ray Green.

El primer Comité de la Asociación estuvo formado por Ray Green, presidente; Roy Underwood, vicepresidente; Myrthe Fish Thompson, secretaria; Freida Dikers, tesorera.

 Se nombró un Comité Científico formado por A. Flagler Fultz, presidente; Ira M. Altshuler (psiquiatra), Tayer Gaston, Jules H. Masserman (psiquiatra) y Roy Underwood.

I Conferencia Anual de la NAMT. Se celebró en Washington los días 27 y 28 de diciembre de 1950. A partir de entonces todos los años se ha celebrado una Conferencia Anual. Empezaron siendo de dos días, para pasar ya en la década de 1960 a cinco días, siempre en octubre o noviembre. Son auténticos congresos.

THAYER GASTON, PHD.: Ha sido una auténtica figura señera de Musicoterapia. Fue el iniciador de la carrera de Musicoterapia en la Universidad de Kansas, en 1950. Autor de artículos básicos sobre el tema. Ejerció una gran influencia. Falleció en 1970, poco tiempo antes de la celebración del I Symposium

Internacional de Musicoterapia, dentro del III Congreso Mundial de Psiquiatría Social de Zagreb, al que debía asistir en representación de la NAMT.

MYRTLE FISH THOMPSON: Una de las fundadoras de la NAMT, había estudiado sociología en el Smith College y piano en la Juilliard Schoool. Trabajó como voluntaria organizando programas de música como recreación en 20 hospitales. En 1945 inició y dirigió un programa de música en el Lyons Veterans Hospital, queriendo probar que la música podía ser terapéutica. Su gran oportunidad llegó cuando Samuel T. Hamilton le pidió que organizara un programa de Musicoterapia en el Essex County Overbrok Hospital, en Cedar Grove (Nueva Jersey), que ella dirigió hasta su jubilación en 1970. El Departamento de Musicoterapia y Artes Creativas que ella dirigió fue también un lugar de reconocido prestigio para realizar el Internado de Musicoterapia y Artes Creativas-Terapia, por el que pasaron más de 100 futuros profesionales de diversos países (48). Era una persona vital e innovadora; por ejemplo, quiso formar a los futuros profesionales en Artes Creativas-Terapia: poesía, danza y artes plásticas, cuando los demás hospitales donde se hacía el Internado en Musicoterapia, se limitaban a ella únicamente. Además, hacía seguir un curso intensivo de Psiquiatría Práctica, junto con las enfermeras psiquiátricas que se formaban en el mismo hospital. Era intuitiva para descubrir los aspectos fuertes y débiles de la personalidad de cada musicoterapia-interno para ayudarlas.

Esta asociación realizó una tarea ingente en la promoción y en la consecución de una alta consideración cientíca para la Musicoterapia y para los profesionales de esta especialidad. Una muestra de ello fue el que el Comité Especial para la Gente Mayor del Senado estadounidense dedicara la sesión 102-9 a la Musicoterapia, bajo título de *Forever Young: Music and Aging* (jóvenes siempre: la música y los mayores) (48) . La sesión fue transmitida por televisión via satélite. Intervinieron ocho senadores y profesionales musicoterapeutas como Barbara J. Crowe, RMT. Presidente de la NAMT y Alicia Ann Clair, RMT. Aportaron su testimonio otros profesionales musicoterapeutas, médicos y representantes de organizaciones. Se consiguió que el Estado financie el tratamiento de musicoterapia a este colectivo y aportara fondos para investigación en el campo de la Geriatría y Gerontopsiquiatría.

Lista de presidentes de la NAMT. Ray Green (1950-51), Esther Goetz Gilliland (1951-52); E. ThayerGaston (1952-53); Myrtle Fish Thompson (1953-54); A. Flagler Fultz (1954-55); A. Flagler Fultz (1955-56); Roy Underwood (1956-57) ; Dorothy Brin Crocker (1957-59); Donald E. Michel (1959-61); Robert F. Unkefer(1961-63); Erwin H. Schneider (1963-65); Leo C. Muskatevc (1965-67); Betty Isern Howery (1967-69) ; Josepha Schorsch (1969-71); William Sears (1971-73); Charles Braswell (1973-74); Charles Braswell (1974-76); Richard Graham (1976-78); Wanda Lathom (1978-80); Carol Bitcon (1980-

82); Frederick Tims (1982-84); Alicia Clair Gibbons (1984-86); Tony Decuir (1986-88); Cheryl Maranto (1988-90); Barbara Crowe (1990-92); Susan Hanser (1992-94); Bryan Hunter (1994-96); Barbara Reuer (1996-98); David Smith (1998-00), primer Presidente de la American Music Therapy Association. (Listado por gentileza del doctor A. L. Solomon).

Personalidades destacadas: CHARLES T. EAGLE: Profesor Emérito de Musicoterapia y jefe del Departamento de Musicoterapia: Medicina y Salud, de la Southern Methodist University, de Dallas. A él se debe la ingente labor de búsqueda y recopilación de artículos sobre Musicoterapia en revistas de todo el mundo. Publicó el *Music Therapy Index* en tres volúmnes (49, 50, 51, 52), contiene reseñas desde 1960 a 1980 y más de cien mil referencias.

Base de datos C.A.I.R.S.S. for Music (Computer Assisted Information Retrieval Service System). (53). Esta base de datos – según testimonio del doctor Eagle (1998)— contiene 11.111 referencias el 68 % de las cuales se refieren a artículos publicados en revistas médicas de todo el mundo. El profesor Eagle es vicepresidente de la International Society for Music in Medicine (Alemania-EE.UU.).

Algunos de los Miembros de Honor de la NAMT son: Carol Bitcon, Helen Bonny, Ruth Boxberger, Charles Braswell, Dorothy Crocker, Rev. Arthur Flagler Fultz, E. Thayer Gaston, Richard Graham, Frank Knight, Wanda Lathom-Radocy, Ken Medema, Donald E. Michel, Vera Moretty, Leo C. Muscatevc, Clive Robbins, Mary Rudenberg, Hermana Josepha Schorsch, William Sears, Myrtle F. Thompson, Florence Tyson, Robert Unkefer, Roy Underwood.

Como profesionales creativos, Moreno (54) cita a: Helen Bonny, Edith Boxill, Ken Bruscia, Charles Eagle, Carolyn Kenny, Cheryl D. Maranto, que fue Presidente de la "World Federation of Music Therapy", Joseph Moreno, Clive Robbins, Carol Robbins, Barbara Crowe, Frances Goldberg. Se podría añadir a Paul Nordoff, si viviera, y a otros.

American Association for Music Therapy (AAMT). En la década de 1970 se fundó esta asociación por Barbara Wheeler, miembro de la NAMT. Esta asociación siguió de hecho las mismas directrices que la NAMT, desde el punto de vista profesional, si bien fue minoritaria en número de afiliados ,unos 500, en contraposición a los 4.000 por término medio, de la NAMT. Desde el 1 de enero de 1998, las dos asociaciones se han unido de nuevo para constituir la American Music Therapy Association (AMTA).

American Music Therapy Association (AMTA). Es la única asociación de profesionales musicoterapeutas que existe en la actualidad (1999) en EE.UU.

En 1998 contaba con 3.453 miembros de EE.UU.; 43 de Canadá; 41 de Japón; 12 de Australia; 7 de Corea y Taiwan; 6 de Gran Bretaña e Israel; 4 de Argentina, Alemania y España; 3 de Hong Kong, Países Bajos y Suiza; 2 de Italia, México, Singapore y Sudáfrica; 1 de China, Finlandia, Grecia, Islandia, Filipinas, Suecia e Indias Orientales. Organizó el IX Congreso mundial de Musicoterapia en Washington en 1999.

FINLANDIA (55)

Una tesis doctoral del doctor Kimmo Lehtonen, de 1986, «La música como promotora del trabajo psíquico» es el comienzo de la musicoterapia en este país, si bien el mismo autor cita una obra de 1973, de P.Lehikoinen *La música cura*.

Esta tesis doctoral la completó con la obra *La música como promotora del trabajo psíquico: Estudio psicoanalítico de las posibilidades educacionales de la música*. Se basa en las teorías psicoanalíticas de D.W. Winicot y H. Kohut. Aporta 6 casos clínicos.

Ha publicado diversos artículos y la Universidad de Turku, edita una revista: *The Finnish Journal of Music Therapy*.

Cuentan con un curso de Postgrado de Musicoterapia en el Departamento de Musicología de la Universidad de Jyväskylä.

FRANCIA (56)

Como en otros países, Francia cuenta con autores muy interesantes, en su pasado. Ya en la Edad Media se dio el fenómeno sociológico del tarantismo. El médico de Enrique IV, André du Laurens (1550-1609) ya señaló la capacidad de la música para hacer cambiar el estado de ánimo y para luchar contra la melancolía.

Bartolomé de Granville, recomendó el escuchar música vocal e instrumental como tratamiento en transtornos maníacos. Rabelais ya escribió que para cada enfermedad existía un remedio musical.

Otros autores como Mersenne (1588-1648), incluyeron capítulos de musicoterapia en sus escritos. Los médicos Pinel, Esquirol, Leuret, Dupré, Nathan, Bourneville, etc. investigaron la utilización de la música en sus tratamientos. Y otros autores más.

La historia de la musicoterapia actual hay que situarla hacia 1965 y especialmente en 1970. Jacques Jost es el iniciador. Es un técnico del sonido y había realizado investigación colaborando con un psicólogo de la música:

Robert Francès, en el estudio de la actividad eléctrico del cerebro durante la audición musical. Junto con el doctor Felipe Garnmier y el doctor Juan Guilhot, aplicaron la audición musical en el tratamiento de enfermos mentales. En 1963 publicó su primer libro.

Durante esta época el doctor Mauricio Gabai, un dentista entrenado como sofrólogo, se interesó en la búsqueda de métodos de relajación para ser utilizados con pacientes con retraso mental en el Hospital de St. Mauricio de París. Durante la década de los 70 se organizaron conferencias anuales para dentistas. Más tarde el doctor J. Feijoo, otro dentista, trabajó con ellos en el diseño de un método de analgesia en cirugía y parto. Feijoo tambien investigó junto con M.C. Busnel en la audición fetal.

Jost creó un centro de musicoterapia en 1969, en París. Edith Lecourt se unió a ellos: Jost, Juan y Maria Aymée Guilhot, Miguel Estellet-Brun y el doctor Mauricio Gabai.

Asociaciones, Programas de formación y Conferencias

Association de Recherche et d´Application des Techniques Psychomusicales-ARATP. En 1974 Edith Lecourt, que se había puesto en contacto con el doctor Harm Willms de Barlín y el doctor Darko Breitenfeld de Zagreb, organiza, junto con los demás, el I Congreso Mundial de Musicoterapia en el hospital de la Salpétrière de París. Asistieron 400 participantes de 20 países. En 1980 cambia el nombre: Centre International de Musicothérapie.

Association Française de Musicothérapie -AFM. En 1980, Edith Lecourt con el doctor Pierre Pennec, (psiquiatra y musicoterapeuta) Jacquelinne Pennec, (musicoterapeuta), Liliane Azinala (profesora de música), Gérard Ducourneau, musicoterapeuta, Ma. Françoise Lepelletier (musicóloga y musicoterapeuta), el doctor Françoise Rougeul (un psicoanalista y musicoterapeuta) y Françoise Rouvery (un educador especial y musicoterapeuta), fundan esta asociación.

En 1980 la doctora Edith Lecourt organiza un programa de Musicoterapia en la universidad París 7 y una revist: *La Revue de Musicothérapie*, con seis números anuales.

En 1983 tuvieron lugar dos congresos mundiales: en abril, organizado por J. Jost en la Sapétrière y en julio, por la doctora Edith Lecourt en el Hotel Montparnasse. En este congreso se creó la Federación Mundial de Musicoterapia.

En 1987 la doctora Lecour crea otro programa de entrenamiento en la universidad París, 5, (ex Sobona), ya que en esta universidad había la posibilidad de obtener un diploma. Este programa forma parte de Arte-Terapias, junto con teatro, danza y artes pictóricas. Cristina Lapoujade es la directora de todo el programa.

Existen 9 asociaciones regionales. Hay otro programa de formación en la Universidad de Montpellier.

GRECIA (57)

En 1992 se crea la asociación Centro para la investigación Psicomusical, Expresión Creativa y Musicorterapia, la única asociación oficial. Antes se habían ya celebrado numerosas conferencias, desde 1979.

Cursos de formación. Existió un curso de foemación, durante 6 años en la univerisdad de Atenas, Academia Pedagógica Maraslio.

Desde 1989 el Ministerio de Educación ha organizado un cursillo como pequeña parte de un programa en relaciones humanas y asistencia pública.

El Centro de Salud Mental ha organizado programas de formación en musicoterapia para los profesionales clínicos en salud mental de los hospitales de Atenas y Tesalónica (1979-1980).

El Colegio de Artes Liberales Diolkos incluye un programa de musicoterapia, pero no está reconocido por el Estado. Cuentan con una asociación.

HUNGRÍA (58)

La primera aplicación de la música fue con niños con problema emocional ya en el siglo XIX, en 1875, por J. Frimm publicó *Locos e instituciones de locos en Hungría*. En 1980 un grupo de doctores, psicólogos y educadores discutieron la teoría de la musicoterapia: doctor Nándor Hun, doctor Lázló Vértes y Marta Olsvay, en Visegrád.

En 1983 tuvo lugar una conferencia científica en Tata, que incluyó demostraciones clínicas de musicoterapia. Esta conferencia movió al doctor Ildokó, un psicólogo clínico, que había practicado musicoterapia durante diez años, a crear un programa de formación a nivel nacional. Le apoyaron László Sáry y el doctor Béla Németh.

En 1984 se celebró la I Semana de Musicoterapaia Práctica en el Instituto de Rehabilitación Psiquiátrica, en Intaháza y organizada por el doctor Konta y el doctor József Kiss-Vámosi. Otra conferencia, en 1985, organizado por Árpád Bálint en el Instituto de Socioterapia de Doba, fue lo que estimuló al doctor Konta a fundar el Grupo de Musicoterapia dentro de la sección de Rehabilitación Psiquiátrica de la Asociación Psiquiátrica de Hungría, en 1986. Esta asociación cuenta con 150 miembros incluyendo médicos, psicólogos, maestros y maestros de educación especial.

En septiembre de 1992, la Academia de Música Ferenc Liszt, en Pécs, cuenta con un programa de postgrado, de 3 años. El director del programa es Attila Sasvári. Otro programa de formación radica en el Colegio Gusztáv Bárczi, desde septiembre de 1992, dirigido por el doctor Sándor Illyés.

IRLANDA (NORTE Y SUR) (59)

En esta república la musicoterapia aún está en sus comienzos. En 1980, Hohn Clark procedente de Escocia, trabajó como musicoterapeuta en el Centro Kilkenny, en la Comunidad de Camphill.

Desde entonces, en 1983 musicoterapeutas formados en Londres, en la Guildhall, regresaron allí como C. O´Leary (1983), Grainne Dunne (1984) o Jim Cosgrove (1990).

Se formaron en EE.UU.: Tim Shinnick, C. O´Sullivan (1989), M. McCooey. No existe asociación ni programa de formación.

ISLANDIA (60)

La musicoterapia fue introducida en 1970, por el Sr. Eyjólfur Melsted, que había estudiado en la Escuela de Viena.

Otros musicoterapeutas: Gunnar Kristinsson y Örbrún Gunnarsdóttir, graduados también en Viena en 1981 y 1986 respectivamente. Lilja Ósk Ülfarsdóttir, graduada en el Capilano College (Canadá), en 1986. Valgerbur Jónsdóttir, en la Universidad de Knasas, Jóna Thórsdóttir, en Aalborg, Dinamarca y Thorfinnur Gudmundsson en Ostlandets Conservatorio de Música de Oslo. No tienen todavía asociación.

ISRAEL (61)

En 1968 un grupo de diez personas, que trabajaban en arte-terapias, deciden crear la asociación Asociación de Artes Expresivas y Creativas (1971).Esta asociación está reconocida por el Ministerio de Educación y Cultura de Israel (1980) y por el Ministerio de Sanidad (1988). Como pioneros de la Musicoterapia pueden citarse: Kathe Levi, se ocupó de la educación de sordos (murió en 1969).

Tamar Yardeni-Yaffe estudió en la Escuela de Música y Drama Guildhall de Londres, en 1971 y en 1978 fundó un centro de musicoterapia. Chava Sekeles, estudió en Holanda técnicas clínicas y en 1967 inició un programa de musicoterapia para pacientes neuropsiquiátricos internados. Graciela Sandbank, graduada de la primera promoción de Juliette Alvin, en la Guildhall de Londres. Igael Gliksman, estudió en Australia y regresó en 1969 para trabajar con niños autistas. Shmuel Spitzer estudió en Kansas y regresó en 1975 para trabajar con niños autistas y psicóticos. Natalie Werbner emigrada de EE.UU. se especializó en el tratamiento de bebés y niños ciegos (1978).

Tienen tres programas de formación: David Yellin College: Instituto de Educación Terapéutica, en Jerusalen. Se inició en 1981 por Chava Sekeles. Universidad de, en Ramat GanBar Illan. El Director es Dorit Amir. Levinsky College de Educación, en Tel Aviv. Iniciado por Dalia Razin y dirigido por Llana Shoham.

ITALIA (62)

En Italia existen 12 asociaciones pero no tienen programas de formación oficialmente reconocidos.

Las personalidades más relevantes son: Nora Cervi del Centro de Educación Permanente, Gianluigi di Franco del Centro di Ricerche di Musicoterapia, Giampaolo Guaraldi y Giovanna Muti de la Associazone Italiana Studi Musicoterapia, Adolfo petiziol y Gabriella Perilli de la Società Italiana Musicoterapia, Pierluigi Postacchini de la Associatione Italiana Professionisti Musicisti y Liliana Rossi Pritoni del Centro Emiliano Formazione Insegnant Genitori.

La primera asociación que existió fue la Associazione Italiana Study di Musicoterapia, fundada por G. Guaraldi en 1975.

La Asociación Italiana para el Estudio de la Musicoterapia, con Giovanna Muti organizó el V Congreso Mundial de Musicoterapia, en 1985, en Génova. También ha organizado un programa de formación recientemente.

JAPÓN (63)

La musicoterapia empezó en Japón después de la II Guerra Mundial. Durante este periodo algunos profesores de música introdujeron la teoría de la musicoterapia a través de traducciones de libros de EE.UU., especialmente.

En 1967 Juliette Alvin visitó Japón promocionando y estimulando el interés. En 1984 Clive Robbins dio conferencias promocionando su método.

En estos últimos años se ha despertado mucho interés por la musicoterapia debido al tipo de problemas que el ritmo de trabajo y circunstancias sociales provocan y que son difíciles de tratar, como es el "estrés". A ello se juntan los grandes avances tecnológicos en cuanto a la música grabada.

Asociaciones: The Tokio Music Volunteer Association (1977). En la actualidad tiene 300 miembros.

The New Nippon Institute fro Music Therapy and Music Therapy Society (NNIMT y MTS) se estableció en 1989. Cuenta con 90 musicoterapeutas en ejercicio.

The Japanese Association fro Music Psycholagy of Expression and Arts Therapy. Se creó en 1968 y cuenta con 1.350 miembros.

The Tokio Association for Music Therapy. Fundada en 1988, cuenta con 66 miembros profesionales musicoterapeutas.

Programas de Formación: The Nippon Institute of Music Therapy se creó en 1988. En la actualidad (1993) cuenta con 44 estudiantes. Es una institución privada y ofrece un programa de dos años.

MÉXICO (64)

En 1993, todavía no existía en México una organización ni un programa de formación, pero sí profesionales musicoterapeutas formados en EE.UU. que trabajaban individualmente, como Esther Murow Troice, RMT (NAMT) desde 1995 y Virginia D. Clarkson, RM (NAMT) desde 1996. La autora desconoce otros datos.

Otros profesionales como el psicólogo doctor Víctor Muñoz Politt, psicoterapeuta, y el profesor Darío de Hoyos, desde 1984 introdujeron en México la musicoterapia humanística, impartiendo numerosos seminarios, en el Instituto de Psicoterapia Humanística Gestáltica, en México Ciudad y en otras importantes ciudades como Guadalajara, Querétano y Cuernavaca.

También han impartido seminarios de musicoterapia humanística en diversas universidades de México junto con el profesor Eduardo Soto. La musicoterapia ha formado parte del máster sobre Orientación y Desarrollo de la Universidad Iberoamericana de México y en el programa de Terapias Corporales, a cargo del doctor Muñoz. También ha impartido cursos durante varias conferencias, como en el I Congreso Internacional de Terapias Corporales (Oaxtepec, Morelos, 1987) y con la psicoterapeuta Roxana Aguilar en el I Encuentro Internacional de Alternativas para el Bienestar Social (Jalapa, Veracruz, 1989).

NORUEGA (65)

Las figuras más representativas a nivel internacional son: el doctor Even Ruud, que en 1973 había completado su Máster en Musicoterapia en la Florida State University, con el profesor Donald Michel y el profesor Clifford Madsen y Olav Skille, con terapia vibroacústica.

Las raíces de la musicoterapia en este país hay que situarlas en la década de 1950, con la figura de un animador musical, Nisse Lingren, que creaba *happenings* musicales para niños y adultos.

Ruth Sommerfeld Jacobsen y Vesla Lange-Nilsen aplicaron más tarde el procedimiento mencionado a la educación especial, inspirándose en los filósofos griegos y los antropósofos. Ya en 1968 organizó un curso de musicoterapia al que asistieron muchos que con el tiempo se convertirían en profesionales.

A finales de los años 60 Orvar Torsrud y Olav Skille fundan el grupo Nordisk Forbund for Musikkterapi e introducen el concepto de musicoterapia educacional. Se disolvió a finales de los 70.

Otro grupo formado por Ellen Boysen, que había trabajado con niños con parálisis cerebral a finales de lo 60, invitó a Paul Nordoff y Clive Robbins a visitar Noruega y enseñar su método. En este grupo estaban Dagny Nesheim Jacobsen, Bjorg Westby y Jorun Mantor que aplicó el método Nordoff-Robbins a los sordos.

Otros pioneros, en Oslo fueron: Sigrid Hillestad, que utilizaba la música con niños con problemas graves plurideficientes; Ida Margrete Gjul y Hedda Riise, en Bergen, que contribuyeron mucho en el establecimiento y organización de la musicoterapia; y Miriam Wicklund que hizo lo mismo en Trondheim. En la década de los 70 y 80 se establecen numerosas relaciones e intercambio con musicoterapeutas de Suecia y Dinamarca.

En 1971 Unni Johns y Trigve Aasgaard fueron a estudiar a la Escuela Guildhall de Londres, con Juliette Alvin. Unni Johns a su vuelta se estableció como primer musicoterapeuta trabajando en una escuela de educación especial.

Otro grupo acudió a Londres a estudiar el método Nordoff-Robbins: Tom Naess, Knut Onstad y Sissel Holten.

En 1973 Even Ruud completó su máster en Musicoterapia en la Florida State University, con el profesor Donald Michel y el profesor Clifford Madsen. El profesor Michel visitó Noruega para dar conferencias.

Asociaciones. Existe la Norsk Forening fro Musikkterapi con Unni Johns como presidente. Cuenta con unos 300 miembros, de los cuales el 20-25% son musicoterapeutas profesionales.

Programa de formación: en 1978 el Conservatorio de Música y la Escuela del Profesorado estableció el primer programa. El primer coordinador fue Even Ruud y los profesores Unni Johns y Tom Naess. Es un curso para postgraduados, en dos años. En 1992 este programa fue aprobado por el Estado.

En 1988 se estableció otro programa de formación, en Sandane, con Brynjulf Stige como coordinador.

NUEVA ZELANDA (66)

En este país la musicoterapia nació por lainiciativa de Mary Lindgren, quien fue a Londres a estudiar piano y conoció a J. Alvin, conviertiéndose en una de sus primeras estudiantes. A su vuelta funda la Sociedad de Musicoterapia de Nueva Zelanda con el doctor R.S.V. Simpson, que luego sería vicerectos de la Universidad Victoria, en Wellington, en 1975. Otros profesionales se asociaron como Greta y Ulric Williams, Ariadne Danilow, Owen Jensen y Dorothy Fraser, la primera secretaria. Judith White es la actual Presidente.

La Conferencia de 1975 fue presentada por Bill Renwick que luego sería director general de Educación. Estuvieron presentes también, un grupo de músicos que venía utilizando la música como terapia desde hacía muchos años como: Mary Edwards y Eleanor Rose, de Auckland; Margaret Knigth que trabajaba en el hospital Tokonui; Lucilla Quinn de Rotorua y Warren Green de Dunedin. Al finalizar esta conferencia se encargó a la psicólogo Eleanor Lightfoot que escribiera un informe sobre la utilización de la música en educación y en las áreas sanitarias. Otro grupo de profesionales invitó a Paul Nordoff y Clive Robbins a Auckland y Christchurch, en 1974.

Joan Stevens fue la primera musicoterapeuta que regresó al país después de estudiar en la Escuela Guildhall de Londres, en 1976. También estudiaron allí Morva Croxson, Natalie Artemiev, Merlene Hooper y otras.

En la década de los 80 un grupo de musicoterapeutas extranjeros fue a impartir cursos y conferencias, como Maggie Pickett a quien Juliette Alvin encargó dar unos cursos. A ella siguieron otros como: Auriel Warwick (G.B.), Denise Endonmez, R. Brigth Michael Atherton y Marie Reinolds(Australia), Ole Teichman Mackenroth (Alemania) y norteamericanos como George Duerksen, Donald Michel, Carol Bitcon y Ken Bruscia. Susan Munro del Canadá.

Programa de formación: Se han impartido muchos cursos pero no existe un curso estable.

PAÍSES BAJOS (67)

En este país la musicoterapia se engloba dentro de las terapias creativas, basándose en los mismos principios del drama terapia, danza/movimientoterapia, artes plásticas-terapia y hoticultura-terapia.

Kliphuis (1973, 1988), (68)(69) desarrolla su teoría sobre la creatividad y su importancia lo cual fue básico en el diseño de los programas de formación de que disponen.

En 1967 organizan el primer encuentro sobre musicoterapia en el Queekhoven, en Breukelen. Al año siguiente se organiza un curso impartido por musicoterapeutas holandeses como Holthaus, Gretener-von Sury, Kassels-Kroon, Noske-Fabius, Haans y Ter Burg y Nordoff-Robins, como invitados extrnajeros. En 1979 se invitó al doctor Darko Breitenfeld (Croacia) y en 1980 al profesor A. Schmöltz (Viena).

En 1970 se publica la primera obra sistemática sobre métodos de musicoterapia por Holthaus (70). Hacia 1977, Fockema Andreae y Steenhuis, discípulos de Holthaus, publicaron un libro sobre musicoterapia en psiquiatría, que ha jugado un papel importante en el desarrollo de la musicoterapia en este país. Otro profesional importante fue Noske-Fabius que desarrolló un método de musicoterapia para minusválidos físicos basado en la respiración, la voz y el movimiento. Otro método es el de Gretener-von Sury, consistente en ejercicios para incrementar la concentración y la interacción social.

En 1969 se crea la Fundación para la Musicoterapia. No existe una asociación específica de musicoterapia, sino una sección, dentro de la Dutch Association for Creative Therapy: la Music Therapy Section y el Music Therapy Research Group (1984). También cuentan con el Music Therapy Laboratory para investigación.

Programas de formación. Cuentan con tres programas de formación, aprobados por el Ministerio de Educación y Ciencia y por el Registro de Terapias Creativas: 1) Hogesschool Midden Nederland, Hogeshool Nijmegen, 2) Hogeshool van Utrecht, Amersfoort, 3) Hogeshool Enschede. Y otros tres programas aprobados por el Ministerio pero no por el Registro de Terapias Creativas: 4) Rijkshogeshool Maastricht (Conservatorio).- 5) Conservatorium Alkmaar.- 6) Akademie De Wervel.

POLONIA (71)

Contribuyeron eficazmente en el desarrollo de la musicoterapia en Polonia: Tadeusz Natanson, profesor de filosofía, músico teórico y compositor. Fue profesor de Teoría de la Música en la Academia de Música de Wroclaw. El profesor Natanson estableció los primeros estudios académicos de musicoterapia (que eran para postgraduados, en dos años, en 1973) y posteriormente eran estudios de 5 años, a partir de 1981. Fundó el Instituto de Musicoterapia en 1972, dentro del Departamento de Composición y Teoría de la Música. En la década de los 80 dirigió a la vez el Instituto de Musicoterapia y el Instituto de Educación Musical de la Universidad de Silesia. Falleció en 1990.

Andrzej Janicki, psiquiatra, músico y musicoterapeuta, fue director del Hospital Mental de Distrito y trabajó con el profesor Natanson siendo cofundador del Instituto de Musicoterapia en la Academia de Wroclaw. Imparte clases sobre las bases teóricas de la musicoterapia y la aplicación práctica en el tratamiento de enfermos neuróticos, psicóticos, drogodependientes y con trastornos de personalidad. Sus investigaciones han sido acerca de las preferencias estéticas de los enfermos mentales así como acerca de sus reacciones espontáneas.

Elizbieta Galinska, doctora en ciencias humanas, musicóloga, pianista y musicoterapeuta.Trabajó durante muchos años en la Clínica de Neurosis y Psiquiatría del Instituto de Psiquiatría y Neurología de Varsovia. Desde 1985 ha dirigido la Sección de Musicoterapia de la División de Psicoterapia Científica, de la Sociedad Polonesa de Psiquiatría. Desde 1987, es también Directora Científica del Curso de Musicoterapia organizado por el Centro de Estudios de Postgrado.

Maciej Kieryl, doctor en anestesiología y musicoterapeuta ha participado en programas de radio y televisión polonesa sobre musicoterapia. Utiliza la música como tratamiento prequirúrgico en el Polish Railways Hospital en Varsovia-Miedzylesie. Dirige las conferencias sobre musicoterapia en el Instituto de Psicología Clínica del hospital Centrum Zdrowia Dziecka (Centro de Salud del Niño).

Otros profesionales: Jerzy Zabloki, director y rector de la Academia de Música (1969-81) fue la primera persona en Polonia que incluyó la musicoterapia en la Academia de Música en Wroclaw. Julian Aleksandrowich, Profesor de Medicina, que dirigió la Clínica de Hematología de la Academia Médica de Wroclaw. Jozef Bogusz, Porfesor de Medicina, dirigió la Clínica Quirúrgica de la Academia Médica de Wroclaw. Adam Bukowczyk, profesor de Medicina, que dirigió la Clínica Psiquiátrica de la Academia de Medicina de Wroclaw. Stefan Leder, Profesor de Medicina, dirigió la Clínica de Neurosis del Instituto de Psicología y Neurología en Wroclaw. Todos estos profesores contribuyeron eficazmente en la introducción de la musicoterpaia en el Servicio Polaco de Salud y también participaron activamente en la formación de los musicoterapeutas.

Asociaciones. No existe una asociación polaca de musicoterapia, pero sí dos grupos: Music Therapy Institute (1972), en la Academia de Música de Wroclaw, y Working Group, Music Therapy (1985) dentro de la División de Psicoterapia Científica de la Sociedad Polaca de Psiquiatría. Está formada por cuatro grupos profesionales: músicos, musicólogos, pedagogos y médicos. Este grupo coopera con el Instituto de Musicoterapia.

Programas de formación. Existe un único programa en la Academia de Música de Wroclaw. El programa incluye clases teóricas y sesiones clínicas en unidades de Psiquiatría, Neurología, Trastornos Psicosomáticos, Adicciones, Cardialogía, Cirugía, y Ginecología, así como en escuelas para ciegos, retraso mental y autismo.

PORTUGAL (72)

En Portugal hasta el moemento presente no existe asociación de Musicoterapia ni programa de formación. Existen sí buenos programas de educación musical. En 1967 un grupo de maestros de música, psicólogos y médicos se interesaron en musicoterapia e hicieron intentos de crear una asociación. Pero el interés por la educación musical ganó el terreno a la musicoterapia. Incluso, la Fundación Gulbenkian patrocinó iniciativas que unían musicoterapia y música en educación especial, o invitando a profesionales extrnajeros a dar conferencias, por ejemplo, Juliette Alvin estuvo en 1973 dando una conferencia sobre «Bases psicopedagógicas de la musicoterapia».

En 1974 en la Conferencia Internacional de la International Society for Music Education (ISME), en Australia, se nombró a Graciela Cintra Gomes, de Portugal, como representante portuguesa en la Comisión de Musicoterapia y Música en Educación Especial. Ha formado parte de esta comisión hasta 1986.

Han invitado a profesionales extranjeros a dar conferencias, pero sigue prevaleciendo el interés por la educación musical.

PUERTO RICO (73)

La figura más representativa es el doctor Rafael Rivera Colón, doctor en Psicología, que fundó la Asociación Portorriqueña de Musicoterapia en 1975 y es su presidente.

Se han celebrado numerosas conferencias desde 1975 y en 1981 organizaron el III Congreso Mundial de Musicoterapia.

Se han impartido cursos de musicoterapia en varias universidades pero hasta ahora (1993) no existe un curso estable.

OTROS PROFESIONALES que hicieron importantes contribuciones son:
La doctora María E. Mussenden, que presentó su tesis de Máster sobre musicoterapia en la Universidad de Puerto Rico.

El profesor Pedro Gotay utiliza la psicodanza para desarrollar en sus pacientes la capacidad de atención sostenida, la comunicación no verbal, la socialización, la coordinación psicomotora, capacidades perceptuales y el equilibrio postural.

La doctora Myrtha Whitte-Hoffmann utiliza el ritmo como agente terapéutico en su método «Integral Child Revival».

Alejandro Lebron Algorri, un psicólogo clínico, utiliza la música para despertar valores humanos en los drogadictos. Después de 12 años de trabajo con este tipo de pacientes encontró que la música contribuye muy significativamente en la adquisición de valores positivos y en la recuperación de estos pacientes.

El doctor Onofre Toyos, médico de medicina general, músico y compositor, ha trabajado durante 20 años con pacientes de asmáticos. Utiliza el acordeón en sus sesiones de musicoterapia y señala que más del 50% de sus pacientes fueron ayudados enormemente por la músicoterapia y pudieron reducir la cantidad de medicación de un modo significativo.

El doctor Ribera ha trabajado con drogadictos, alcohólicos, autistas, mujeres gestantes, con niños con retraso mental y con pacientes geriátricos. Con Josefina Fernández de la República Dominicana llevan a cabo una investigación acerca de los efectos de un baile, el "merengue" en la activación cerebral.

REINO UNIDO (74)

Una de las pioneras de la musicoterapia, con proyección internacional es Juliette Alvin, francesa de nacimiento, concertista notable de violonchelo y que recibió lecciones de Pau Casals. A ella se debe la creación en 1958 de la British Society for Music Therapy and Remedial Music, hoy conocida por British Society for Music Therapy (BSMT), y la creación del primer programa de formación en el Reino Unido, en 1969.

A su muerte, en 1982, dejó una fundación para pagar los estudios en la Guildhall School a estudiantes carentes de recursos. Lo mismo venía haciendo la fundación Music Therapy Charity Ltd., desde 1969.

En 1976 se crea la Asociación de Profesionales Musicoterapeutas (APMT).

Desde 1958 la British Society for Music Therapy publica el *British Journal of Music Therapy*. En 1987 esta revista cambió el formato para incluir artículos más científicos. Se imprimen 800 ejemplares, dos veces al año.

Conferencias. Anualmente la Asociación ha organizado conferencias, desde su creación, para que los asociados pudieran presentar sus trabajos. En la década de los 80, la Asociación de profesionales de Musicoterapia organizó reuniones para sus asociados en las que se debatió el proceso de la musicoterapia, los efectos de la música, objetivos en musicoterapia, terminología, estudio de casos, técnicas en musicoterapia y métodos de evaluación. Tuvieron lugar en el Westminster College, en Cambridge y en hospitales.

En la década de los 80 tuvieron lugar conferencias sobre investigación.

En 1992 se celebró en el King's College, Cambridge, una Conferencia Internacional, a la que asistieron musicoterapeutas de todo el mundo.

Programas de formación. Existían cuatro programas en 1993. Aceptan en cada curso 30 alumnos. Exigen tres cursos de música como requisito previo.

El curso de la Guildhall. Es un curso para postgraduados, de un año. Comenzó en 1968 y salieron los primeros graduados en 1969. La primera directora fue J. Alvin. Desde 1984 el diploma es reconocido por la Universidad de York. La orientación es humanística. La música es considerada como la base de la comunicación con el cliente y es muy importante que el musicoterapeuta sea capaz de encontrar la *música adecuada* a cada paciente. En el modelo Alvin de musicoterapia, se cconsidera a la música como al *instrumento que facilita* en lugar de considerarlo como al agente esencial del cambio.

Alvin pensaba que la improvisación y la extemporización eran los elementos clave para establecer una relación musical entre el paciente y el terapeuta. Por ello se entrena a los alumnos en la improvisación al piano. Estas clases las impartía el compositor Alfred Nieman. Este curso prepara para trabajar con gran variedad de pacientes.

El Curso de Nordoff-Robbins. Es un curso para postgraduados de un año de duración. Empezó en 1974. El curso enseña exclusivamente el método Nordoff-Robbins pero no otros aspectos de la musicoterapia. Este método se basa en la improvisación musical y es adecuado a niños casi exclusivamente. Para Nordoff-Robbins, la música es el agente esencial del cambio que se busca. Se requiere una gran maestría en la improvisación musical.

El Curso del Instituto Roehampton en el Southlands College. Se estableció en 1981. El diploma está convalidado por la Universidad de Surrey. Fue dirigido por Elaine Streeter, una alumna de los cursos Nordoff-Robbins. En un principio el curso estuvo orientado al trabajo con niños, pero progresivamente se hizo extensivo a los adultos. Adaptó las técnicas de improvisación y de observación de Nordoff-Robbins a los adultos. La base es de orientación psicodinámica y lo que el paciente expresa al mi provisar música es la manifestación de su personalidad y de sus relaciones interpersonales y por ello un medio a utilizar en el proceso terapéutico.

Un punto clave de la filosofía de esta Escuela es tomar la relación madre-hijo como similar a la que se establece entre terapeuta y paciente, por ello antes de empezar el curso se emplean varias semanas en la observación del comportamiento de una madre con su recién nacido. Se da énfasis a la personalidad del paciente más que a sus carencias.

El Curso de Bristol. En 1991 comenzó este curso y fuera de Londres. Difiere de los demás, también en que es un curso de dos años, a tiempo parcial, obteniéndose un diploma de post-grado. El diploma está convalidado por la Universidad de Bristol.

La directora es la doctora Leslie Bunt, que obtuvo el primer doctorado en musicoterapia por The City Univeristy. Fue profesora durante años de la Guildhall. Este curso está pensado para músicos que no puedan ir a clases regularmente, ya que aquí las clases son una vez por semana, más fines de semana.

SUDÁFRICA (75)

En la década de los 70 un grupo de músicos que la utilizaban ya en un contexteo terapéutico decidieron crear la Sociedad de Musicoterapia de Sudáfrica, bajo la inspiración del profesor Gunther Pulvermacher de la Universidad de la Ciudad del Cabo. Empezó a impartir conferencias y una de sus oyentes fue Elvera Thomas, cuya energía inacabable en promocionar la musicoterapia en Sudáfrica es de todos reconocida. Ahora es la presidenta honoraria de esta Asociación.

Dada la extensión del territorio una nueva asociación surgió en 1982 el Instituto Sudafricano de Musicoterapia. Fue fundado por Elvera Thomas, el doctor Lowrens du Troit y Jeanne Bull. En 1989 las dos asociaciones mencionadas se funden en una sola: The Music Therapy Society of Southern Africa.

Esta asociación única edita el *South African Journal of Music Therapy.*

En 1992 se celebró la I Conferencia Nacional de Musicoterapia de tres días de duración en la Universidad de Natal, en Durban.

Programa de Formación. Existió un curso en la Universidad de Cape Town, que inició la profesora Milly Rink, de postgrado, en dos años, pero no continuó en 1988, por falta de aprobación del Consejo Médico Dental de Sudáfrica.

Se hacen intentos para establecer otro.

SUIZA (76)

En 1971, antes de que existiera ninguna asociación, se organizaron varias conferencias bajo el título de «Forum für Musiktherapie», en Lenk. Miembros suizos de aquellas conferencias fueron: Gerda Bächli, Walter Bärtschi-Rochaix, Verena Keller, Rosemari Frei, Paolo Knill, U. Cattaneo, Helena y Regina Reinhard, Hermann Siegenthaler, Johanna Spalinger y R. Stern.

La Asociación Suiza de Musicoterapia fue fundada en 1981. Cuando se fundó había 20 miembros, ahora son 130.

Programa de formación. Ecole Romande de Musicotherapie: situada en Colombier, fue fundada en 1980. Es un programa de tres años para formar a musicoterapeutas. Es una escuela privada. Se la conoce también, desde e1993, como la Escuela Francófona de Musicoterapia.

El presidente es el doctor Pierre Pfaehler. Vicepresidente: Mme. Janine Matthys y profesor, A. Papaloïzos.

BAM (Berufsbegleitende Ausbildung Musiktherapie). Es un programa de 3 años para quienes de algún modo ya estén practicando alguna forma de musicoterapia. Por tanto se exigen conocimientos y práctica profesional en alguna de estas áreas: psicoterapia, socioterpia, educación especial. Que estén familiarizados con la mi provisación vocal o instrumental. Edad de acceso: 28 años.

El curso comprende seis semestres de clases una vez por semana en Zurich más tres semanas intensivas y 12 fines de semana. Aproximadamente 1.300 horas . Los profesores extranjeros son: Katja G. Loos, Hans-Helmut Decker-Voigt, Karin Schumacher, Tonius Timmerman y Isabel Frohne (de Alemania). Lisa Sokolov y Paolo Knill (de EE.UU.).

URUGUAY (77)

En 1967 Lida Florez, maestra especializada, con un grupo de maestras de educación especial se interesaron por la musicoterapia y entraron en contacto con el doctor Benenzon.

Al año siguiente, 1968, asistieron al II Congreso Mundial de Musicoterapia en Buenos Aires y entraron en contacto con J. Alvin, a quien invitaron a dar una conferencia en el Consejo de la Escuela Primaria del Instituto Superior del Maestro, en Uruguay.

Asociación. El 25 de mayo de 1869 se crea la Asociación Uruguaya de Musicoterapia (ASUM). Formaron partede ella el Sr. Severo Inañez (Inspector Nacional de Estudios Especializados), doctor R. Benenzon y la psicóloga Margarita Isnardi. La secretaria general era Lyda Florez. La Comisión de Honor la formaron: J. Alvin, doctor Fortunato Ramírez (Uruguay), la pianista Eliannne Richepin (Francia) y el doctor Benenzon.

El 22 de noviembre de 1969 la asociación organizó el I Symposium Uruguayo de Musicoterapia y en octubre de 1970 la profesora Lyda Flores presentó el Curso de Iniciación a la Musicoterapia.

En 1982 se crea un curso de entrenamiento en el Centro para las Artes bajo la dirección de Lyda Florez y el asesoramiento de la profesora Nora Fariña de Luna, la profesora Nancy Introzzi de Fernández y el profesor Julio César Lagomarsino. En mayo de 1992 profesores de esta escuela fundan la Primera Escuela de Musicoterapia de Uruguay (PEMU).

CONGRESOS MUNDIALES DE MUSICOTERAPIA:

I Congreso Mundial de Musicoterapia (París, La Salpétrièr, 1974).
2 Congreso Mundial de Musicoterapia (Buenos Aires, 1976).
3 Congreso Mundial de Musicoterapia (Puerto Rico, 1981).
4 Congreso Mundial de Musicoterapia (La Salpétrièr y París, 1983).
5 Congreso Mundial de Musicoterapia (Génova, 1985).
6 Congreso Mundial de Musicoterapia (Rio de Janeiro, 1990).
7 Congreso Mundial de Musicoterapia (Vitoria-Gasteiz, 1993).
8 Congreso Mundial de Musicoterapia (Hamburgo, 1996) y
9 Congreso Mundial de Musicoterapia (Washington, 1999)
10 Congreso Mundial de Musicoterapia (Oxford, Inglaterra, 2002)
11 Congreso Mundial de Musicoterapia (Sidney, Australia, 2005)

LA FEDERACIÓN MUNDIAL DE MUSICOTERAPIA (WFMT):

La actual presidenta es la Dra. Suzanne Hamser, directora de la carrera de Musicoterapia del Bercklee College of Music (Boston).

Ya en el I Congreso Mundial de Musicoterapia (París, La Salpétrièr, 1974) se planteó la necesidad de que existiera algún organismo que sirviera de nexo de unión entre todas las asociaciones y fuera un medio que facilitara la unificación de criterios. En los sucesivos congresos mundiales (Buenos Aires, 1976; Puerto Rico, 1981; París, 1983, se pidió a los representantes de cada país nuestra opinión sobre este tema y finalmente en el Congreso de Génova se redactó el documento de constitución de la Federación. El doctor Benenzon fue elegido primer presidente. En el congreso de Río de Janeiro, se modificó el documento y fue elegida nueva Junta Directiva. Tuvo por presidente a Ruth Brigth, (Australia) y se añadieron R. Benenzon (Argentina) vicepresidente, y Leslie Bunt (Inglaterra), secretaria.

Se constituyeron cuatro comisiones: Educación: Denise Erdonmez (Australia); Información, Intercambio y Comunicación: Joseph Moreno (EE.UU.); Ética e Investigación: Cheryl Maranto (EE.UU.) y Organización del próximo Congreso: Patxi del Campo (España) ya que había solicitado organizarlo.

En el Congreso de Vitoria de 1993 se nombró presidenta a Cheryl Maranto.
En 1993 la federación contaba con 32 asociaciones de todo el mundo. En la actualidad no es posible conocer los últimos datos estadísticos.

Han sido presidentes la Dra. Cheryl Marranito, RMT (EE.UU.) y la Dra. Suzanne Hanser, RMT (EE.UU.)

En el XI Congreso Mundial de Musicoterapia se eligió como presidente a la Prof. Gabriela Wagner de Argentina, que substituyó a la Dra. Suzanne Hanser, MT-BC (AMTA), de EE.UU., como secretaria/ tesorera a Petra Kern (Europa y EE.UU.) y encargada de Asuntos generales a la Dra. Cheryl Dileo (EE.UU.).

Confederación Europea de Musicoterapia (European Music Therapy Confederation, EMTC– www.musictherapyworld.net) Fundada en 1990 para facilitar la comunicación entre las asociaciones y las actividades de musicoterapia dentro de la Comunidad Europea y con el resto del mundo. Cuenta con unos Estatutos (1994) aprobados en Bélgica, según las leyes de la Comunidad Europea. Es no lucrativa. Cuenta con un Código Ético. Cada 3 años se celebra una reunión en un país distinto.

Se han celebrado 6 **Congresos Europeos de Musicoterapia** en Gran Bretaña (1989); España (1992); Bélgica (1995); Italia (2001); Finlandia (2004). En los Países Bajos será en 2008.

Existe un **European Research Register** (ERR), que lleva el registro de las investigaciones que se realizan. Puede obtenerse el CD a través de la Universidad Witten-Herdecke, www.musictherapyworld.net

Comité de la EMTC (2005) Presidente: Prof. Dr. Jos De Backer, secretaria general: Monika Nöcker-Ribaupierre, tesorera: Dra. Julie Sutton.

CONFEDERACIÓN EUROPEA DE MUSICOTERAPIA (EMTC):

Se constituyó en Europa una organización oficial, según la normativa de la UE, la European Confederation of Music Therapy (EMTC). El presidente es Jos de Backer de Bélgica (2005). Este organismo reúne a las asociaciones cuyo objetivo principal es reunir a profesionales musicoterapeutas. www.musictherapyworld.net/musictherapy.org.

ASOCIACIONES

A través de la **European Music Therapy Confederation (EMTC)** puede encontrarse información actualizada www.musictherapyworld.net, consultar: EMTC.

Alemania
La Kasseler Konferenz Musiktherapeutischer Vereinigungen in Deutschland incluye a las organizaciones profesionales siguientes:

Berufsverband der Musiktherapeutinnen und Musiktherapeuten in Deutschland BVM

Arbeitsgemeinschaft der staatl. Musiktherapie-Ausbildungen im Tertiärbereich AMA

Deutsche Gesellschaft für Musiktherapie DGMT

Deutsche Musiktherapeutische Vereinigung Ost DMVO

Sektion des Berufsverbandes für Anthroposophische Kunsttherapie BVAKT

Ständige Ausbildungsleiter-Konferenz privater Musiktherapie-Ausbildungen SAMT

Verein zur Förderung der Nordoff/Robbins Musiktherapie NoRo

Gesellschaft für Orff-Musiktherapie e.V. GfOMT

Argentina
Asociación Argentina de Musicoterapia, ASAM
www.musicoterapia.org.ar

Austria
Austrian Association for Music Therapy
www.austmta.org.au

The Austrian Association of Professional Music Therapists (ÖBM)
Österreichischer Berufsverband der MusiktherapeutInnen
Pottendorferstr. 1/11
1120 Wien
oebm@telering.at
members.telering.at/oebm

Bélgica
Professional Association of Music Therapy
Philipssite, Postbus 1120, 3001 Heverlee, Belgium
bmt@muziektherapie.net

Brasil
Unión Brasileña de Musicoterapia
www.ubam.hpg.ig.com.br

Bulgaria
Asociación Búlgara de Musicoterapia, 1995

Canadá
Canadian Association of Music Therapy
camt@musictherapy.ca
www.musictherapy.ca

MTABC (Music Therapy Association of BC)
Presidente: Kim Brame, MTA
mtabc@musictherapy.ca

MTAA (Music Therapy Association of Alberta)
Presidente: John Lawrence MMT, MTA
mtaa@musictherapy.ca

MTAS (Music Therapy Association of Saskatchewan)
Presidenta: Lana Wilkinson
mtas@musictherapy.ca

MTAM (Music Therapy Association of Manitoba)
Presidenta: Cecilia Bellingham, MTA
mtam@musictherapy.ca

MTAO (Music Therapy Association of Ontario)
Presidenta: Carolyn Arnason, DA, MTA
mtao@musictherapy.ca

AQM (Association québécoise de musicothérapie)
Presidente: Guylaine Vaillancourt, MTA
aqm@musictherapy.ca

AAMT (Atlantic Association for Music Therapy)
Presidenta: Cynthia Bruce, MMT, MTA
aamt@musictherapy.ca

Corea
Korean Association for Music Therapy
www.kamt.com/mainpg.htm

Dinamarca
Danish Society for Music Therapy (DFMT), 1969
Omme Landevej 1
7200 Grindsted, Denmark
+45 75 34 81 81
www.dansk-forbund-for-musikterapi.dk
Danish Association of Music Therapists (MTL), 1992
Lisbeth Andreassen
Vesterbro Torv 8, 3. tv
8000 Århuc C
Denmark
+45 86 12 75 45
mtl@musikterapi.org
www.musikterapi.org

España
1976 Asociación Española de Musicoterapia (AEMT), Madrid
Fundada por Dra. Serafina Poch, presidente: Daniel Terán Fierro (1982-)
teranfd@hotmail.com

1983 Asociación Catalana de Musicoterapia (ACMT), Barcelona
Miembro de la EMTC. Dra. Serafina Poch Blasco, RMT
www.xarxabcn.net/acmt
MTR@draspoch.e.telefonica.net

1987 Asociación Música Arte y Proceso MAP, Vitoria
Miembro del EMTC, Patxi del Campo Sanvicente, MT
www.agruparte.com
Map@agruparte.com

1987 Centro de Investigación en Musicoterapia CIM, Bilbao
Aitor Loroño, MT
Musicoterapia@itg-rpg.org
www.itg-rpg.org

1991 Asociación Valenciana de Musicoterapia (AVMT), Valencia
Francisco Blasco Vercher, MT
Francisco.blasco@uv.es
www.acmt.info

1994 Asociación Cultural de Musicoterapia de Almería
Juana Mª Fernández Carmona

1997 Asociación de Profesionales de Musicoterapia APM, Miembro del EMTC
Camino Bengoechea, MT
apmus@hotmail.com

1999 Asociación Aragonesa de Musicoterapia (AAMT)
Morcillo Martínez, MT
Presidente: Sra. Mª Angeles Cosculluela
virmormar@hotmail.com

1999 Asociación Gaditana de Musicoterapia AGAMUT. Miembro del EMTC
Dra. Patricia Sabbatella, MT
patricia.sabbatella@uca.es
www.agamut.org

2000 Asociación Centro de Investigación en Musicoterapia y Comunicación
no verbal del Mediterráneo, Murcia
Mª Ruth Romero, MT
masquemusica@ono.com

2001 Asociación castellano leonesa para el estudio, desarrollo e investigación de la Musicoterapia y la Arteterapia ACLEDIMA, Salamanca
Miembro del EMTC. Luis Alberto Mateos Hernández, MT
Info@acledima.org
www.acledima.org

2003 Asociación de Musicoterapia de Castilla la Mancha, Toledo
Fernando Company, MT
Fernandocompany@hotmail.com

2004 Asociación Galega de Musicoterapia AGAMUS, Ourense
Montserrat López Merino, MT
agamus@jazzfree.com
www.musicoterapiagalicia.es.vg

2004 Asociación de Musicoterapia de León
Ana Isabel Llamas, MT
dmpalh@isidoro2unileon.es

Estados Unidos
American Music Therapy Association (AMTA)
8455 Colesville Road, Suite 1000
Silver Spring, MD 20910

+301-589-3300
Fax : +301-589-5175
info@musictherapy.org
www.musictherapy.org

Estonia
Estonian Society of Music Therapt, 1990
malleluik@hot.ee

Finlandia
The Finnish Society for Music Therapy (FSMT), 1973
Association of professional music therapists in Finland, 1989
Board for the development of Finnish music therapy education (BDFE), 1998.

Francia
Association Française de Musicothérapie
Dra. Edith Lecourt
Université Paris V René Descartes
Centre Universitaire des Saints-Pères
45, rue des Saints Pères
75006 Paris
+00 33 (0)l 42 86 20 99
www.univ-Paris5.fr

Gran Bretaña
1958 The British Society for Music Therapy (BSMT)
www.bsmt.org

1976 The Association of Professional Music Therapists (APMT)
www.apmt.org.uk

Grecia
Hellenic Music Therapy and Creative Expresión Society, 1992
Presidente: Lianna Plychroniadou

Hungria
The Hungarian Music Therapy Association
Presidenta: Katalin Urban-Varga

Islandia
The Icelandic music therapy association
Delegado: Valgerour Jónsóttir, MT Físmús,
Hátúni 12, 105 Reykjavík
Iceland
tonsvj@mmedia.is
+354 5612288
+354 8622040

Israel
The Israeli Association of Creative and Expressive Therapies
Sction Music Therapy (ICET)
Delegada: Dra. Chava Sekeles

Italia
Federación Italiana de Musicoterapia (FIM), 1998
Associazione Italiana professionisti della Musicoterapia. (AIPM), 2002
Postal Address
Viale Ariosto 1 50124 Firenze
0039 055 22 49 49
329.2315526
fsuvin@tin.it

Latvia
The Muzikas Terapijas Fonds (MTF), 2000
Presidente: Mirdza Paipare
www.lieppa.lv

Lituania
Lithuanian Association for Educational Music Therapy, 1997
Dr. Vilmante Aleksiene
Department of Social Education, Vilnius Pedagogical University, Studentu St. 39, Lt 08106 Vilnius, Lithuania
vilmante_aleksiene@yahoo.com

Noruega
1972 The Norwegian Association for Music Therapy (Norsk Forening for Musikkterapi, NFMT)
info@musikkterapi.no
www.musi k kterapi.no

Nueva Zelanda
New Zeland Society for Music Therapy
Whitby, Porirua
natali@ihug.co.nz

Paises Bajos
Dutch Association for Creative Therapy, (NVCT), 1962
www.creatievetherapie.nl
www.stichtingmuziektherapie.nl

Perú
Asociación de Musicoterapia del Perú
Presidente: Jessy Vargas

Asociación Peruana de Musicoterapia
Ir. Uncauasi 237.– San Miguel.– Lima
apemmusicoterapia@hotmail.com

Portugal
Asociación Portuguesa de Musicoterapia, 1996
Presidenta: Teresa Leite
Rua Conde de Almoster, 24-5° Dto
musicoterapia@sapo.pt
1500-194 Lisboa
351-93-324-2678

Suecia
1974 Swedish Association for Music Therapy (Svenska förbundet för musikterapi)

Suiza
Schweizerischer Fachverband für Musiktherapie, SFMT, 1981
Sternengasse 1, CH – 4125 Riehen
sfmt@bluewin.ch

Yugoslavia
Yugoslav Music Therapy Association, 2001
Presidente: Ranka Radulovic MD,PhD

European Association of Music Therapy Students
www.musicktherapie.de

CURSOS

Alemania
Universidades
Augsburgo – Nürnberg, Hochschule für Musik, Prof. Dr. Tonius Timmermann

Berlín – Hochschule der Künste, Prof. Dr. Mechthild Langenberg

Hamburgo – Hochschule für Musik und Theater, Prof. Hans-Helmut Decker-Voigt, PhD

Münster – Westfälische Wilhelms-Universität, Dr. Rosemarie Tüpker

Siegen – Universität-Gesamthochschule, Ingeborg Kritzer and Prof. Hartmut Kapteina

Witten – Universität Witten/Herdecke, Prof. Dr. Lutz Neugebauer and Prof. Dr. Dagmar Gustorff

Fráncfort – University of Applied Science, Prof. Dr. Almut Seidel

Heidelberg – Fachhochschule, Prof. Dr. Volker Bolay

Magdeburgo –Stendhal, Hochschule, Prof. Dr. Susanne Metzner and Prof. Dr. Manuela Schwartz

Institutos Privados
Bad Klosterlausnitz – Akademie für angewandte Musiktherapie Crossen, Dr. habil. Christoph Schwabe

Berlín – Institut für Musiktherapie, Petra Jürgens

Berlín – Musiktherapeutische Arbeitsstätte, Peter Fausch

Hückeswagen – Europäische Akademie, Josef Moser

Múnich – Institut für Musiktherapie/ Freies Musikzentrum, Dr. Monika Nöcker-Ribaupierre

Múnich – Orff-Institut, Dr. Melanie Voigt

Más información:
– Studienführer Musiktherapie, info@musiktherapie.de
– SAMT-Studienführer, info@musiktherapie-crossen.de

Argentina
Universidad del Salvador, Buenos Aires
Programa de la Carrera de Musicoterapia
www.salvador.edu.ar/ua1-8-14.htm

Universidad Abierta Interamericana, Buenos Aires
Dir. Gustavo R. Espada
www.vaneduc.edu.ar/uai/facultad/psicologia

Australia
University of Melbourne
Faculty of Music
www.music.unimelb.edu.au/courses/ugrad01.html
www.music.unimelb.edu.au/courses/grad.html

University of Queensland
Felicity Baker
f.baker1@mailbox.uq.edu.au

University of Technology, Sydney (UTS)
Kuring-gai campus
Faculty of Education, Co-ordinator:
Dr. Rosemary Faire, RMT

www.education.uts.edu.au/courses/music_therapy

Austria
1959, Universität für Musik und darstellende Kunst, Viena
musicktherapie@mdw.ac.at
1997, Wiener Institut für Musiktherapie (WIM)
Dr. Elena Fitzthum, Dr. Dorothea Oberegelsbacher and Dr. Dorothee Storz
storz@mdw.ac.at

Canadá
Capilano College, Stephen illiams
mtherapy@capcollege.bc.ca

Université du Québec à Montreal, Departamento de Música, Connie Isenberg-Greda
isenberg-grzeda.connie@uqam.ca

Wilfrid Laurier University
Faculty of Music
Colin Lee
clee@wlu.ca

University of Windsor
Sandra Curtis
scurtis@uwindsor.ca

Acadia University, School of Music
Paul Lauzon
musictherapy@acadia.ca

Canadian Mennonite University
Winnipeg, Manitoba R3P 2N2
Jim Wiebe

Dinamarca
Aalborg University.– Curso de 5 años.
Fredrik Bajers Vej 5.– Postbooks 159
DK– 9100 Aalborg
en.aau.dk
aau@aau.dk

Es la única universidad en Europa donde se puede obtener un Doctorado en Musicoterapia. Prof. Dr. Tony Wigram.

The Internacional PhD Research School
Institut for Musik og Musikterapi
Kroghstraede, 6
9220 Aalborg.– Denmark
+45 96 35 91 19
www.musik.aau.dk

España
Universidades Públicas

Máster de Musicoterapia Les Heures. Universidad de Barcelona. 1100 horas. Directora científica: Dra. Serafina Poch. RMT (AMTA)
Dirección pedagógica: Prof. Dr. Carlos Ballús y Núria Escudé, MTR.
Curso Aprobado por EcarTE,

Institut of Life Learning
Universitat de Barcelona
Ciutat de Granada, 131
08018 Barcelona
www.lesheures.fbg.es

Universidad Autónoma de Madrid. Curso Superior de Formación en Musicoterapia. 1065 horas. Directora: Dra. Cintia Rodríguez. Coordinadora: Sra. Alicia Lorenzo, MT

Universidad de Cádiz. Curso de Experto Universitario en Musicoterapia (60 ECTS) Curso de Máster Universitario en Musicoterapia (120 ECTS). Coordinadora: Dra. Patricia Sabbatella, MT.

Universidad Nacional a Distancia (UNED). Curso de Introducción a la Musicoterapia. Directora: Dra. Pilar Lago Castro, MT. Betés de Toro, Psiquiatra y Psicólogo.

Universidades Privadas
Universitat Ramon Llull. Máster en Musicoterapia. 600 horas, Coordinadora: Dra. Melissa Broton Mercadal, RMT (AMTA). Curso aprobado por ECArTE.

Universidad Católica San Antonio, Murcia. 430 horas, coordinadores: Prof. Dr. Demetrio Barcia Salorio, coordinadora: Mª Ruth Romero Cardona, MT.

Escuela Universitaria de Magisterio «Luis Vives», Universidad Pontificia de Salamanca. 970 Créditos. Coordinador: Luis Alberto Mateos Hernández, MT.

Institutos Privados
Centro de investigación musicoterapéutica (CIM-Bilbao). 400 horas. Coordinador: Aitor Loroño, MT.

Música, Arte y Proceso (Vitoria). 1880 horas. Coordinador: Patxi del Campo, MT.

Estonia
Curso Avanzado de Musicoterapia
Tallinn Pedagogical University
www.tpu.ee

Curso de Musicoterapia como material asociada
Tallinn Pedagogical University, Department of Psychology

Finlandia
Eino Roiha Institute. 3 años.

North-Carelia Polytechnic. De 2 a 5 años.

Pirkanmaa Polytechnic. De 3 a 5 años.

Pietarsaari Conservatoire. 3 años.

University of Jyvaskyla. Máster de Musicoterapia. 2 años.

Francia
Université Paris V – René Descartes
Prof. Dra. Edith Lecourt
Centre Universitaire des Saints-Pères,
45, Rue des Saints-Pères
75006 Paris
00 33 (0)l 42 86 20 99
www.univ-Paris5.fr

Université Montpellier III
Director científico: Prof. Juan-Pierre Blayac
+33 (0)4 67 72 98 61
+33 (0)4 67 72 98 61

Université de Nantes
Director científico: Prof. Michel Amar
Director pedagógico: Françoise-Xavier Vrait
+33(0)251250735
www.musicotherapie-nantes.com
www.univ-Paris5.fr

Atelier de Musicothérapie de Bordeaux
Editions du Non Verbal
Dir: Gérard Ducourneau
16, rue de Bigeau
33290 Parempuyre
ambx@compuserve.com
ourworld.compuserve.com/homepages/ambx

Centre International de Musicothérapie
Presidente: Dominique Bertrand.– Director:
Sylvie Braun
49, Av. Aristide Briand
B.P. 155 – 93160 Noisy le Grand

La Forge – Formation
Dir.: Françoise Jacquemot
19, en Jurue
57000 Metz
www.la-forge-formation.com.fr

Gran Bretaña
Guildhall School of Music & Drama, Londres
Nordoff-Robbins Centre, Londres
University of Surrey, Roehampton
University of Bristol
Anglia Polytechnic University, Cambridge
Welsh College of Music & Drama, Cardiff
Nordoff-Robbins Scotland

Grecia
Hellenic Music Therapy and Creative Expression training program – Music/Art in therapy, pedagogy and prevention, 1994

Israel
The David Yellin College of Education, Institute of Art Therapies
Director: Dr. Cochavit Elefant

The Bar Ilan University, Fundado por el Dr. Dorit Amir

The Levinsky College of Education
Directora: Mrs. Nehama Yehuda (Ph. D. candidate)

Latvia
Latvian postgraduate music therapy study program, 2002
En cooperación con la Liepaja Academy of Pedagogy y el
Vestische Childrens and Youth Hospital Datteln.

Paises Bajos
Hogeschool Utrecht; Amersfoort: 0334-791300

Hogeschool Arnhem en Nijmegen; Nijmegen: 024-3596596

Saxion Hogescholen; Enschede (music conservatory): 053-4871730

Hogeschool de Wervel; Zeist (anthroposophic): 030-6923194

Hogeschool Zuyd, Sittard: 046-4207272

Noruega
Norwegian State Academy of Music, Oslo (1978)
www.nmh.no

Sogn og Fjordane College, The Faculty of Higher Education at Sandane (1988)
www.hisf.no/sts

Suecia
Royal College of Music in Stockholm
www.kmh.es
Doctoral Program (Ph. D.)

Musikterapiinstitutet
www.fmt-metoden.se

College of Music in Ingesund
www.imh.se

Suiza
Berufsbegleitende ausbildung musiktherapie bam Zürich
Geschäftsstelle zürcher institut musiktherapie zim
Unterlachenstrasse 12, Postfach 12142, 6000 Luzern
0878 808 020
bamschweiz@bluewin.ch

Ecole Romande de Musicothérapie ERM
17, avenue de La Grenade, 1207 Genève
022-700 20 44

Integrative Musiktherapie SEAG
Stiftung Europäische Akademie für psychosoziale Gesundheit und Kreativitätsförderung
Franklinstrasse 31 a, 9400 Rorschach
Inf: L. Müller, Tel. 071-244 25 58
lomueseag@dplanet.ch

Orpheus Schule für Musiktherapie
Dreijähriges berufsbegleitendes Musiktherapie-Studium
auf Grundlagen der anthroposophischen Menschenkunde
M. Maurer, Ankerstrasse 14, 3006 Bern
031-352 41 79

REVISTAS

Alemania
Musiktherapeutische Umschau. Forschung und Praxis
Publicado por la Deutsche Gesellschaft für Musiktherapie
Vandenhoeck und Ruprecht
Gotinga

Tanz–, Musik– und Kunsttherapie. Verlag für angewandte Psychotherapie
Gotinga

Crossener Schriften zur Musiktherapie
Academia Croasen.– Weida

Einblicke. Jahrbuch der Musiktherapie.
Berufsverband (BVM)

Argentina
Revista Internacional Latinoamericana de Musicoterapia
www.geocities.com
Dir.: Dr. Gregorio Tisera-López

Brasil
Revista Brasileira de Musicoterapia, 1996
Pubicada por la Unión Brasileira de Asociaciones de Musicoterapia (UBAM)

Sao Paulo
Dir.: Lia Rejane Mendes Barcillos y Marco Antonio Carvalho Santos
www.ubam.hpg.ig.combr

Canadá
La Canadian Association for Music Therapy, en su página web
www.musictherapy.ca/associations publica muchos artículos.

Dinamarca
Dansk Musikterapi
Publicado por la Danish Association of Music Therapy (MTL) y la Danish Society for Music Therapy (DFMT)
www.musikterapi.org/pages/tidskrifter
dansk@musikterapi.org

España
Música, Arte y Comunicación, 1987
C.I.M.– Bilbao
Dir.:Aitor Loroño
www.itg-rpg.org

Revista Española de Musicoterapia, 1999
Associació Catalana de Musicoteràpia

Dra.:Dra. Serafina Poch
www.xarxabcn.net/acmt
Música, Arte, Proceso, 1996
www.agruparte.com

Estados Unidos
Journal of Music Therapy
Edit.: Dra. Jayne Standley

Music Therapy Perspectives
Edit.: Brian L. Wilson

AMTA Newsletter
www.musictherapy.org

Francia
La Revue du Musicothérapie
Association Française de Musicothérapie
Pres.: Dr. Edith Lecourt

Music, Therapie, Communication (MTC)
AMBX, Editions du non-verbal
Edit.: Gérard ucorneau

Gran Bretaña
British Journal of Music Therapy
APMT Newsletter
BSMT Bulletin; BSMT Book & Video List

Grecia
Hellenic Music Therapy Magazine, 2001

Noruega
Nordic Journal of Music Therapy
Edit.: Dr. Brynjulf Stigenjulf
www.hisf.no/njmt
brynjulf.stige@sts.hisf.no

Musikkterapi
info@musik k terapi.no
www.musikkterapi.no
Voices
Edit. USA y Canadá: Dra. Carolyn Kenny
Edit. Noruega: Dr. Brynjulf Stige

Paises Bajos
Tijdschrift loor Creative Therapie (The Journal of the CreaTIVE Therapies)

Suecia
Musikterapi I Sverige
www.musikterapi.se

Revistas electrónicas:
Music Therapy Today
De la WFMT: www.musictherapyworld.de

Musicoterapia Norte
Rosario, Argentina
www.musicoterapianorte.com.ar

Musicoterapia on line
www.musicoterapiaonline.cl

Pro-Musicoterapia: asistencia, investigación y docencia
wwww.promusicoterapia.com.ar

Revista Infomt
www.unaerp.br

NOTAS BIBLIOGRÁFICAS

1. SCHMÖLZ, A.: "Información recibida de este autor durante el Seminario Internacional: La música como experiencia musical, comportamiento, socialización y socioterapia".- Berlín Este, 27 mayo-2 junio 1973.
2. JAEDICKE, H.G.: "Über Musiktherapie".- En: Hippokrates, pág. 11.-1957.
3. JAEDICKE, H.G.: Über Musikarbeit mi psychotherapeutischen Heilplan".- En: Z. F. Psychother., 4.- pág. 49.- 1954.
4. TEIRICH, H.R. (edit.): "Musik in der Medizin".- Gustav Fischer Verlag Stuttgard.- 1958.
5. KOHLER, Ch. (edit.): "Musiktherapie: Theorie und Methodik".- Jena.-Fischer. 1971.
6. SCHWABE, Ch.: "Musiktherapie bei Neurosen und Funktionellen Storungen".- Stuttgart.- Fischer.- 1972.
7. WALTER SELLE, E.: Comunicado a la 46 Conferencia Nacional de la NAMT, en Houston, TX.- 1995.
8. SPINTGE, R.; DROH, R. (edit.): "Music Medicine".- MMB Music, Inc.- St. Louis, MO.- 1989.
9. WAGNER, G.: "Music Therapy in Argentina". En: Ch. Maranto (edit.): "Music Therapy: International Perspectives".- Jeffrey Books.- Pippersville, Penn.- pág. 5-27.- 1993.
10. ERDONMEZ, D.; BRIGHT, R.; ALLISON, D.: "Music Therapy in Australia". En: Ch. Maranto (edit.) (9). Pág. 35-61.
11. SCHMÖLZ, A.; HALMER-STEIN, R.; OBEREGELSBACHER, D.; GATHMANN, P.: "Music Therapy in Austria".-En: Maranto, Ch. (edit.) (9). Pág 63-87.
12. SCHMÖLZ, A.: (1) BACKER, J. D.: "Music Therapy in Belgium".- En: Ch. Maranto (edit.) (9). Pág. 89-102.
13. REJANE, L.; CARVALHO, M.A.: "Music Therapy in Brazil". En: Ch. Maranto (edit.) (9).- Pág. 103-102.
15. MOFFIT, E.; ISENBERG-GRZEDA, C; FISCHER, R.; LIEBMAN,S.; McMASTER, N.: "Music Therapy in Canadá".- En: Ch. Maranto (edit) (9), pág 131-156.
16. REYES, Mª, I.; AMAYA, A.; LARA, G.: "Musicoterapia en Colombia". En: Ch. Maranto (edit) (9) pág. 175-182.
17. EUN HENUI, I.: "Music Therapy in Korea". En: Ch. Maranto (edit.) (9), pág. 355 365.
18. SCHMÖLZ, A.: (1) y Programa del Congreso.
19. HONG-YI ZHANG; HONG-SHI MIAO: "Music Therapy in China".-En: Ch. Maranto (edit), (9) pág. 157-174.
20. AGROTOU,A.: "Musicoterapia en Chipre". En: Ch. Maranto (edit) (9) pág. 183 196.
21. KORTEGAARD, H.; NYGAARD, I.: "Musicoterapia en Dinamarca". En: Ch. Maranto (edit), (9) pág. 197-210.
22. HOPPER, J.: "Music Therapy in Scotland".- En: Ch. Maranto (edit.) (9) pág. 507-522.
23. POCH BLASCO, S.: "Music Therapy in Spain" (I parte).- En: Ch. Maranto (edit.) (9) págs. 533-546 y 554-556.
24. DOMÉNECH, E.: "Dues notes sobre aplicacions terapèutiques de la úsica a les Memòries de la Reial Acadèmia Mèdico Pràctica de Barcelona (1978)". En: E. Domènech, J. Corbella y Dídac Parellada (edit.): Bases Históricas de la Psiquiatría Catalana Moderna.- PPU.- Barcelona, pág. 46-55.
25. POCH, S.: "La influencia de la música en el niño".- Tesina de Licenciatura. Universidad de Barcelona.-Junio de 1964.
26. POCH, S.: "Musicoterapia para niños autistas. Historia de la Musicoterapia Española".- Tesis de Doctorado.-Universidad Complutense.-Madrid.- 1972.
27. CAMPO (del), P.: "Music Therapy in Spain" (II parte). En: Ch. Maranto (edit.) pag. 546-552
28.- MARANTO, Ch. D.: "Music Therapy in United States".-En: Ch. Maranto (edit.) (9) pág. 605-662.
29. BOXBERGER, R.: "A Historical Study of the National Association for Music Therapy". En: Music Therapy, 1962.- Vol. XII.- Edit. NAMT, Lawrence, KA.-Pág. 133-197.- 1963.

30. SOLOMON, A.L.: "A History of the Journal of Music Therapy: The First Decad (1964-1973).- En: Journal of Music Therapy.- NAMT.- Silver Spring .- Vol. XXX, nº 1.-Pág. 3-33.- 1993.
31. DAVIS, W.B.: "Keeping the Dream Alive: Profiles of Three Early Twentieth Century Music Therapists".- En: Journal of Music Therapy.- NAMT.- Silver Spring. Vol. XXX, nº 1.- Pág. 34-45.- 1993.
32. DAVIS, W.B.: "Music Therapy Practice in New York City: A Report from a Pane of Experts, March 17, 1937".- En: Journal of Music Therapy.- NAMT.- Silver Spring. Vol. XXXIV, nº 1.- Pág. 68-81.- 1997.
33. VESCELIUS, E.A.: "Music and its relations to life". En: Music and Health, Nº 1, págs. 5-10.- 1913.
34. VESCELIUS, E.A.: "Music and Health". En: Musical Quartely, nº 4 . Pág. 377-401, 1913.
35. DAVIS, W. B.: (32) Pág. 74-81.
36. WALL, W. Van de: "Music in Institutions".- The Russell Sage Foundation.-Nueva York.- 1936.
37. BOXBERGER, R.: (29) pág. 144-145.
38. WALL, W. Van de: "Report on the Surbey" .-En: National Music Council Bulletin, Vol. V.- pág. 7.- Agosto de 1944.
39. SEYMOUR, H.A.: "What Music can do for you". En: Music and Health (Edit. por Seymour).- Nueva York: Harper y Brothers.- Pág. 146-163.- 1920.
40. SEYMOUR, H.A.: "An Instruction course in the use and practice of musical therapy".- National Foundation of Musical Therapy, Inc.- Nueva York.-1944.
41. CHESS, S.: " In memoriam: A view of Lauretta Bender, 1899-1987. En: Journal of the American Academy of Child and Adolescent Psychiatry.- 26 (3).-Pág. 460-461 1987.
42. COOK, J.: "Lauretta Bender, a psychiatrist88. En: New York Times Biographical service.- Pág. 43.-1987.
43. PANEL DISCUSSION ON MUSIC THERAPY: Proceedings.- Pág. 8.- 1937. En: Davis, W. B. (33) pág. 79.
44. HAMILTON, S. W.: "Memorandum on the Survey".- En: National Music Council Bulletin .-Vol. V.-pág. 7.- Agosto de 1944.
45. BOXBERGER, R.: (29) pág. 152.
46. GREEN, R.: "Hospital Music Committee Report". En: National Music Council Bulletin, VIII (Mayo, 1948), pág. 10. En: Boxberger, (29) pág. 153).
47. CROCKER, D.B.: "A Tribute to Myrtle Fish Thompson".- Journal of Music Therapy.- NAMT.- Vol. XIII, nº 3, pág. 142-43.- 1976.
48. USA SENATE: "Hearing before the Special Committee on Aging".- Sesión 102-9. Washington.- 1 agosto, 1991.
49. EAGLE, Ch. T.: "Music Therapy Index".- Vol. 1.- Divission of Music, Southern Methodist University, Dallas.- NAMT.- 1976.
50. EAGLE, Ch.T.: "Music Psychology Index".- Vol. II.- Division of Music, Sothern Methodist University, Dallas, Texas.- Institute for Therapeutic Research.- Denton, Texas.- 1978.
51. EAGLE, Ch.T. y J.J. MINITER: "Music Psychology Index" Vol. 3.-Denton TX.- Institute for Therapeutic Research and Phoenix, AZ: Orix Press.- 1984.
52. EAGLE, Ch.: "Retrieving the Literature of Musicmedicine".- En: R. Spintge y R.Droh (edit): "Music Medicine".- MMB Music Inc.- St. Louis, MO.- pág. 397.-1989.
53. EAGLE, Ch.T.: Database "C.A.I.R.S.S. for Music".
54. MORENO, J.J.: "Music Therapists of our time: Profiles in Creativity".- Maryville University.- En Prensa.
55. LEHTONEN, K.: "Music Therapy in Finland". En: Ch. Maranto (edit.), (9) pág. 211-220.
56. LECOURT, E.: "Music Therapy in France".- En: Ch. Maranto (edit.), (9), pág. 221- 238.
57. POLYCHRONIADOU, l.: "Music Therapy in Greece".- En: Ch. Maranto (edit.), pág. 239-252.
58. KONTA, y URBAN VARGA, K.: "Music Therapy in Hungary".-En: Ch. Maranto (edit.), pág. 263-278.
59. SCANLON. P. y SUTTON, P.: "Music Therapy in North and South Ireland".- En: Ch. Maranto (edit.) (9) pág. 289-304.

60. JONSDÓTTIR, V.: "Music Therapy in Iceland".- En: Ch. Maranto (edit.), (9), pág 279-288.
61. SANDBANK, G. y SEKELES, Ch.: Nota mandada a la autora.
62. Di FRANCO, G. y PERILLI, G.: "Music Therapy in Italy".- En: Ch. Maranto (edit.) pág. 321-340.
63. NISHIHATA, H.K.: "Music Therapy in Japan".- En: Ch. Maranto (edit.) (9) pág. 341-354.
64. MUÑOZ, V.: "Music Therapy in Mexico".- En: Ch. Maranto (edit.) (9) pág. 365-383
65. RUUD, E.: "Music Therapy in Norway".- En: Ch. Maranto (edit.) (9) pág. 445-458. CROXSON,M.: "Music Therapy in New Zealand".- En: Ch. Maranto (edit.) pág. 423-444
66. SMEIJSTERS, h.: "Music Therapy in Netherlands".- En: Ch. Maranto (edit.) (9) pág. 385-422.
67. MARANTO, Ch.: "Music Therapy International Perspectives", pág. 386-421.
68. KLIPHUIS, M.: "Het hanteren van creative processen in vorming en hulpverlening" En: L. Wils (De.) Bij wijzevan spelen. Aphen a d. Rijn: Samsom. 1973.
69. KLIPHUIS, M.: "Kreative therapie:terugblik en vooruitzicht". En: Kreative thehrapie in aktie, verslagen van lezingen en workshops.-Hilversum: NVKT.-1988.
70. HOLTHAUS, C.: "Muziektherapie". Amsterdam/ Brussel: Agon Elsevier.- 1970.
71. JANICKI, A.: "Music Therapy in Poland".-En: Ch. Maranto (edit.) (9), pág. 459-478
72. GOMES, G. y LEITE, T.: "Music Therapy in Portugal".- En: Ch. Maranto (edit.) pág. 479-488.
73. RIVERA, R.: "Music Therapy in Puerto Rico".- En: Ch. Maranto (edit.) (9), pág. 489-494.
74. WIGRAM, T.; ROGERS, P.; ODELL-MILLER, H.: "Music Therapy in the United Kingdom".- En: Ch. Maranto (edit.) (9) pág. 573-604.
75. HENDERSON, H.; BULL, J.; PAVLICEVIC, M.: "Music Therapy in South Africa" .- En: Ch. Maranto (edit.) (9) pág. 523-532.
76. UTZINGER, R.; SCHULZ, M.; MATTHYS, J.; PAPALOÏZOS, A.; HEGI, F. "Music Therapy in Switzerland".- En: Ch. Maranto (edit.) (9) pág. 557-564.
77. FLOREZ, L.; ALONSO, A.; AZURI, A.: " Music Therapy in Uruguay".- En: Ch. Maranto (edit.) (9) pág. 663-6.

Capítulo IX

TEMAS ESQUEMÁTICOS DE PSICOLOGÍA DE LA MÚSICA PARA MUSICOTERAPEUTAS

LA MÚSICA. DEFINICIÓN

El hecho de que escriba sobre este tema se debe en parte a la lectura, a los 12 años, del libro *La religión de la música*, de Camille Mauclair. Este autor poseía una exquisita sensibilidad y pasión por la música junto con especiales dotes comunicativas, lo cual contribuyó a afirmar mi predilección por ella como la preferida de las artes.

Todos experimentamos los efectos de la música, incluso desde antes de nacer, cosa que no ocurre con ninguna de las demás bellas artes, por lo que cada ser humano puede dar su personal definición de la música; por ejemplo:

Beethoven: «Al levantar la vista tengo que suspirar, pues lo que veo va contra mi religión, y desprecio al mundo porque ignora que la música es la revelación más alta de toda ciencia y filosofía» (¿a Bettina Brentano?).

Liszt: «La música es el corazón de la vida. Por ella habla el amor; sin ella no hay bien posible y con ella todo es hermoso».

Wagner: «Las palabras deberían ceder el puesto a la música cuando la emoción se enseñorea del espíritu».

Schopenhauer: «La música expresa lo que hay de metafísico en el mundo, la cosa en sí de cada fenómeno».

Fichte: considera a la música como el lenguaje metafísico del porvenir.

Kant: la considera como el arte de las emociones.

Hegel: la considera como el arte del sentimiento.

Jules Combarieu: ve a la música como el arte de pensar con sonidos y sin conceptos.

Shakespeare: «El amor dulce piensa en sones» (En *Romeo y Julieta*).

Concepción Arenal: «La música es una voz que halla eco en todas las almas y parece también un eco de todas las voces».

Dorothy Crocker: «La música es un regalo universal y cósmico, cuyas propiedades de sonido y silencio nos hablan en el lenguaje del amor». (1)

La música es vibración y vibración equivale a vida. Es la mejor imagen de lo que es la vida del ser humano. En este sentido, el ritmo equivaldría al esqueleto como soporte de un cuerpo —melodía— y la armonía sería equivalente al alma. Podría decirse que la música «es la estética materialización de lo que la vida es». (2) Porque la música es en un instante y deja de ser al siguiente, como la vida. Y este instante musical puede estar teñido de cualquier emoción humana, especialmente de lo más inexpresable.

Hoy los vanguardistas definen la música como «cualquier forma de comportamiento acústico que el oyente pueda tolerar —incluyendo el golpear el piano con un martillo—, cualquier ruido». (3)

¿Qué hace que unos sonidos se conviertan en música? Esta pregunta no es fácil de contestar ni existe consenso en estos momentos en por qué los vanguardistas han podido incluir el ruido en la música. Si ello fuera en realidad así, sería como el suicidio de la música. ¿Por qué ha podido llegarse a esta situación? Tal vez sea como consecuencia de la atmósfera general de desmitificación de todo. En música puede ser positivo si de ahí nacen nuevas formas, fruto de transformaciones, siempre y cuando se mantenga la esencia humana del arte: la expresión estética de los sentimientos humanos.

¿Cuándo existe música? Para que exista música, según Roederer, (5) lo esencial es que percibamos unos tonos fijos por un período de tiempo suficiente para que puedan ser captados por el cerebro. En segundo lugar, estos tonos fijos han de haber sido creados por el hombre en el contexto de una cultura determinada. (6) De ahí que a los sonidos de la naturaleza o los de los animales, por ejemplo el canto de los pájaros, no se los considere música.

Definición técnica de la música. «Música es la técnica o el arte de reunir o ejecutar combinaciones inteligibles de tonos en forma organizada y estructurada, con una gama de infinita variedad de ritmo, melodía, volumen y cualidad tonal.»

LA MELODÍA

En opinión de Zuckerkandl, (7) la melodía es «una serie de tonos que tienen sentido». A juicio de Cooke, (8) «la cualidad expresiva de una melodía puede estar constituida por tensiones tonales y el efecto general de elevación y caída tonal». Noy (9) confirma lo anterior al decir que la calidad del tono viene determinada por la proporcionada relación entre fuerzas opuestas: la energía instintiva contra las inhibiciones. En el lenguaje, una voz firme expresa mayor fuerza afectiva que una voz débil, que puede expresar inhibición y ansiedad.

La cualidad expresiva de la melodía parece que va unida a movimientos ascendentes (que podrían indicar serenidad, elevación...) y movimientos descendentes (que podrían significar dignidad, solemnidad...). Bugard (10) sostiene que, desde el punto de vista psicoanalítico, lo ascendente significaría retroceso, huida de uno mismo, mientras que los movimientos descendentes serían como una toma de conciencia, vuelta hacia sí mismo.

Atributos de la melodía

La melodía constituye un todo, una Gestalt a la que el oyente responde, y puede hacerlo influido por muy diversos factores, a algunos de los cuales se refiere Lundin: (11)

Propincuidad. Los intervalos pequeños prestan mayor unidad y coherencia a la melodía que los grandes saltos melódicos. La música occidental se caracteriza precisamente por su propincuidad.

Repetición. Para Ortman (12) es éste el atributo más fácilmente reconocible de la melodía. La repetición de las mismas notas es lo que nos ayuda a recordar una melodía.

Finalidad. También llamada cadencia (caída). La impresión de final la presta, tal vez, el movimiento de caída de tonos, impresión de final o de final próximo.

Principio de frecuencia. Es tal vez el principio más importante. Los temas musicales parecen sin melodía la primera vez que se escuchan; la audición repetida es lo que da la sensación de melodía. Se precisa de un cierto aprendizaje, de la frecuencia de asociación. Farnsworth (13) no participa del punto de vista de los formalistas, quienes dicen que una melodía lo es porque las cualidades que posee son inherentes a la configuración de los estímulos que constituyen la melodía. Los formalistas ignoran la posibilidad de que la razón esté en la frecuencia de asociación, en la herencia cultural. El autor mencionado cree tal vez que la explicación esté en los hábitos del oyente, en lo que él aprendió a través de su historia personal y cultural.

Los intervalos

Según Sachs, (14) desde el punto de vista de la antropología musical los intervalos pequeños son usados por pueblos pacíficos, mientras que los intervalos largos lo son por pueblos que tienden a la guerra. Si ello es así tal vez responda a que las pasiones fuertes son expresadas a gritos y lo característico del grito es el pasar de la máxima altura tonal que uno pueda emitir a la mínima, o viceversa, junto con el desorden armónico, el descontrol. El canto gregoriano, por poner un ejemplo, se caracteriza por intervalos muy cortos, lo cual, junto con la ausencia de ritmo marcado y la modalidad, confiere al canto gregoriano su cualidad marcadamente sedante, desde el punto de vista de los efectos psicológicos que se pueden provocar.

Melodía y altura tonal

Depende de la rapidez de las vibraciones y del número de éstas por segundo. Cuando las vibraciones se suceden con gran rapidez obtenemos sonidos altos o agudos y cuando se suceden lentamente los obtenemos graves o profundos. La altura o gravedad de las notas musicales se da dentro tanto de cada octava como en un conjunto dado de octavas.

La octava central de un piano se la considera formada por notas de altura media, las octavas superiores como más agudas y muy agudas progresivamente y las octavas inferiores a la central como graves y muy graves.

En general, los cuerpos voluminosos (como por ejemplo el violoncelo o los grandes tambores) producen sonidos graves, mientras que los cuerpos pequeños producen sonidos agudos. Las voces masculinas expresan sonidos graves o más graves que las voces femeninas, que son más agudas, si bien esto depende de la cavidad bucal y de la longitud de las cuerdas vocales.

La altura tonal tiene importancia psicológica. Los niños pequeños suelen preferir las notas graves, tal como pudo comprobar la autora en su experiencia profesional, con más de 500 niños, a quienes preguntó sobre sus preferencias, a lo que solían responder que las notas graves «tienen misterio», o les asustan, aunque lo dicen riendo o sonriendo. La autora también acostumbra preguntar a los estudiantes de cursos de musicoterapia (más de 2.500 desde 1975) sus respectivas preferencias, y resulta que el 70% prefiere las notas medias, el 25% las notas graves y el 5% restante las notas agudas. El grado de fatiga mental influye también, ya que se suele preferir notas medias o graves a las agudas, pues estas últimas más bien enervan.

Otro ejemplo lo cita Silbermann, (15) quien preguntó a 42 bailarinas parisinas sus preferencias y halló que las de 30 años o mayores prefirieron composiciones en las que abundaran notas medias o graves, mientras que las más jóvenes preferían las notas agudas. También mostró que las personas preferían registros cercanos a su tono de voz.

Sin duda, resultan más sedantes los sonidos graves y excitantes los sonidos agudos.

Melodía e intensidad de sonido

Depende del espacio que recorra una vibración. Si se pulsa muy fuerte, las vibraciones llegarán más lejos que si pulsamos suavemente.

Desde el punto de vista psicológico, la intensidad de sonido tiene una gran importancia. Farnsworth (16) dice atinadamente que aquellas melodías de mala calidad tocadas a bajo volumen parecen menos malas. Cualquier melodía, por maravillosa que sea, pierde toda su belleza si se interpreta a alto volumen, pues se convierte para quien lo escucha casi en ruido.

La intensidad del sonido se mide en decibelios. Farnsworth (17) recoge las medidas en intensidad de sonido que Leopoldo Stokowsky aplicaba en la dirección de sus conciertos:

ppp (pianissimo)	20 decibelios
pp (muy alto)	40 decibelios
p (piano)	55 decibelios
mf (mezzo forte)	65 decibelios
f (forte)	75 decibelios
ff (muy forte)	85 decibelios
fff (fortissimo)	95 decibelios

Cada oyente debe escuchar la música al nivel de intensidad que le resulte cómodo, ya que es algo absolutamente personal.

Melodía y timbre

La cualidad del sonido o timbre es lo que distingue una voz humana de otra y un instrumento musical de otro. No es lo mismo un Stradivarius que un violín corriente, ni un steinway que un piano corriente. Sin embargo, cada artista tiene sus preferencias; Chopin, por ejemplo, prefería los pianos Pleyel.

¿A qué se debe todo esto? Cuando percutimos una nota en un instrumento se genera un sonido principal, que es el tono fundamental, y su misma resonancia, que es cada vez más tenue hasta que desaparece, constituye los llamados tonos parciales (armónicos e inarmónicos). A estos tonos también se les denomina overtones.

El diapasón y ciertos órganos emiten los tonos más puros, excepto los que pueden obtenerse en laboratorio. Los tonos de la flauta y los de la voz de soprano también son relativamente puros. Por otra parte, las melodías tocadas a bajo registro poseen cualidades más ricas que las tocadas con registros altos.

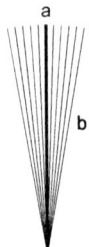

a) Tono fundamental.
b) Tonos parciales (armónicos e inarmónicos).

LA PERCEPCIÓN TÍMBRICA Y LA EDAD CRONOLÓGICA

Fransworth (18) señala la importancia de la edad cronológica como causante de la capacidad de percibir los tonos parciales. Considerando una escala en décadas a partir de los 20 años tendríamos:

De los 20 a los 30 años casi no hay cambios apreciables.
De los 30 a los 40 se pierden unos 10 decibelios.
De los 40 a los 50 se pierden unos 25 decibelios.
De los 50 a los 60 se pierden unos 40 decibelios, con sordera relativa para tonos de 2.0 ciclos.
De los 60 a los 70 la sordera se puede extender a sonidos de 1.024 ciclos.

En todo caso, estas pérdidas afectan poco a los sonidos fundamentales, pero privan a los ancianos de percibir la riqueza tímbrica de los tonos parciales.

La cualidad tímbrica como suscitadora de emoción

Estos tonos parciales son, entre otros, los que prestan «profundidad» a la música. Por ejemplo, la música estéreo se diferencia de la «no estéreo» por la impresión de profundidad que imprime a la música grabada. Esta cualidad, naturalmente, la posee la música viva, cuya riqueza de tonos parciales se ha intentado imitar tanto como sea posible por la música estereofónica. La carencia de estos tonos hace que la música no estereofónica tenga un timbre metálico, como de algo plano, sin relieve o profundidad. En cambio, la emoción humana es suscitada con más facilidad por una música viva, con instrumentos de calidad, con buenas condiciones acústicas, o también por la música estereofónica.

Danza fálica: Pintura rupestre de Cogull (Lérida), (15.000-10.000 a.C.).

«Vaso de la sardana». Cerámica de Liria (Castellón), (Siglo III, a.C.).

Capiteles del claustro de Sant Cugat del Vallés (Barcelona): Teoría de M. Schneider: Animales símbolo.

Carnero-DO.

Gallo-FA.

Garza real-SI.

Toro-FA.

Serpiente-SOL.

Buey-MI.

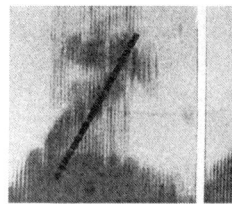 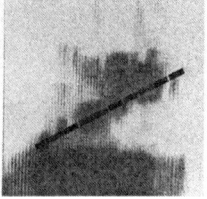

Psicología de la Música: «Sound printing»: los sonidos se pueden fotografiar.

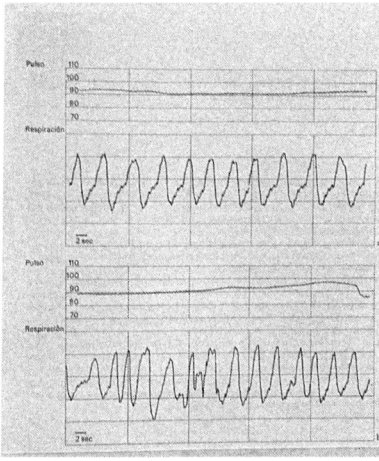

Curvas pulsátiles y respiratorias durante la audición del Concierto de piano en si bemol menor, opus 23, de Tchaikovsky (a) y durante la audición de l'Octuor de Hindemith (b).

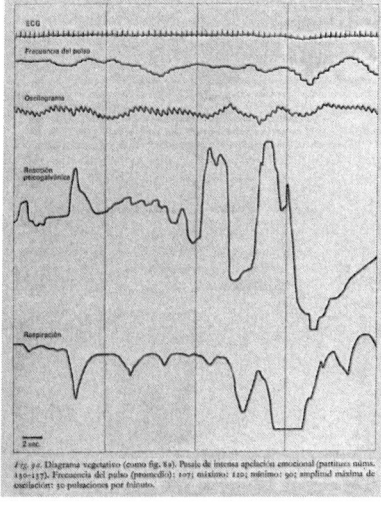

Diagrama vegetativo: reacciones vegetativas a la audición de la Obertura de Leonora n.º 3 (Beethoven), a través del ECG, frecuencia del pulso, oscilaciones de la pared arterial, reacción psicogalvánica, respiración. (Fundación von Karajan, Universidad de Salzburgo).

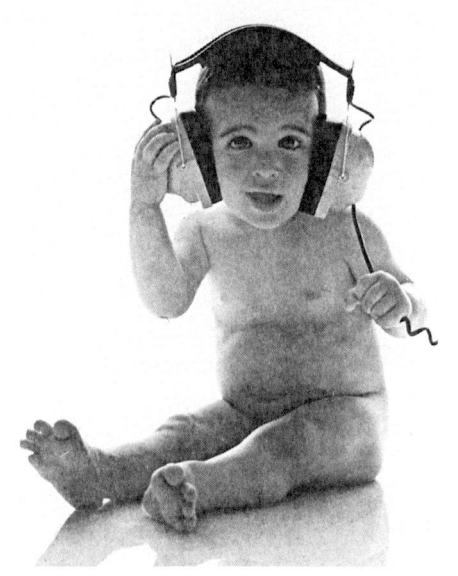

Audición musical.

Audición musical: relajación.

Danza libre expresión.

Danza dirigida.

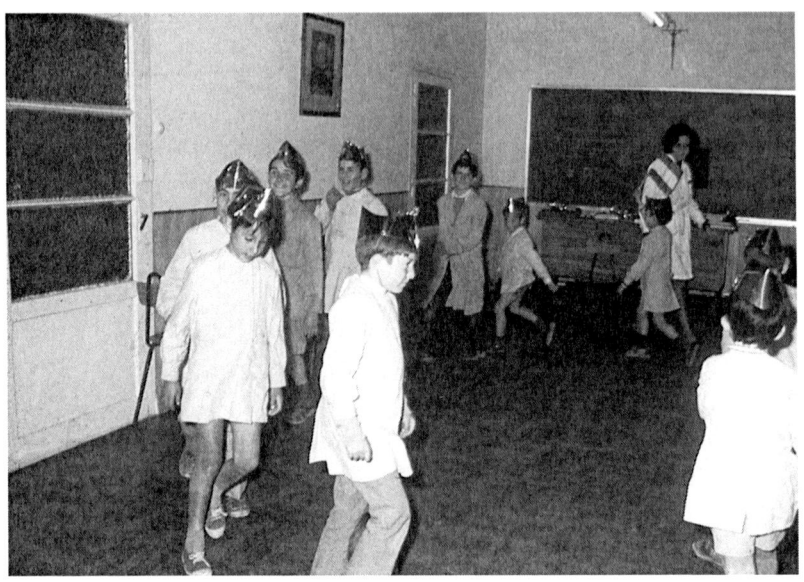
Viajes musicales.

Juego musical.

Niños con síndrome de Down, improvisando, en grupo.

Mov. n.º 1.   Mov. n.º 2.

Mov. n.º 3.   Mov. n.º 4.

Caso Greta: Dibujos que realizó con la Sinfonía n.º 40 de Mozart.

Caso «C», al comienzo del tratamiento, no permitió que le fotografiaran.

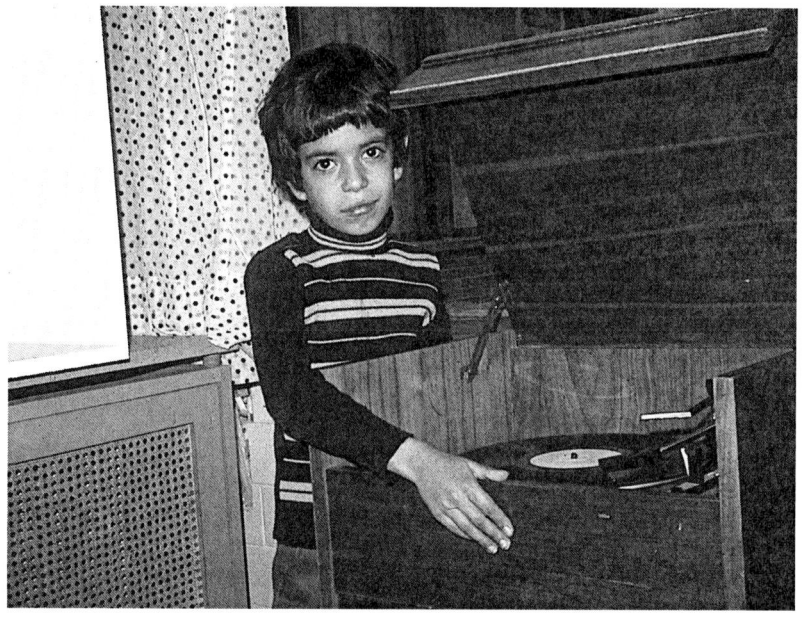

Caso «C» con su tocadiscos. Fotos sacadas al finalizar el tratamiento.

Caso «C», con el *Resonator bells.*

Caso «C», con la máquina de escribir.

Musicoterapia en un hospital psiquiátrico: sala de musicoterapia en grupo.

Adolescentes depresivas, en pleno baile español.

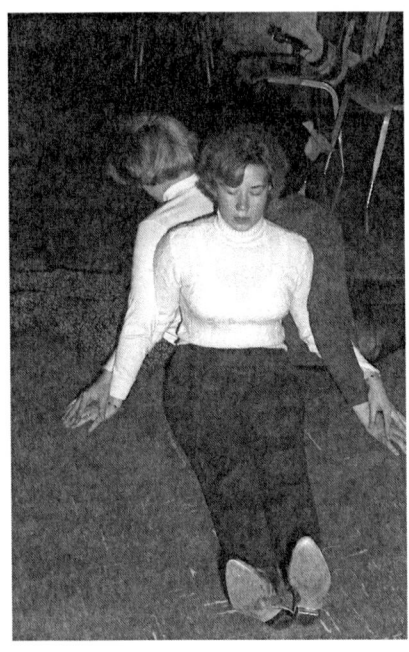

Concentrar la atención en una pieza de música en compañía.

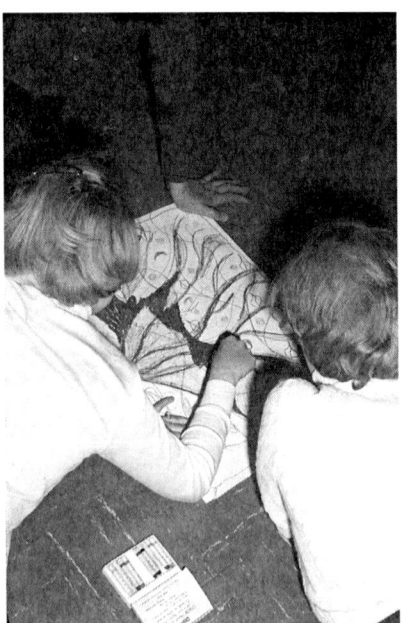

Expresar lo percibido de todas las formas posibles, sin comunicación verbal, por ejemplo: dibujando.

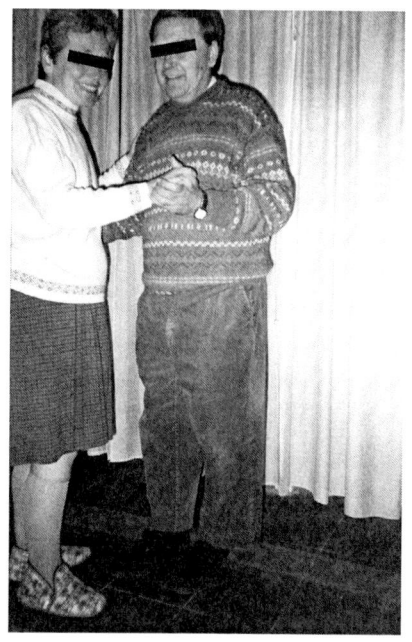

La alegría del baile en pareja.

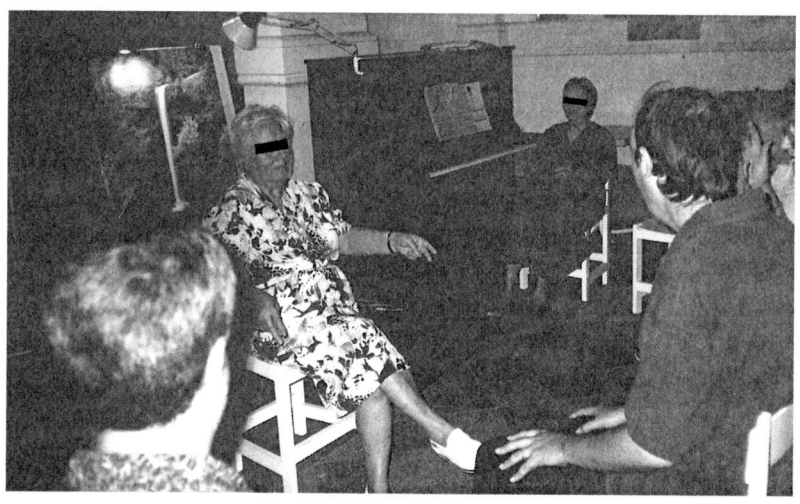

Una paciente hace movimientos con música y los demás la siguen.

Audición musical.

Expresión musical libre.

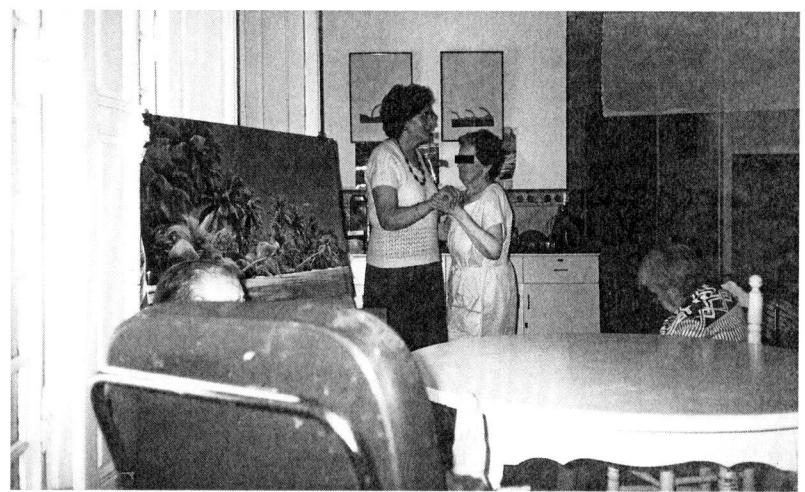

Musicoterapia a Geropsiquiatría: «Viajes musicales».

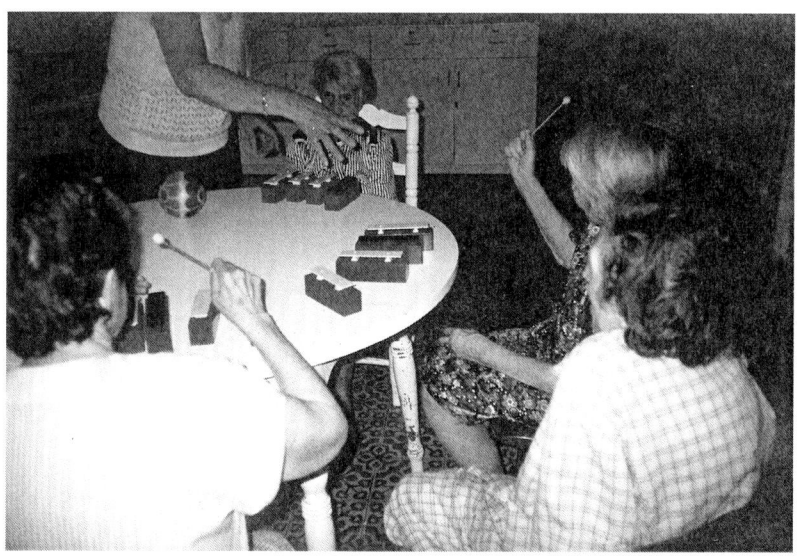

Improvisación musical.

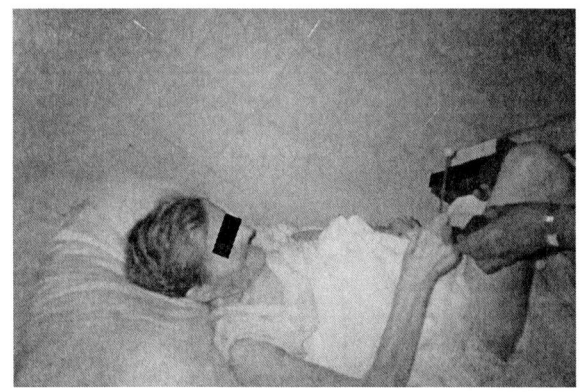

Activación sensorial.

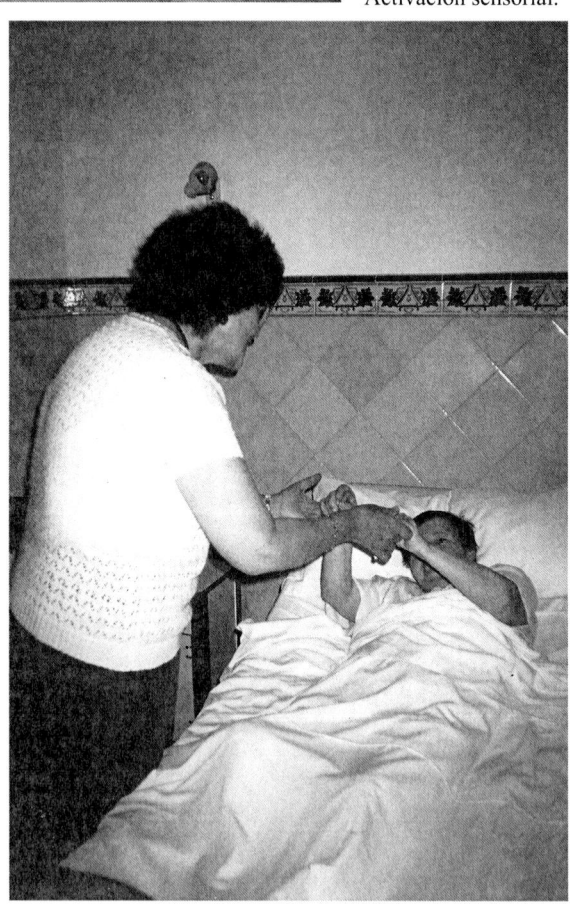

Activación motórica, con música.

El modo de ejecución del intérprete es fundamental. Hay intérpretes fríos, que no saben transmitir sus vivencias emocionales, de los que decimos que no saben conectar con el oyente, que «no te dicen nada». El oyente sólo se siente verdaderamente satisfecho después de un concierto cuando en él se ha sentido, de algún modo, protagonista del diálogo entre el compositor de la obra, el intérprete de la misma y él; diálogo vivencial, que es mucho más que emotivo porque lo esencial de la música es sugerir no sólo emociones, sino vivencias. Y sugerir, eso es el arte.

Las grandes figuras mundiales lo son porque aúnan una muy buena técnica de base, unas excelentes o extraordinarias cualidades tímbricas y una excelente o extraordinaria capacidad de transmitir vivencias emocionales, a través de la voz o de la interpretación instrumental.

Las cualidades expresivas del intérprete, más que la técnica, son esenciales, especialmente en musicoterapia: la modulación, el matiz, el modo infinitamente cambiante de pulsar el instrumento, el modo de respirar y de ajustar las cuerdas vocales o regular la abertura bucal en el cantante, etc. Todo cuanto contribuya a «dar vida», a expresar las vivencias, a emocionar, que es lo contrario de mecanizar. Por eso se huye de la música de los casetes de mala calidad, porque su sonido es metálico, plano, sin profundidad.

LOS INSTRUMENTOS MUSICALES. CUALIDADES PSICOLÓGICAS

Arpa. Puede ser muy sedante en los registros medio-bajos o muy excitante en los registros agudos.

Bandurria, mandolina. Instrumentos medievales. Adecuados a los niños y adolescentes por su sonoridad más alegre que la guitarra.

Castañuelas. Instrumento de percusión que imprime un aire de fiesta insustituible y castizo.

Clarinete. «Flexible y expresivo, propio en el modo mayor para melodías de carácter gozoso o contemplativo, o para explosiones de júbilo; en el modo menor sirve para melodías tristes y reflexivas o para pasajes llenos de pasión y dramatismo.» (19)

Contrabajo. Función rítmica y no melódica. En el registro bajo resulta siniestro y en el alto genera tensión, a juicio de Rimsky-Korsakov.

Corno. «Tiene un sonido suave, agradable, casi líquido. Si se toca fuerte adquiere una calidad majestuosa, metálica, que es todo lo contrario de su sonido suave.» (20)

Flauta. «Es un timbre blando, frío, fluido, suave como la pluma.» (21) Es apropiada para melodías de carácter simple y gracioso. «En el modo menor imprime suaves toques de punzante dolor.» (22) Es un sonido que atrae y alegra a los niños, pero no se debe olvidar su carácter enervante si se escucha o toca largo tiempo, especialmente cuando se trata de instrumentos no profesionales.

Guitarra. Su sonoridad es triste. Ejerce gran atracción en los niños, tanto por su sonido como por su aparente facilidad de ejecución, y también por el auge introducido por los cantantes de folk, rock, etc.

Oboe. «Sin arte y gracioso en la escala mayor; patético y triste en la menor.» «En registro bajo, salvaje y en registro muy alto, duro, seco.» (23)

Órgano. Es el más completo de todos los instrumentos y el más rico en armónicos, que hace de él un gran instrumento en terapia. Los órganos electrónicos deben elegirse de la mejor calidad posible, con sonido cuanto menos metálico, mejor. Es muy adecuado para ayudar a crear estados de ánimo y poco conveniente en actividades de danza.

Pandereta. Alegre, pero puede fatigar. Útil para acompañar.

Piano. Es el instrumento más utilizado en musicoterapia por su idoneidad tanto para crear estados de ánimo como para acompañar actividades rítmicas y danzas. Son adecuados pianos de timbre poco estridente y algo opaco.

Tambor. «Instrumento rítmico productor de ruido, no tiene una entonación definida, a excepción del timbal, cuya extensión dinámica va desde un rumor espectral y lejano hasta una abrumadora sucesión de golpes sordos.» (24)

Trompeta. Evoca la fuerza. Es un sonido brillante que puede ser dulce cuando se toca suavemente o estridente en momentos dramáticos.

Violín. Posee una cualidad lírica indudable. Su timbre agudo resulta excitante. Dreikurs dice que su sonido y el de la flauta no son indicados con niños psicópatas por sus sonidos enervantes.

Violoncelo. Su timbre grave suele gustar a niños deprimidos.

Viola. «Posee una sonoridad seriamente expresiva, que se diría llena de emoción.» (25)

LA ARMONÍA

En música, se entiende como armonía un grupo de tonos que suenen simultáneamente y con significado musical. Por otro lado, el contrapunto hace alusión a la simultaneidad de melodías combinadas, no de sonidos individuales. Armonía y contrapunto representan dos aspectos de un mismo tema.

La percepción de la armonía se produce en términos de «totalidad»: no se perciben intervalo por intervalo, ni sonido por sonido, excepto si uno se lo propone.

Desde el punto de vista de la repercusión psicológica, son fundamentales los conceptos de consonancia y disonancia. Estos dos conceptos van ligados al de intervalo y son la base de la melodía. Los intervalos pueden ser consonantes y disonantes; los consonantes parecen simbolizar el orden, el equilibrio, el reposo..., mientras que los intervalos disonantes representarían la inquietud, el deseo, el tormento. Los músicos consideran generalmente a los sonidos consonantes como sedantes y pasivos, mientras que los disonantes serían productores de agitación y actividad. En ese sentido, los fragmentos musicales con dominio consonante expresan estados de calma, estabilidad, plenitud...

Cuando en una melodía se mezclan notas extrañas (que parecen turbar la línea natural) puede sugerir deseos frustrados o pasajeros, como si se viniese a turbar el orden establecido. En cambio, una melodía llena de disonancias podría significar movimiento incesante, agitación, pasión, desorden, ansia de acontecimientos, vacío interior... Cuando en un fragmento eminentemente disonante se mezclan consonancias puede significar algo así como deseos de apaciguamiento, de solución.

Una persona que guste desmesuradamente de disonancias podría ser que sufra desequilibrio mental, si bien también puede deberse a deseos de singularización, necesidad de salirse de la norma o ser manifestación de esnobismo. En los adolescentes, ello puede obedecer a una especie de contagio colectivo: al afán de seguir la moda.

El efecto positivo de la disonancia consiste en ser como una llamada de atención, siempre y cuando la disonancia sea algo inhabitual para el oyente. Puede tener un efecto catártico —en el sentido que puede ayudar a eliminar tensiones—, evocar situaciones traumáticas y permitir que afloren a la conciencia sentimientos subconscientes perturbadores.

Las disonancias no tienen el mismo sentido negativo para todos. Nietzsche (26) hablaba del «maravilloso significado de la disonancia musical», y sugería que en ella reside «la clave esencial para expresar la tragedia». Para un músico como Schönberg las disonancias suponían la búsqueda de nuevos caminos a la música; él decía: «Lo que distingue disonancias de consonancias no es el grado mayor o menor de belleza, sino un mayor o menor grado de comprensibilidad». Por otro lado, Lundin (28) compartía con otros especialistas la opinión de que la consonancia y la disonancia eran debidas a condicionamientos sociales.

Sin embargo, de acuerdo con la psicología del feto y del neonato, no sólo en los humanos sino también en los animales superiores, la música consonante no sólo es su preferida, sino también la que mejor contribuye a su desarrollo integral. En cambio, las disonancias bloquean y generan serios problemas a este desarrollo, cosa que nos indica que no estamos ante un simple condicionamiento cultural, sino que se trata también de una afinidad innata hacia lo consonante y, por el contrario, es evidente un rechazo innato hacia lo discordante, lo disonante.

LA TONALIDAD

«Es el fenómeno psicoacústico que permite al oyente organizar los sonidos alrededor de una clave. La armonía, ciertamente, no requiere tonalidad, pero en la mayor parte de la música occidental la armonía y la tonalidad están íntimamente relacionadas» (Radocy). (29)

Precisamente la teoría de los «modos» es el fundamento científico de la musicoterapia. Ya desde la época de los pitagóricos, los filósofos griegos estaban convencidos del poder de la música para cambiar el estado de ánimo; según fuera el «modo» o «patrón» en el que estuviera compuesta una obra musical, así sería el estado de ánimo que provocaría. En la obra La República, Platón pone en boca de Sócrates un diálogo en el que se asigna a cada «modo» griego unos efectos ligados a situaciones tales como dolor, pereza, embriaguez, lucha, paz, oración, persuasión, reposo, prosperidad... Esta idea perduró en la música occidental, al transformarse estos «modos» griegos en un sistema de composición basado en las diversas claves. Por ejemplo, Alain (30) recoge el sentir común aún en el siglo pasado, según el cual los modos «mayores» sugieren apertura, alegría, determinación..., mientras que los modos «menores» indican depresión, tristeza, tensión. La relación en detalle sería la siguiente:

Modo	Representa o sugiere
DO MAYOR	Resolución, ardor, sentimiento religioso, equilibrio, simplicidad.
DO MENOR	Brillante como el anterior, pero más espiritual.
FA MAYOR	Paz, gozo, ternura, sentimiento religioso, ligero pesar, gravedad.
FA MENOR	Acentúa más el pesar y la gravedad.
LA BEMOL MAYOR	Gracia espiritual.
LA MENOR	Aviva nuestra fantasía, transporta a regiones fantásticas.
MI MAYOR	Firmeza, valor.
SI BEMOL MAYOR	Imagen agreste, aire primaveral.
SI BEMOL MENOR	Introduce en el misterio, en la complejidad de los sentimientos indecisos, atormentados, inexpresables. Junto con el DO MENOR era la tonalidad preferida de Chopin.
RE MAYOR	Brillantez, optimismo.

Esta teoría ha sido puesta en duda por Farnsworth (31) y Taylor (32), que presentan evidencias de que la tonalidad es un fenómeno cultural fruto del aprendizaje.

Cómo investigar el estado de ánimo que produce una pieza musical

Para estudiar el estado de ánimo que produce una determinada música, se usa la descripción verbal libre o mediante lista de adjetivos. Se trata de que el oyente señale aquellos adjetivos que, en su opinión, se adecuan al sentimiento o estado de ánimo que le produce cada composición.

Lista de adjetivos de Hevner (33), modificada por Farnsworth (34)

- A: Jovial, alegre, afortunado, gozoso, resplandeciente, feliz, divertido, vivaz.
- B: Caprichoso, ligero, raro, ridículo.
- C: Delicado, gracioso, lírico.
- D: Ilusionado, desocupado, sentimental, sereno, suave, tierno.
- E: Ansioso, patético, dolorido, implorante, compasivo.
- F: Oscuro, depresivo, doloroso, entristecido, melancólico, lúgubre, patético, triste, serio, sobrio, solemne, trágico.
- G: Sagrado, espiritual.
- H: Dramático, enfático, majestuoso, triunfante.
- I: Agitado, exaltado, excitante, regocijante, impetuoso, vigoroso.

EL TEMPO

Se refiere a la rapidez o velocidad con que se suceden los tonos musicales, o sea, la velocidad que se imprime a una pieza musical. Una misma pieza puede ser ejecutada más o menos aceleradamente, independientemente del ritmo de la misma, que seguirá siendo el mismo. Tempo y ritmo son términos diferentes.

Para medir el tempo se utiliza el metrónomo, instrumento inventado por Mälzel en 1816. En cada pieza musical, el tempo viene indicado por las siglas «M.M.» (metrónomo de Mälzel) y unas cifras, que indican el número de golpes de metrónomo por minuto. Para indicar el tempo, los términos musicales usados son:

Lento *Largo*	Muy despacio
Adagio	Despacio, pero algo menos que los anteriores
Moderato *Andante*	Pausado, pero sin exageración
Allegro	Alegre, aprisa
Vivo *Vivace* *Presto*	Vivo, algo más aprisa que *allegro*

En musicoterapia, el tempo de cada pieza musical es importantísimo, ya que de él depende en parte el efecto sedante o relajante que pueda tener. Por ejemplo, si se canta aceleradamente una canción de cuna, pierde por este hecho todo su valor sedante, por mucho que su melodía lo continúe siendo. El tempo es también reflejo del estado de ánimo del intérprete y de su tempo vital, algo que parece ser genético o connatural a cada uno.

Farnsworth (35) recoge diversos datos acerca del tempo que algunos directores de orquesta imprimían a la dirección de algunas obras. Por ejemplo, Beethoven había indicado que la «Marcha fúnebre» de su sinfonía Heroica debía tocarse a 80 percusiones de metrónomo por minuto, pero Koussevitsky lo hacía a 74, Beecham a 62 y Toscanini a 52. Otro caso era el de Richard Wagner, quien dirigía la obertura de Tanhauser con una duración de 12 minutos y se lamentaba de que otros directores tardasen hasta 20 minutos.

Se dice que es propio de la niñez tener un tempo acelerado, como lo es de la senectud tenerlo lentificado. Por otra parte, está demostrado que el tempo de un grupo social refleja las circunstancias en les que vive. En este sentido se cita la investigación realizada por la compañía norteamericana de pianolas Aeolian, que tomó como referencia un grupo de estudiantes para ver según ellos cuál era el tempo adecuado para el vals y el foxtrot. Si en 1933 el valor recogido para el vals era de 116 M.M/min. y para el foxtrot 142 M.M./min., en 1939 estas cifras habían subido a 139 para el vals y 155 para el foxtrot. (36) Basta recordar que en 1939 comenzó la Segunda Guerra Mundial y naturalmente los ánimos estaban sobreexcitados a causa de la situación prebélica. Otros datos son los aportados por Katty Hevner, quien indica que un tempo lento, entre 63 y 80 M.M./min., suscita impresiones del tipo «sentimental, sereno, digno, tranquilo, tierno, triste», mientras que un tempo rápido, entre 102 y 152, se podría expresar como «vigoroso, excitante, alegre».

EL RITMO

En contraste con la noción de tempo, el ritmo es la organización de las relaciones del tiempo. En realidad, el ritmo es el elemento menos «musical» de la música; se le puede considerar como un componente extramusical, si bien representa el esqueleto de la misma. Lo más esencial de la música es la melodía y la armonía, mientras que el ritmo tiene un carácter funcional de organizador y en este sentido es por lo que tiene importancia en la música.

Langer se refiere a él como «una forma dinámica general, como puede ser lo cantado, lo bailado, el palmear, el golpear un tambor... son naturalmente como una primera forma lógica, el esqueleto estructural y embrionario del arte de la música». (37) En opinión de Dewey, el ritmo es «la ordenada variación de cambios». (38)

La primera experiencia de ritmo la tenemos con la respiración (de hecho, la primera y la última), además del ritmo cardíaco, cerebral, etc. Fuera de nosotros tendríamos el ritmo cósmico, el horario, el estacional... Sin embargo, cualquiera de estos hechos solamente se constituyen en estructuras rítmicas cuando son percibidos por el ser humano; por ejemplo, el tictac de un reloj no cobra significado rítmico hasta que no fijamos nuestra atención en él, tratando mentalmente de darle un significado que puede ser el de agrupar las impresiones sonoras o sentirlas como pulsiones sucesivas, aunque desconectadas entre sí.

En realidad, la percepción rítmica es una disposición instintiva para agrupar repetidamente impresiones sensuales de manera vívida y con precisión, sobre todo en cuanto a tiempo o a intensidad, o bien las dos al mismo tiempo, de modo que se derive de ella placer y eficiencia. Por tanto, podemos concluir que el ritmo tiene un carácter funcional.

El ritmo musical es producto de una elaboración intelectual, de lo que dan fe los psicorritmos, definidos como «actos operativos de multiplicación o división, efectuados espontánea e inconscientemente por nuestro cerebro, por lo que éste une estrechamente entre sí las frecuencias de los dos sonidos que forman los intervalos. Directa o indirectamente, todas las frecuencias y todos los intervalos que constituyen una música son de esta manera unidos entre sí». (39)

En la percepción rítmica hay dos factores fundamentales: a) una tendencia instintiva a agrupar sucesiones sonoras; b) una capacidad para realizar dicha agrupación, con precisión en tiempo y fuerza o intensidad.

El ritmo es una forma de energía física y el ritmo musical es una forma de energía que consiste en la interacción de tensiones melódicas y rítmicas (Cooke). (40)

En líneas generales, podemos dividir los ritmos en binarios y ternarios, tal como sugiero. (41) Los ritmos binarios comprenderían aquéllos formados por compases a dos partes (también conocidos como binarios, de ahí su nombre), como por ejemplo los 2/2, 6/4, 2/4, 6/8, 2/8, 6/16... Estos ritmos encierran un sentido de primariedad, de discontinuidad, como ocurre cuando se anda acompasadamente. Si se intenta representar de manera gráfica, podría hacerse tomando un bolígrafo y trazando una línea; siguiendo el compás binario es necesario interrumpir la línea constantemente, mientras que con un compás ternario (tipo vals) la línea se hace ondulante y continua.

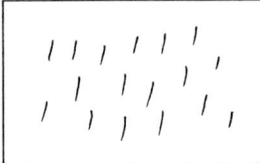
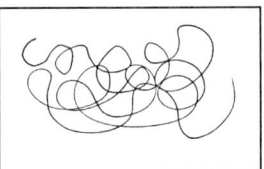

Marcha   *Vals*

El hombre copió de la naturaleza y de su propia fisiología los ritmos primarios, que le mueven a la acción externa; ello ocurre, por ejemplo, con las marchas militares y la mayoría de las danzas folclóricas, tanto antiguas como actuales. Estos ritmos despiertan instintos y rasgos caracterológicos primarios, perfectamente manifestados en los rituales de los pueblos salvajes, que no han ido más allá de dichos ritmos.

Por otra parte, los ritmos ternarios serían los formados por 3/2, 3/4 (vals), 9/8, 3/8, 9/16. Estos ritmos no se encuentran en la naturaleza y se podrían esquematizar como una combinación de un ritmo binario (los dos primeros movimientos) y su eco (el tercer movimiento). Son algo continuo, en contraposición con la discontinuidad de los ritmos binarios, e implican espiritualidad. (42) Otra diferencia es que los ritmos ternarios unen, mientras que los binarios separan. Además, los ritmos ternarios implican posibilidad de matiz, diálogo o representación; por el contrario, en los binarios no hay alternativa: para éstos, las cosas deben admitirse o rechazarse, no hay término medio posible. No es extraño por ello que este ritmo sea el propio de las marchas militares; en la guerra no hay más que una alternativa brutal: o se mata o se muere.

Cualidades del ritmo

1. Influye en todo el organismo (circulación, respiración, glándulas endocrinas, etc.), tal como veremos en el siguiente apartado. En el II Congreso Alemán de Musicoterapia (mayo de 1973) se aseguró que los ritmos lentos reducían la frecuencia del pulso, tranquilizaban y adormecían, mientras que los rápidos y de gran intensidad de sonidos elevaban la frecuencia del pulso y la respiración; en este último caso, además, las arterias se contraían y la sangre se coagulaba más rápidamente, al mismo tiempo que en ésta aumentaban las proteínas y los ácidos grasos. Igualmente, la tensión muscular crecía e incluso se podía transformar la regulación del azúcar en la sangre.
2. El ritmo orgánico no es arte, en contraste con el ritmo musical, que sí lo es. El ritmo orgánico es algo mecánico, un simple estímulo sensual.
3. Sólo el ritmo acompañado de melodía tiene el poder de «empatía», esto es, sentirnos «dentro» de la música.
4. El ritmo favorece la percepción gracias a que agrupa. Los períodos rítmicos son instintivos y por lo que parece tienen su fundamento en lo que se conoce como «onda de atención»: nuestra atención es periódica y nuestra actividad mental trabaja rítmicamente por períodos de esfuerzo y relajación. Se ha demostrado que, en circunstancias normales, uno puede recordar aproximadamente tantos grupos pequeños como «objetos unidad».

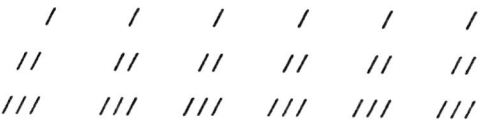

5. El ritmo nos confiere una sensación de equilibrio. También supone simetría; cuando ésta contiene en sí misma algunos elementos de flexibilidad resulta algo artístico. Sabemos que la poesía contiene ideas y que la música puede representar simbólicamente sentimientos; en ambos casos, su estructura

rítmica es arte. Los niños son muy sensibles a la belleza del ritmo de la poesía y de la música mucho antes de que puedan comprender las palabras.

6. El ritmo da seguridad en uno mismo por el hecho de conocer lo sucesivo.

7. El ritmo ayuda a sincronizar movimientos, algo indispensable en algunas situaciones, como por ejemplo los trabajos en grupo.

8. El ritmo puede adormecer o estimular, según los casos, y puede llevar a una forma primaria de éxtasis y autohipnosis.

9. «El ritmo musical no es sólo repetición, sino más bien la expresión de la lucha contra el automatismo repetitivo perceptivo motor» (Lecourt). (43)

«El ritmo como reagrupador de lo sucesivo expresa así la lucha contra la fragmentación y la indiferenciación» (Lecourt). (44)

Importancia relativa de seis variables (Hevner) (45)

DIGNIDAD, SOLEMNIDAD
Ritmo: marcado 18
Tempo: lento 14
Altura tonal: grave 10
Modo: mayor 4
Melodía: ascendente 4
Armonía: simple 3

SOÑADOR, SENTIMENTAL
Tempo: lento 16
Modo: menor 12
Ritmo: fluctuante 9
Altura tonal: alta 6
Armonía: simple 4
Melodía

GRACIOSA, CHISPEANTE
Modo: mayor 21
Altura tonal: alta 16
Armonía: simple 12
Ritmo: fluctuante 8
Tempo: rápido 6
Melodía: descendente 3

EXCITANTE, EXALTADO
Modo
Tempo: lento 21
Armonía: compleja 14
Altura tonal: baja 9
Melodía: descendente 7
Ritmo: marcado 2

TRISTEZA, PESADUMBRE
Modo: menor 20
Altura tonal: grave 19
Tempo: lento 12
Armonía: compleja 7
Ritmo: firme 3
Melodía

SERENIDAD, SUAVIDAD
Tempo: lento 20
Armonía: simple 10
Ritmo: fluctuante 9
Altura tonal: alta 8
Modo: mayor 3
Melodía: ascendente 3

FELIZ LUMINOSO
Modo: mayor 24
Tempo: rápido 20
Armonía: simple 6
Ritmo: fluctuante 10
Altura tonal: alta 6
Melodía

VIGOROSO, MAJESTUOSO
Modo
Altura tonal: baja 13
Ritmo: firme 10
Armonía: simple 3
Melodía: descendente 7
Tempo: rápido 8

EFECTOS DE LA MÚSICA SOBRE EL SER HUMANO

La música nunca puede ser considerada un lujo, sino una necesidad fundamental del ser humano. Influye en el hombre desde antes de nacer y sus efectos se dejan sentir a todos los niveles.

En este apartado se enumerarán algunos de sus efectos de acuerdo con investigaciones realizadas desde principios de siglo. Esto responde al hecho de querer dejar constancia de las mismas como datos que tener en cuenta en estudios comparativos o sociológicos.

Comparando los resultados de los efectos de la música, en nuestra cultura, con los que mostraba el hombre antes de la existencia de la música grabada (Edison, 1918), y más aún después de la comercialización de los transistores, llama la atención el hecho de que su reacción haya decrecido, lo cual era previsible. La respuesta fisiológica debida a la repetición de unos mismos estímulos hace que los efectos sean menos intensos, y más cuanto es imposible separar la reacción fisiológica de la reacción emocional que provoca la música.

Por todo ello, los resultados deben tomarse como algo relativo. (V. vol. I, cap. I, pág. 58-77).

LA MÚSICA COMO COMUNICACIÓN Y LENGUAJE

En la introducción «El arte como terapia», ya se planteó la cuestión acerca de la comunicación y el lenguaje en el arte y por tanto en la música. De todas maneras deberíamos añadir lo siguiente: estamos de acuerdo en decir que la música posee un significado y que este significado se comunica al compositor, a los intérpretes y al oyente. El problema radica en saber qué constituye el significado de la música y por qué proceso es comunicado este significado; hemos de recordar que en todas las culturas la música es una representación simbólica de cosas, ideas y comportamientos.

La complejidad del tema queda reflejada en el número de teorías que existen, cada una de las cuales trata de reflejar un aspecto de esta realidad. Podríamos agruparlas en:

1. Absolutistas o aislacionistas. El principal representante de la primera sería Hanslick (1891), mientras que la segunda denominación es obra de Schadron. (121) Para ambos, el valor y el significado de la música reside en los sonidos musicales en sí mismos y en nada más.

Dentro de este grupo podríamos considerar: a) Formalistas. Defienden que el significado de la música es en primer lugar intelectual, basado en la percepción y comprensión de las relaciones estructurales dentro de la composición musical. b) Expresionistas. Ven en las relaciones estructurales mencionadas la causa de las emociones y sentimientos que provoca la música.

2. Referencialistas o contextualistas. Es el punto opuesto al de los absolutistas. Defienden que el significado de la música envuelve mucho más que los sonidos por sí mismos, ya que incluye ideas extramusicales, emociones, historias o estados de ánimo espirituales.

3. Relativistas. Schwadron, en la obra mencionada anteriormente, recoge este otro grupo de teorías diciendo que «para los relativistas, el significado musical es un producto psicológico de expectación, de experiencia estilística y orientación cultural».

4. Nuevas teorías estético-psicobiológicas. Son el grupo de teorías más recientes desde 1960, preconizadas por Berlyne, quien «emplea métodos de la ciencia empírica para investigar el comportamiento humano y animal y sus relaciones con las condiciones observables, que pueden influir el comportamiento». (122)

Podríamos resumir la teoría de Berlyne (123) en tres premisas:

1. Una obra de arte es analizada de acuerdo con la teoría de la información, que contempla cuatro aspectos: semántico, expresivo, cultural y sintáctico.

2. Cada obra de arte es vista como un conjunto de símbolos, en el sentido que tiene éste en el movimiento semiótico, un significado mucho más amplio que el habitual. La obra de arte tiene propiedades en común con los objetos o acontecimientos que representa. Las obras de arte sirven como símbolos a través de los cuales los artistas comunican o transmiten los valores o cualidades que encuentran en los objetos o acontecimientos sujetos de su atención.

3. Una obra de arte sirve como estímulo de valor hedónico intrínsecamente positivo. Para medir este «valor hedónico» Berlyne se fija en el grado de placer, preferencias o utilidad, que son expresados a través de medios verbales, como recompensa o incentivación. Una obra de arte que tenga un «valor hedónico intrínsecamente positivo» es placentero o incentivante en sí mismo y no porque sirva como medio para unos fines determinados. Berlyne atribuye a este valor hedónico un valor de excitación, de despertar (arousal). Este potencial de arousal que para una persona determinada posee una obra de arte depende de diferentes factores: intensidad, asociación con, parecido con, acontecimientos biográficos significativos y propiedades denominadas

por Berlyne «collatives», en donde se incluirían propiedades formales o estructurales de un estímulo; por ejemplo, variaciones dimensionales como simple-complejo, nuevo-familiar, estable-variable.

Esta teoría expuesta es muy interesante como medio de investigación, pero es muy parcial porque solamente tiene en cuenta un único aspecto, el placer, el aspecto puramente sensual de la música. Sin embargo, la música produce mucho más que placer. (124)

Meyer (125) señala tres errores en la psicología de la música, desde un principio:

a) Hedonismo, que confunde la experiencia estética con el placer sensual, a propósito de lo cual Susan Langer dice: «Helmholz, Wundt, Stupt y otros psicólogos basaron sus investigaciones en la creencia de que la música era una forma de sensación placentera. Esto lleva a una estética basada en el gustar o el no gustar...». (126)

b) Atomismo, que explica y entiende la música como una sucesión de sonidos separables, sonidos simples o complejos. La teoría gestáltica nos demuestra, sin lugar a dudas, que la comprensión no es el resultado de percibir un simple estímulo o una simple combinación de sonidos aislados, sino más bien se debe a la agrupación de estímulos en patrones determinados y en la relación de unos con otros. Unos sonidos aislados nunca pueden considerarse como música.

c) Universalismo. Cree que la música tiene un valor universal, válido en todas las épocas y en todas las culturas, lo cual no es cierto. Aceptamos como «buena» una determinada música por el aprendizaje y la experiencia. Por ejemplo, los pueblos «salvajes» no gustan de nuestra música clásica; no es una cuestión de raza, sino únicamente de cultura. Por ello, las teorías griegas de los modos o los modos musicales de nuestra civilización occidental actual (modos mayores o menores) tienen unos efectos psicológicos sobre nosotros a veces indudables, no por la estructura en sí, sino por el aprendizaje (sea porque los hemos escuchado repetidas veces, sea porque nos viene comunicado por nuestros antepasados).

El pasado es muy importante; cada música que nos llega de generaciones pasadas lo hace impregnada con las vivencias (positivas o negativas) del pasado de quienes la cantaron, interpretaron o bailaron. La psicología actual no está aún en condiciones de medir (y tal vez no lo esté nunca) el sustrato de sentimientos y emociones que han quedado como atrapadas en sus notas y que impregnan toda la música del pasado. La psicología no puede medir estos hechos, pero los intuye en el denominado «subconsciente colectivo» y los «arquetipos» de Jung. Tal vez a ello se deba el encanto nostálgico, emotivo y profundo de la música del pasado.

Antes ya dijimos que la música de una cultura determinada tiene un pleno sentido sólo para sus integrantes, por lo que no es un lenguaje universal extrapolable a otras culturas pues es necesaria una experiencia y un aprendizaje previos. Sin embargo, hay un aspecto que es universal: el hecho de que una música adecuada puede llegar a emocionar al oyente en las circunstancias idóneas. En este aspecto, sí es universal.

EMOCIÓN, SENTIMIENTO Y SIGNIFICADO EN LA MÚSICA

Éste es el tema más controvertido de la psicología de la música porque en él convergen la psicología, la filosofía, la música, la estética y la psiquiatría. Cada una de estas materias aporta su enfoque especial y unilateral y de ahí deriva la complejidad del tema.

Emoción. La teoría más en boga es la de Meyer («Teoría de la emoción»), que cuenta con el mismo fundamento que la de Dewey («Teoría de la emoción-conflicto»). (127) Para MEYER, «la emoción o afecto se despierta cuando la tendencia a responder a ella se detiene o se inhibe». (128) Y la tendencia individual a responder es el resultado de experiencias previas en aquella música que se esté escuchando. Esta experiencia es la que ha creado expectaciones acerca de lo que se espera que continúe en aquel pasaje musical, lo que viene después. Si estas expectativas no se cumplen o se retrasan la tensión o la emoción no se despertarán.

Sin embargo, Meyer dice que el mero «despertar» (arounsal) de la tensión como resultado de la inhibición de la expectación musical tiene poca importancia en sí misma. Para que tenga un significado estético, la tensión debe ser seguida por el cumplimiento de lo esperado y la resolución de la tensión. «El punto importante de Meyer acerca de cómo la emoción es creada por la música concuerda con el punto de vista de la moderna psicología según el cual la emoción es una relativa interrupción temporal de una norma. Además, la emoción es vista como un componente esencial de significado estético, a pesar de que la emoción por sí sola es «estéticamente sin valor». (129) Esta teoría es incompleta porque, al parecer, la razón apuntada por Meyer no es la única que interviene.

Sentimiento. Según Reik, «la música expresa mucho más lo que el hombre siente que lo que piensa. Este lenguaje es como el esperanto de las emociones más que de las ideas». (130) Nadie lo duda y es un hecho perfectamente constatable, pero ¿cómo puede expresar sentimientos la música? Ésta es la cuestión.

La filosofía ha tratado de desvelar el misterio. Para ello, Susan Langer construyó una teoría muy interesante y que, para mí, es la mejor que se ha enunciado hasta el momento; dicha teoría considera que la música puede expresar los sentimientos mejor que ninguna de las demás bellas artes por cinco razones:

a) La música es una forma de lenguaje simbólico.

b) La música tiene por objeto expresar el mundo de los sentimientos y puede hacerlo porque, por su forma y estructura, se parece a la forma de las emociones, de manera que esta semejanza hace posible su simbolización por parte de la música. «...lo que la música puede reflejar actualmente es sólo la morfología del sentimiento». (131)

c) La música es una forma simbólica inacabada: «Porque la música, en su más alta expresión, aunque es una forma simbólica es un símbolo inacabado». (132) Esto permite al ser humano el ver proyectados en la música sus estados de ánimo.

d) «Las formas de los sentimientos humanos son expresadas con mayor congruencia bajo formas musicales que en forma de lenguaje. La música puede revelar la naturaleza de los sentimientos con más detalle y verdad que el lenguaje». (133) Langer cita en este punto a Marpurg, quien dos siglos antes había escrito: «Hay sentimientos... que son tan constantemente suprimidos por nuestras pasiones, que sólo tímidamente se muestran y que son prácticamente desconocidos para nosotros... Fíjate, sin embargo, en qué tipo de respuesta evoca en nuestros corazones un cierto tipo de música: estamos atentos si la música es encantadora; no despierta ni tristeza ni alegría, piedad o angustia, y sin embargo somos conmovidos por ella. Somos tan imperceptiblemente, suavemente conmovidos, que no nos damos cuenta de que estamos afectados, o mejor, que no podemos dar un nombre a este efecto». «En verdad, es casi imposible dar nombre a cada cosa que nos fascina en música y tratar de definirla. Sin embargo, la música cumple su misión siempre que satisface nuestros corazones». (134)

e) Posibilidad que tiene la música de expresar cosas opuestas simultáneamente. Para ello, Langer cita a Mersmann: «La posibilidad de expresar cosas opuestas simultáneamente confiere a la música la posibilidad más intrincada de expresión y consigue con ello ir mucho más lejos que otras artes». (135)

LA MEDIDA DE LA RESPUESTA AFECTIVA A LA MÚSICA

Todo cuanto se refiere al concepto de «medir» en el mundo de las emociones y sentimientos es de una gran complejidad porque cada ser humano es único e irrepetible; por tanto, cualquier resultado ha de aceptarse tan sólo a título orientativo.

Abeles (136) y Haack (137) resumen los estudios y tests existentes de un modo muy claro y completo. Señalan entre otros:

A scale to mesurate attitudes toward music: Edwards, J. S. y Edwards, M. C. (138)
Effects of existing mood and order of presentation of vocal and instrumental music on rated mood responses to that music: Eagle, C. T., Jr. (139)
Time-error in comparisons of preferences for musical experpts: Koh, S. D. (140)
The affective character of the major and minor modes in music: Hevner, K. (141)
Music discrimination tests: their construction, assumptions and uses: Long, N. H. (142)
A procedure for determining the musical preferences of mental retardates: Cotter, V.W. y Tooms, S. A. (143)
Music discrimination training and the music selection behavior of nursery and primary level children: Greer, R. G. y Hanser, S. (144)
Music listening preferences of elementary school children: Greer, D. R., Dorrow, L.K.G. y Randall, A. (145)
A phenomenological analysis of emotional experience in music: Pike, A. A. (146)
Alteration of mood via music: A study of the role of expectation and variation in music: Shatin, L. (147)
The effect of music on autonomic stress responses and verbal reports: Jellison, J.A. (148)
Mechanisms of music as an emotional intensification stimulus: Elam, R.W. (149)
The measurement of personality and behavior disorders by the IPAT Music Preference Test: Catell, R. B. y Anderson, J. C. (150)
A test of musicality, manual of directions: Gaston, T. E. (151)
Personality factors as correlates of receptivity to electronic music: Butler, J.H. (152)
La aptitud musical de los niños y cómo determinarla: Bentley, A. (153)
Relación al hecho musical de un grupo de niños autistas y con problemas emocionales: Poch, S. (154)

EL OYENTE: TIPOLOGÍAS

La reacción de cada persona frente a la música es un hecho totalmente personal que tiene que ver con el modo de ser de la persona, su sensibilidad, sus motivaciones, sus recuerdos, sus patologías, su bagaje y entorno cultural y social.

El estudio de las tipologías, en psicología, estuvo muy en boga hasta mediados de este siglo. En este caso tiene interés científico el mencionar las existencias ya que siguen vigentes los tipos de reacción a la música. Lo que sí cabe destacar es la necesidad de seguir investigando en este asunto.

HASNLIK (1854). Los divide en: I. *Pathic,* los que encuentran en la música expresión de sentimientos. II. Los hedonísticos: los que encuentran placer en la música. (155)

ODIER (1919). *a)* Los racionales: que se encuentran sobre todo entre los técnicos de la música y en quienes el placer de la audición se encuentra en particular estudio técnico de las combinaciones de sonido.

b) Los ideativos: que buscan en la obra musical la expresión de la idea abstracta; son los que reconocen en la Quinta Sinfonía de Beethoven la idea de destino, por ejemplo.

c) Los imaginativos: que se entregan al desfile de las imágenes y al escuchar música ven pasajes y escenas más o menos plásticas.

d) Los sentimentales: que traducen sus impresiones diciendo que tal o cual página expresa para ellos tal o cual matiz de tristeza, esperanza, amor, agobio...

e) Los emotivos puros: que no pretenden ver en la música la traducción de algo —así fuera un sentimiento—, pero que se sienten conmovidos, plenamente satisfechos con los sonidos mismos.

Según Odier los últimos serían más específicamente músicos. (156)

DELACROIX (1927). *a)* Tipo imaginativo egocéntrico, con base hedonista: la estimulación musical despierta excitaciones sensoriales y un sueño centrado en problemas personales. Este tipo puede evolucionar en dos sentidos: hacia un tipo formalista cuando aumenta su cultura musical o bien hacia un tipo paroxístico, caracterizado por los estados de éxtasis musical descritos por Diderot y por otros, entre ellos Mauclair. En este caso, la conciencia de la forma es nula o débil.

b) Tipo imaginativo alocéntrico: las imágenes sugeridas por la música, en este caso aparentemente, parece que no se relacionan en absoluto con la vida del sujeto —percepción de esquemas coloreados, audición coloreada, «photismos»—. Estos fenómenos se observan tanto en músicos como en sujetos sin cultura musical. Este tipo tiende a convertirse en formalistas.

c) Tipo formalista: centrado en la trayectoria de la forma sonora, con aprehensión de las dimensiones vertical y horizontal del conjunto, lo cual facilita el que el sujeto disponga de un juego de términos. Sin embargo, puede darse en sujetos carentes por completo de cultura musical.

d) Tipo asociativo: caracterizado por la evocación de la imagen o imágenes adecuadas de asociaciones inteligibles que se desprenden a veces del tema literario sobre el que se basa la obra, de símbolos, de elementos dramáticos... (157)

ORTMANN (1927). *a)* Tipo sensorial: caracterizado por la adherencia del sujeto al estímulo musical como tal.

b) Tipo perceptivo: en él los estímulos son integrados en una síntesis global en donde se organizan, exteriorizándose en frases, contornos, progresiones, contrastes.

c) Tipo *anticipateur* (anticipador): en él se operan anticipaciones imaginativas del movimiento melódico-rítmico que se seguirá en la obra y de las articulaciones de ésta. (158)

GATEWOOD (1927). Los divide en físicos, asociativos-ideativos, ideativos, ideativos y emocionales. (159)

MYERS (1927). *a)* El intrasubjetivo: en quien la música suscita experiencias sensoriales, emotivas o conativas (de movimiento).
b) El asociativo: que responde con asociaciones de ideas e imágenes.
c) El objetivo: que tiende a una actitud crítica, analítica.
d) El característico: que personifica la música atribuyéndole una cualidad anímica: alegre, triste, mórbida, mística, etc. (160)

SHOEN (1928). (161) *a)* «Intrínsecos»: que tienden a concentrarse en la relación musical del estímulo.
b) «Extrínsecos»: que se interesan más en las asociaciones que la música puede estimular.

WATSON (1942). Los divide en: objetivos, imaginativos, asociativos, abstractos y subjetivos. (162)

MEYER (1956). (163) Elaboró una teoría estética de la música, de acuerdo con lo que las personas perciben en la música:
a) Los absolutos formalistas: se fijan sobre todo en los sonidos por sí mismos, atentos a lo que estos sonidos les producen.
b) Los referencialistas: para los que los sonidos de la música evocan algo, o son la clave de, o son signo de algo extramusical. Para ellos el valor de una pieza de música está en lo que esta música es capaz de suscitar, de recordar.
c) Los absolutos expresionistas: para los que el significado expresivo es el resultado de respuestas al estímulo musical (sin referencia a pensamientos extramusicales).

ADORNO (1976). *a)* Buen oyente. *b)* Consumidor de cultura. *c)* Oyente emotivo. *d)* Oyente nuevo. *e)* Buscador de entretenimiento. *f)* Indiferente. *g)* No musical. *h)* Antimusical. (164)

YINGLING (1962). *a)* Sensorial. *b)* Emocional. *c)* Asociativo. *d)* Intelectual. (165)

NOTAS BIBLIOGRÁFICAS

(1) CROCKER, D. Simposio Internacional «International Study Group: Theory of Music Therapy», 2 nov. 1979. Southern Methodist University of Dallas. Dallas, p. 193.

(2) POCH, S. Simposio Internacional «International Study Group: Theory of MusicTherapy», 2 nov. 1979. Southern Methodist University of Dallas. Dallas, p. 83.

(3) OSTWALD, P. J. «Music and Human Emotions». En: Journal of Music Therapy, NAMT. Vol. III, n.º 3, 1966, p. 94.

(4) GASTON, T. E. Factors Contributing to Responses to Music. Book of Proceedings. NAMT, 1957, p. 23.

(5) ROEDERER, J. G. Introduction to the Physics and Psychophysics of Music. Springer-Verlag. Nueva York, 1975, p. 161.

(6) RADOCY, R. E. y BOYLE, D. J. Psychological Foundations of Musical Behavior». Charles C. Rhomas. Springfield, 1979, p. 169.

(7) ZUKERKANDL, V. Sound and Symbol. Princeton University Press. Nueva Jersey, 1969, p. 15.

(8) COOKE, D. The Language of Music. Oxford University Press. Londres, 1959, p. 1

(9) NOY, P. En: Journal of Music Therapy, NAMT. Vol. IV, marzo 1967, p. 21

(10) BUGARD, Musique et simbolique en psychologie normale et pathologique. Delmas. Burdeos, 1932.

(11) LUNDIN, R. W. An Objective Psychology of Music. The Ronal Press. Nueva York, 1967, p. 77

(12) ORTMANN, O. «On the melodic relativity of tones». Psychology Monogr, 1933, pp. 454-467.

(13) FARNSWORTH, P. R. The Social Psychology of Music. Iowa University Press. Iowa, 1969, p. 49.

(14) SAKS, K. The rise of Music in the Ancient World East and West. W. W. Norton. Nueva York.

(15) SILVERMANN, A. The Sociology of Music. Routledge and Kegan. Londres, 1963.

(16) FARNSWORTH, P. R. Véase nota (13), p. 53.

(17) FARNSWORTH, P. R. Véase nota (13), p. 55.

(18) FARNSWORTH, P. R. Véase nota (13), p. 57.

(19) RIMSKY-KORSAKOV, D. «Principles of Orquestation». Scardale: E. F. Orquestra Socres, Inc. Citado por MERRIAM: The Anthropology of Music. Northwestern University Press, 1964, p. 238.

(20) COPLAND, A. Cómo escuchar la música. Ed. Huracán. Instituto del Libro. La Habana, 1970, pp. 97-98.

(21) COPLAND, A. Véase nota (20), p. 90.

(22) RIMSKY-KORSAKOV, D. Véase nota (19).

(23) RIMSKY-KORSAKOV, D. Véase nota (19).

(24) COPLAND, A. Véase nota (20), p. 99.

(25) COPLAND, A. Véase nota (20), p. 85.

(26) NIETZSCHE, F. «The Birth of Tragedy from the Spirit of Music». En: EPPERSON: The músical Symbol. Iowa State University. Iowa, 1967, p. 83.
(27) SCHOENBERG, A. Style and Idea. Philosophical Library. Nueva York, 1950.
(28) LUNDIN, R. W. «Toward a cultural theory of consonance». Journal of Pshychology, n.º 23. 1947, pp. 45-49.
(29) RADOCY, R. E. «The perception of Melody, Harmony, Rhythm and Form».
(30) HODGES, Donald A. (ed.) «Handbook of Music Psychology». Lawrence, Ks.: NAMT, 1980, p. 96.
(30) ALAIN. La visite au musicien, París, 1927.
(31) FARNSWORTH, R. W. Véase nota (13), pp. 79-96.
(32) TAYLOR, J.A. «Perception of tonality in short melodies» Journal of the Acoustical Society of America, n.º 44, 1974, pp. 1061-1069.
(33) HEVNER, K. «An Experimental Study of the Affective Value of Sounds and Poetry». American Journal of Psychology, n.º 49, 1937, pp. 419-434.
(34) FARNSWORTH, R. W. Véase nota (13), p. 83.
(35) FARNSWORTH, R. W. Véase nota (13), p. 60.
(36) FARNSWORTH, R. W. Véase nota (13), p. 60.
(37) LANGER, S. Felling and Form: A Theory of Art. Routledge and Kegan. Londres, 1953, p. 206.
(38) DEWEY, J. Arts as experience. G. P. Putnam's Sons. Nueva York, 1958, p. 150.
(39) TANNER, R. «Le processus mental de la perception musicale: Les psychorritmes». En: La Revue de Musicotherapie. Vol. 1, n.º 3, 1981, p. 32.
(40) COOKE, D. The Language of Music. Oxford University Press. Londres, 1981, p. 32.
(41) POCH, S. La influencia de la música en el niño. Tesina de licenciatura. Universidad de Barcelona, Facultad de Filosofía y Letras, 1964, p. 170.
(42) MENÉNDEZ ALEXANDRE, A. La música y las artes. Conferencia en el Círculo del Gran Teatro del Liceo de Barcelona, 1963.
(43) LECOURT, E. «Les dimensions musicales». La Revue de Musicothérapie. Vol. 2, n.º 4, París, 1982, p. 33.
(44) LECOURT, E. Véase nota (43), p. 33
(45) HEVNER, K. «Studies in Expressiveness of Music». En: Music Teacher's National Association, Proceedings, 1938, 1939, p. 199-217.
(46) MILLER, An instrument for microscopical observation of the biophysiological effects of ultrasound. Tesis doctoral, 1976.
(47) STERNHEIMER, J. Citado en «Música insólita para un insólito progreso», de Horacio SÁENZ GUERRERO. La Vanguardia Magazine, 21 de agosto de 1994, e información más amplia por gentileza del señor Sáenz Guerrero.
(48) VINCENT, S. y THOMPSON, J.H. «The effects of music upon the human blood pressure». The Lancet, 1, pp. 534-537.
(49) HODGES, D. A. Handbook of Psychology. NAMT. Lawrence, 1980, p. 393.
(50) EDWARDS, C. M., EAGLE, Ch. T., PENNEBAKER, J. W. y TUNKS, Th. W.: «Relationships among elements of music and physiological responses of listeners». En: Applications of music in medicine. National Association for Music Therapy, 1991, pp. 41-57.
(51) HODGES, D. A. Véase nota (49), p. 394.
(52) HODGES, D. A. Véase nota (49), p. 396.
(53) EDWARDS, C. M.; EAGLE, Ch. T.; PENNEBAKER, J. W., y TUNKS, Th. W. (52).
(54) LOWENSTEIN, O. Der Psychische Restitution effekt. Benno Schwabe. Basilea, 1937.
(55) GRUNEWALD, M. «A psychological aspect of experiencing Music». En: PODOLSKY (ed.) Music Therapy. Philosophical Library. Nueva York, 1954, pp. 241-251.
(56) SLAUGTHER, F. The effect of stimulative and sedative types of music on normal and abnormal subjects as indicated by auxiliary reflexes. Tesis Universidad de Kansas, 1954.
(57) SEARS, M. A. Study of the vascular changes in the capillaires as effected by music. Tesina Universidad de Kansas, 1954.
(58) TRENTI, A; PELLEGRINO, E. y otros Valores terapéuticos del canto gregoriano. Ferrara, Italia. Congreso Internacional de Canto Gregoriano, octubre de 1980.

(59) SUGARMAN, P. «Music Therapy in Psychosomatic Gastric Disorders». En: Music Therapy. Ed. Podolsky. Philosophical Library. Nueva York, 1954, pp. 147-150.
(60) SUGARMAN, P. Véase nota (59), pp. 147-150.
(61) JACOBSEN, H. L. A study of the effects of sedative music on the tension, anxiety and pain experienced by mental patients during the dental procedures. Tesis Universidad de Kansas, 1956.
(62) MELZACK, R; WEISZ, A. Z. y SPRAGUE, L. T. «Strategems for controlling pain: Contributions of auditory stimulation and suggestion». Experimental Neurology, n.º 8, 1963, pp. 239-247.
(63) UNKEFER, R. F. «The effects of music in insulin-coma therapy». En: GILLILAN, E. G. (ed.) Music Therapy. Allen Press. Chicago, 1952.
(64) FEIJOO, J. y VINARD, H. «L'Anesthésie par les sons au cabinet dentaire». En: Le pouvoir des sons. INA y GRIM. París, 1978, pp. 149-157.
(65) VINARD, H. L'anxiété au cabinet dentaire. Tesis de cirugía dental. Universidad de Leyon, 1971.
(66) CONSTANTIN, B. «Music as an adjuvant to premedication in general anesthesia». En: Anesthesie, Analgesie, Reanimation. París, junio de 1959, pp. 599-601.
(67) MELLGREEN, A. «Distraction anesthesia-audioanalgesia during minor gynecological surgery». Svenska Laekartidningen, n.º 60. Estocolmo, 27 de diciembre de 1963, pp. 3.919-3.927.
(68) LAVINE y otros «Auditory analgesia: Somatosensory evoked response and subjective pain ratin». Psychopatology, 12 n.º 2, marzo de 1976, pp. 140-148.
(69) GARDNER, W. M.; LICKLIDER, J. C. A. y WEISZ, A. Z. «Supresion of pain by sound». Science. Washington, 132 (60), pp. 32-33.
(70) MOORE, W. M. y otros. «Effect of white sound on pain threshold». British Journal of Anaesthesia, Manchester, 1964, 36, pp. 268-271.
(71) GABAI, M. «Thérapie par les sons et la sophrologie». Information dentaire n.º 24, pp. 2.443-2.445. También GABAI y JOST, J. Détente psychomusicale en odontostomatologie. Maloine. París, 1972.
(72) SEARS, W. W. A study of some effects of music upon muscle tensions as evidence by electromyographic recordings. Tesis doctoral Universidad de Kansas, 1960.
(73) SEARS, W. W. «The effect of music upon muscle tonus». En: GASTON, T. (ed.) Music Therapy. Allen Press. Lawrence, 1958, pp. 199-205.
(74) BRICKMAN «Psychiatric implications of functional music for education». Music Educators Journal, 1950, n.º 26, pp. 29-30.
(75) STEVENS. E. A. «Some effects of tempo change on stereotyped rocking movements of low-level metally retarded subjects». American Journal of Mental Deficiency, 1971, n.º 76, pp. 76-81.
(76) SCHNEIDER, E. H. «Music Therapy for Cerebral Paisied». En: GASTON T. (ed.) Tratado de musicoterapia. Paidos Ibérica. Barcelona, 1982 (original inglés, 1968), pp. 154-169.
(77) POCH, S. Musicoterapia para niños autistas. Historia de la musicoterapia española. Tesis doctoral. Universidad Complutense, Facultad de Filosofía y Letras, Madrid, 1971, p. 312.
(78) SHATIN, L. «The influence of rhythmic drumbeat stimuli upon the pulse rate and general activity of long-term schizophrenics». Journal of Mental Science, n.º 103, 1957, pp. 172-188.
(79) REARDON, D. M. y BELL, G. «Effects of sedative and stimulative music on activity levels of severely retrarded boys». American Journal of Mental Deficiency, n.º 75, 1971, pp. 156-159.
(80) RIEBER, M. «The effect of music on the activity of children». Psychonomic Science. n.º 3, 1965, pp. 325-326.
(81) REESE, H. H. «The relation of music to desease of the brain». En: PODOLSKY (ed.) Music Therapy. Philosophical Library. Nueva York, 1959, p. 47.
(82) HOLDSWORTH, E. «Neuromuscular activity and over et musical psychomotor behavior: An electromyographic estudy». Tesis doctoral Universidad de Kansas, 1974.
(83) CLYNES, M. Senties: The touch of emotions. Anchor Books. Nueva York, 1978.
(84) CAMPBELL, D. G. Introduction to the musical brain. Magna Music. Baton, 1986, p. 15.
(85) CAMPBELL, D. G. Véase nota (84), p. 17.

(86) CAMPBELL, D. G. Véase nota (84), p. 17.
(87) WAGNER, M. J. «Brainwaves and Biofeedback. A brief history. Implications for Music Research». En The Journal of Music Therapy. NAMT, n.º 2, 1975, p. 50.
(88) CAMPBELL, D. G. Véase nota (84), pp. 16-17.
(89) MACLAUCHLIN, T. Music and Communication. Faber and Faber. Londres, 1970, p. 57.
(90) WAGNER, M. J. Véase nota (87), p. 45.
(91) Mc ELWAIN, J. M. Effects of music stimuli and music chosen by subjects on the production of Alpha brainwave rhythmus. Tesis doctoral Florida State University, 1974.
(92) McELWAIN, J. M. «The effect of spontaneous and analytical listening on the evoked cortical activity in the left and right hemispheres of musitians and non musitians». Journal of Music Therapy. NAMT, n.º 15, 1978, p. 115.
(94) GOLEMAN, D. A. «A new computer test of the brain». Psychology Today, mayo de 1976, pp. 44-48.
(95) WALTERS, L. «How Music produces its effects on the brain and mind». En: PODOLSKY (ed.) Music Therapy. Philosophical Library. Nueva York, 1954, p. 36.
(96) WALTERS, L. Véase nota (95), p. 38.
(97) ROEDERER, J. C. G. Introduction to the Physics and Psychophysics of Music. Springer Verlag. Nueva York, 1975, p. 164.
(98) OPEN, G. La música ocupa todo el cerebro. ALERTA FALTA LA RESTA
(99) OPEN, G. Véase nota (98).
(100) CAMPBELL, D. G. Véase nota (84), p. 33.
(101) CAMPBELL, D. G. Véase nota (84), p. 34.
(102) GURNEY, E. The Power of Music. Londres, 1880. En: McLAUGHLIN. Véase nota (89).
(103) GASTON, T. E. «Dynamic music factor in mood change». Music Educators Journal, n.º 33, febrero de 1951, p. 42.
(104) CANNON, W. B. «The James-Lange Theory of emotion». Amer. Journal of Psychol., 1927, p. 106.
(105) BARD, P. «Central nervous mechanisms for the expression of anger in animals». En: REYMERT, M. T. (ed.). Feelings and emotions. McGraw-Hill. Nueva York, 1950, p. 211.
(106) HARRER, G.; HARRER, H.; POLDINGER, W.: REVÉASES, W. J.: SIMON, W. C. Música y funciones vegetativas. Ciba-Geigy. Basilea, 1974, p. 16.
(107) ARNOLD, M. B. Emotion and Personality: Psychological aspects. Vol. I. Columbia University Press. Nueva York, 1960.
(108) LINDSEY, D. B. «Emotion». En: STEVENS, S.S. (ed.). Handbook of Experimental Psychology. Wiley. Nueva York, 1965, p. 473.
(109) HARRER. Véase nota (106), p. 16.
(110) HARRER. Véase nota (106), p. 16.
(111) SCHOEN, M. «The Psychology of Music». Ronals Press. Nueva York, 1940, p. 103.
(112) MICHEL, A. Psychanalyse de la Musique. Presses Universitaires de France. París, 1951, p. 117.
(113) GALLAGHER, J. J. Analysis of research on the education of the gifted children. State of Illinois: Office of the Superintendent of Public Instruction, 1960.
(114) GUILFORD, J. P. «Creativity». American Psychologist, n.º 5, 1950, pp. 444-454.
(115) STOCKHAUSEN, K. «Interviewes». VHIOI, Esselier, n.º 4, 1971, p. 110.
(116) ALTSHULER, I. «The organism-as-a-whole and Music Therapy». Véase nota (95), p. 57.
(117) GASTON, E. T. «Man and Music». En GASTON (ed.), Music in Therapy. McMillan. Nueva York, 1968, p. 23. (Edición española: Paidos Ibérica. Barcelona, 1982).
(118) BULLOUGT, E. «Psychical Distance as a Factor in Art and as an Aesthetic Principle». En British Journal of Psychology. Vol. V, parte II, 1912, pp. 87-118.
(119) TAGORE, R. Las Quintaesencias. Espasa-Calpe. Madrid, 1942, p. 92.
(120) LANGER, S. Philosophy in a new key. Mentor Books. Nueva York, 1951, p. 199.
(121) SCHADRON, A. A. «Aesthetics: Dimensions for Music Education». En: Music Education National Conference, Washington, 1967.

(122) BERLYNE, D. E. (ed.). Studies in the New Experimental Aesthetics: Steps toward an objective Psychology of Aesthetic Appreciation. Halsted Press. Nueva York, 1974, p. 4.
(123) BERLYNE, D. E. Véase nota (122), pp. 5-12.
(124) RADOCY, R. E. y BOYLE, J. D. Véase nota (6), p. 183.
(130) REIK, Th. The haunting melody. Farrar, Strauss, Young. Nueva York, 1953.
(131) LANGER, S. Véase nota (120), p. 202.
(132) LANGER, S. Véase nota (120), p. 204.
(133) LANGER, S. Véase nota (120), p. 199.
(134) MARPURG, F. D. Beitrage für Musik. Citado por LANGER (120), p. 200.
(135) MERSHMANN, H. «Versuch einer musikalischen Wertaesthetik». Zeitschrift für Musikwissenschaft, XVII, 1935, I, pp. 33-47.
(136) ABELES, H. F. «Responses to Music». En Donald A. Hodges (ed.). Handbook of Music Psychology, National Association for Music Therapy. Lawrence, 1980, pp. 105-140.
(137) HAACK, P. A. «The behavior of Music Listeners». Ídem (136), pp. 141-182.
(138) EDWARDS, J. S. y EDWARDS, M. C. «A scale to mesurate attitudes toward music». Journal of Research in Music Education, 19, 1971, pp. 222-233.
(139) EAGLE, C. T., Jr. Effects of existing mood and order of presentation of vocal and instrumental music on rated mood responses to that music. Tesis de doctorado inédita, Universidad de Kansas, 1971.
(140) KOH, S.D. «Time error in comparison of preferences for musical excerpts». American Journal of Psychology. 80, 1967, pp. 171-185.
(141) KEVNER, K. «The affective character of the major and minor modes in music». American Journal of Psychology. 47, 1935, pp. 103-118.
(142) LONG, N. H. «Music discrimination tests their construction, assumptions and uses». The Australian Journal of Music Education, 1972, pp. 21-25.
(143) COTTER, V. W. y TOOMS, S. A. «A procedure for determinig the musical preferences of mental retardates». Journal of Music Therapy. 3, 1966, pp. 57-64.
(144) GREER, R. G. y HANSER, S. Music discrimination training and tha musical selection behavior of nursery and primary level children. Council for Research in Music Education, 1973, pp. 30-43.
(145) GREER, D. R.; DORROW, L. K. G. y RANDALL, A. «Music listening preferences of elementary school children». Journal of Research in Music Education. 22, 1974, pp. 284-291.
(146) PIKE, A. A. «A phenomenological analysis of emotional experience in music». Journal of Research in Music Education. 20, 1972, pp. 262-268.
(147) SHATIN, L. «Alteration of mood via music: A study of the role of expectation and variation in music». Journal of Psychology. 75, 1970, pp. 81-86.
(148) JELLISON, J. A. «The effect of music on autonomic atress responses and verbal reports». En C. K. Madsen, R. Greer y C. H. Madsen (eds.). Research in music behavior: Modifying music behavior in the classroom. Teachers College Press. Nueva York, 1975.
(149) ELAM, R. W. Mechanisms of music as an emotional intensification stimulus. Tesis de doctorado inédita. Universidad de Cincinnati, 1971.
(150) CATELL, R. B. y ANDERSON, J. C. «The measurement of personality and behavior disorders by the IPAT Music Preference Test». Journal of Applied Psychology. 37, 1953, pp. 446-454.
(151) GASTON, T. E. A test of musicality, manual of directions. 4.ª ed. Odell's Instruments Service. Lawrence, 1957.
(152) BUTLER, J. H. Personality factors as correlates of receptivity to electronic music. Tesis de doctorado inédita. Universidad de Georgia, 1968.
(153) BENTLEY, A. La aptitud musical de los niños y cómo determinarla. Edit. Víctor Leru. Buenos Aires, 1966.
(154) POCH, S. «Reacción al hecho musical de un grupo de niños autistas y con problemas emocionales». En: Musicoterapia para niños autistas. Tesis de doctorado inédita. Universidad Complutense de Madrid, 1971, pp. 232-289.
(155) HANSLICK, E. The beautiful in Music. The Liberal Arts Press, 1957. Original Vom Musikalish-Schöenen, 1854.

(156) ODIER, Ch. «Comment faut-il ecouter la musique». Semaine Littéraire. Vol. XVII. Ginebra, 1919.

(157) DELACROIX, H. Psychology de l'Art. Alcan. París, 1927.

(158) ORTMANN, O. «Types of Listeners. Genetic considerations». En: M. Schoen (ed.). The effects of music. Kegan, Paul. Londres, 1927, pp. 38-77.

(159) GATEWOOD, E. L. «An experimental study of the nature of musical enjoyment». En: M. Schoen (ed.). The effects of music. Kegan, Paul. Londres, 1927, pp. 78-121.

(160) MYERS, Ch. S. «Individual differences in listening to Music». En: M. Schoen (ed.). The effects of Music. Kegan, Paul. Londres, 1927, pp. 10-38.

(161) SCHOEN, M. «The aesthetic attitude in Music». Psychological Monographs. 29, 1928, pp. 161-183.

(162) WATSON, K. B. «The nature and measurement of musical meanings». Psychological Monographs. N.º 244, 1942.

(163) MEYER, L. B. Emotion and Meaning in Music. The University of Chicago Press, 1956.

(164) ADORNO, T. W. Introduction of the Sociology of Music. Seabury Press. Nueva York, 1976.

(165) YINGLING, R. W. «Classification of reaction patterns in listening to music». Journal of Research in Music Education. 10, 1962, pp. 105-120.

Capítulo X

MUSICOTERAPIA EN CENTROS PENITENCIARIOS

PARA QUÉ EXISTEN LOS CENTROS PENITENCIARIOS

El ser humano es un ser social que no puede vivir aislado, sino en interacción con otros seres humanos. Él mismo, su modo de ser, sus cualidades y sus carencias son, en gran medida, el resultado de la acción de otros. Y no es perfecto. Esto hace que se generen conductas desviadas que actúan contra los derechos de los demás; por ello la sociedad ha precisado, desde siempre, protegerse.

El sentido y la función del Derecho Penal es, según Jiménez Villarejo: «Ser un instrumento de control social capaz de motivar a los miembros del grupo, mediante la amenaza y la ejecución de las penas, para que se comporten en su vida de relación de la manera definida culturalmente como adecuada». (1)

No todas las conductas inadecuadas o desviadas son punibles. Según la Constitución española, art. 1: «sólo pueden ser reprimidas las acciones u omisiones que vulneren o pongan en peligro los derechos y las libertades que la Constitución reconoce y garantiza...

Y entre ellas sólo aquéllas que, por revestir un cierto nivel de gravedad, son conceptuadas por la mayoría de los ciudadanos como especialmente indeseables». (2)

En la actualidad existe una tendencia a la «descriminalización» de los actos como consecuencia, entre otras cosas, de la mayor sensibilidad de la sociedad a los derechos humanos y un mejor conocimiento del hombre desde el punto de vista genético, biológico, neurológico, y psicológico, especialmente en cuanto a motivaciones y causas de sus actos punibles. Además, la responsabilidad individual viene siempre rodeada y atenuada por un cúmulo de circunstancias familiares y sociales que hacen que la responsabilidad de los hechos deba ser compartida por ellas. El determinar qué grado de responsabilidad existe en cada persona a la que la justicia tiene que juzgar es una de las acciones más complejas que existen, y se dan con frecuencia sentencias que no se ajustan a la verdad de los hechos o de las motivaciones. Un juez decía que son «las injusticias» de la justicia. Otra realidad es la de que no se cumple el principio democrático de que la justicia tiene que ser igual para todos, ya que las posibilidades económicas del encausado son determinantes en cuanto a posibilidades de una mejor defensa. Es una triste realidad.

La privación de libertad constituye la base de nuestro sistema punitivo actual, a pesar de reconocer que es un mal. De momento, la sociedad no utiliza otro como ayuda al mantenimiento de un cierto orden social.

Todo ello lleva a la conclusión de que «toda pena ha de ser, antes que nada, limitada». (3) De ello se deriva la supresión de la pena capital y las condenas a cadena perpetua.

También la humanización de la vida del interno, aspecto previsto en la Constitución española, art. 25.2, al hablar de reeducación y reinserción social del recluso como objetivos. La Ley Orgánica General Penitenciaria (LOGP) de 1979 ha marcado un antes y un después en cuanto a la mejor atención sanitaria del recluso, si bien en ella se ha substituido la palabra «resocialización» por «no desocialización» (Jiménez Villarejo), matiz que puede tener su importancia con vistas al enfoque de intervención psicosocial y rehabilitación o terapéutica.

Existe también el Reglamento Penitenciario (RP), que regula la asistencia sanitaria. En dicho (RP) se prevé la asistencia tanto penitenciaria como extrapenitenciaria. Se establecen como premisas básicas el derecho a la salud del recluso y la obligación concreta para la Administración de velar por la salud y la integridad del interno. (4)

EL RECLUSO

Según estadísticas, la población penitenciaria de España es de 50.000 a 55.000 internos (a 31 de diciembre de 1995). El perfil social del recluso español medio es el de una persona joven (34 años edad media). El 75% de los internos ha cursado estudios primarios, pero más de la mitad de ellos los tienen incompletos. Con experiencia laboral, aunque muchos de ellos estaban en paro al ingresar. La situación familiar presenta cierto grado de estabilidad ya que tres cuartas partes de ellos viven con su pareja o con familiares. (5)

La población reclusa de Cataluña, que no difiere de la del resto de España, está formada por la misma proporción hombre-mujer, que es de 10/1. Existe el 20% de reclusos provenientes de países africanos y sudamericanos. Entre los jóvenes de entre 28-30 años, sólo el 75% tiene estudios primarios, y muchos sin concluir. (6)

Qué supone la reclusión para el interno

Sólo quien haya vivido en una cárcel como recluso puede saber qué supone realmente. Puede imaginarse, con ayuda de obras especializadas, de la literatura o el cine, si bien estos dos últimos medios, especialmente, carecen de una dimensión esencial: la del tiempo real; no es lo mismo verlo en una pantalla, por ejemplo, que sufrirlo. Entre otras muchas cosas, la reclusión supone:

a) Separación violenta del entorno familiar, social y laboral, con la consiguiente deprivación afectiva que ello supone. El no poder ser útil a la propia familia. La ansiedad que crea el temor a la pérdida del amor de los seres queridos por la ausencia, etc. *b)* El peso de la culpa, si existe, o el sentimiento de la injusticia parcial o total que se padece, junto con la pérdida de la consideración y el respeto social. *c)* La convivencia impuesta con los otros reclusos y la falta total de privacidad aun para los actos más íntimos, en las celdas con otros internos. *d)* El confinamiento que impone el ver todos los días el mismo entorno físico y la falta de perspectivas de cambio. *e)* La lentitud con que transcurre el tiempo dada la uniformidad de la rutina diaria. *f)* La lucha diaria contra el entorno, cuando es hostil o violento. A veces, para sobrevivir. Lucha que puede ser una defensa para preservar la propia integridad física, sexual o moral. *g)* La lucha contra la despersonalización que impone, entre otros, el sentirse vigilado y controlado a todas horas. *h)* La lucha diaria para mantener la propia autoestima.

Qué efectos tiene la prisión en los internos

Para poder sobrevivir se requiere adaptarse a la nueva situación, aunque tratando por todos los medios de mantener la propia personalidad. Valverde-Molina (7) señala los siguientes efectos:

—Toda la vida del interno está estructurada en función de la institución. Por ello, cosas y situaciones que fuera de la prisión no revestirían ninguna importancia, allí la revisten y hasta pueden tener graves consecuencias.

—El recluso se siente insignificante frente a la institución penitenciaria y necesita luchar constantemente para afirmarse como persona. Esto es positivo desde el punto de vista personal, pero no lo es desde el punto de vista de la institución, que lo suele percibir como una conducta «negativa al tratamiento».

Este modo agresivo de autoafirmarse es también un modo de establecer relaciones personales con otros internos. «En un entorno violento, todo se convierte en violento y aquéllos que son capaces de controlar a los demás por su fuerza física, por su cualidad de líder o porque no tengan nada que perder, ciertamente que se convertirán en líderes. Sólo existirá compañerismo y solida-

ridad entre los prisioneros cuando se junten para oponerse a la institución. El
recluso que es capaz de participar en una huelga porque un compañero haya
sido tratado injustamente, también puede ser capaz de chantajear al mismo
compañero para obtener droga. Por otro lado, la institución penitenciaria
rara vez es capaz de garantizar la seguridad del recluso, por lo cual se ve obligado a formar un grupo para defenderse y dominar. A ello se debe el que se
formen lazos de compañerismo muy fuertes dentro de la prisión y que constituyan los llamados «código del prisionero». (8)

—El problema sexual, de gran importancia para la mayoría de los internos.
Ha sido aminorado desde que existe la posibilidad de comunicación íntima
con la pareja ausente, periódicamente, pero sigue existiendo para quienes no
tienen esta posibilidad. De ahí la cantidad de abusos y actos violentos que se
pueden dar, y que se dan, a pesar de las normas coercitivas existentes.

—Falta de control sobre la propia vida: por parte de la institución y por parte del grupo. Desde que se traspasan los umbrales de estos centros, nada depende enteramente de uno. De ahí el peligro de la despersonalización, de vivir
como un robot.

Se vive en peligro constante, lo cual se convierte en un estado de alerta,
que con el tiempo puede hacer que el interno se convierta en una persona ansiosa o en patológicamente ansiosa.

«Las agresiones constantes sufridas por el prisionero le llevan a autoproteger su yo como mecanismo de defensa de su propia salud mental. Esto le lleva a exagerar su egocentrismo, el cual se puede convertir en permanente si su
vida se ha visto marcada por las carencias.

Todo se valorará en función del propio interés y si no se obtiene lo que se
desea y no se puede obtener en la prisión, le invadirá un sentido de fatalismo, lo cual es muy negativo en vistas a su recuperación.» (9)

PROBLEMAS DE SALUD DE LOS INTERNOS

Antiguamente se definía la salud como la ausencia de enfermedad, pero
la OMS la define como «el estado de completo bienestar físico, mental y social».
Fácilmente puede comprenderse, pues, el que las cárceles en sí mismas, independientemente de sus condiciones, no pueden ser un medio que promueva la
salud, sino todo lo contrario.

Como muestra, y según datos publicados en la *Memòria* del Departamento
de Justicia de la Generalitat de Cataluña de 1995, (10) en los nueve centros

penitenciarios que existen en Cataluña, con un total de 6.344 reclusos (a 31 de diciembre de 1995), se produjeron las siguientes consultas de tipo médico por parte de los internos.

Total de consultas ordinarias durante 1995, por especialidades

Especialidad	Total	Porcentaje
Medicina general	17 352	14,04
Aparato digestivo	14 300	11,57
Dermatología	13 409	10,85
Aparato osteolocomotor	10 494	8,49
Aparato espiratorio	10 484	8,48
Odontología	9 459	7,66
PSIQUIATRÍA	7 711	6,24
Otorrinolaringología	6 342	5,14
Oftalmología	2 737	2,22
Cirugía	1 755	1,42
Aparato enitourinario	1 742	1,41
NEUROLOGÍA	1 372	1,11
Obstetricia/ginecología	1 365	1,10
Cardiocirculatorio	672	0,54
Pediatría*	115	0,09
Otras	24 267	19,64

*(visitas de niños pequeños que viven con sus madres en los dos centros penitenciarios de mujeres).

A estas visitas realizadas en los mismos centros, hay que añadir las efectuadas a hospitales externos, de la red de la salud pública y que fueron 7.272, el 17% menos que en el año 1994.

Sumando las consultas por problemas psiquiátricos y neurológicos; añadiendo las consultas por problemas que pueden ser de origen psicosomático como los digestivos, cardiocirculatorios y muchas de las consultas de medicina general, claramente se ve que los problemas emocionales van en cabeza.

Marco Mouriño (11) destaca como problemas más importantes: los trastornos psiquiátricos; los asociados al uso de drogas por vía parenteral, como es el SIDA y los derivados de la falta de hábitos saludables.

TRASTORNOS PSIQUIÁTRICOS MÁS FRECUENTES

Según Robert M. T. Phillips, (12) en EE.UU., del 10% al 30% de los internos sufren alguna enfermedad mental grave y persistente. «Estos reclusos, la mayor parte de las veces son considerados más como personas molestas para el público que como criminales. Los enfermos mentales delincuentes, especialmente aquéllos que carecen de hogar, a pesar de haber sido encarcelados por delitos de menor cuantía, permanecen encarcelados frecuentemente por un período de tiempo significativamente más largo que los demás, simplemente porque son enfermos mentales...».

Muchos de los trastornos psiquiátricos que sufren los internos de estos centros se deben a problemas ya existentes antes de su ingreso y, con frecuencia, estos problemas han sido la causa de los actos punibles objeto de internamiento. Por supuesto que si el trastorno psiquiátrico es muy patente, son trasladados a un centro psiquiátrico penitenciario. En Cataluña existe una unidad de estas características en el hospital de Terrassa.

Aquí me referiré a los trastornos psiquiátricos que no requieren hospitalización, pero que son causa de sufrimiento para quien los padece y hasta para las personas de su entorno, y auténticos problemas que dificultarán o imposibilitarán su reinserción social. Entre otros: trastornos de adaptación al medio, estados depresivos y trastornos asociados a conductas agresivas o violentas.

Trastornos de adaptación al medio

Cada persona reacciona de modo diverso ante situaciones estresantes, no como quiere sino como puede, de acuerdo con su personalidad y sus circunstancias.

El internamiento, tal como se ha mencionado anteriormente, en sí mismo, es una situación muy traumática. En la *Escala de reajuste social,* de T. Holmes y R. Rahe, (13) el encarcelamiento ocupa el cuarto lugar, entre 43 situaciones estresantes, después de la muerte del cónyuge (100 puntos), divorcio (73), separación marital (65) y encarcelamiento (63), mientras que las infracciones menores a la ley (11) se hallan en el último lugar de la escala.

Una persona que sufre encarcelamiento, si tiene una personalidad suficientemente fuerte y cuenta con apoyos morales de familiares o amigos, y si el medio es soportable, con mayor o menor sacrificio se adaptará a éste. El problema está cuando tiene una personalidad vulnerable.

Existen determinantes socioculturales que son más proclives a los trastornos mentales, como, 1) grupos socioculturales de nivel bajo; 2) personas sin vínculos sociales significativos; 3) quienes no desarrollan un papel útil a la sociedad (o no lo saben ver, o no lo creen, o no lo sienten así), y 4) los que han sufrido la pérdida traumática de un vínculo social significativo. (14) Sin embargo, el resultado de estos cuatro aspectos depende mucho de la fortaleza de cada ser humano, de su modo de enfrentarse a la vida.

Con todo, sería útil, *como prevención,* prestar una atención especial a los internos que se ajustan a la descripción mencionada, especialmente a los más jóvenes o a los cercanos a la ancianidad, períodos que, por ser muy vulnerables, se prestan a desarrollar trastornos de adaptación al medio.

Clasificación de los trastornos adaptativos. El DSM-IV los clasifica en: (15): *a)* Trastorno adaptativo (TA) con ansiedad. Los síntomas que están presentes son agitación, inquietud, palpitaciones. Ha de diferenciarse de los trastornos de ansiedad.

b) TA con estado de ánimo depresivo. Los síntomas más característicos son la depresión, la desesperanza, el llanto.

c) TA con trastorno de conducta. Lo característico es una conducta que viola los derechos de los demás; presos en este caso. Ha de diferenciarse del trastorno de conducta y del trastorno antisocial.

d) TA con alteración mixta de las emociones y conducta.

e) TA con estado de ánimo mixto depresivo ansioso.

f) TA no especificado.

Un trastorno adaptativo puede desencadenarse como reacción ante un factor de estrés psicosocial, como es en este caso el del encarcelamiento.

Para que pueda considerarse trastorno psiquiátrico ha de persistir más de tres meses después del hecho desencadenante y sus síntomas son: 1) notable malestar, superior al esperado; 2) perturbación significativa en el funcionamiento de la persona en el área, personal, social y laboral o académica; 3) los síntomas no persisten más de seis meses una vez cesada la causa.

Desde el punto de vista psicoanalítico, Freud dio importancia a los factores constitucionales y a la influencia de la madre y el ambiente en el que creció de niño como elementos que prestan la fortaleza suficiente para sobreponerse a situaciones de estrés en la edad adulta. Winnicott insistió en ello.

Estados depresivos

Estos trastornos del estado de ánimo, cuyos síntomas fundamentales son el humor deprimido y la falta de interés por cuanto rodea a la persona, se dan con mucha frecuencia entre los internos, y se comprende ya que la situación traumática en la que viven lo propicia. El encarcelamiento puede considerarse una de las causas precipitantes de este trastorno. Sin embargo, deben darse unas determinadas condiciones predisponentes en los internos para que se origine una depresión.

Otro grupo de presos que presentan estados depresivos son los que padecen enfermedades físicas con las que tienen que convivir, como las de los sistemas cardiovascular, respiratorio (asma bronquial, tuberculosis...), gastrointestinal, musculoesquelético (artritis reumatoide u otros, por la falta de ejercicio físico o porque el interno se niega a hacerlo), cefaleas, problemas endocrinos, dolor crónico, cáncer y trastornos del sistema inmunológico, u otros. Todos estos trastornos pueden tener su origen en problemas psicosociales, por lo que son sujetos de la medicina psicosomática, aparte de la especialidad médica correspondiente.

Un estado depresivo originado por enfermedad o por reclusión puede provocar la pérdida de defensas, el resquebrajamiento del sistema defensivo del hombre. Y viene a mi memoria el ejemplo que aporta Viktor Frankl al hablar de su experiencia en un campo de concentración nazi, en 1945:

> Un día, uno de ellos contó a sus compañeros de campo que había tenido un extraño sueño: escuchó una voz que le hablaba y le preguntaba qué era lo que deseaba, pues podía profetizarle el porvenir. Le contestó así: «Quisiera saber cuándo terminará para mí la segunda guerra mundial». La voz le dijo en sueños lo siguiente: 'El 30 de marzo de 1945'». Ocurría en los primeros días del mes de marzo. El recluso vivía, por aquel entonces, lleno de esperanza y de buen humor. Pero la fecha anunciada iba acercándose, y cada día que pasaba limitaba más y más las posibilidades de que la «voz» tuviera razón. Ya en vísperas de finalizar el plazo marcado, nuestro hombre sentíase cada vez más abatido. El 29 de marzo fue trasladado al lazareto, con fiebre muy alta y en estado delirante. El 30 de marzo, fecha tan decisiva para él – el día en que esperaba que terminasen «para él» todos aquellos sufrimientos—, perdió la conciencia. Al día siguiente estaba muerto. Murió de la fiebre del tabardillo... El estado de inmunidad del organismo depende de la situación afectiva del individuo, y por tanto, de cosas como el deseo de vivir o el cansancio de la vida... De ahí que podamos suponer, sin miedo a equivocarnos y con toda seriedad clínica, que el desengaño sufrido por aquel infeliz al convencerse de que la voz escuchaba [...] determinó el brusco derrumbamiento de las fuerzas defensivas de su organismo y puso a éste en condiciones de recibir la infección incubada. (16)

Un riesgo con pacientes depresivos es el **suicidio** (del que se hablará más adelante), y hay que tener precaución, ya que pueden hacer intentos de suicidio cuando parece que se recuperan de la depresión. La desesperanza es uno de los indicadores que tener en cuenta.

Un grupo especialmente propenso a estados depresivos añadidos a su enfermedad son las personas que padecen infección del virus de inmunodeficiencia humana (VIH) y del síndrome de inmunodeficiencia adquirida (SIDA), También los enfermos de cáncer, por la irreversibilidad del proceso cuando no se llega a tiempo, y los enfermos tuberculosos.

Multitud de investigaciones demuestran la importancia de los factores psicosociales en el progreso de estas enfermedades.

Ya Solomon en 1968 y posteriormente, (17) sugirió que el estrés emocional afecta al sistema inmunitario, en especial a través de la disminución de los linfocitos T. Él inauguró un nuevo campo de investigación, la psicoinmunología. S. Keller y Robert Ader (18) concuerdan en lo mismo.

También Phillips y Smith (19) han demostrado que *los acontecimientos psíquicamente positivos pueden tener efectos beneficiosos en la salud.* Este hecho es importante en musicoterapia ya que durante estas sesiones se crean y evocan situaciones psicológicamente positivas para el paciente. La depresión ya fue tratada al principio de este capítulo.

Trastornos asociados a conductas agresivas o violentas

En este apartado hay que mencionar los trastornos de conducta disocial; el trastorno antisocial de la personalidad: el trastorno del control de los impulsos; el trastorno explosivo intermitente y el suicidio.

Trastorno de conducta disocial. (20) Lo que diferencia una conducta punible realizada por una persona normal y un trastorno psiquiátrico es que la primera se trata de una conducta ocasional, mientras que la segunda es *repetitiva:*

El trastorno disocial se caracteriza por ser «un patrón repetitivo y persistente de comportamiento en el que se violan los derechos básicos de otras personas o normas sociales importantes propias de la edad, y se manifiestan por la presencia de tres o más de los siguientes criterios durante los últimos 12 meses, y por lo menos de un criterio durante los últimos 6 meses». Estas conductas pueden aparecer ya en la niñez.

Agresión a personas y animales:
—A menudo fanfarronea, amenaza o intimida a otros.
—A menudo inicia peleas físicas.
—Ha utilizado un arma que puede causar daño físico.
—Ha manifestado crueldad física con las personas.
—Ha manifestado crueldad física con los animales.
—Ha robado enfrentándose a las víctimas con violencia.
—Ha forzado a alguien a una actividad sexual.

Destrucción de la propiedad:
—Ha provocado deliberadamente incendios con la intención de causar daños graves.
—Ha destruido deliberadamente propiedades de otras personas.

Fraudulencia o robo:
—Ha violentado el hogar, la casa o el automóvil de otra persona.
—A menudo miente para obtener bienes o favores (por ejemplo, ha timado) o para evitar obligaciones.
—Ha robado objetos de cierto valor sin enfrentamiento con la víctima.

Violaciones graves a las normas:
—A menudo permanece fuera de casa de noche a pesar de las prohibiciones paternas.
—Se ha escapado de casa al menos dos veces.

Estadísticamente, este problema, entre adolescentes, se da entre el 6% y el 16% de los chicos y entre el 2% y el 9% de las chicas. Es más frecuente entre hijos de padres con trastorno de personalidad antisocial y dependencia del alcohol. «La prevalencia del trastorno de conducta disocial y la conducta antisocial está relacionada significativamente con factores socioeconómicos.» (21)

Los factores socioeconómicos negativos no son los únicos. En la actualidad están emergiendo conductas antisociales en grupos de jóvenes sin falta de medios económicos y procedentes de clase media alta. En estos casos las causas hay que buscarlas en la carencia de formación humana, en la falta de valores éticos. Se carece de un estudio serio científicamente, sobre este tema.

Etiología de este trastorno. Viene determinada por varias causas, Kaplan, Sadock y Grebb, (22) señalan:

Factores parentales: Familias caóticas, negligencia, hogares rotos, aunque este hecho no es tan pernicioso como la tensión constante entre la pareja.

Factores socioculturales: Cuando se han sufrido privaciones socioeconómicas en la niñez, se han visto forzados a obtener bienes materiales por cauces ilegales, patrón que permanece luego como algo normal en su ambiente.

Factores psicológicos: Como consecuencia de situaciones parentales como las enunciadas, el niño y el adolescente no han podido desarrollar el ideal del yo y la conciencia por falta de patrones estables. Carecen de motivaciones para ajustarse a las normas sociales.

Factores neurobiológicos: Existe la hipótesis según la cual algunos niños con este tipo de trastorno presentan un menor funcionamiento noradrenérgico. «Algunos delincuentes juveniles con trastorno de conducta disocial presentan altos niveles de seratonina (5-hidroxitriptamina [5-HT]) en sangre. Existe evidencia de que los niveles de 5-HT en sangre, son inversamente proporcionales a los niveles del metabolito 5-HT, ácido 5-hidoxindolacético (5-HIAA) en el líquido cefalorraquídeo (LCR) y que los niveles bajos de 5-HIAA en el LCR se asocian a agresividad y violencia».

Maltrato de menores: Los adolescentes que de niños han sido expuestos a malos tratos físicos continuados pueden adoptar conductas agresivas, tener dificultades para verbalizar sus sentimientos y experimentar la necesidad de expresarse físicamente. Pueden ser excesivamente desconfiados, malinterpretar situaciones y responder a ellas violentamente.

Otros factores: La propensión a la violencia se relaciona con disfunciones del sistema nervioso central (SNC) y signos de psicopatología grave. El trastorno de conducta disocial puede estar favorecido por el trastorno de hiperactividad/déficit de conducta y la disfunción o lesión en el SNC y el temperamento extremado del niño en la primera infancia. Estudios realizados sobre el temperamento sugieren que muchas desviaciones de conducta son consecuencia directa de la mala adecuación entre el temperamento del niño y sus necesidades y las prácticas de crianza de los padres.

Trastorno antisocial de la personalidad. Según Kaplan, Sadock y Grebb, (23) este trastorno «se caracteriza por los continuos actos criminales o antisociales, pero no es un sinónimo de criminalidad. Supone una incapacidad para adaptarse a las normas sociales que implica muchos aspectos del desarrollo de los pacientes».

Este trastorno es parecido al trastorno disocial, descrito en el apartado anterior.

Estadísticamente, en EE.UU. se constata que este trastorno puede alcanzar al 75% de la población carcelaria. Afecta al 3% de los hombres y al 1% de las mujeres. El inicio suele darse antes de los 15 años.

En el DSM-IV se establecen criterios para su diagnóstico como:

A. Un patrón general de desprecio y violación de los derechos de los demás que se presenta desde los 15 años, como lo indican tres o más de los siguientes ítems:

1. Fracaso para adaptarse a las normas sociales; perpetra repetidamente actos que son motivo de reclusión.
2. Deshonestidad; miente para sacar provecho.
3. Impulsividad o incapacidad para planificar el futuro.
4. Irritabilidad y agresividad que se demuestran en peleas físicas repetidas o agresiones.
5. Despreocupación imprudente por su seguridad o la de los demás.
6. Irresponsabilidad persistente, indicada por la imposibilidad de obtener un trabajo
con constancia o de hacerse cargo de obligaciones económicas.
7. Falta de remordimientos, como lo indica la indiferencia o la justificación del daño producido.

B. El sujeto tiene al menos 18 años.

C. Existen pruebas de un trastorno disocial que comienza antes de los 15 años.

D. El comportamiento antisocial no aparece exclusivamente en el transcurso de una esquizofrenia o un episodio maníaco. (24)

Como se ve, una de las diferencias fundamentales con el trastorno de conducta disocial es que en este caso se trata de personas adultas, mayores de 18 años.

Trastornos del control de los impulsos. El DSM-IV menciona los siguientes: *A)* Trastorno explosivo intermitente. *B)* Cleptomanía. *C)* Piromanía. *D)* Juego patológico. *E)* Tricotilomanía. *F)* Trastorno del control de los impulsos no especificado.

De todos estos trastornos sólo me referiré aquí al apartado A, como el más significativo. Muchas conductas punibles tienen su origen en este tipo de trastornos y el problema está en la dificultad de que la justicia se dé cuenta de la auténtica base de tales problemas para solicitar el informe del psiquiatra a fin de poder aplicar las pena justa y también para que estas personas puedan ser rehabilitadas,.Las siguientes características son comunes en estos trastornos (Kaplan, Sadock, Grebb): (25)

No pueden resistirse al impulso o tentación de llevar a cabo algunas acciones que son peligrosas para sí o para los demás. Puedan o no resistir conscientemente el impulso y puedan o no planear la acción.

Antes de cometer el acto, sienten un aumento de la tensión o activación.

Mientras cometen el acto sienten placer, gratificación o liberación.

El acto responde a los deseos conscientes de aquel momento del paciente. Después del acto pueden sentir arrepentimiento o no.

Estos trastornos parece que son el resultado de varias causas como las que señalan Kaplan, Sadock y Grebb: (26)

Factores psicodinámicos. Partiendo del hecho de que un impulso «es una disposición a actuar con el fin de disminuir la tensión aumentada causada por la urgencia de los impulsos instintivos o por la disminución de las defensas del yo contra éstos».

A juicio de Aichhorn, (27) después de trabajar con delincuentes jóvenes, este tipo de conductas está relacionado con un superyó con estructuras del yo débiles que irían asociadas a un trauma psíquico en la infancia.

En opinión de Fenichel, (28) esta conducta impulsiva se debería al hecho de querer controlar la ansiedad, la culpa, la presión y otros afectos dolorosos mediante la acción. Pretenderían aliviar el dolor.

Kohut (29) lo relaciona con el self (sí mismo). Supone que estas conductas impulsivas incontroladas se dan como resultado de no encontrar en las relaciones significativas de sus vidas la respuesta positiva esperada, lo cual provocaría la fragmentación de su self. Estas conductas, pues, serían intentos de recomponer y cohesionar su yo.

Winicott (30) pensaba que esta conducta impulsiva o desviada era el modo como el niño deseaba recuperar el amor de su madre, más que renunciar a él.

Factores biológicos. Las conductas abiertamente violentas han sugerido unas bases orgánicas en trastornos hormonales como de la testosterona, en el sistema neurotransmisor serotoninérgico y en los sistemas noradrenérgico y dopaminérgico.

Estos trastornos pueden provenir de la niñez, cuando se ha sufrido del trastorno por déficit de atención con hiperactividad.

Factores psicosociales. Parece que son importantes los acontecimientos vitales, los modelos inadecuados de identificación en la infancia y los ejemplos que se han recibido, por ejemplo, violencia en casa, el alcohol, etc., y la influencia del entorno social.

Trastorno explosivo intermitente. Lo presentan personas con episodios aislados de pérdida del control de los impulsos agresivos, que atacan seriamente a los demás o a la propiedad privada. El grado de su agresividad es desproporcionado a lo que haya podido causarlo. Puede gestarse en cuestión de minutos u horas y remitir del mismo modo. Suelen sentir arrepentimiento y luego se autorreprochan por ello. Entre cada episodio no suelen presentar agresividad. Este trastorno no debe confundirse con la esquizofrenia ni con el trastorno antisocial o borderline de la personalidad u otros.

Un trastorno parecido es el de «personalidad epileptoide», que se da en personas que sufren epilepsia, especialmente cuando no está controlada.

Este trastorno es mucho más común entre los hombres (80%) que entre las mujeres (2%).

Se cree que alguna anomalía fisiológica en el sistema límbico pueda ser la responsable de la mayoría de episodios de violencia. Otros investigadores lo atribuyen a un descenso de la inhibición de la conducta, como si se perdiera la noción de que las conductas antisociales o criminales son castigadas, porque existe evidencia de que «las neuronas serotoninérgicas condicionan la inhibición conductual. Un descenso en la transmisión serotoninérgica provoca un descenso del efecto del castigo como agente de contención de la conducta». (31)

Como factores predisponentes los mismos autores citan: «Traumatismos perinatales, crisis en la infancia, encefalitis, disfunción cerebral mínima e hiperactividad».

Otros investigadores encuentran como determinantes primordiales factores familiares y sociales negativos en la infancia, como la frustración temprana, la opresión y la hostilidad que se han señalado como elementos predisponentes. Todo cuanto pueda recordar, aun simbólicamente, las deprivaciones sufridas serán objeto de su agresión.

Los demás trastornos apuntados no los trato ya que numéricamente no son significativos en la población reclusa.

El suicidio. Suicidarse es el acto de suprema violencia ejercida contra uno mismo y de modo voluntario, percibido como la mejor solución para resolver problemas que se presentan como insalvables. Se asocia a sentimientos de profunda desesperación, desamparo, a la necesidad de escapar al entorno y a la propia vida. También como un modo de castigar a otro.

No es raro que se produzcan tales actos en los centros penitenciarios, a pesar de la vigilancia. Llama la atención el hecho de que crezca el número de suicidios entre la gente joven. Por ejemplo, en EE UU entre 1970 a 1980 creció en un 40% en personas entre 15 y 24 años. La tasa de suicidios en la población general va desde 25/100.000 habitantes en Escandinavia, Suiza, Alemania, Austria, países europeos del Este y Japón hasta un mínimo de 10/100.000 habitantes en España, Italia, Irlanda, Egipto y Países Bajos. (32)

Entre los enfermos que se suicidan, el 95% presentaban trastornos mentales diagnosticados. Entre ellos el 80% eran depresivos, el 10% esquizofrénicos y el 5% enfermos con demencias o delirios. (33) Un grupo de pacientes significativamente susceptibles a él es el de los enfermos de SIDA.

Causas del suicidio. Dentro de la enorme complejidad del tema, se han apuntado como causa factores psicológicos, entre ellos:

Teoría de Menninger. En su obra *El hombre contra sí mismo*, Karl Menninger, basándose en las ideas de Freud, ve el suicidio como un homicidio invertido o como un instinto de muerte autodirigido. En el suicidio considera que existen tres componentes: el deseo de matar, el deseo de ser matado y el deseo de morir.

Otros autores más recientes han estudiado las fantasías de personas con intentos de suicidio y encuentran en ellas: «deseos de venganza, poder, control, o castigo; para expiación de una culpa, sacrificio, o reparación; para escapar o dormir; o para salvarse, renacer, reunirse con la muerte, o una nueva vida». (34)

Predicción del suicidio. Pueden señalarse como significativas, de alto riesgo, según Adam, (35) las siguientes características:

Edad alrededor de los 45 años, hombre, divorciado o viudo, desempleado, relaciones interpersonales conflictivas, ambiente familiar caótico, enfermedad crónica, hipocondríaco, consumo excesivo de sustancias o alcohol, depresión grave, psicosis, trastorno de la personalidad grave, desesperanza. Múltiples tentativas de suicidio, planificado, inequívoco deseo de morir, autoculpabilidad. Recursos personales: escasos logros, escasa introspección, escasa vida afectiva o poco controlada. Vida social: escasas relaciones, socialmente aislado, indiferencia hacia la familia.

EL PROBLEMA DE LAS DROGAS EN LOS CENTROS PENITENCIARIOS

Aparte de las ideas generales sobre este problema expuestas en el apartado correspondiente de este mismo capítulo, referidas a la juventud en general, aquí voy a referirme al aspecto específico que reviste este problema en los centros penitenciarios.

La adicción a cualquier droga dura es un grave perjuicio para la salud de quien la consume, y puede acarrearle la muerte a corto o largo plazo. Pero en los centros penitenciarios (CP) existe otro riesgo mortal, y es el del contagio del virus de la inmunodeficiencia humana (VIH), que se transmite por vía parenteral (UDVP) al compartir una misma jeringuilla sin esterilizar. En estos centros, ésta es la causa, además de la falta de precauciones en las relaciones sexuales, del contagio y la propagación del virus.

Marco Mauriño, Martín Sánchez y Garrote Cuevas (36) aportan los siguientes datos referidos a España.

—Ha consumido drogas por vía parenteral antes del ingreso en prisión el 40-50%.

—Se sigue consumiendo droga, por vía parenteral (UDVP) especialmente, en los CP, pero se carece de datos dado que está prohibido su consumo.

Casos de SIDA en centros penitenciarios dependientes del Estado español, según el SEAP (37) y los existentes en Cataluña, según la DGSPIR (38)

	1985	1986	1987	1988	1989	1990	1991	1992	1993	1994
SEAP					221	594	1047	1315	1661	2280
DGSPIR	1	6	39	109	206	261	360	512	687	850

La tendencia general es al descenso de nuevos casos por las medidas de prevención que se utilizan. Sin embargo, la primera causa de muerte en los CP en 1994 fue la infección por VIH/SIDA. La tasa de mortalidad fue del 1,89 por 1.000 internos en los centros dependientes del Ministerio de Justicia.

La tuberculosis. Ésta es una de las enfermedades contagiosas que se consideraba erradicada en la sociedad del bienestar y que en los últimos años ha vuelto a hacer su aparición, especialmente asociada al SIDA. Aparece en el 50% de los casos de quienes padecen esta enfermedad.

Trastornos que pueden padecer estos enfermos

El sida. Kaplan, Sadock y Greeb (39) citan los siguientes:
Demencia. Causada por la enfermedad por VIH; otros presentan encefalopatía y otros trastornos por infecciones, neoplasias y anomalías del SNC. La aparición de demencia es de mal pronóstico ya que entre el 50% y el 75% de pacientes con demencia mueren a los seis meses.
Delirium.
Trastornos de ansiedad. Son frecuentes los trastornos de ansiedad generalizada, de estrés postraumático y obsesivo compulsivo.
Trastornos de adaptación. Aparece este trastorno en el 5%-20% de los casos, con carácter ansioso o depresivo. Es más alta su incidencia en soldados y en presos.
Trastornos depresivos. Afectan del 4% al 40% de la población infectada. Es mayor en la fase previa a declararse la infección.
Abuso de sustancias. Se da en aquellos internos que buscan consumir drogas para aliviar su ansiedad o depresión.
Suicidio.
«Worried well». Pertenecen a este grupo aquellas personas que siendo seronegativas viven angustiadas temiendo el contagio.

La tuberculosis. El estrés crónico o agudo suele estar en el inicio y el empeoramiento de la tuberculosis, que en la actualidad se asocia con frecuencia, como complicación, con la infección por virus de inmunodeficiencia adquirida.

La tuberculosis en sí misma no genera trastornos psiquiátricos a menos que ya existieran latentes en el afectado. Sin embargo, pueden presentar al comienzo de la enfermedad confusión mental subaguda, acompañada de ansiedad, ideas delirantes y alucinaciones múltiples, según Ey, Bernard y Brisset, (40) pero este estado suele ser transitorio y desaparece con la mejoría o curación de la enfermedad.

Los mismos autores señalan que pueden presentarse cuadros de neurosis reactivas a la situación de internamiento en un sanatorio para su recuperación.

Desde siempre se han detectado en los enfermos de tuberculosis unas reacciones psicológicas características, y no se trata, pues, de trastornos psiquiátricos, como los siguientes:

Hiperestesia, es decir una supersensibilidad a todos los estímulos. «El enfermo se hace rápidamente irritable, sensible en extremo, se excita con suma facilidad al más ligero estímulo del ambiente que le rodea. Esta hiperestesia abarca toda clase de sentimientos, desde la amistad al odio, pero se encuentra principalmente en los de tipo amoroso: el arte, el sol, la naturaleza, la ciencia, la vida, la mujer, etc...» (41), El mismo autor, hace 50 años, atribuía esta hiperestesia a la modificación de la actividad de las glándulas tiroides, que favorecía la hiperexcitabilidad. El mismo autor (42) señala: egocentrismo, sugestibilidad, bondad, misticismo, ironía, sensualidad.

EL FENÓMENO SOCIAL DE LA VIOLENCIA

No se puede eludir este tema genérico al hablar de instituciones penitenciarias por lo que se ha indicado anteriormente: el recluso es un reflejo de la sociedad en la que vive.

En EE.UU., según Phillips, (43) la violencia ha adquirido proporciones de epidemia y de crisis nacional. La criminalidad ha crecido el 82% entre los años 1984 y 1994 y se produjeron 2.700.000 detenciones en 1994. Los homicidios entre jóvenes de entre 18-34 años son la primera causa de muerte.

En España, la violencia, afortunadamente, no ha adquirido tamañas proporciones, pero es cierto que ha aumentado. En Cataluña había 3.485 personas encarceladas en 1985, mientras que en 1993 había 6.500. (44)

El doctor Phillips, ya mencionado, experto en esta cuestión por la American Psychiatric Association, en el X Congreso Mundial de Psiquiatría (Madrid, 1996) apuntó como causas de la violencia: la desintegración de la familia; el consumo cada vez mayor de drogas; el fácil acceso a las armas de fuego. Se refirió también a la apología de la violencia por parte de la televisión y el cine.

A este respecto, es útil recordar de qué modo estos dos medios contribuyen a ello. En primer lugar presentando con tanta frecuencia escenas de violencia, lo cual hace que lleguen a considerarse como algo normal, casi indispensable en nuestra vida. Con ello se hace perder al espectador la sensibilidad ante el dolor, aprende modos de ejercer actos violentos, con lo que las películas y hasta los anuncios televisivos se convierten en una auténtica universidad del delito o del crimen.

No se comprende cómo las autoridades responsables no actúan, a pesar de que se ha demostrado ya la relación directa entre la violencia en las pantallas y el aumento de la criminalidad. Se dirá que la pantalla refleja la sociedad, pero también crea y fomenta hábitos violentos en donde no existían antes.

Conductas antisociales sin eximente por problemas psiquiátricos

Sutherland (45) defendió la idea de que no se puede explicar el comportamiento desviado en términos de frustración, condicionamientos biológicos o anormalidades psicológicas, y otras semejantes. Al contrario, para él, el comportamiento desviado se aprende, al igual que el comportamiento convencional, a través de un proceso de asociación diferencial, a través de la interacción con los demás, que nos influyen a seguir caminos convencionales o caminos desviados.

Sutherland y Cassey (46) tratan de explicarlo a través de nueve proposiciones:

1. La conducta criminal es aprendida.

2. La conducta criminal es aprendida a través de otras personas en un proceso de comunicación.

3. La parte esencial de este proceso de aprendizaje de una conducta criminal se da dentro de grupos personales íntimos.

4. Cuando la conducta criminal es aprendida, el aprendizaje incluye: a) técnicas de cometer el crimen, que a veces son muy complicadas o muy simples; b) la dirección específica de los motivos, las acciones, las racionalizaciones y las actitudes.

5. La dirección específica de los motivos y acciones es aprendida de las definiciones que dan los códigos legales como favorables o desfavorables.

6. Una persona se convierte en delincuente debido a un exceso de definiciones favorables a la violación de la ley sobre definiciones desfavorables a esta violación.

7. La asociación diferencial puede variar en frecuencia, duración, prioridad e intensidad.

8. El proceso de aprendizaje de un comportamiento criminal por asociación con patrones criminales y anticriminales envuelve todos los mecanismos contenidos en cualquier proceso de aprendizaje.

9. Mientras que el comportamiento criminal es una expresión de necesidades generales y de falta de valores éticos, esto no explica el por qué de tal comportamiento, dado que otras personas con las mismas necesidades o falta de valores tienen unos comportamientos no criminales.

De todo ello se deduce la gran importancia que reviste la educación, como prevención.

La conducta antisocial en el adulto está tipificada en el DSM-IV y se refiere a ella en los términos siguientes: «Esta categoría puede utilizarse cuando el objeto de atención clínica es una conducta antisocial en el adulto que no se debe a un trastorno mental (por ejemplo, un trastorno de conducta, un trastorno antisocial de la personalidad o un trastorno del control de los impulsos). Ejemplos de estas conductas son algunos ladrones profesionales, los traficantes de sustancias ilegales o los timadores».

«Las personalidades antisociales son extravertidas e inestables emocionalmente y se caracterizan por la hostilidad, la rebeldía social y la ausencia de conductas emocionales de miedo ante el castigo y las situaciones arriesgadas, así como por los comportamientos impulsivos, la baja tolerancia a la frustración y la dificultad para la demora del reforzamiento.» (47)

Hare (48) trazó una escala para evaluar las características personales y psicosociales de estas personalidades:

Psychopathy Checklist-Revised (PCL-R) (Hare, 1991)
1. Locuacidad y encanto superficial (1).
2. Sentido desmesurado de autovalía (1).
3. Necesidad de estimulación constante y tendencia al aburrimiento (2).
4. Tendencia patológica a mentir (1).
5. Manipulación de los demás (1).
6. Ausencia de remordimiento o de culpa (1).
7. Afectos superficiales y poco profundos (1).
8. Insensibilidad y falta de empatía (1).
9. Estilo de vida parásito (2).
10. Ausencia de autocontrol (2).
11. Conducta sexual promiscua.
12. Problemas de conducta en la infancia (2).
13. Falta de objetivos realistas y a largo plazo (2).
14. Impulsividad (2).
15. Irresponsabilidad (2).
16. Incapacidad de aceptar la responsabilidad de las propias acciones (1).
17. Diversas relaciones matrimoniales de corta duración.
18. Delincuencia juvenil (2).
19. Revocación de la libertad condicional (2).
20. Variabilidad en los delitos.

Factor 1: Deterioro de la afectividad y de las relaciones interpersonales.
Factor 2: Estilo de vida impulsivo, antisocial e inestable.

Cada uno de los 20 ítems de la escala se califica con 3 puntos. El diagnóstico de psicopatía es de 30 puntos, con un rango de 0 a 40. (49)

Robins (50) señala los problemas significativos en cada una de las áreas siguientes:

—Problemas laborales 85.
—Problemas conyugales 81.
—Dependencia económica 79.
—Detenciones 75.
—Abuso de alcohol 72.
—Problemas académicos 71.
—Impulsividad 67.
—Conducta sexual 64.
—Problemas en la adolescencia 62.
—Vagabundeo 60.
—Beligerancia 58.
—Aislamiento social 56.
—Evitación del servicio militar 53.
—Falta de sentido de culpabilidad 40.
—Quejas somáticas 31.
—Utilización de alias 29.
—Mentira patológica 16.
—Abuso de sustancias 15 (1).
—Intentos de suicidio 11.

Dado que este estudio data de 1966, en la actualidad es mucho más elevado el consumo de drogas por este tipo de personas ya que, debido a la «necesidad de estimulación constante y tendencia al aburrimiento» (ocupa el tercer lugar en la citada lista PCL-R de Hare), estas personas suelen buscar en las drogas la satisfacción de estas necesidades.

Kaplan, Sadock y Grebb (51) estiman que entre la población general este tipo de conducta oscila entre el 5% y el 15%. En los centros penitenciarios esta proporción va del 20% al 80%, dependiendo del tipo de centro. Es más frecuente entre los hombres que entre las mujeres.

Etiología. **Factores genéticos:** existen estudios que apoyan la hipótesis de la existencia de causas genéticas que pudieran explicar tales conductas, como antecedentes hereditarios y familiares; estas causas genéticas quedarían demostradas por una concordancia del 60% entre gemelos monocigóticos y el 30% en gemelos dicigóticos, así como por anormalidades durante los períodos prenatal y perinatal. (52) McCord (53) señala posibles causas cromosómicas y de disfunción neurofisiológica.

Factores biológicos: a través del electroencefalograma (EEG), las tomografías computadorizadas (TC) y las resonancias magnéticas nucleares (RMN) se han descubierto diversas patologías como un bajo nivel de excitación cortical (arousal), epilepsia del lóbulo temporal o encefalitis. Entre los criminales se estima que el 50% de ellos presenta este tipo de anomalías. (54)

Cantero (55) señala como características básicas, derivadas de factores biológicos:

1. *Un bajo nivel de excitación cortical (arousal):* podría ser el causante de la necesidad de estimulación constante que experimentan, por lo que no soportan la rutina. De ahí surgen, por ejemplo, los problemas laborales. Búsqueda del riesgo y el desafío.

2. *Incapacidad de condicionamiento:* dificultad parcial de aprendizaje, especialmente con métodos aversivos, son incapaces de aprender de experiencias pasadas y también presentan problemas de aprendizaje social.

3. *Ansiedad:* baja ansiedad que podría derivarse del bajo nivel de excitación cortical o del reducido rango de valores que poseen (Wells). (56) Para estas personas sólo existe lo inmediato. Se mueven por intereses inmediatos y narcisistas. Ven las situaciones más como un desafío que como una amenaza, según Likken (57) y Haren. (58)

Factores familiares y sociales. La deprivación emocional en la infancia, rechazo, malos tratos o abusos por parte de los padres o del entorno, crueldad o disciplina inconveniente sufrida en la infancia, pueden ser agentes causales de la conducta antisocial según Jenkins, (59) McCord. (60) En una investigación posterior, McCord (61) encontró una alta incidencia de conductas psicopáticas en hijos de padres delincuentes, agresivos y alcohólicos.

La clase social parece que es significativa, si bien en todas las clases sociales se dan sujetos con este tipo de conductas; sin embargo, en un entorno de deprivación económica existen más necesidades y motivaciones.

APLICACIÓN DE LA MUSICOTERAPIA

En el capítulo correspondiente a psicología de la música traté el tema acerca de la efectividad de la música como modificadora de conductas sociales, como resultado del poder de la música sobre el ser humano; véase Radocy, Boyle. (62)

En ello reside la razón de por qué debe utilizarse la música en estos centros en los que una de las finalidades es la reinserción social del interno, o sea, el cambio de modos de conductas delictivas.

Gaston (63) ya trató el tema acerca de la relación de la música con el comportamiento humano, de tal modo que afirmó: «La música y sus influencias pueden ser estudiadas científicamente utilizando los métodos de las ciencias del comportamiento».

Madsen, Cotter y Madsen (64) afirman: «La musicoterapia es un método de modificación del comportamiento y, por ello, automáticamente puede ser enmarcada dentro de la esfera del movimiento de las terapias del comportamiento».

Utilizaron esta técnica, entre otros, Greer, (65) Wright, (66) Tunks, (67) Greene, Heats, Harnich. (68)

No abundan los artículos publicados sobre el tema concreto que nos ocupa, pero sí deben citarse los de Madsen, Cotter y Madsen, (69) que tratan de la utilización de la música como técnica modificadora del comportamiento de un delincuente juvenil y Thaut, (70) (71) (72) que se refiere a la utilización de la musicoterapia en los centros penitenciarios.

En Alemania se ha utilizado la música en la rehabilitación de presos desde hace 20 años al menos. Por ejemplo, han podido predecir el grado de cambio en la personalidad del recluso de acuerdo con el tipo de música que prefería. Reclusos con conductas criminales han pasado de elegir exclusivamente música pop o rock a deleitarse con la música de Bach y Händel, preferentemente, coincidiendo con su cambio positivo de conducta.

Otro ejemplo de la utilización de la música y su auténtica eficacia, pero terriblemente negativo por su objetivo, fue en los campos de concentración nazis. La música, marchas y canciones folclóricas austríacas y alemanas fueron utilizadas para acrecentar las energías físicas de los presos en vistas a un mejor rendimiento laboral o para elevarles la moral cuando convenía a sus carceleros; nunca con fines humanitarios. Y funcionaba. Sin embargo, no es extraño que los supervivientes odien aquel tipo de música, en sí alegre y energizante. Un ejemplo más de la necesidad de personalización de las sesiones de musicoterapia, ya que cada ser humano es distinto en cuanto a recuerdos y preferencias.

Con otra finalidad, la música de Wagner era la preferida de Hitler y la que impuso como signo de afirmación de raza superior.

En Estados Unidos, la Fundación Rockefeller convocó dos conferencias en Nueva York, en 1976 y 1977, sobre el tema El rol curativo de las artes (musicoterapia, arte terapia, danza terapia, psicodrama). Participaron los presidentes de importantes fundaciones como la Rockefeller, ya mencionada, la Maurice Falk Medical Foundation, y representantes de la Health W. K. Kellogg Foundation, Robert Wood Johnson Foundation, Exxon Corporation, Xerox Corporation, Sears Roebuck Foundation y Chemical Bank.

Por parte de sanidad, el director ejecutivo de la Comisión Presidencial en Salud Mental, el director del National Institute of Mental Health, doctor Bertram

Brown; un ejecutivo de la Comisión Presidencial en Salud Mental, el National Institute on Drug Abuse y el National Institute on Alcohol Abuse and Alcoholism.

Del Estado de Nueva York, asistieron los máximos representantes de Comisiones de Salud Mental, de programas contra las drogas, Bienestar Social y Atención a la Juventud y Tercera Edad.

Además, estuvieron presentes el director del National Institute for Education, el presidente de la National Association for Music Therapy, Richard Graham, y Wanda Lathom como destacada profesional; además de representantes de American Dance Therapy Association, American Art Therapy Association, American Society of Group Psychotherapy and Psychodrama.

Pero me interesa resaltar aquí la presencia, en aquellas dos reuniones, de personalidades relacionadas con el asunto que nos ocupa, como una representante del Federal Bureau of Prisons, el director y el jefe de Programas del National Institute of Corrections (correccionales), el director del Departamento de la Juventud del Estado de Nueva York y un comisionado de la Oficina de Rehabilitación Vocacional del Estado de Nueva York.

En estas reuniones, el doctor Richard L. Mitchell, (73) jefe de Programas de los Servicios Correccionales del Estado de Nueva York, aportó los datos siguientes:

En el estado, en 1977, existían 26 prisiones que custodiaban a 17.000 hombres y mujeres, así como a 13.000 personas más en libertad condicional. Existe una prisión de máxima seguridad, Auburn. El departamento cuenta con 10.000 empleados y 8.000 voluntarios. En el año fiscal de 1975-1976 se emplearon 192 millones de dólares, de los que 33,6 millones se utilizaron en programas para los internos. La finalidad de la prisión es la custodia y la rehabilitación para la reincorporación en la sociedad.

El doctor Mitchell es un defensor de la utilización de la música y las artes plásticas en las prisiones, y en esta intervención empezó citando a Rollo May: «No existe ser humano que pueda vivir mucho tiempo sin un cierto sentido de su propia significancia, tanto si la adquiere disparando fortuitamente a una víctima en la calle como mediante un trabajo constructivo, o a través de comportamientos psicóticos en un hospital, o fantaseando; él ha de sentir "yo cuento para alguien", y ha de ser capaz también de sobreponerse a esta necesidad de sentirse significante». (74)

Se lamenta el doctor de que con demasiada frecuencia la idea antigua de que «no se puede gobernar una prisión sin el látigo» aún subsista en los oficiales de prisiones; sin embargo, cita un hecho que viene a demostrar la importancia de la utilización de la música como ayuda a la pacificación de los reclusos. Fue en la prisión de máxima seguridad de Auburn. Se hizo representar en la prisión el musical Black is a Rainbow, y tanto los oficiales como los reclusos se mostraron excitados y entusiasmados. Esta experiencia ayudó mucho a aminorar la tensión que se había generado entre los que iban a abandonar la prisión y los que se quedaban. «Las artes no sólo ayudan a humanizar este entorno, ayudan a guardar la seguridad». Y añadió la idea de que a la salida de la prisión, la comunidad relacionada con el arte debería ayudar dando trabajo a estas personas. (75)

Musicoterapia en un Centro Penitenciario, ¿por qué?

El primer contacto que tuve con un centro penitenciario fue en 1995, al ser invitada a hablar a los internos, unos 40, del centro penitenciario La Modelo de Barcelona acerca de cómo podían ayudarse con la música, dado que quien más quien menos cuenta con un simple transistor o un radiocasete. Se trató, pues, de musicoterapia preventiva al aconsejarles qué tipos de música podían ayudarles según fueran sus estados de ánimo. La reacción de los internos fue muy positiva por el interés y el entusiasmo demostrado por el tema. Muchos pidieron que hubiera continuidad. Desgraciadamente, la Administración no ha abierto todavía las puertas al musicoterapeuta. Pero estos profesionales tienen su lugar en estos centros por las siguientes razones, entre otras:

1. De acuerdo con lo expuesto en los apartados anteriores, es un hecho que en los centro penitenciarios existen personas con graves problemas psíquicos, o en grave riesgo, y personas enfermas, las cuales se beneficiarían enormemente de las sesiones de musicoterapia, a nivel emocional y psíquico, y hasta físico.
2. En estos centros existe el equipo de tratamiento compuesto por médicos, psicólogos clínicos y educadores, que atienden a los que más lo necesitan; sin embargo, el número de internos que precisan atención psicoterapéutica es superior al que pueden atender, dado que una función del psicólogo clínico es la de evaluar a través de los tests, lo cual le impide dedicar todo el tiempo que quisiera a labores de psicoterapia.

La labor específica del musicoterapeuta se complementa perfectamente con la de los profesionales mencionados; es un miembro más del equipo de tratamiento, que trabaja en equipo, con ellos.

3. La finalidad específica de la musicoterapia es atender a la vida emocional del interno a través del arte de la música y de la danza, lo cual supone una labor distinta, pero complementaria, a la del psiquiatra y psicólogo, y sin embargo, insustituible.

4. Las observaciones clínicas que puede hacer el musicoterapeuta durante las sesiones pueden ser de gran interés para el psiquiatra y el psicólogo clínico, ya que el interno se expresa con mayor libertad a través del lenguaje preverbal y emocional que es el de la música y la danza. Además, ayuda a ello la especial estructuración de las sesiones, en las que es primordial el dar posibilidades de expresión libre.

5. Las sesiones pueden ser un medio de coadyuvar al restablecimiento de internos con problemas psiquiátricos.

6. Las sesiones pueden ser un medio de prevención de problemas psiquiátricos graves como los mencionados anteriormente.

7. Pueden aportar calidad de vida, pacificación en situaciones conflictivas, aceptación de la realidad, afirmación del yo, socialización, alegría...

FUNCIÓN DEL MUSICOTERAPEUTA EN EL CENTRO PENITENCIARIO

La privación de libertad es el hecho capital con el que tiene que enfrentarse el interno y que ningún terapeuta, ningún educador, ningún funcionario, puede remediar. Es un hecho temporalmente irreversible y que hay que aceptar.

Lo que sí puede hacer el musicoterapeuta es:

Ser una presencia. Muchos internos no reciben la visita de nadie. O carecen de lazos afectivos significativos o los han perdido desde su ingreso. Para ellos, los funcionarios y los compañeros son su familia. La mayoría sí cuenta con esos lazos afectivos fuera, pero no allí. Por tanto, el terapeuta y los funcionarios debieran ayudar a sobrellevar el estado de ánimo que ello comporta.

Acoger. La acción de acoger emocionalmente a otro es condición prioritaria en todo acto terapéutico. Es simplemente la base de toda convivencia.

No juzgar. En este contexto, es imprescindible que el interno no se sienta enjuiciado permanentemente, y menos en terapia. Hay que aceptarle tal como es y que el interno lo perciba.

Compartir, participar de los sentimientos del interno. En este sentido, el terapeuta ha de implicarse, de lo contrario su acción puede ser nula. Tiene que ser capaz de unirse al dolor del interno y que éste lo perciba. Prestarle ayuda emocional y moral en todo cuanto esté en su mano dentro de los límites de su función, los legales y los éticos.

Respetar sincera y profundamente a cada interno. Si el terapeuta respeta al interno, el interno respetará al terapeuta, sin duda.

Mostrarse como un ser humano en ayuda de otro ser humano. Y en igualdad. Emocionalmente no se puede ayudar a nadie si uno se coloca en un plano de superioridad. Tal vez es indispensable recordar aquí el sabio dicho popular: «Nadie puede decir de esta agua no beberé», así como la importancia del entorno social en el que se ha vivido como generador de delincuencia o de no delincuencia. Y que no ha sido por méritos propios el haber nacido en un medio socialmente «sano» o al contrario, como punto de partida en la vida.

Si el profesional descuida alguno de estos aspectos, su acción podrá ser técnicamente perfecta, pero se verá bloqueada por el rechazo del interno en niveles profundos de su personalidad y, por ello, los resultados de su acción terapéutica, preventiva o curativa pueden ser inexistentes o muy superficiales. El ser humano necesita para su equilibrio ser tratado como tal, ser valorado.

Atender a la totalidad de su ser, también, como persona espiritual. El ser humano es mucho más que «alma y cuerpo». Es también espíritu. Viktor Frankl escribió: «Pues en ningún caso es correcto —como muy a menudo acaece— hablar del hombre como una "totalidad de cuerpo y alma": el cuerpo y el alma pueden formar una unidad, algo así como lo psicofísico "unitario", pero nunca jamás sería capaz esta unidad de representar la totalidad humana. A ésta, a todo el hombre, hay que añadir también lo espiritual, y pertenece al hombre incluso como lo más propio. En tanto se hable sólo de cuerpo y alma, no puede hablarse eo ipso de totalidad». (76)

El terapeuta, tal como ya dije en un capítulo anterior, no impone nunca sus creencias, no impone nada, sino que simplemente trata de ser un apoyo a la vida espiritual de cada persona, independientemente de sus creencias religiosas, siempre y cuando no sean nocivas, o carentes de todo sentido común. Este aspecto íntimamente personal puede ser de gran importancia para ayudar al paciente a sobreponerse a situaciones dramáticas, a sublimarlas, o para serenar el espíritu, y también para ayudarle a encontrar sentido a la vida, la gran cuestión. Pero todo esto dentro del marco de una absoluta libertad personal y exclusivamente en tanto en cuanto sea terapéutico para el interno. El terapeuta nunca impone, simplemente sugiere. La música religiosa es un medio muy idóneo para sugerir, sin imponer.

Objetivos generales:
¿qué pueden aportar las sesiones de musicoterapia al interno?

De acuerdo con lo expuesto al comienzo, en el apartado «Qué supone la reclusión para el interno», las sesiones de musicoterapia pueden ayudar al recluso a:

1. Paliar los efectos emocionales negativos de la separación de la familia y de los amigos.
2. Puede ser un medio muy eficaz de socialización: contribuir a un mejor conocimiento
de los demás, a establecer relaciones de amistad positivas, etc.
3. Pueden contribuir a paliar los efectos de situaciones agresivas o evitarlas.
4. Pueden contribuir a paliar los efectos negativos del internamiento rompiendo la monotonía diaria y aportando alegría.
5. Pueden ayudar a no perder el sentimiento de la propia dignidad en contra del sentimiento de la masificación.
6. Ayudar a aceptar la realidad.
7. Ayudar a saber encontrar y ver el lado positivo de la vida, de las personas y de las circunstancias.
8. Ayudar a fortalecer el ánimo ante la adversidad.
9. Ayudar a que cada uno encuentre sentido a su vida.
10. Ayudar espiritualmente, de un modo indirecto.
11. Preparar al interno para su regreso a la sociedad.

Metodología

Para la consecución de los objetivos enumerados puede utilizarse la mayor parte de los métodos de musicoterapia para adultos expuestos en el capítulo correspondiente, especialmente:

—Sensibilización musical: Audiciones musicales comentadas.
—Audición musical: Método GIM. «Viajes musicales» (Cid-Poch).
—Improvisación musical en grupo.
—Canto. Composición de canciones.
—Dramatizaciones musicales. Composición de obras musicales.
—Psicodrama musical.
—Aprender música: solfeo y tocar un instrumento.
—Formación de conjuntos musicales, etc.

Organización

El trabajo en un centro penitenciario obliga a ajustarse escrupulosamente a las normativas y directrices legales vigentes y las especiales de cada centro.

La organización del servicio de musicoterapia, en cuanto a qué tipo de internos se atiende, dependerá de las necesidades de cada centro penitenciario o de las prioridades que la dirección del centro tenga planteadas. Puede atenderse en primer lugar a los que precisen atención con más urgencia, como son los enfermos con problemas psiquiátricos, los enfermos de SIDA, los tuberculosos, y atender con menor frecuencia a los demás, como prevención.

La asistencia a las sesiones de musicoterapia ha de ser totalmente voluntaria, para que pueda ser efectiva. Deberá trabajarse individualmente en determinados casos, pero en general será un trabajo en grupo. Éstos debieran ser lo más homogéneos posible, lo cual permite una mayor individualización dado que al menos, aunque cada ser humano es diferente, existe algo en común cuando el problema o enfermedad es la misma.

Los grupos más homogéneos parece que pueden ser:

A) Internos con trastornos de adaptación al medio.

B) Internos con trastornos depresivos.

C) Internos con trastornos de conducta por causas psiquiátricas, claras.

D) Internos con conductas antisociales, sin eximentes por enfermedad mental.

E) Enfermos de SIDA en fase avanzada o enfermos terminales de otro tipo.

Para el resto de la información, consúltese el capítulo «Organización».

Aplicación de la musicoterapia a los diversos grupos

Internos con trastornos de adaptación al medio: Este grupo estará compuesto por los reclusos recién ingresados y por los internos que no han superado aún su ingreso en prisión. La finalidad de las sesiones ha de ser la de ayudarles a aceptar su nueva situación y así prevenir el que por no aceptarla, enfermen. Una labor prioritaria, pues, es la de atender a los recién llegados dándoles apoyo, incorporándoles a grupos de musicoterapia adecuados a sus características personales para evitar el que se sientan absorbidos por los grupos de presión o «mafias», o simplemente por malas compañías. En este grupo es muy importante:

Darles posibilidad de expresión verbal y musical de sus problemas mediante técnicas tales como:

—Dibujar con música de fondo (anotar cuidadosamente la pieza escuchada durante la realización de cada dibujo o pintura con la fecha, para poder estudiar la evolución).
—«Improvisación musical», con instrumentos Orff o instrumentos folclóricos (grabar las sesiones con la fecha, para poderlas evaluar y comparar).
—Cantar canciones conocidas. Componer canciones. Componer musicales.
—Concursos de adivinar el nombre de la canción, el compositor y el cantante.
—Concursos de adivinar a qué película corresponde una composición determinada.
—Concursos de adivinar composiciones musicales.
—Concursos de adivinar a qué país corresponde una música folclórica determinada.
—Actuaciones en directo de canto o interpretación instrumental.
—Actuaciones de mimo, con música de fondo.

Ayudarles a aceptar la realidad tal como es. Para ello es importante el que en las sesiones se hable de sus problemas reales y de cómo enfrentarse a ellos.

Tanto en el trabajo con enfermos mentales como con toda persona que esté sometida a situaciones que le causen dolor físico, psíquico o moral, no tiene sentido el organizar las sesiones con la finalidad única de que se distraigan, de que lo pasen bien, de que se diviertan: todo esto constituye la base de lo que podemos llamar recreación. Los internos recién ingresados son personas que sufren y por ello rehúyen lo superficial. Lo que buscan son soluciones a sus problemas, en primer lugar. La distracción, el pasarlo bien, viene después y forma parte de las sesiones en su momento adecuado.

Para ayudarles a aceptar su realidad en las sesiones pueden plantearse temas vitales en la vida de todo ser humano para que hablen de ellos y puedan profundizar en los mismos.

El musicoterapeuta puede utilizar técnicas de psicoterapia breve, como por ejemplo la psicoterapia interpersonal (TIP) para enfermos depresivos, (77) (78) (79) u otro tipo de psicoterapia como por ejemplo la logoterapia de V. Frankl. (80) Muchos internos se sienten más interesados en hablar de cosas profundas que de superficialidades.

Darles soporte emocional. En cada sesión de musicoterapia es prioritario el atender la parte emocional, la parte conflictiva de la vida de cada interno. Por tanto, es preciso que, después de una introducción musical, audición o canto de alguna pieza preferida por todos se planteen los problemas más acuciantes de cada interno, en el aquí y ahora.

Para conocer el estado de ánimo básico de cada interno es útil empezar —después del saludo personalizado a cada componente del grupo— preguntando a cada uno:

1. Qué piezas musicales quiere escuchar: según las piezas elegidas, el musicoterapeuta percibirá el sentimiento dominante de cada interno. Ello es imprescindible para poder establecer el orden de audición de las piezas musicales, de modo que su gradación emocional sea la adecuada. Se precisa tener en cuenta el principio de iso, si bien no de un modo estricto (véase el capítulo de metodología).

2. Otro modo de conocer el estado de ánimo es empezar la sesión por improvisación musical instrumental, en la que también se refleja claramente el estado anímico actual.

3. También se puede preguntar qué película le gustaría ver.

4. Es conveniente interesarse por a quién le gustaría dedicar una pieza de música. Y efectuar preguntas parecidas.

Dependiendo del grupo se puede preguntar directamente qué siente cada uno, al empezar la sesión. Sin embargo, a veces da mejor resultado la pregunta indirecta, especialmente para captar matices emocionales que tal vez pasan desapercibidos hasta para el mismo interno.

Dar apoyo a su ego. El musicoterapeuta tratará, en primer lugar, de hacer sentir al interno que le respeta profundamente como persona, sean cuales fueren los motivos legales de internamiento o de condena.

En segundo lugar, hará que se dé cuenta de que le comprende a fondo, más allá de los actos aparentes.

En tercer lugar, le dará oportunidades de mostrar sus cualidades a los demás y de hacerse respetar por ellas. Puede ser a través de actuar en actividades musicales, formando parte del coro o de un conjunto musical o tomando parte en representaciones musicales para los demás, en tareas organizativas de estos actos, ayudando al musicoterapeuta, etc.

Fortalecer su autoestima. Ésta se suele encontrar gravemente deteriorada, sea cual sea la causa del internamiento. Puede ayudar a esto no sólo el hablar de ello (con psicoterapia de apoyo), sino también el hacerles participar en el aprendizaje musical (solfeo, por ejemplo) o enseñarles a tocar un instrumento, a cantar, etc. Todo esto lo hace a nivel de simple aficionado, pero a veces da lugar a descubrir talentos ocultos, que en algunos casos pueden conducir a un camino profesional cuando regresen a la sociedad.

Fomentar la socialización. Se debe establecer amistades con las personas adecuadas, y ello es posible en los grupos de musicoterapia, porque en éstos se fomenta la expresión de cada persona tal como es, muestran sus gustos, sus aficiones, sus tendencias, sus problemas, sus sentimientos, sus creencias, su modo de ver la vida, etc., lo cual facilita el establecimiento de buenas relaciones de compañerismo. Puede ayudar a ello el encargarles tareas que deban realizar en pequeños grupos, después de las sesiones, como componer canciones o musicales o cualquiera de las actividades sugeridas. Hay que darles tareas en las que puedan volcar su creatividad, su personalidad y les haga sentirse importantes.

La música o el canto en grupo o formar parte de un conjunto musical fomentan la socialización.

Liberación y evasión. Las sesiones pueden contribuir a evadirse de su realidad, aunque sea con la imaginación. La música en sí: la audición, el canto, la práctica instrumental, la danza ya son por sí mismos unos medios excelentes de salir de nosotros mismos y de cuanto nos rodea.

La técnica de los «viajes musicales» (véase el capítulo de metodología), por ejemplo, puede contribuir a ello. Dado que se trata de adultos, la técnica que consiste en hacer «viajar» con la imaginación puede enriquecerse con hacer que sean los mismos internos quienes preparen estos viajes imaginarios, documentándose geográficamente acerca del lugar, del país o ciudad que visitar, con la búsqueda de la música folclórica, clásica o de películas que se refieren a tal lugar. Hay que hacerles buscar las fotos, diapositivas o carteles turísticos. Se puede completar este trabajo con la investigación sobre otros aspectos como el histórico, el literario, el poético, el cultural, el gastronómico, etc. Toda esta búsqueda es un modo de emplear el tiempo de un modo constructivo y positivo, y se trata de una forma de evasión y liberación.

INTERNOS CON TRASTORNOS ASOCIADOS A CONDUCTAS AGRESIVAS O VIOLENTAS

Tanto en los trastornos de conducta disocial, antisocial de la personalidad, del control de los impulsos, explosiva intermitente —considerados problemas psiquiátricos—, como con los internos a causa de delitos por conductas antisociales parece que un denominador común, si bien no en todos los casos, esté relacionado con vivencias familiares negativas en la primera infancia tales como deprivación afectiva, malos tratos, etc., y falta de un modelo que seguir. También han influido factores socioeconómicos negativos. Por ello, el objetivo prioritario será la reestructuración de su personalidad. En todos los aspectos hay que ayudarles a la reestructuración: de su vida emocional, de su vida social, de su vida laboral, ética y espiritual.

Reestructuración de su vida emocional

La vida emocional del ser humano es el resorte y el motor fundamental de toda su trayectoria vital. Si la vida emocional está vacía o desequilibrada, repercutirá en sí mismo, en primer lugar, y como consecuencia también en sus relaciones familiares, sociales y laborales. Si no se siente bien consigo mismo, fácilmente envidiará la felicidad de los demás, exigirá de éstos que llenen su vacío y, si no lo hacen como él espera y en el momento que lo precise, su respuesta puede ser violenta. Estas personas no saben dar, sólo saben recibir. Por ello, su vida de relación emocional, en general, puede ser conflictiva.

Las sesiones de musicoterapia pueden ayudar a estas personas a rehabilitar, reestructurar, su vida emocional actuando sobre los aspectos siguientes:

Reeducación de sentimientos

Evocación de sentimientos. Dado que la música es el lenguaje de la afectividad, nada mejor que un tipo de música emotiva para que de un modo indirecto le sugiera los diversos sentimientos. Se hablará sobre ellos y las vivencias que provocan.

Identificación de sentimientos. Mediante la audición musical, se debe enseñar a distinguir los sentimientos y sus matices.

Toma de conciencia de los propios sentimientos y vuelta a la realidad. Debe observarse uno mismo y la peculiaridad de sus sentimientos en el «aquí y ahora».

Toma de conciencia de los sentimientos de los demás de su entorno, aceptarlos y valorarlos. Empezando por algo tan simple como el aceptar los gustos musicales de los demás, sus improvisaciones musicales libres, sus opiniones.

Dominio de los propios sentimientos. Se les debe enseñar a buscar las causas de sus actitudes violentas y de las actitudes violentas de los demás. Sólo conociendo las causas pueden comprenderse los actos y pueden evitarse. El terapeuta no ha de juzgar, sólo comprender y enseñar al interno a comprenderse a sí mismo y a los otros. En las sesiones debe fomentarse la comprensión profunda de los actos de cada uno de los componentes del grupo.

Stone y Dillehunt (81) señalan otros aspectos, como:

Tomar decisiones personales. «Examinar las propias decisiones y conocer sus consecuencias; saber si una determinada decisión está gobernada por el pensamiento o por el sentimiento; aplicar esta comprensión a cuestiones tales como el sexo y las drogas». (82)

Manejar el estrés, el miedo, la ansiedad, la ira y la tristeza. Se aconsejan métodos de imaginación guiada y de relajación.

En musicoterapia, el método *Imaginación guiada* (GIM) de Bonny, el de Priestley y otros semejantes (véase el capítulo de metodología) son muy adecuados para plantear y trabajar estos sentimientos junto con relajación con la ayuda indispensable de la música. En estas sesiones la relajación ha de basarse más en los efectos de la música en sí que en los razonamientos lógicos de centrar el pensamiento en el propio cuerpo y en cada parte de éste. Hay que dejar que la música y los sentimientos fluyan y actúen libremente. Este tipo de relajación es mucho más efectiva y accesible a mayor número de pacientes ya que no requiere el razonamiento lógico ni la intelectualización que se precisan en la mayoría de técnicas de relajación al uso.

Comunicaciones. «Desarrollar la capacidad de hablar de los sentimientos; aprender a escuchar y a hacer preguntas; distinguir entre lo que alguien hace o dice y sus propias reacciones o juicios al respecto; enviar mensajes desde el «yo» en lugar de hacerlo desde la censura».

La capacidad de comunicar nuestros sentimientos es fundamental en la vida de relación, y entre este tipo de personas puede darse lo que en psiquiatría se denomina alexitimia, término acuñado por Sifneos, o sea, la incapacidad de expresar las propias emociones y las de los demás.

La música puede ser un medio muy eficaz de adentrarse en el mundo de las emociones de un modo impersonal, primero, para pasar a la personalización, después.

La improvisación musical instrumental es muy importante porque permite expresar sentimientos sin la censura que impone la precisión de las palabras. El diálogo musical instrumental puede representar el primer paso de intercambio personal.

Apertura. «Valorar la apertura y la confianza en las relaciones; reconocer cuándo puede uno arriesgarse a hablar de los sentimientos más profundos».

Intuición. «Identificar pautas en su vida y en sus reacciones emocionales y reconocer pautas similares en los demás».

Autoaceptación. «Sentirse bien consigo mismo y considerarse desde una perspectiva positiva; reconocer sus propias fortalezas y debilidades; ser capaz de reírse de sí mismo».

Asertividad. «Afirmar sus intereses y sentimientos sin ira ni pasividad».

Reestructuración de la vida social y laboral

El centro penitenciario es la sociedad en la que el interno ha de desenvolverse y en la que tiene que prepararse y aprender a vivir de un modo positivo para la sociedad que le espera fuera, que es o puede ser dura y despiadada con los ex reclusos. Resulta, pues, prioritario el prepararles tanto social como laboralmente. Habrá que cultivar:

Responsabilidad personal. «Asumir la responsabilidad; reconocer las consecuencias de sus decisiones y de sus acciones; aceptar sus sentimientos y sus estados de ánimo; perseverar en los compromisos adquiridos». (83)

Compañerismo. Desarrollar las cualidades que hacen posible el saber y poder trabajar en equipo, y las que implican el compañerismo y la convivencia pacífica.

Trabajo en equipo. Enseñarles dinámica de grupo para que sepan evitar conflictos.

Aprender a solucionar conflictos sociales o laborales.

Motivarles para que aprendan un oficio, si no lo tienen, o para que aprendan otro mejor o más adecuado a sus capacidades o a las posibilidades de mercado. Perfeccionar el propio oficio o carrera en vistas a su reinserción.

Todos estos aspectos pueden ser tratados en las sesiones de musicoterapia y de un modo muy efectivo, como:

—Psicoterapia, utilizando la música.
—Aprendizaje de solfeo y de un instrumento.
—Creación de conjuntos instrumentales.
—Creación de un conjunto coral.
—Actuaciones en directo, de canto, de danza.
—Composición de canciones, de musicales.

No puede olvidarse que no es raro el descubrir entre los internos talentos para la música, que puede convertirse en un medio de ganarse la vida, laboralmente, a su salida de prisión. En España se potencia mucho el aspecto de preparación laboral de los reclusos, de tal modo que pueden aprender un oficio o cursar una carrera universitaria incluso, si lo desean, a través de la Universidad Nacional a Distancia. Además, ello es un mérito para acortar el tiempo de su reclusión.

Para motivarles laboralmente, pueden utilizarse las Técnicas de remotivación de Gibson. (84)

Reestructuración de su vida ética y espiritual

El arte en sí ya es una preparación para la vida del espíritu. Sin sensibilidad artística es difícil que se pueda profundizar en la vida interior.

El aspecto ético de su personalidad le es indispensable al recluso para la convivencia pacífica con los demás y el aspecto espiritual lo es para su paz interior consigo mismo, para su realización total como persona y como medio de sublimación de los avatares de la vida o del hecho de la vida misma. Puede ayudar a contestar las preguntas esenciales del ser humano: de dónde vengo, a dónde voy, el sentido de la vida, el sentido del dolor, la felicidad, etc.

Las sesiones de musicoterapia pueden ayudar en estas dos áreas de su personalidad, indirectamente, a través de la audición musical de música religiosa, de la participación coral en las ceremonias religiosas, y otras. Directamente, a través de explicar el significado de composiciones religiosas, de las biografías de músicos, por ejemplo. También como temas de los que se puede hablar en las sesiones si son planteados por los asistentes al grupo, siempre dentro del marco de respeto a la libertad de conciencia individual, sin imponer ni adoctrinar no sólo, por supuesto, por parte del terapeuta, sino tampoco por parte de los componentes del grupo. Son temas de los que se puede hablar en el grupo porque interesan y son esenciales para muchos, pero sólo en cuanto sea así.

Estructuración de la sesión

Las sesiones con este grupo de personas están basadas en psicoterapia a través de la música, que supone consejo y técnicas de musicoterapia.

A modo de ejemplo, se puede dividir la sesión en los estadios siguientes:

1. Dar la bienvenida; presentación de cada componente del grupo a los demás si no se conocen; preguntar a cada uno qué tipo de música o temas musicales, en concreto, desearía escuchar (anotarlos); preguntar a cada uno qué tema general le gustaría que se tratase en la sesión (anotarlo) y decidir cuál se escoge entre todos.

2. Como preparación al desarrollo del tema elegido, unos minutos de audición musical de una música emotiva para despertar sentimientos y para centrar la atención.

Desarrollo del tema elegido, empezando por la opinión de cada uno sobre el tema propuesto. Ha de ser una exposición de éste, dialogada entre el o la terapeuta y los asistentes al grupo.

3. Improvisación musical con instrumentos folclóricos o instrumentos Orff. O también audición de música de películas adecuadas al tema tratado.

4. Cada componente del grupo puede hacer comentarios sobre la experiencia musical referidos a sus impresiones, pensamientos, emociones experimentados.

5. Proponer un nuevo tema para la próxima sesión, para lo cual se invita a pensar sobre él, a pensar en qué temas musicales les gustaría escuchar, o buscar temas musicales o canciones que se refieran al tema elegido.

Con ello se pretende llenar la mente del recluso de pensamientos constructivos de su propia personalidad, darle un sentido de «pertenencia a un grupo».

Como final de la sesión: Audición de una pieza relajante, primero, y de una canción que sea como el distintivo del grupo, que pueden cantar todos o escucharla. Puede sustituirse esta última por una pieza de canto coral para prestar energía y dar ideas positivas, de esperanza.

La música relajante es muy conveniente para este tipo de personas, pero no suelen aceptarla al comienzo de la sesión, por lo que es mejor al final ya que tienen vivo el recuerdo de lo tratado y su mente tendrá pensamientos positivos en que ocuparse durante la relajación.

Puede darse el caso de que el grupo no desee hablar de nada y prefiera escuchar música. El terapeuta debe preguntar el porqué de su elección, lo cual se presta a evocar recuerdos, situaciones, personas, etc., de su pasado, lo cual ya constituye un material de diálogo.

Al terapeuta puede resultarle muy difícil el trabajo con este tipo de personas, pero es un reto. Está demostrada la eficacia y los buenos resultados que se pueden obtener con muchos de ellos.

La elección del tema musical

—En función de los problemas emocionales de los internos. Durante la sesión se harán escuchar las piezas musicales que los internos pidan, aparte de las que el musicoterapeuta sugiera, para equilibrar el conjunto y hacer que sea terapéutico para cada miembro del grupo. Es importante el contenido musical (las piezas musicales) y también el orden de audición, la gradación.

El musicoterapeuta sugiere piezas para escuchar, en función del estado de ánimo del grupo. Constituye un problema el que un interno pida un tipo de música que desagrada notablemente a los demás o la exige a alto volumen. En estos casos, hay que hacer prevalecer el interés general del grupo y tratar de hacérselo comprender. También hay que analizar si es posible atender sus preferencias al final de la sesión o también hacer comprender aquella particular preferencia y hacer que el resto del grupo la acepte. Enseñar a ser condescendiente con los demás es un buen objetivo. A la petición de la música a alto volumen no se debe acceder nunca.

—*En función de temas que interesen a los internos* de aquel grupo. Estos temas pueden ser de lo más diverso: desde noticias de actualidad, viajes, astronomía, argumentos de películas, de libros, etc., hasta temas de contenido vital para ellos como el sentimiento amoroso, la familia y su problemática, el trabajo, los ideales, la realidad y cómo afrontarla, el sentido de la vida y de la muerte, etc.

La música es el medio más idóneo para suscitar emociones ideales y aprender a distinguirlas, a aceptarlas, con vistas a una reestructuración de la vida emocional. Muchos de estos internos viven angustiados por conflictos emocionales, muchas veces causantes de sus problemas legales.

CITAS BIBLIOGRÁFICAS

(1) JIMÉNEZ VILLAREJO, J. «Les penes: la seva limitació i humanització». En: Presons: més enllà dels tòpics. Publicacions de l'Abadia de Montserrat (Barcelona), 1993, p. 18.
(2) JIMÉNEZ VILLAREJO, J. (1), p. 19.
(3) JIMÉNEZ VILLAREJO, J. (1), p. 19.
(4) MARCO MOURIÑO, A. «Salut i presons». En: Presons: més enllà dels tòpics. Publicacions de l'Abadia de Montserrat (Barcelona), 1993, pp. 25-31.
(5) MARCO MOURIÑO, A.; MARTÍN SÁNCHEZ, V., y GARROTE CUEVAS, G. «Sida y población reclusa en España». En: Jano. Vol. I, n.º 1.160, marzo de 1996, pp. 36, 22-28.
(6) MARCO MOURIÑO, A. (4).
(7) VALVERDE MOLINA, J. «Prison and Mental Health». En: Antonio Seva (dir.). The European Handbook of Psychiatry and Mental Health. Anthopos. Barcelona, 1991, pp. 2.312-2.318.
(8) VALVERDE MOLINA, J. (7), p. 2.316.
(9) VALVERDE MOLINA, J. (7), p. 2.317.
(10) DEPARTAMENT DE JUSTÍCIA. Memòria. Generalitat de Cataluña, 1995, p. 141.
(11) MARCO MOURIÑO, A. (40), pp. 27-31.
(12) PHILLIPS, R. T. M. «Violence: Cultural Phenomena or Institutional Genocide». En: Abstracts del X Congreso Mundial de Psiquiatría. Madrid. Vol. I, 1996, p. 198.
(13) HOLMES, T. y RAHE, R. «Life situations, emotions and disease». Psychosomatic Medicine. 19, 1978, p. 174.
(14) KAPLAN, H. I.; SADOCK, B. J. y GREBB, J. A. «Sinopsis de psiquiatría». 1ª ed. Williams y Wilkins, 1994. Editorial Médica Panamericana. 7ª ed. Buenos Aires, 1996, p. 206.
(15) KAPLAN, H. I.; SADOCK, B. J. y GREBB, J. A. (14), pp. 745-747.
(16) FRANKL, V. Psicoanálisis y existencialismo. Fondo de Cultura Económica. México, 1950, pp. 126-127.
(17) SOLOMON, G. P. «Psychoimmunology: Interactions between central nervous system and immune system». En: Journal Neurosciences Res., 1987, 18: 1.
(18) ADER, R.; COHEN, N. y FELTEN, D. «Brain, behavior and immunity». En: Brain Behavior Immunology, 1987 1: 1.
(19) PHILLIPS, D. P. y SMITH, D. G. «Postponement of death until symbolically meaningful occassions». En: JAMA, 1990, 263: 1.947.
(20) MANUAL DIAGNÓSTICO Y ESTADÍSTICO DE TRASTORNOS MENTALES (DSM-IV), Masson. Barcelona, 1995.
(21) KAPLAN, H. I.; SADOCK, B. J. y GREBB, J. A. (14), p. 1.093.

(22) KAPLAN, H. I.; SADOCK, B. J. y GREBB, J. A. (14), p. 1.094.
(23) DSM-IV: (20).
(24) KAPLAN, H. I.; SADOCK, B. J. y GREBB, J. A. (14), p. 756.
(25) KAPLAN, H. I.; SADOCK, B. J. y GREBB, J. A. (14), p. 734.
(26) KAPLAN, H. I.; SADOCK, B. J. y GREBB, J. A. (14), p. 734.
(27) AICHHORN, A. Wayward Youth. Viking. Nueva York, 1935.
(28) FENICHEL, O. «The Psychoanalytic Theory of Neurosis». Norton. Nueva York, 1945.
(29) KOHUT, H. The Restoration of the Self. International Universities Press. Nueva York, 1977.
(30) WINICOTT, D. W. «Translational objects and transitional phenomena». En: Journal Psychoanalisis, 1953, 34: 89.
(31) KAPLAN, H. I.; SADOCK, B. J. y GREBB, J. A. (14), p. 735.
(32) KAPLAN, H. I.; SADOCK, B. J. y GREBB, J. A. (14), p. 823.
(33) KAPLAN, H. I.; SADOCK, B. J. y GREBB, J. A. (14), p. 825.
(34) KAPLAN, H. I.; SADOCK, B. J. y GREBB, J. A. (14), p. 828.
(35) ADAM, K. «Attempted suicide». Psych. Clin. North. Am., 1985, 8: 183.
(36) MARCO MOURIÑO, A.; MARTÍN SÁNCHEZ, V. y GARROTE CUEVAS, G. (5).
(37) SEAP: Servicio Español de Asuntos Penitenciarios. Ministerio del Interior. Madrid
(38) DGSPIR: Direcció General de Serveis Penitenciaris i de Rehabilitació. Generalitat de Catalunya. Barcelona.
(39) KAPLAN, H. I.; SADOCK, B. J. y GREBB, J. A. (14), pp. 392-393.
(40) EY, E.; BERNARD, P. y BRISSET, Ch. Tratado de psiquiatría. Toray-Masson, Barcelona, 1974, p. 823.
(41) CORTEJOSO, L. El dolor en la vida y en el arte. Iberia. Joaquín Gil, ed., Barcelona, 1943, pp. 26-27.
(42) CORTEJOSO, L. (41),
(43) PHILLIPS, R. T. M. (12).
(44) DEPARTAMENT DE JUSTÍCIA: (10).
(45) SUTHERLAND, E. H. «White Collar Crime». Dryden Press. Nueva York, 1949, en P. C. Higgins y R. R. Butler. Understanding Deviance. McGraw-Hill B.C. Nueva York, 1982, p. 167.
(46) SUTHERLAND, E. H. y CRESSEY, D. R. Criminology. Lippincott. Filadelfia. 10ª ed., 1978, pp. 80-82.
(47) ECHEBURÚA, E. Personalidades violentas. Edit. Pirámide. Madrid, 1994, p. 45.
(48) HARE, R. D. The Hare Psychopathy Checklist-Revised. Multi-Health Systems. Toronto, 1991.
(49) ECHEBURÚA, E. (47), p. 62.
(50) ROBINS, L. Deviant Children Grown Up: A Sociological and Psychiatric Study of Sociopathic Personality. Williams and Williams. Baltimore, 1966.
(51) KAPLAN, H. I.; SADOCK, B. J. y GREBB, J. A. (14), p. 818.
(52) KAPLAN, H. I.; SADOCK, B. J. y GREBB, J. A. (14), p. 818.
(53) McCORD, W. M. The psychopath and milieu therapy. A longitudinal Study. Academic Press. Nueva York, 1982.
(54) KAPLAN, H. I.; SADOCK, B. J. y GREBB, J. A. (76), p. 818.
(55) CANTERO, F. «¿Quién es el psicópata?», en: Psicópata: perfil psicológico y reeducación del delincuente más peligroso. Director: V. Garrido. Edit. Tirant lo Blanc. Valencia, 1993, 34-35.
(56) WELLS, R. «A fresh look at the muddy waters of psychopathy». Psychological Reports. n.º 63, pp. 843-856.
(57) LYKKEN, D. «A study of anxiety in the sociopathic personality». Journal of Abnormal and Social Psychology. 55, 1957, 6-10.
(58) HARE, R. «Psychopathy, autonomic functioning, and the orienting response». Journal of Abnormal Psychology. 73, 1968, 1-24.
(59) JENKINS, R. L. «Psychiatric syndromes in children and their relation to family background». American Journal of Orthopsychiatry. 36, 1966, 450-457.
(60) McCORD, W. «The personality of social deviants», en: E. Norbeck; D. Price, Williams y W. McCord (eds.): The study of personality. Holt, Rinehard and Winston. Nueva York, 1968.
(61) McCORD, W. (53).

(62) RADOCY, R. E. y BOYLE, J. «Affective Behaviors and Music». En: Psychological Foundations of musical Behavior. Ch. C. Thomas. Springfield, 1979, pp. 181-210.

(63) GASTON, E. T. «Expanding Dimensions in Music Education», en: Music Educators Journal. N.º 54. 1968, p. 121.

(64) MADSEN, C. K.; COTTER, V. y MADSEN, Ch. H. «A Behavioral approach to Music Therapy», en: Journal of Music Therapy. Vol. V. N.º 3, 1968, p. 70.

(65) GREER, R. D. «Music Instruction as Behavior Modification», en: Journal of Music Therapy. Vol. XIII, n.º 3. 1976, pp. 130-141.

(66) WRIGHT, B. A. «Study in the use of Music Therapy Techniques for behavior modification at St. Thomas Psychiatric Hospital, Ontario», en: The Journal of Canadian Association for Music Therapy. Vol. IV, n.º 1, 1976, pp. 2-4.

(67) TUNKS, Th. W. «Applications of Psychological positions on learning and development to musical behavior», en: Handbook of Music Psychology. Edit. por D.A. Hodges y National Association for Music Therapy, 1980, pp. 282-285.

(68) GREENE, R. J.; HEATS, D. L. y HARNICK, A. J. «Music Distortion: A new technique for Behavior Modification», en: Psychological Record. Bloomington, Ind., vol. 20, n.º 1, 1970, pp. 107-109.

(69) MADSEN, C. K.; COTTER,V. y MADSEN, Ch. H. «Music as a behavioral technique with a juvenile delinquent», en: Journal of Music Therapy. Vol. V, n.º 3, 1968, pp. 72-76.

(70) THAUT, M. H. «A new challenge for music therapy: the correctional setting», en: Music Therapy Perspectives. N.º 4, 1987, pp. 44-50.

(71) THAUT, M. H. «The influence of music therapy interventions on self-rated changes in relaxation, affect, and thought in psychiatric prisoner-patients», en: Journal of Music Therapy. 26, 1989, pp. 155-166.

(72) THAUT, M. H. «Music Therapy in Correctional Psychiatry», en: W. B. Davis; K. G. Gfeller; M. H. Thaut. An Introduction to Music Therapy: Theory and Practice. Wm. C. Brown. USA, 1992, pp. 273-284.

(73) MITCHELL, R. L. «Arts in the Prisons», en: The Healing Role of the Arts: Working Papers. The Rockefeller Foundation, 1978, p. 38.

(74) MITCHELL, R. L. (119), p. 38.

(75) BERNSTEIN, B. «Art Therapy: A Federal Fiscal Perspective». En: The Healing Role of the Arts: Working Papers. The Rockefeller Foundation, pp. 54-55.

(76) FRANKL, V. «Der unbewusste Gott» (El Dios inconsciente), en: D. Wyss. (edit.). Las escuelas de psicología profunda. Gredos. Madrid, 1949, p. 341.

(77) KLERMAN, G. L.; Weisman, M. M.; ROUNSAVILLE, B. J. y CHEVRON, E. S. Interpersonal Psychotherapy of Depression. Basic Books. Nueva York, 1984.

(78) SOLÉ PUIG, J. «Psicoterapia Interpersonal» (I), Revista de Psiquiatría. Facultad de Medicina de la Universidad de Barcleona. 22, 4, 1995, pp. 91-99.

(79) SOLÉ PUIG, J. «Psicoterapia Interpersonal» (II), Revista de Psiquiatría. Facultad de Medicina. Universidad de Barcelona. 22, 5, 1995, pp. 120-131.

(80) FRANKL, V. Psicoterapia y existencialismo. Fondo de Cultura Económica. México, 1950.

(81) STONE, K. F. y DILLEHUND, H. Q. «Self Science: The Subject is Me». Goodyear Publishing Co. Santa Mónica, Ca., en: Daniel Goleman. Inteligencia emocional. Kairós. Barcelona, 1996, pp. 460-461.

(82) SIFNEOS, P. «Affect, Emotional Conflict, and Deficit: An Overview», en: Psychotheraphy and Psychosomatics. 56, 1991, pp. 116-122.

(83) STONE, K. F. y DILLEHUND, H. Q. (143).

(84) GIBSON, A. The Remotivator's Guide Book. F. A. Davis. Filadelfia, 1967.

Capítulo XI

MUSICOTERAPIA PREVENTIVA

No se puede hablar de musicoterapia preventiva sin hacer referencia a la denominada *música funcional*.

Cardinell (1) la define así: música funcional es aquélla que, cuando está administrada adecuadamente, cumple fines específicos y predeterminados, aparte de los de distracción o placer. Gaston (2) añade además que la finalidad estética no debe excluirse en la música funcional. Por tanto, la musicoterapia, en sí misma, pertenece al área de la música funcional: la utilización funcional de la música con finalidad terapéutica y preventiva.

Podríamos definir la musicoterapia preventiva como la utilización de la música en cualquier situación personal o actividad humana a fin de ayudar al hombre a evitar los efectos negativos de las mismas o el que sean causa de enfermedad. También para ayudarle a sacar el mayor provecho posible en cualquier actividad humana, siempre y cuando no pueda contribuir a la explotación humana.

Los temas que se tratarán se refieren a la utilización de la música como prevención en los ámbitos social, personal, familiar, escolar y espiritual.

IMPORTANCIA DE LA PREVENCIÓN EN EL ÁREA SANITARIA

Actualmente, la prevención de la salud está adquiriendo una importancia preponderante en el mundo del bienestar social, aunque no todavía en el Tercer y el Cuarto Mundo, en los que no pueden permitirse el lujo de la prevención cuando les faltan los medios fundamentales para atender a su salud, a sus enfermedades, o más aún, simplemente, para sobrevivir.

Ciertamente, es siempre mejor prevenir que curar, y por dos razones fundamentales: una, de carácter humanitario, como es el evitar la enfermedad y por tanto el sufrimiento de todo tipo, y otra, de carácter económico: evitar el gasto personal y público que supone para el Estado la atención sanitaria por enfermedades físicas o psicosomáticas, absentismo laboral, drogadicción, marginación social, etc., y últimamente la plaga del desempleo, de consecuencias funestas, y la carencia de vivienda digna. Todo ello en la sociedad del bienestar en el «primer mundo».

Existen causas que pueden generar enfermedades o graves perjuicios de todo tipo, como son:

a) Insolidaridad personal y social que genera aislamiento, soledad, marginación, en quien la sufre.

b) Falta de ideales éticos, morales y religiosos, que fácilmente son sustituidos por ideales materialistas o paranormales, porque el ser humano no puede vivir sin ideales, que pueden provocar, entre otros:

—Carencia del sentido de la propia vida.

—Búsqueda del placer inmediato a costa de lo que sea: adicciones, violaciones, etc. (Nunca se había hablado tanto de los abusos sexuales a menores, lo cual es lo más aberrante que cabe imaginar.)

—Falta de resistencia al dolor y a la frustración.

—Internamiento de los mayores en residencias (porque estorban), cuando podrían seguir viviendo con la familia.

—Llevar a la guardería infantil al niño tan pronto como son aceptados, cuando podrían ser atendidos en el hogar, con la atención individualizada que les es indispensable.

—Falta de responsabilidad laboral y social.

QUÉ PUEDE APORTAR LA MUSICOTERAPIA

Hasta hace pocos años, el musicoterapeuta trabajaba en el campo de la sanidad solo, debido a la falta de profesionales, dado que la musicoterapia es una profesión nueva.

Aparte de lo que se ha dicho en el capítulo III, en «División de la musicoterapia», cabe añadir:

No puede olvidarse la importante misión que puede cumplir el musicoterapeuta en el campo de la prevención. En primer lugar, la música no puede ser considerada jamás como un lujo, como algo superfluo o para llenar un tiempo. Cuando sea así, se comete un error grave e imperdonable por parte de las autoridades competentes, ya que:

—Supone un desconocimiento de la importancia de la música para el ser humano, que de un modo muy conciso se podría resumir en los siguientes puntos ya expuestos en capítulos anteriores.

—La música actúa sobre el ser humano de un modo inmediato, es un auténtico impacto, al cual es difícil sustraerse.

—Afecta al ser humano en su totalidad: biológica, física, neurológica, psicológica, social y espiritualmente.
—Es el lenguaje de nuestra afectividad.
—Llega a todos porque no requiere intelectualización para ser percibida y nos afecta incluso ya antes de nacer.
—La música es un patrón autocurativo (Altshuler, 3) del que la humanidad se ha servido desde siempre para ayudar a eliminar tensiones, paliar carencias afectivas y de todo tipo, ser el gran energetizante, un medio de unir a los hombres, de acercarse a la divinidad, de expresar la alegría a través de la danza, el dolor de la muerte en las marchas fúnebres, las danzas rituales, la ternura en las canciones de cuna, el amor en las canciones románticas, el coraje en las danzas guerreras, como ayuda en el trabajo, etc.
—La música está presente en todos los momentos esenciales de la vida del hombre: nacimiento, trabajo, reposo, amor, muerte, guerra, dolor, enfermedad, relación con la divinidad, etc. Existen canciones o composiciones para cada uno de estos momentos, en el folclore de todas las culturas.

ÁMBITO SOCIAL: IMPORTANCIA DE LA MÚSICA PARA EL HOMBRE ACTUAL

Si en todas las épocas la música ha sido importante —recuérdese la que tenía en la cultura griega—, en la actualidad lo es más que nunca, si bien este interés está adulterado con valores que podríamos denominar extramusicales, como son el interés comercial y el económico. La situación de crisis profunda por la que atravesamos como consecuencia de la aceleración de la historia, del cambio de valores, hace que el hombre trate de actualizar todas las formas posibles de ayuda. Una de ellas es la música.

Afortunadamente, la sociedad española empieza a ser consciente de que la música no es un lujo, sino una necesidad ineludible para el ser humano.

Llama la atención la superabundancia de medios que existen en la actualidad para escuchar música grabada: transistor, disco, casete, disco compacto, si lo comparamos con los medios de que dispuso el hombre en todos los siglos precedentes hasta el descubrimiento del gramófono (Edison, 1877). Antes sólo era posible escuchar música, excepto el canto, en las salas de concierto, en las iglesias, en las plazas de los pueblos, en ferias, en desfiles por las bandas militares, en familia, cuando se tocaban instrumentos, etc. Pero la auténtica eclosión de la audición musical popular se produjo con el descubrimiento del transistor, que ha hecho posible la audición musical en cualquier lugar y a cualquier hora del día y de la noche.

Las consecuencias de este hecho son altamente positivas para el hombre y se traducen en las posibilidades de actuación de la música como medio autocurativo y preventivo en cada una de las actividades humanas que se detallarán en el apartado siguiente. Pero antes, como muestra de la importancia de la música, puede ser revelador el recordar los niveles de audiencia de las emisoras que se dedican especialmente a la programación musical. Este hecho puede demostrar la importancia que la música despierta en la actualidad en nuestra sociedad.

De los niveles de audiencia expuestos por el Estudio General de Medios (EGM) y correspondientes a 1996, entresaco los datos siguientes: (4)

Emisora	*Audiencia*
Los 40 Principales	2.733.000
Cadena Dial	1.811.000
Cadena 100	1.085.000
Cadena M-80	703.000
Radio Olé	399.000
RNE-3	344.000
Top Radio	.330.000
Onda 10	323.000
Total	7.728.000

Curiosamente, en estos datos no figuran las emisoras que programan exclusivamente música clásica, cuyos oyentes son los auténticos melómanos. Respecto a estos últimos, y a modo de ejemplo, los datos del EGM referidos a Cataluña y su área de cobertura son los siguientes:

Catalunya Música	60.000
Sinfo Radio (SER)	15.000
RNE Clásica	10.000
Total	85.000

Véanse más datos (por gentileza de D. Julián Bravo) en la tabla adjunta.

Conclusiones. De todo ello pueden deducirse las consideraciones siguientes:

1. De una población de 33.794.000 oyentes, el 21,5% escucha emisoras con programas musicales.

2. De ellos, el 0,7% escucha las tres únicas emisoras dedicadas a la música clásica: Radio Clásica de RNE, Sinfo Radio de la SER y Catalunya Músicade CCRT.

3. *Necesidad de una educación musical.* Los datos mencionados reflejan falta de educación estético-musical. El gusto estético no se cultiva en la escuela.

Ranking de emisoras de radio en España, de febrero a noviembre de 1996 (Fuente: Estudio General de Medios. (5)

N.º de oyentes de	Lunes a domingo Abso-lutos	Lunes a domingo % Verticales	Lunes a viernes Abso-lutos	Lunes a viernes % Verticales
Entrevistas	40.638	40.638	29.159	29.159
Población (000)	33.794	33.794	33.794	33.794
Emisoras de cadena con programación común				
Total oyentes	19.129	56,6	20.236	59,9
Total convencional	12.260	36,3	13.181	39,0
SER	4.150	12,3	4.432	13,1
COPE	3.132	9,3	3.354	9,9
Onda Cero	2.230	6,6	2.573	7,6
RNE R-1	1.844	5,5	1.956	5,8
Catalunya Ràdio	549	1,6	599	1,8
Sur Radio	300	,9	336	1,0
C. Ibérica	174	,5	201	,6
Radio Voz	171	,5	184	,5
Radio Euskadi	147	,4	161	,5
Radio 9	122	,4	145	,4
Radio Gallega	102	,3	106	,3
Euskadi Irratia	59	,2	67	,2
Emisoras de cadena con programación común				
Total fórmula	8.228	24,3	8.721	25,8
Fórmula musical	7.319	21,5	7.700	22,8
C-40 (Principales)	2.692	8,0	2.772	8,2
Cadena Dial	1.707	5,1	1.814	5,4
Cadena 100	918	2,7	1.064	3,1
M-80	619	1,8	662	2,0
Radio Olé	411	1,2	453	1,3
Top Radio	324	1,0	358	1,1
RNE R3	282	,8	303	,9
RAC 105	173	,5	183	,5
Radio Clásica RNE 2	123	,4	134	,4
Sinfo Radio	67	,2	60	,2

N.º de oyentes de	Lunes a domingo Abso-lutos	Lunes a domingo % Verticales	Lunes a viernes Abso-lutos	Lunes a viernes % Verticales
Melodía	61	,2	62	,2
Sur 1	58	,2	72	,2
Flash	57	,2	58	,2
Catalunya Música	49	,1		
Fórmula informativa	867	2,6	921	2,7
R-5m	740	2,2	787	2,3
Catalunya Informació	128	,4	133	,4
Otras fórmulas	310	,9	342	1,0
Onda 10	249	,7	277	,8
Audiencia de radio por emisoras				
R-1/RNE OM RNE 1	1.178	3,5	1.246	3,7
R-1/RNE FM RNE 1	674	2,0	718	2,1
Catalunya Ràdio FM	549	1,	6 599	1,8
R. Madrid OM SER	428	1,3	445	1,3
Madrid FM C40	380	1,1	369	1,1
Madrid OM COPE	347	1,0	382	1,1
Barcelona FM C40	305	,9	325	1,0
R-3/RNE FM RNE 3	282	,8	303	,9
R. Barcelona-2 FM SER	265	,8	286	,8
Barcelona FM COPE	246	,7	247	,7
Ocr Madrid FM Ocr	232	,7	278	,8
R. Madrid-2 FM SER	205	,6	232	,7
R.R.C.105 FM RAC 105	173	,5	183	,5
Madrid FM Role	172	,5	191	,6
Onda Rambla				
Barcelona FM Ocr	171	,5	212	,6
Barcelona FM Cdial	168	,5	179	,5
Valencia FM Ocr	163	,5	174	,5
R. Bilbao OM Ser	162	,5	185	,5

En muchos países de Europa, y ya del mundo, existe educación musical desde preescolar, cosa que aún no ocurre en España. No se trata tanto de carencia económica como de falta de interés real por la música, por considerarla todavía un lujo, algo superfluo y no esencial para el ser humano.

Se olvida que detrás del buen gusto estético, de la preferencia por música-arte, que abarca todos los géneros: clásico, folk, de películas, música de danza, música religiosa, etc., está la vida emocional de la persona. El buen gusto musical supone, salvo excepciones, finura de sentimientos, capacidad de percibir matices no sólo en el arte, sino también en las interrelaciones afectivas entre los seres humanos, etc.

4. *Influencia de la música a través de los medios de comunicación social.* Puede ser enorme, y así lo expresaba el director de orquesta Stockausen hace años: «...Se puede actuar sobre la sensibilidad "eléctrica" de un ser humano por ondas sonoras... se precisa únicamente programar durante 12 horas seguidas por día una cierta música por la radio y un día, sin saber por qué las personas se pondrán en pie, se pondrán en marcha para morir por la libertad en nombre de Dios sabe qué».

Francisco René (1629) escribió en *Essai des merveilles de la Nature,* refiriéndose al poder del intérprete —el tañedor de laúd en este caso—: «...podemos hacer decir al laúd lo que queramos y hacer lo que queramos de la audiencia. Cuando un buen tañedor toma uno en sus manos, apenas ha tañido unas pocas notas cuando acapara la atención de todos los presentes: los envuelve en melancolía, que expresa uno dejando caer la barbilla sobre el pecho, otro en la mano, otro con los ojos muy abiertos o con la boca entreabierta como si hubiera encerrado el último suspiro entre las cuerdas del laúd. Se diría que todos han quedado privados de sus sentimientos, como si el alma, habiendo abandonado todos sus sentidos, se hubiera refugiado en el oído para gozar más a su gusto de tanta armonía... pero si cambiando su juego, sus cuerdas resucitan, hace también resucitar a la audiencia».

La música eleva hasta lo más sublime o puede degradar, llevar a la droga o, en determinadas personas, conducir al suicidio. Todo depende del tipo de música que se escuche, del impacto personal, de la frecuencia, de la duración o del volumen a que se escuche. El poder de la música es real y hasta físico.

En la actualidad, la radio y la televisión constituyen modelos que imitar y pueden ejercer un conductismo positivo o negativo sobre los oyentes o telespectadores: «...si se acepta que los modelos» ejercen un papel relevante en el desenvolvimiento de la personalidad, y se aceptan como válidos los diversos estudios experimentales que se han llevado a término en materia de "conductismo" y televisión, nos encontraríamos ante una evidencia bastante inquietante para la sociedad actual» (Boncompte). (5)

«La música educa la sensibilidad de las personas y modifica de alguna manera su comportamiento social» (Burés). (6)

5. *Cómo ayuda la programación musical de las emisoras de radio o de la televisión.* Se supone que estos dos medios de comunicación social están al servicio del hombre; por tanto, su programación debería tener presente, ante todo, los beneficios que pudieran derivarse de ellos. Por eso, debiera investigarse a fondo para conocer el tipo de programas y de música que pudiera ayudar mejor a los oyentes. Sin embargo, éste es un asunto poco investigado, pero merecería la pena hacerlo; de lo contrario, se va a la deriva y existe el peligro de que priven más los intereses económicos que el bien real del oyente, lo cual debiera ser lo primordial, aunque sólo fuera porque es él quién realmente lo financia.

Los programas musicales de la radio y la televisión pueden aportar al oyente, según la música elegida:

a) Alegría, distracción, que ayudan a evadirse de las preocupaciones diarias.

b) Relajación, sedación, cuando la música tiene este carácter.

c) Actividad física: predispone a la movilización corporal o puede acompañar a un trabajo no intelectual. Lo aportan músicas eminentemente rítmicas.

d) Actividad mental: predispone al trabajo intelectual y a la creatividad. Lo aportan músicas eminentemente melódicas.

e) Culturización musical: ayuda a enriquecer el bagaje de cultura musical, por ejemplo, a través de la audición de piezas que no se encuentran editadas y a través del conocimiento de las circunstancias históricas o personales del compositor al escribir las obras que se emiten.

f) Ayuda a luchar contra la soledad y el desamor: la música es el símbolo de los sentimientos humanos, en especial los que configuran la vida afectiva.

g) Ayuda a la vida espiritual a través de la programación de música religiosa. Muchos oyentes pueden ser aconfesionales y sin embargo necesitar la audición de música religiosa porque evoca trascendencia e indirectamente sentimientos de esperanza y seguridad. Esta necesidad no es sólo experimentada por los adultos, sino también por los niños y los adolescentes más de lo que se puede pensar.

Se trata, pues, de seleccionar. No escuchar lo primero que se emite por el receptor, sino *buscar el tipo de música que cada uno necesita en cada momento.* La radio y la televisión pueden ser unos elementos muy importantes y enriquecedores en la vida de cada oyente, siempre y cuando se sepa elegir, y ello es algo que cada uno debe realizar por sí mismo. Los demás no lo pueden hacer por nosotros.

ÁMBITO PERSONAL

Existe un gesto maquinal, el de conectar el transistor y mover el dial hasta encontrar una música con la que nos sintamos cómodos, o cerrar el transistor si no es así. Esto es musicoterapia preventiva: ayudarnos con la música adecuada en un momento determinado teniendo presente que la pieza musical que nos interesa o nos conmueve ahora tal vez deje de hacerlo poco después. Nada hay tan inestable como el estado de ánimo.

Toda persona en estado normal puede ayudarse con la música ya que nadie mejor que uno mismo sabe qué tipo de música y que pieza musical le gusta y, por tanto, le ayuda.

La diferencia entre una persona normal y otra que circunstancialmente esté enferma mental, por ejemplo, estriba en que la persona normal puede ayudarse con la música sin necesidad de la intervención directa de un terapeuta. En cambio, un enfermo sí requiere la ayuda del profesional musicoterapeuta porque o no sabe comprender su estado o no puede controlarlo. Por ejemplo, una persona depresiva, dejada a su arbitrio, es posible que empiece por ponerse a escuchar música depresiva una y otra vez, sin ser capaz de cambiar, con lo cual en lugar de ayudarse, incrementa todavía más su estado depresivo. Una persona normal, en circunstancias traumáticas o en estados de ánimo anormales como ansiedad o depresión transitorias, sí puede ayudarse con la música. En realidad, todos lo hacemos aun sin ser conscientes de ello, aunque tal vez no tanto como se debiera.

Del mismo modo que nos esforzamos en perfeccionarnos en todos los aspectos de la vida, es conveniente tratar de adquirir una mayor sensibilidad hacia la música de buena calidad, la música-arte, la cual contribuye no sólo a afinar y enriquecer nuestra sensibilidad artística, sino también a comprender mejor nuestro siempre intrincado mundo emocional, lleno de matices, luces y sombras, inexpresables en palabras. Por ello es importante aprender a utilizar la música, para lo cual puede ayudar el seguir cursillos sobre el tema, leer libros informativos y también biografías de músicos.

CONDICIONES PREVIAS
PARA UNA MAYOR EFECTIVIDAD

1. Evitar escuchar la música a alto volumen porque la música más exquisita se convierte en ruido instantáneamente.

2. Escuchar la música al nivel de sonido que resulte cómodo para cada persona.

3. Es contraproducente escuchar música continuamente, todo el día, no sólo porque fatiga sino porque embota la sensibilidad musical.

4. El goce de la música se incrementa cuando preceden y siguen períodos de silencio.

5. Para escuchar música, hay que elegir el mejor aparato estereofónico posible. Con preferencia aparatos que emitan sonidos lo menos metálicos posible; con riqueza de armónicos, para que la música «tenga profundidad». Las mismas características deben tener los instrumentos musicales que se utilicen.

Los efectos de la música dependen:

a) De que sea expresión de la propia cultura. Las ragas indias, por ejemplo, que para los hindúes son fundamentales para su equilibrio mental y como alimento de su espiritualidad, para los demás no tienen en absoluto aquellos efectos, dado que cada cultura tiene sus propias y diversas raíces. Por tanto, no es extraño que para los demás no tenga efectos positivos.

b) De las vivencias y recuerdos personales. Una música que teóricamente provoca alegría en la mayoría de personas puede causar gran tristeza en una persona determinada porque asocie a ella algún recuerdo doloroso.

c) Del momento en que se escuche. Una misma música puede provocar emoción en un momento determinado y originar apatía en otro.

EL SILENCIO, EL SONIDO Y EL RUIDO

El silencio. Existe un silencio físico que puede definirse como la ausencia de sonido, aunque el silencio absoluto no existe, ya que estamos rodeados de vibraciones que producen sonidos e infrasonidos que no son percibidos por el oído humano.

La percepción del silencio más profundo se consigue dentro de las cámaras insonorizadas, si bien ni siquiera allí podemos librarnos del sonido ya que entonces percibimos mejor nuestros ritmos vitales: el circulatorio, el cerebral, el cardíaco.

El ser humano no está hecho para el silencio profundo ni por largo tiempo, ya que se convierte en un tormento insoportable. Necesitamos de una cierta dosis de sonidos para nuestro equilibrio físico y psíquico.

Aspectos positivos del silencio. Es una necesidad del ser humano. Sin períodos de silencio, el ser humano se desequilibra y puede enfermar. Existen incluso curas de silencio útiles en ciertas dolencias psíquicas.

El hombre actual que vive en las grandes urbes, rodeado de ruidos, necesita huir de la ciudad y refugiarse en el campo en busca de equilibrio psíquico: de ahí el abandono masivo de las de los grandes centros de población en los fines de semana. Otros buscan el equilibrio espiritual en la paz y silencio de los monasterios o lugares de peregrinación, en determinados momentos de su vida o de un modo periódico para conservarlo.

El hombre actual tiene hambre de silencio. En realidad, nada grande e importante se ha podido gestar, crear, sin la ayuda del silencio. El silencio es una dimensión necesaria a la música. Sin el silencio no podría percibirse la música.

«El blanco contiene toda la armonía visual posible; por eso no es color. El silencio no es música, pero la contiene toda. Quizá se deba a este paralelismo latente el que el blanco evoque la idea de silencio.» (8)

El silencio existe incluso en música: «Nuestro siglo parece ignorar que la música habita más cerca del silencio que del tumulto... La verdadera música está hecha de un silencio admirable, rodeado de unos pocos sonidos» (G. Duhamel). (9)

El sonido. Es el resultado de un proceso físico, de la vibración del aire. «El sonido se produce por pequeñas variaciones rítmicas percutiendo contra la presión atmosférica. Estas variaciones actúan sobre el oído humano y son interpretadas por el cerebro como sonidos.» (10)

Los sonidos se pueden fotografiar por medio del aparato sound printing (impresor del sonido). Este aparato se usa en medicina psicosomática, en psiquiatría, para imprimir la voz de los enfermos y ver los matices de la voz, que pueden ser de inseguridad, crispación, etc. También en Criminología, como medio de identificar la voz humana, ya que las líneas y punteados que se pueden ver son tan personales que constituyen un medio más fiable que las mismas huellas dactilares.

Los sonidos provienen de la naturaleza, del propio cuerpo humano, o los crea el hombre.

¿Son terapéuticos los sonidos aislados?: Pierre Schaeffer (11) opina que siempre que se dispara un sonido aislado, se está afectando una zona del organismo. Se está escotomizando una zona y, por tanto, la unidad del cuerpo queda destruida. Por eso, *el sonido aislado no es curativo*, en el sentido de que rompe la armonía del cuerpo.

El poder del sonido deriva del hecho de que el sonido es vibración y cualquier vibración es energía. De ahí que el sonido musical pueda causar un fuerte impacto en las personas, puede «electrizar». Esta expresión, corriente, de algún modo refleja una realidad, pero es difícil de demostrar por la Física. Se carece de investigación suficiente.

El ruido. Podría definirse como sonidos cuyas vibraciones son irregulares. También como «el sonido que no es deseado», debido a un efecto psicológico o fisiológico adverso para un oyente. (12)

El impacto que puede producir el ruido en el ser humano puede ser:
—Impacto sobre el oído.
—Altera nuestro bienestar físico.
—Nos afecta psicológicamente debido a las reacciones de molestia emocional por las consecuencias negativas que prevemos, tales como cuando interfiere en nuestra tarea, interrumpe nuestro descanso, nos despierta del sueño, altera nuestra atención...

La nocividad del ruido depende de la intensidad y de la duración. Estudios realizados en Francia con sujetos normales, en condiciones normales, (14) indican que:

1. Los ruidos débiles son mejor soportados que los fuertes.
2. Los continuos, mejor que los ruidos aislados.
3. Los periódicos, mejor que los no periódicos.
4. Los conocidos, mejor que los desconocidos.
5. Un ruido que uno sabe que puede parar, mejor que un ruido impuesto.
6. Un ruido no periódico, producido a intervalos cortos, es mejor soportado que a intervalos largos.
7. Mejor si es a intervalos regulares que al contrario.
8. Mejor si se está trabajando manualmente que si el trabajo es intelectual.
9. El sonido de una conversación cuyo contenido no interesa es difícil de soportar, por los tonos altos y bajos y la total aperiodicidad.

Niveles medios de ruido

135 dB.	Avión a 30 metros de distancia	RUIDO INSOPORTABLE	
120 dB.	Límite en el que comienza el dolor	200.000 vibr./seg	
110 dB.	Avión de reacción a 100 metros de distancia.		
	Concierto de rock a 1 metro de distancia.		
	Martillo de aire comprimido.		
	Paso de un tren por un puente de hierro.		
90 dB.	Coche deportivo. Camión pesado	RUIDOS FUERTES	
80 dB.	Motocicleta.		
70 dB.	Tráfico callejero intenso.	RUIDOS MEDIOS	
60 dB.	Conversación.		
50 dB.	Calle tranquila.		
40 dB.	Habitación en silencio.		
30 dB.	Tic tac de un reloj	RUIDOS DÉBILES.	
20 dB.	Cuchicheo.		
15 dB.	Rumor de mieses.		
10 dB.	Murmullo de las hojas al viento.		
0	Límite de audibilidad.	16 vibr./seg.	

Los niveles medios de ruido ambiental determinados por el Instituto Torres Quevedo hace ocho años, referidos a Madrid, eran: en la plaza de España: 77 dB, en el paseo del Prado: 74 dB.

Un estudio realizado sobre el ruido ambiental en Barcelona, y que es aplicable a la mayoría de las grandes ciudades, daba los resultados siguientes:ruido ambiental en las calles de Barcelona:durante el día: entre 85 y 95 dB de promedio, y en algunos puntos, 115 dB; en el interior de un autobús: 95 dB.; en el interior del ferrocarril metropolitano (subterráneo): 85-90 dB; las viviendas amortiguan, según su calidad, entre el 15% y el 25% del ruido.

Un nivel de 80 dB ya es considerado peligroso si se sufre varias horas seguidas o períodos cortos pero muy repetidos. Por tanto, la mayoría de los habitantes de las grandes ciudades soporta una agresión sonora grave.

Existen otras circunstancias más perniciosas todavía, como son el vivir cerca de los aeropuertos o el trabajo profesional en determinadas actividades.

Efectos nocivos del ruido para la salud. En un artículo muy interesante de Andrés Berlanga escrito en 1983 se decía: «El ruido es un arma que mata silenciosamente», y se aportaba un ejemplo extremo relatado en un decreto de la corte del emperador chino Shi Huang-ti, de hace 2.000 años: «Quien difame al emperador no ha de ser ahorcado ni acuchillado, sino que los tocadores de flauta y tambor le rodearán hasta que caiga al suelo muerto».

En Francia, la sanidad estatal establece 42 enfermedades profesionales que se relacionan con la sordera o pueden causarla. Enfermedades ocasionadas por el ruido como son: la puesta a punto de motores de pistón o de reacción, el martillaje, el taladro en las calles, ciertas tareas dentro de las minas, etc. (15)

Tremolières, (16) con estudios de laboratorio realizados, encontró que por encima de ocho horas seguidas, más o menos, de exposición a un ruido entre 85 y 95 dB existe el peligro de sordera.

¿Cómo protegerse del ruido? El cuerpo humano, ciertamente, posee mecanismos de autoprotección, como el reflejo estapediano. El oído tiene dos músculos que se contraen bajo los efectos de la estimulación sonora y se ponen en funcionamiento cuando se alcanzan niveles entre 70 y 90 dB. Pero es necesario no olvidar que la repetición de los mismos estímulos puede causar fatiga en los músculos estapedianos y dejar de contraerse, con lo cual la protección puede ser nula. Sin embargo, éste es un problema sujeto de investigación sin unos resultados concluyentes, en parte, por las enormes diferencias personales que existen en cuanto a la sensibilidad al ruido y la mayor o menor resistencia a los efectos del mismo.

En un artículo de Kryter se mencionan, entre otras, las siguientes investigaciones:

Crecimiento en fetos y niños: Ando y Hattory (17) hallaron que el nivel de lactógeno de la placenta humana, que provee de nutrientes al feto, era menor en el suero de las futuras madres que habitaban en zonas de ruido elevado producido por aviones, en comparación con otras áreas de menor ruido. Se presume que ello pueda deberse a las tensiones fisiológicas en el funcionamiento digestivo-nutritivo de la madre como resultado de la molestia y el miedo engendrados en la madre como consecuencia del ruido de los aviones.

Debido a ello, el peso de los niños al nacer parece que es menor de 3.000 gramos, según Ando, (18) independientemente del nivel económico de las madres. Además del peso al nacer, también se ve afectado el tiempo de gestación. Sapolsky (19) descubrió una correlación negativa, estadísticamente significativa, entre el nivel de exposición al ruido de aviones y el tiempo de gestación en los recién nacidos hembras, pero no en los varones. La estatura y el peso de 6.686 niños y niñas de tres años que viven en ciudades cercanas al aeropuerto de Osaka (Japón) se ven afectados negativamente en función del nivel de ruido de aviones (Schell, Ando). (20)

Bienestar en niños: En 1965 y 1967, se estudió clínicamente a escolares entre 9 y 13 años que habitaban en las proximidades del aeropuerto de Moscú en comparación con los que vivían en zonas alejadas y se llegó a la conclusión de que los niños que vivían cerca del aeropuerto tenían cambios funcionales en el sistema cardiovascular y en el sistema nervioso. (Karagodina, Soldatkina, Vinokur y Klimukhin). (21)

Alteraciones del bienestar: De estudios realizados acerca de las consecuencias del ruido de los aviones en personas que lo sufren en niveles por encima de los 55 LDN *(level day-night)* (22-33), se desprende que «se produce un aumento monótono en: *a)* el porcentaje de personas con hipertensión; *b)* el uso de medicamentos para condiciones fisiológicas relacionadas con el estrés; *c)* el índice de visitas médicas; *d)* el índice de ingresos en hospitales psiquiátricos; y *e)* la incidencia de los pesos en los niños al nacer que son por debajo de lo normal». (34)

Una de las alteraciones del bienestar más importantes y perniciosas no relacionadas sólo con los aeropuertos, sino que se puede dar en cualquier lugar del mundo, es el ruido molesto para el descanso nocturno. El poco respeto al descanso de los demás se produce en España sin que las autoridades le presten toda la atención que requiere. La falta de descanso se traduce en problemas psicológicos de todo tipo, poco rendimiento escolar o laboral, mayor incidencia en accidentes de tráfico, laborales, etc.

Otro aspecto importante es el derivado del mal emplazamiento o falta de insonorización de las discotecas, que causan grandes problemas en las viviendas cercanas. O el insoportable nivel acústico dentro de las discotecas, que hiere el oído de los adolescentes y les imposibilita para cualquier tipo de diálogo. O el ruido de las motos a escape libre, ya que una sola es capaz de despertar a la población situada en un radio de varios kilómetros, etc.

Estos aspectos son responsabilidad y competencia de las autoridades, que en nuestro país no se han distinguido demasiado por la salvaguarda de estos derechos que tiene todo ciudadano. Tampoco el sistema educativo ha velado excesivamente por facilitar una formación eficaz en estos aspectos y hacer tomar conciencia a los niños de los efectos negativos del ruido para ellos mismos y para quienes viven en su entorno. Una formación que acabe con el mal entendido respeto hacia la libertad individual: «Dentro de mi casa hago lo que quiero; estoy en mi casa», ya que la libertad individual termina cuando entra en conflicto con los derechos de los demás, que lo tienen al descanso nocturno, por ejemplo, y al derecho a poder concentrarse y trabajar eficazmente.

El hacer cumplir la normativa existente en este campo es competencia de las autoridades, pero poco podrán conseguir si falta la responsabilidad individual, la cual es producto de una buena educación familiar y escolar.

¿Qué puede aportar la música en el ámbito personal?

En el ámbito personal una música adecuada al momento puede aportar:

Calor emocional, compañía. Esto es esencial para todos en determinados momentos, pero muy en especial para personas que viven en soledad material o moral. No existen estadísticas, porque es imposible, de las personas a quienes la audición musical a través de la radio ha ayudado emocionalmente a no caer en depresión, a evitar el suicidio, a abstenerse de la droga en un momento dado, etc., pero es un hecho real.

Los tipos de música adecuados pueden ser:

—Música de contenido emotivo: clásica o actual, por ejemplo, música de películas. Piezas de cantantes actuales. Arias de ópera. Arias y fragmentos de zarzuela, etc.

—Música religiosa: música coral, canto gregoriano, etc.

Energía física. La música puede renovar nuestra fuerza física para ayudarnos a realizar tareas que impliquen cansancio corporal, como las funciones que realiza el ama de casa, los trabajos mecánicos de los obreros, o cualquier otro tipo de trabajo manual. Puede ayudar a ello la música eminentemente rítmica como marchas, pasodobles, piezas de cantantes actuales con ritmo de fondo, valses y en general toda la música de danza folclórica o clásica.

Pero hay que tener en cuenta que la música con ritmo de fondo muy marcado puede acelerar la fatiga en la realización de cualquier trabajo, especialmente si es una música sin un acusado interés para el oyente, y más si se la escucha continuamente. Es aconsejable otro tipo de música, con ritmo menos marcado y que guste al oyente, y en especial conviene combinarla con períodos de silencio.

Está comprobado que una música energizante crea energía en nosotros, pero a períodos, no escuchada ininterrumpidamente (véase cap. II).

Ayuda al trabajo intelectual. Pueden distinguirse dos fases: preparación al mismo y ejecución. Como preparación al mismo, en general y si es posible, puede ayudar el escuchar el tipo de música preferido por cada uno por breves momentos. Incluso puede ser aconsejable realizar movimientos corporales con música de fondo, tales como estiramientos de los músculos u otros, como preparación física. En el Japón, es preceptivo que en las empresas se dedique un tiempo de preparación física antes de empezar la jornada laboral como puesta a punto, y además en determinados períodos durante el trabajo, para renovar fuerzas.

Durante la ejecución del trabajo: No es aconsejable escuchar música en los momentos del trabajo intelectual en que se hace la planificación del mismo, cuando toda la atención debe polarizarse en él. Lo mejor es el silencio; sin embargo, si el entorno es ruidoso, puede ser aconsejable escuchar música de fondo, pero únicamente a muy bajo volumen, para que la música «apague» el ruido. Es mejor escuchar música conocida a fin de distraer menos la atención porque una música desconocida fuerza nuestra atención a tratar de identificarla o compararla con otras, etc.

La función de la música durante el trabajo intelectual es la de servir para centrar nuestra atención en lo que estamos haciendo, no para que nos distraiga. También para crear una atmósfera afectiva, necesaria, a fin de contrarrestar la aridez del trabajo cuando sea así, con lo cual la fatiga será menor y se podrá trabajar más tiempo seguido.

Partiendo siempre de las preferencias personales, el tipo de música que se escuche —y siempre a bajo volumen— puede ser de tipo melódico y de contenido emotivo, música sin palabras o al menos en un idioma desconocido, para no polarizar nuestra atención en el significado de las palabras. Mejor si se trata de melodías repetitivas, sin grandes contrastes de volumen (altos y bajos), para que nos sintamos acompañados por la música pero sin ser «seducidos» por ella, ya que la atención debe polarizarse en el trabajo. La música sincopada no parece la más adecuada ya que su ritmo asincrónico rompe el esquema ordenado propio de las ondas alfa del cerebro. Tampoco es aconsejable un «continuo musical»; es mejor escuchar música a ratos, con períodos de silencio.

Ayuda a la creatividad. La música siempre ha sido un medio muy eficaz de estimular la creatividad. Se sabe que los grandes compositores musicales se ayudaban con la música. Por ejemplo, Chopin se ayudaba con la música de Bach. También Mozart lo hacía con la de Bach o con sus propias composiciones. Se sabe de muchos pintores, escritores y poetas que buscan su inspiración en la música.

He podido comprobar que cuando se hace dibujar a los niños sin música y a continuación con música, los dibujos realizados con música, si ésta gusta al niño, muestran una mayor creatividad y riqueza de contenido y colorido que los realizados sin música. (35) Posteriormente, he podido confirmarlo en la práctica diaria durante unos 15 años de trabajo con niños, realizando este ejercicio como parte de las sesiones de musicoterapia.

El tipo de música adecuado depende en primer lugar del tipo de trabajo que se debe realizar y de las preferencias personales. Parece que el más conveniente puede ser de carácter sedante ya que si es eminentemente rítmica invitaría al movimiento físico, pero no al intelectual. El carácter tal vez más contraindicado es el sincopado porque no invita a ordenar las ideas.

La temática puede ser: música de ballets clásicos, fragmentos escogidos de concierto entre los «clásicos populares»; música de películas; música religiosa: grandes corales, canto gregoriano, ortodoxa rusa, etc.

Como recreación o distracción. Un determinado tipo de música utilizada como distracción es connatural al hombre. Es un medio eficacísimo para alegrar, distender, descansar. Aparte las preferencias personales, están indicados tipos de música como marchas, pasodobles, música de zarzuela, bailes, danzas folclóricas de todo el mundo, jazz, música bailable actual, temas de carácter festivo de cualquier época.

Con las marchas militares de música hay que tener en cuenta el hecho de que este tipo de música no tiene para todo el mundo un carácter festivo; puede darse el caso de que una persona asocie a dicha música recuerdos tristes relacionados con una guerra u otra situación triste o deprimente.

Existen músicas que pueden resultar alegres o jocosas, como canciones tirolesas, bailes ochocentistas, jotas, habaneras, canciones mexicanas, de tuna,etc.

ÁMBITO FAMILIAR

La música debiera ejercer un papel muy importante en la familia.
Con el advenimiento de la era del transistor, la música se ha democratizado, ha abandonado las salas de concierto, exclusivas de una determinada clase social, para pasar a formar parte de la vida diaria de cada cual, al menos en la cultura occidental y prácticamente en todo el mundo civilizado. Ello es de una enorme importancia. Sin embargo, hay unos aspectos que tal vez se han perdido o puedan perderse: el tocar instrumentos en familia o cantar en familia. La televisión ha venido a sustituir estas prácticas; no hay tiempo. La práctica del canto o de tocar un instrumento en familia puede tener efectos muy positivos para la autorrealización, para aumentar la autoestima, para un mejor conocimiento mutuo, para la cohesión familiar, etc.

A veces se tienen ideas equivocadas acerca de la práctica musical. Se piensa que aprender a tocar un instrumento es algo muy difícil y que requiere unas determinadas condiciones, que no es para todo el mundo, y no es así. Ciertamente que para ser un músico profesional se requieren condiciones especiales y gran dedicación, pero no así para aprender a tocar un instrumento para el propio goce, como hobby, que es de lo que aquí se trata. Se requiere aprender los conceptos básicos de la teoría musical (en un manual sencillo), y aprender a leer la notación musical, lo cual no es difícil en absoluto y puede hacerse incluso de un modo autodidacta. Lo que sí se requiere es practicar. En cuanto a la elección de instrumento, los más sencillos son aquéllos en que a cada nota le corresponde una tecla, como el piano, los teclados electrónicos o el órgano. Son más difíciles los de cuerda.

A muchas personas les resulta aburrida la práctica porque se empeñan en seguir exactamente todos los ejercicios que proponen los manuales de prácticas con absoluta rigidez. Es mejor alternar los ejercicios con las melodías preferidas por cada uno, aunque sean más difíciles. No hay que olvidar que tocar melodías es expresar sentimientos y que la parte mecánica que es la técnica no debe matar la intencionalidad expresiva, y menos cuando se hace como hobby. Tocando melodías preferidas se practica durante más tiempo, porque lo que gusta no fatiga. La práctica de unas piezas musicales concretas puede alternarse con la libre improvisación musical y el diálogo musical con otros miembros de la familia (véase la improvisación musical, capítulo de metodología).

La práctica instrumental es un medio muy importante, insustituible para la expresión de sentimientos inexpresables con palabras, los propios complejos, las situaciones ambiguas. El hecho de tratar de expresar musicalmente los propios sentimientos sirve para clarificarlos. Cuando uno trata de expresar algo, instintivamente tiene que realizar un análisis previo de los mismos colocándolos a una cierta distancia de uno mismo, como si se tratara de otra persona. Esta gimnasia mental ayuda enormemente en situaciones de un dolor insoportable porque objetiviza aquel dolor y lo hace más llevadero. En momentos de confusión mental debida a situaciones ambiguas, el tratar de reflejar éstas musicalmente ayuda a clarificarlas.

¿De qué modo puede realizarse musicalmente? Si uno toca un instrumento, puede ayudar el buscar la partitura que creamos que refleja mejor nuestra situación. O se puede improvisar, buscar la melodía que se ajuste con mayor precisión a nuestro estado de ánimo. Se puede cantar inventando melodías. Otro ejercicio muy interesante es el de escribir cuanto se ocurre a uno tratando de expresar con palabras el contenido temático de la música que se escucha, o escribir poesía; la música es un medio insuperable para hacer aflorar la expresión poética.

El baile. Bailar en familia es otro medio que ayuda a la cohesión familiar, y es una forma excelente de hacer ejercicio físico, sin necesidad de salir de casa ni precisar de grandes espacios ni dispendios. El moverse acompasadamente, con movimientos suavemente circulares, produce efectos beneficiosos en las funciones corporales. Ayuda a despejar la mente; es una buena alternativa a un trabajo intelectual, como descanso, el ponerse a bailar unos minutos. Y lo es siempre como complemento a una celebración familiar.

UTILIZACIÓN DE LA MÚSICA EN SITUACIONES FAMILIARES CONCRETAS

Maternidad

La música desempeña un papel muy importante en esta etapa de la vida de la mujer, tanto para ella misma como para el hijo que espera. Podemos referirnos a la ayuda que puede prestar la musicoterapia preventiva: a la madre durante la gestación y el parto; al niño prematuro y al recién nacido; al niño durante la primera infancia.

Ayuda a la madre durante la gestación. Algunos de los efectos negativos que pueden darse durante la gestación y por diversos motivos son la ansiedad y el estrés emocional ante las circunstancias y las incógnitas que rodean todo nacimiento, y en especial gestaciones no deseadas, de riesgo o de adolescentes, por ejemplo.

La ansiedad y el estrés emocional afectan al feto y pueden llevar al aborto espontáneo (Grimm). (36) Según McDonald, (37) existe una relación entre el aumento de catecolaminas y la disminución de la eficiencia uterina, lo cual comporta dificultades en el parto. Lederman, Work y McCann (38) encontraron que el aumento de los niveles de ansiedad afectan fisiológicamente incrementando la epinefrina plasmática; se asocian a la disminución de contractilidad uterina y por tanto contribuyen a un parto más prolongado.

Los niveles de ansiedad pueden ser importantes, por ejemplo, en madres adolescentes. Liebman y McLaren impartieron sesiones de musicoterapia a un grupo de adolescentes en su tercer mes de gestación y encontraron que «fue evidente que aquellas adolescentes que recibieron sesiones de música y relajación fueron capaces de mantener un bajo nivel de ansiedad, al contrario de las que no recibieron dicho tratamiento». (39)

Estas sesiones consisten esencialmente en ejercicios de relajación física y audición musical. El tipo de música tiene que ser relajante, y la condición esencial es que guste a la oyente. Puede elegirse entre música clásica, romántica, de películas, etc. Si se trata de música New Age, hay que saber elegirla. La música New Age puede estar indicada siempre y cuando, dado su carácter repetitivo en muchos casos, no resulte enervante. Es conveniente no fiarse de la propaganda comercial: música para tal o cual situación. Es indispensable probar y experimentar en uno mismo los efectos que produce cada composición musical.

Hay que evitar el predominio de instrumentos que exciten, como la flauta, el violín y parecidos. O la música con ritmo marcado de fondo, dado que resulta excitante, mientras que lo que se desea es conseguir efectos sedantes. Es imprescindible fomentar los sentimientos de aceptación plena y de amor hacia el hijo que se espera.

La utilización de las técnicas de preparación al parto; por ejemplo, las de Lamaze (40) u otras parecidas, son una ayuda eficaz. Estas técnicas consisten en dar un conocimiento detallado del proceso del parto, sobre la realización de ejercicios de relajación muscular y el aprendizaje de un modo de respirar disciplinado. Con todo ello se pretende ayudar a controlar el dolor. Sin embargo, no parece el mejor medio para conseguirlo ya que la atención sigue polarizada en uno mismo cuando parece que lo mejor es centrarla fuera de uno mismo.

Clark, McCorkle y Williams (41) defienden la utilización de la música junto con las técnicas mencionadas por las siguientes razones:

1. *La música es un medio muy eficaz como foco de atención* (Sears), (42) (Lundin). (43)

2. *La música es un medio de distracción* que no reduce la experiencia subjetiva del mismo, pero aleja la atención del dolor (Davenport-Slack). (44) Jaynes (45) dice: «El sonido es la menos controlable de todas las modalidades de nuestros sentidos».

3. *La música es un estímulo placentera.* Estos autores citan a Susan Langer, quien ve en la música un símbolo, el cual «en virtud de su estructura dinámica puede expresar formas de experiencia vital que no pueden ser transmitidas por el lenguaje». (46)

En el acto de nacer se dan a la vez dos sentimientos distintos: dolor y gozo. La música puede adecuarse mejor que ningún otro estímulo a reflejar estos dos sentimientos contrarios: «La posibilidad de expresar "opuestos" simultáneamente presta a la música una tal intrincada capacidad de expresión que va mucho más allá de los límites a donde otras artes no pueden llegar». (47)

4. *La música como estímulo condicionado para la relajación.* Los ejercicios de relajación son importantes porque ayudan a una adecuada oxigenación en áreas vitales del cuerpo con un mínimo de fatiga fisiológica y psicológica, según Lamaze. (48) Durante la relajación se producen ondas alfa. (49) Estos ejercicios de relajación se pueden reforzar con visualizaciones, por ejemplo, buscar pósters de paisajes relajantes. Investigaciones realizadas han demostrado que la música «seria» o «clásica» gusta más y despierta creciente interés con las audiciones repetidas, mientras que otros tipos de música, como la popular o música para la danza, hacen que decrezca el interés con la repetición, según Downey y Knapp; (50) Gilliland y Moore; (51) Lundin. (52)

5. *Método «Imaginación guiada»* (Guided Imagery and Music, GIM). Algunos autores lo juzgan adecuado (véase el capítulo de metodología).

Este método consiste en escuchar música y con ella tratar de provocar un estado alterado de conciencia parecido a soñar estando despierto. (53) (54)

Preparación al parto. Los ya mencionados Clark, McCorkle y Williams (55) utilizaron la música en esta investigación del modo siguiente: a un grupo de 20 madres gestantes y un grupo de control (madres gestantes que no recibieron sesiones de musicoterapia), se les administraron seis sesiones de musicoterapia individual como preparación al parto:

1.ª sesión: Durante 30 minutos se explica a cada una en qué va a consistir el experimento y qué técnicas se utilizarán.

2.ª sesión: Se hace escuchar a cada madre 20 piezas musicales para que elija las que más le gusten.

3.ª sesión: Se hacen ejercicios de relajación utilizando diversos métodos durante 50 minutos, junto con audición musical.

4.ª sesión: Se repite la sesión anterior y se trata de despertar confianza y aminorar la ansiedad tanto como sea posible. Se pide a la paciente que repita los ejercicios en su casa.

5.ª sesión: Se elige la música que la paciente desea escuchar en el momento del parto. El tipo de música es más bien eufórica y a veces música que encierra recuerdos sentimentales para los padres.

6.ª sesión: Repetición más o menos de las sesiones cuarta y quinta, pero con menos verbalizaciones.

El parto. Se avisó al musicoterapeuta cuando llegó el momento y éste empezó la sesión en el momento del parto. En el momento en que se pidió a la madre que hiciera fuerza a cada contracción, el tempo, la intensidad y la energía de la música se aumentaron para ayudar a la madre a darle mayor energía. El ritmo de la música fue utilizado sincrónicamente con la respiración en muchos momentos. La audición musical terminó con el nacimiento del bebé.

No puede olvidarse que la utilización de la música durante el parto es un medio muy eficaz de aminorar el dolor (Clark), (56) (Codding), (57) (Hanser, Larson y O'Connell). (58)

Como conclusiones, los autores mencionados señalan: (59) *a)* Esta investigación fue históricamente la primera en que se realizó un proyecto de investigación y tratamiento en un grupo de madres gestantes.

b) Las mujeres que participaron en la investigación de musicoterapia experimentaron significativamente percepciones más positivas que el grupo que no participó.

c) El primer grupo realizó durante más tiempo los ejercicios de Lamaze en su casa que el grupo que no recibió musicoterapia.

d) El primer grupo percibió mayor soporte por parte del equipo médico y del entorno. Experimentó una reducción del nivel de ansiedad.

Ayuda al niño recién nacido

¿Qué percibe el niño en el claustro materno? Campbell (60) encontró respuestas musculares evidentes al sonido, a las 26 semanas. Birnholz y Benacerrad (61) hallaron que el sonido exterior llega al niño no nacido atenuado en 15dB por término medio y que el sonido que percibe el niño en el claustro materno es de 75 dB. Walker, Grimwade y Wood, (62) mediante micrófonos instalados en el interior del claustro materno, indicaron que el menor sonido audible para

el niño es de 85 dB a 95 dB, que es el sonido del latido cardíaco de la madre. Los sonidos fuera de la madre le llegaban muy atenuados, especialmente las frecuencias menores de 1.000 Hz.

Rubel (63) menciona las investigaciones de Saunders, según las cuales la conducción del sonido hacia el oído externo y el medio responderían a principios de transmisión de señales acústicas vestibulares y cutáneas. Este mismo autor (64) afirma que el niño no nacido puede oír ya entre el quinto y el séptimo mes porque ya tiene desarrollada la función coclear, la respuesta basilar y el desarrollo de las células ciliadas internas y externas, todo lo cual permite la transmisión del sonido al octavo nervio craneal (el primero en desarrollarse completamente en el cerebro fetal). Responde primero a bajas frecuencias y luego a altas frecuencias.

A partir de estos hechos puede deducirse: «La música puede ser utilizada no sólo para afectar las emociones, la cognición y el comportamiento de la madre, sino también para afectar al feto directamente». (Standley) (65)

¿Puede el niño en el claustro materno acumular conocimientos, memorizar? Se han realizado muchas investigaciones a partir de los años 1940; las más importantes, las realizadas por MacFarlane, (66) Annis, (67) Ferreira, (68) De Casper y Fifer, (69) Smotherman (70) y Panneton. (71)

En China y Japón es costumbre que a la edad real de cada niño se le añadan nueve meses más. Se acepta, por tanto, que el niño en el claustro materno capta estímulos. Wedenberg (72) observa que el feto está «escuchando todo el tiempo después de las 24 semanas».

Pero, ¿puede memorizar? Esta cuestión, sujeto de numerosas investigaciones, no resulta fácil y hasta el momento sin conclusiones precisas. Por ejemplo, en el Proyecto Eastman (73) se lee: «No es posible en este momento, después de las investigaciones realizadas hasta la fecha, afirmar que se pueda detectar la memoria a largo plazo para patrones rítmicos y tonales». En el punto final del mencionado proyecto se afirma: «...nosotros no nos atrevemos a lanzar la hipótesis de que la estimulación musical el niño en el claustro materno pueda afectar a su futuro comportamiento y desarrollo». (74)

Las investigaciones prosiguen y no es posible afirmar nada taxativamente. Sin embargo, no puede olvidarse el efecto positivo de la música sobre la madre gestante y que a través de ella repercute en el niño que espera.

El recién nacido. La visita a los departamentos de neonatología, con sus cunitas perfectamente ordenadas, pulcras, asépticas, blancas, siempre causa una cierta desazón, y el calificativo genérico que a uno le viene a la mente casi de forma instantánea es el de soledad.

La diferencia que existe entre el sentirse envuelto física y afectivamente dentro de la madre a cobijo de todo trauma y el súbito y traumático acto del nacimiento con el posterior abandono de los brazos de la madre para dejar al bebé solo, en su cunita, va un abismo; es algo que debiera llevar a la reflexión. Realmente, la asepsia es fundamental, pero más fundamental es aún la proximidad constante con la madre durante los primeros días. El bebé debe acostumbrarse a la separación física de la madre, pero de un modo paulatino.

Comportamientos al estímulo musical del niño recién nacido durante los primeros días. Muir y Field (75) explican que el primer y el segundo día el recién nacido se orienta hacia el sonido en 2,5 segundos y tarda 3 segundos en completar la respuesta. En estos dos primeros días de vida el bebé puede diferenciar la música del ruido, y prefiere la primera. (Butterfield y Siperstein). (76) El segundo día, cualquier estímulo sonoro prolongado pacifica a los recién nacidos. El sonido del corazón no es mejor que el metrónomo o la canción de cuna (Brackbill y otros). (77) El sonido del ritmo cardíaco no pacifica a los recién nacidos que lloran (Detterman), (78) sino que más bien les asusta y les enerva, fuera del claustro materno.

Cierto método se utiliza tratando de que los niños hagan regresión a la experiencia vivida intrauterina, y esto es un error desde el punto de vista neurológico y científico. El sonido del ritmo cardíaco de la madre, fuera del seno materno, parece que se convierte en un sonido mecánico sin sentido emocional alguno.

A los dos días, los bebés prefieren la voz materna a otras voces femeninas, y la música, a voces masculinas (De Casper y Prescott). (79) A los cuatro días, el niño puede recordar diversos aspectos del lenguaje y es capaz de discriminar entre lo escuchado previamente y palabras nuevas (Brody, Zelazo y Chaika). (80)

¿Puede la música ayudarle? Al recién nacido, se le puede ayudar durante las primeras semanas:
—Emocionalmente: a través de las canciones de cuna y audición musical.
—Fisiológicamente: a través de masajes y movimientos corporales suaves con música de fondo.
—Cognitivamente: mediante la estimulación sensorial con ayuda de la música.
Con ello se atiende a sus necesidades emocionales, fisiológicas y cognitivas.

La canción de cuna. Desde siempre, y en todas las culturas, la madre ha acunado a su hijo por diversas razones:

a) Como expresión de su amor, con melodías nacidas de este sentimiento hacia su hijo y de su necesidad de expresión del mismo.
b) Como medio de relajación ya que un suave balanceo induce a la relajación y al sueño.
c) Para acallar su llanto. Para disminuir su ansiedad, su nerviosismo, su miedo, su soledad, etc., por la capacidad que tiene el balanceo como medio de distracción.
d) Como medio de estimulación física.

El ritmo de estas canciones es absolutamente semejante en todas las culturas dado que responde a la misma función de balanceo. Es curioso escuchar canciones de cuna de culturas alejadas geográficamente o en el tiempo para comprobar esta similitud. (81) (82)

Parece que en sus orígenes, en la noche de los tiempos, la canción de cuna respondía, además, a una intencionalidad mágica: la de alejar a los malos espíritus y para invocar a la divinidad protectora del niño.

El ritmo de estas melodías es binario. De tempo lento y melodía emotiva, sin cambios melódicos bruscos ni saltos tonales. Con preferencia son cantadas por la madre, el padre o la persona que cuida del niño. Tampoco hace falta cantar con palabras, sino simplemente «mumear» o algo semejante. El bebé no entiende nuestras palabras, pero sí capta el matiz afectivo de nuestra voz, la suavidad de nuestras caricias.

Otro medio es la música grabada: fragmentos de música entresacados de los clásicos, de películas o música popular, que tengan las mismas características musicales que las apuntadas para las canciones de cuna.

Para estimular a los niños, los ejercicios pueden acompañarse con fragmentos o canciones más enérgicas tipo marcha, pero a un tempo adecuado a los movimientos corporales que hacen los recién nacidos, evitando todo movimiento brusco.

El tema de las canciones de cuna no tiene por qué ser preexistente, sino que lo puede inventar quien acune al niño, ser procedente del folclore o música sinfónica compuesta a tal efecto, especialmente melodías que cante quien se ocupe del bebé, con voz suave y acariciante, nacidas del corazón. Sirve también a tal fin cualquier melodía instrumental, tipo Mantovani (véase el capítulo dedicado a musicoterapia para niños autistas).

En *La pequeña crónica de Ana Magdalena Bach*, la segunda esposa del gran compositor relata una escena encantadora:

«Cuando mi canción —una canción de cuna que Bach había compuesto expresamente para ella y cuya partitura destruyó el mismo Bach una vez que ella se la hubo aprendido porque no quería oírla en otros labios que no fueran los suyos— no acababa de tranquilizar al niño, lo solía coger él en brazos y lo mecía hasta que se quedaba dormido. He observado muchas veces que los niños de pecho se tranquilizan al momento en cuanto los coge un hombre en brazos. Creo que les produce una sensación de seguridad y se duermen más tranquilos apoyados en los brazos fuertes que los rodean, pues los hombres cogen a los niños de una manera distinta que las mujeres, porque temen que se les caigan». (83)

Durante centurias, el cuidado de los bebés ha estado casi exclusivamente en manos femeninas, pero no tiene por qué ser así. El bebé necesita de las dos figuras parentales: la madre y el padre.

Como norma, parece que no es conveniente cantar o hacerle escuchar música al niño más de 15 minutos seguidos, alternándolos con períodos de silencio.

Estimulación física. El recién nacido precisa para su desarrollo el ejercicio físico, moverse. El adulto ha de facilitar el que pueda realizarlo, por ejemplo, vistiendo al niño con ropas holgadas que no le impidan el movimiento. Debe ayudársele con masajes y balanceos (de la cuna, de un balancín, etc.) al compás de la música (canto o música grabada). Se debe interpretar canciones alusivas a distintas partes del cuerpo y rozarlas con suavidad al nombrarlas. Siempre delicada, suave y lentamente.

Estimulación sensorial. El recién nacido puede escuchar perfectamente desde el primer momento, pero no ocurre lo mismo con la visión. Debe acoplarla y parece que durante los primeros días sólo distingue colores muy fuertes y por contraste. Poco a poco va percibiendo los más tenues. Es interesante poner cerca de él objetos móviles musicales de colores vivos.

Ayuda al niño prematuro

Todo niño prematuro presenta, en potencia, riesgos de supervivencia o incidencia de subnormalidades o problemas neuropsiquiátricos (Katz). (84) También puede darse el síndrome de la muerte súbita, todavía sin una explicación científica suficiente.

La utilización de la música para estos niños es fundamental, y hasta la fecha en nuestro país esto no se tiene en cuenta. La reflexión hecha anteriormente a propósito de los niños recién nacidos es aplicable aquí con mucho mayor motivo ya que a estos niños se les separa de su madre para colocarlos dentro de compartimentos asépticos, privados de todo contacto físico, excepto el de sus cuidadoras, con manos enguantadas, y rodeados de mil ruidos extraños, sin la voz de su madre.

Resulta incomprensible la falta de sensibilidad que se demuestra al no utilizar la música como el mejor sustituto de la afectividad materna de la que se les priva, aunque esta privación tenga un motivo bien justificable, como es el de la supervivencia. Sin embargo, sin apenas esfuerzo ni coste económico se podría hacer escuchar música al niño prematuro, con lo cual se aminorarían los efectos de su carencia afectiva.

Katz, (85) Kramer, Pierpont (86) y otros opinan que al niño prematuro confinado en el compartimiento aislado de la unidad de niños prematuros, se le priva de la estimulación que necesita. Korner, (87) Schaefer, Hatcher y Barglow (88) creen que estos niños carecen del entorno estimulante del que gozaban en el útero. Este entorno también es potencialmente estresante para el niño y puede ser el responsable de futuros retrasos (Schanberg y Field). (89)

Los beneficios que la música puede aportar a estos niños, según investigaciones realizadas, son los siguientes: Caine (90) comprobó que la utilización de la música (audición musical) tuvo efectos muy positivos en 26 niños prematuros, en quienes disminuyó el nivel de ansiedad, aumentó el apetito, ganaron el peso que habían perdido inicialmente y se acortó el tiempo de estancia en el hospital (en 5 días). Este autor cita en su tesis diversas investigaciones en las que se había comprobado lo siguiente:

—La música ayudó a acortar la estancia de hospitalización con el consiguiente ahorro económico (Field, Schanberg, Scafidi, Bauer, Vega-Lahr, García, Nystrom y Kuhn) (91) (White-Thaut y Tubeszewsky). (92)

—Fue un medio de pacificación del bebé, según Birns y otros, (93) Smith y Steinschneider. (94)

—Aumentó el apetito del niño: Kramer y Pierpont. (95)

—Aumentaron las calorías del pequeño: White-Thaut y Tubeszewsky. (96)

—Aumentaron sus respuestas de mejor adaptación al nuevo entorno: Chapman, (97) Segall. (98)

Lorch, Lork, Diefendorf y Earl (99) demostraron diferentes efectos significativos en la presión de la sangre sistólica entre la audición de música estimulante o música sedante, lo cual puede tenerse en cuenta con estos niños a fin de ayudar a prevenir la hemorragia intraventricular. El efecto calmante de la música sedante tal vez pueda ayudar a reducir la utilización de medicamentos en niños con respiración asistida para disminuir la incidencia de traumas pulmonares. Los niños prematuros responden mejor a los estímulos auditivos que los niños nacidos en un tiempo normal (Gerber). (100)

La doctora Standley (101) describe las técnicas que se debe emplear con estos niños, basadas en la pacificación y la estimulación de los pequeños, junto con las precauciones y cuidados específicos que hay que tener en cuenta al realizar estas técnicas.

Ayuda al niño durante la primera infancia

Una de las ayudas que pueden aportar los padres o los cuidadores de niños en la primera infancia, en el hogar o en una guardería infantil, es la utilización de la música: audición musical, canto y hacerles jugar con objetos o instrumentos musicales muy simples.

Audición musical. Aparte de lo reseñado en el capítulo dedicado a musicoterapia aplicada, estimulación precoz, y sobre las preferencias musicales de niños autistas, esquizofrénicos (102) o niños con parálisis cerebral, (103) puede añadirse lo siguiente:

En la actualidad, las primeras experiencias musicales no son, como en el pasado, la canción de cuna, simplemente porque las madres apenas ya si cantan canciones de cuna a sus hijos, salvo excepciones. Esto ocurre en parte porque la audición musical a través de la radio y la televisión lo invade todo. Por tanto, la audición musical es la primera experiencia del niño en el hogar.

¿Qué tipo de música gusta al niño pequeño? El recién nacido, según Ruth Fridman, (104) prefiere los sonidos consonantes, lo armonioso. La pedagoga musical francesa Mme. Pasquier dice que una música infantil debe caracterizarse por «estar llena de ingenuidad, imaginación, comicidad. Llena de impresiones, de sentimientos humanos reducidos a escala infantil».

La utilización del ritmo sincopado en piezas musicales infantiles no es adecuado para el niño pequeño ya que es antinatural; no le ayuda a un desarrollo normal. Necesita ritmos regulares, a un tempo no demasiado rápido ya que de lo contrario no podrá seguirlo ni mental ni motrizmente.

El contenido tiene que ser emotivo y musicalmente estético. El niño pequeño, sin estar condicionado, prefiere la música más bella que se pueda imaginar. Y belleza musical no implica complejidad ni asonancia. Prueba de ello es que niños de meses son capaces de emocionarse con bellas melodías hasta las lágrimas.

La expresión debe ser de línea melódica simple, consonante. Las disonancias le pueden gustar en un momento dado como elemento sorpresa, como un elemento de comicidad. Puede gustarle la repetición de un fragmento que le emocione. La armonización tiene que servir para resaltar la melodía, pero no para confundirla. Han de buscarse acompañamientos simples, pero llenos de musicalidad.

Los instrumentos más adecuados parece que son el órgano, el piano, las orquestas de cuerda, el arpa (véase «Tipo de canciones adecuadas a los niños» en el capítulo «Metodología»).

Programas musicales infantiles en los medios de comunicación social. En la mayor parte de hogares, la música que se emite por la radio y la televisión es la que escucharán los bebés, ya que es más cómodo para los cuidadores de éstos servirse de tales medios que hacerles escuchar música en los CD o casetes que les programen.

Hace años que reivindico la necesidad de que se emitan programas musicales adecuados para los bebés y niños en la primera infancia en el hilo musical de Telefónica: «Se destacan las funciones preventivas que puede tener el hilo musical en materia de salud mental, y se subraya la carencia de emisiones musicales programadas de cara a la audiencia infantil en ese medio». (105)

También faltan emisiones dedicadas a los niños pequeños en las emisoras de radio: «Es muy criticable la ausencia absoluta de música dirigida a niños pequeños en programas que podrían asemejarse al que emite la BBC de Londres a media mañana para los niños que todavía no van a la escuela». (106) Este tipo de música no sólo beneficiaría a los bebés, sino que también podría ayudar a las madres. Sería como un lenitivo que no haría más que beneficiarles.

Las películas infantiles a veces tienen una música adecuada al pequeño, como pudo ser Heidi, pero son excepciones. Están demasiado llenas de agresividad y disonancias.

Repertorio. Hay que distinguir entre música para ser tarareada o cantada por el niño y música para ser escuchada por éste. En cuanto a la primera, se debe tener en cuenta que el niño no puede tararear una canción al tempo normal en el que está grabada. Hay que cantársela lentificada para que el niño pueda seguirla ya que de lo contrario el pequeño se siente frustrado. Como ejemplos de este tipo de música pueden considerarse las melodías de películas infantiles, canciones de corro, villancicos de Navidad (todo el año pueden cantarse), etc.

En cuanto a la música para ser escuchada por el niño, a continuación se muestran algunos ejemplos:

Música que puede ser emotiva. Canciones de cuna de grandes compositores, folclóricas y extranjeras. *Largo* de la Quinta sinfonía de Dvorák; las obras de Chopin *Nocturno* opus 9; *Balada* n.º 2, opus 38, y *Estudio* opus 10 «Tristesse»; el *Concierto de Aranjuez*, 2.º movimiento, de Joaquín Rodrigo; algunas canciones interpretadas por Victoria de los Ángeles; canciones del tipo de Mary Hamilton, cantada por Joan Baez; algunas canciones de Enya; *Bachianas* n.º 5, de Héctor Villa-Lobos, por Victoria de los Ángeles; *Ave María* de Schubert, Bach, Gounod; «El cisne», de *El carnaval de los animales*, de Saint-Saëns, etc.

Ejemplos de música alegre, excitante. Marchas de circo, pasodobles, jotas, sardanas, música del Tirol, música folclórica de Europa central, música folclórica sudamericana, «Que canten los niños», de Perales, música de películas infantiles, etc.

Ejemplos de música de interés armónico. Música coral, villancicos y música de Navidad cantados por grandes corales, corales de musical infantil: Bach, Händel, etc.

Orquestas adecuadas: conjuntos orquestales en los que predominen los instrumentos de cuerda, como la de Mantovani, porque además muchas piezas de música clásica las interpreta a un *tempo* algo más lento de lo normal; la orquesta de Frank Pourcel (tocando a los clásicos); la orquesta 101 Violines, etc.

Utilización de la música en dos momentos clave del día. **Música para dormir.** «La vida moderna, por su ritmo vertiginoso, por su inestabilidad, por su estridencia, es una fuente de angustia y de profundo cansancio. Nunca como ahora los somníferos se habían hecho tan indispensables.

Los pequeños, inmersos en este ambiente, viven en tensión constante que ni siquiera les abandona durante el sueño. Duermen menos horas que antes y aun éstas se ven turbadas por mil ruidos estridentes, con lo cual su descanso es del todo insuficiente y superficial. Añádase a esto la auténtica preocupación que constituye para ellos la asistencia a la guardería infantil, que no siempre resulta placentera y les puede llenar de preocupación a su nivel infantil, o bien la separación de la madre, aunque sea por breves horas al día.

Resulta, pues, urgente poder proporcionar a los niños las horas necesarias de un descanso profundo y reparador.

El escuchar música sedante antes de dormir proporciona un sueño profundo porque hace que el niño se evada de las preocupaciones, aleja los recuerdos penosos ya que ayuda a vestir la realidad de belleza». (107)

Música para despertarse. (108) No se suele dar importancia a este momento clave de la jornada, y la tiene. Existe la mala costumbre de despertarse a toque de despertador y despertar a los niños de igual forma. El niño se ve obligado a pasar bruscamente del inconsciente de un sueño profundo al estado consciente, sin solución de continuidad, sin gradación. La naturaleza no obra así. ¿Dónde está la gradación? El hombre está hecho para pasar de un estado a otro paulatinamente, a base de una cierta preparación, no bruscamente. Cuando se despierta al niño a toque de despertador o con voz fuerte se ejerce sobre él una tortura psicológica que puede ser la causa de trastornos que los pediatras conocen muy bien.

El mejor medio para despertar al niño es siempre la presencia materna o de quien haga las veces. Una música adecuada obra de un modo parecido porque habla de afectividad. El tipo de música adecuado es también el sedante. Suele creerse que es más conveniente el excitante, que invita a la acción, pero no lo es para los niños pequeños ni para los niños en general ya que se cae entonces en el mismo fallo que supone el despertador. Es conveniente que los primeros compases sean emitidos a bajo volumen para ir elevándolo gradualmente hasta el nivel normal. Después de varios minutos con música sedante, puede hacerse escuchar música más dinámica como valses y similares para terminar si se quiere con música tipo marcha.

La finalidad de la utilización de la música en la primera infancia es la de ayudar al niño al desarrollo armónico de su personalidad, influyendo en su vida emocional y a través de ella en su desarrollo físico, emocional, intelectual y espiritual.

ÁMBITO ESCOLAR

UTILIZACIÓN FUNCIONAL DE LA MÚSICA EN LA ESCUELA

Importancia de la música en la educación integral del niño

La finalidad de la educación es la de formar al hombre de un modo integral y equilibrado, tanto corporalmente como emocional, intelectual y espiritualmente.

El concepto de educación varía a través de los tiempos, de acuerdo con las necesidades de la sociedad en la que se vive y del concepto que se tenga del hombre: «El único problema educacional sigue siendo el de obtener un equilibrio entre la eficacia de los grupos sociales y la autenticidad de las virtudes individuales. Si la eficacia exige hoy el empleo de conocimientos más extensos y de organismos más complejos, la autenticidad continúa residiendo en la fidelidad a sí mismo, a la "forma de hombre" en el sentido filosófico de la palabra». (109)

Si se elige una educación de inspiración cristiana: «...ha de velar por el respeto a la persona humana en todas sus dimensiones y situaciones en las que se encuentre». «Perfeccionar al máximo las potencialidades de la persona, es decir, perfeccionar al máximo sus condiciones de ser racional, libre e inteligente para alcanzar un auténtico humanismo y una nueva convivencia social» (Torralba). (110)

«La educación no es una simple estrategia comunicativa o una tecnología cibernética, sino un proceso difícil y complejo a través del cual el educador transmite ideas, sentimientos, afectos y valores». «Los valores pueden transmitirse de modo autoritario o se pueden comunicar a modo de invitación.» (111) Este último modo es el adecuado ya que la imposición sin convencimiento previo lleva al negativismo o a la rebelión. Lo positivo es invitar, sugerir, proponer, estimular; crear las situaciones adecuadas para que nazca del niño mismo el deseo de realizar lo que se le propone. Aquí reside el «arte» de formar, de educar.

Rabindranath Tagore (112) escribió: «Para ser maestro de niños... hay que ser un hermano mayor, dispuesto a caminar con los niños por la misma senda del saber elevado y de la aspiración. Y el único consejo que puedo daros en esta ocasión, si habéis de dedicaros a enseñar a los hijos del hombre, es éste: que cultivéis al alma del niño eterno». El auténtico maestro de niños no sólo ha de impartir conocimientos técnicos y humanísticos, sino que tiene que convencer con su modo de ser, más que con sus palabras; debiera ser el modelo que seguir.

Importancia de la vida emocional del niño en relación a su futuro

Una tarea importantísima del maestro es la de educar la sensibilidad y la vida emocional del niño. De ello depende en parte su felicidad futura y su éxito en la vida, incluso. La vida emocional del ser humano empieza ya desde el seno materno. Allí se configura su modo de ser y estar en la vida. Hay niños que nacen con predisposición a la sonrisa y otros muestran un rictus habitual de tristeza; unos son pacíficos, relajados y otros intranquilos, con llanto fuera de lo normal. La vida emocional del niño empieza, pues, antes de nacer y es el halo vital, el «envolvente» de la vida (113) que acompaña al ser humano hasta su muerte.

La vida emocional del ser humano precisa de formación y educación no sólo en beneficio de sí mismo, sino también de la sociedad en la que vive, ya que el ser humano es un ser social. «Ello requiere fundamentalmente una vida emocional sana. Esta vida emocional es la que mayor preparación precisa ya que es algo que no admite improvisación y sí una larga maduración». (114) Debiera ser prioritaria en la escuela.

Pero sin lugar a dudas los padres son los primeros responsables de la salud de sus hijos. El neurocientífico Le Doux (115) ha estudiado el papel desempeñado por la amígdala cerebral en la infancia y ha llegado a la conclusión de que «la interacción —los encuentros y desencuentros— entre el niño y sus cuidadores durante los primeros años de vida constituyen un auténtico aprendizaje emocional» (Goleman). (116)

La falta de una adecuada educación sentimental se palpa en la vida diaria de nuestra sociedad: «Al lado de las increíbles perfecciones de este tiempo, de los decisivos hallazgos que en tantos campos ha realizado el hombre en nuestro siglo, no se puede ocultar el hecho de que la vida muestra síntomas de tosquedad, de pobreza, de monotonía, de inestabilidad; y, lo que es más, de sequedad, de prosaísmo. ¿No será que nos falta una adecuada educación sentimental? (Marías) (117)

La teoría de Le Doux

Las recientes investigaciones en el campo de las neurociencias de Le Doux y otros hanllamado la atención acerca de la importancia de las emociones en la vida del ser humano, al demostrar que:

1. El importante papel que desempeña la amígdala en el cerebro emocional. (118)
2. Asigna otras funciones muy diversas a otras estructuras cerebrales. (119)
3. La amígdala tiene una función de alerta ante cualquier señal de alarma. Manda una señal de alerta al cerebro disparando la secreción de hormonas corporales que predisponen a la lucha o a la huida, activando los centros del movimiento y estimulando el sistema cardiovascular, los músculos y las vísceras. También es la encargada de activar la secreción de dosis masivas de noradrenalina, la encargada de reactivar ciertas regiones cerebrales clave como los sentidos y de poner el cerebro en estado de alerta, y otras funciones.
4. Sus investigaciones revelan por primera vez la existencia de vías nerviosas para los sentimientos que eluden el neurocórtex. «Este circuito explicaría el gran poder de las emociones para desbordar a la razón porque los sentimientos que siguen este camino directo a la amígdala son los más intensos y primitivos». (120) «Anatómicamente hablando, el sistema emocional puede actuar independientemente del neurocórtex. Existen ciertas reacciones y recuerdos emocionales que tienen lugar sin la menor participación cognitiva consciente». (121)
5. El hipocampo es el encargado de registrar los hechos y la amígdala determina el clima emocional que acompaña a estos hechos. (122) «Cuanto más intensa es la activación de la amígdala, más profunda es la impronta y más indeleble la huella que dejan en nosotros las experiencias que nos han asustado o emocionado».
6. Memoria emocional. Muchos de los recuerdos emocionales más intensos proceden de los primeros años de la vida y de las relaciones que el niño mantuvo con las personas que lo criaron (especialmente situaciones traumáticas, como palizas o abandonos) porque el hipocampo y la amígdala trabajan conjuntamente. El hipocampo recupera datos puros y la amígdala determina si esa información posee una carga emocional. En esa temprana edad, otras estructuras cerebrales como el hipocampo (esencial para el recuerdo emocional) y el neurocórtex (sede del pensamiento racional) todavía no se encuentran plenamente maduros. (122)

La amígdala, por tanto, suele madurar mucho más rápidamente y la carga emocional que almacena de las impresiones que recibe no está controlada, pues, por el pensamiento racional. De ahí que las primeras impresiones que el niño reciba se graben en él de un modo indeleble.

7. Emociones precognitivas. Ésta es la denominación que se da a las señales emocionales que proporciona la amígdala; son muy toscas ya que se basan en sentir antes que en pensar. «Son reacciones basadas en impulsos neuronales fragmentarios, en "bits" de información sensorial que no han terminado de organizarse para configurar un objeto reconocible». (123)

8. El lóbulo prefrontal izquierdo parece formar parte de un circuito que se encarga de desconectar o, al menos, atenuar parcialmente los impulsos emocionales más negativos.

La inteligencia emocional

El neurólogo Damasio, (124) a partir del estudio de pacientes que tenían lesionadas las conexiones existentes entre la amígdala y el lóbulo prefrontal, llegó a la conclusión de que los sentimientos son indispensables para la toma racional de decisiones porque nos orientan en la dirección adecuada para sacar el mejor provecho a las posibilidades que nos ofrece la fría lógica. El cerebro emocional está tan implicado en el razonamiento como lo está el cerebro pensante. «En cierto modo tenemos dos cerebros y dos clases diferentes de inteligencia: inteligencia racional e inteligencia emocional y nuestro funcionamiento en la vida está determinado por ambos». (125) Aboga para que al tratar de medir la inteligencia (CI), se tenga en cuenta, además, la inteligencia emocional, de lo contrario se obtiene una evaluación incompleta del ser humano.

Además, ni siquiera los tests de inteligencia existentes pueden medir todos los tipos de inteligencia posibles en el ser humano: miden, con preferencia, habilidades lingüísticas y matemáticas, cuando existen muchas más.

De ahí la gran importancia que reviste el hecho de que se haya llamado la atención acerca de esta realidad constatable: niños que en la escuela prometían mucho por su excelente nivel intelectual, pero que en su vida de adultos el éxito no les ha acompañado en absoluto porque han carecido de inteligencia emocional.

A juicio de Gardner, (126) la inteligencia emocional abarca cinco competencias principales:

1. El conocimiento de las propias emociones.
2. La capacidad de controlar las emociones.
3. La capacidad de motivarse uno mismo.
4. El reconocimiento de las emociones ajenas.
5. El control de las relaciones.

A través de lo expuesto en los capítulos anteriores puede deducirse la importancia de la música como ayuda en la educación de la vida emocional del niño, del adolescente y del adulto. La música es esencial para conseguirlo porque es un lenguaje preverbal, prelógico y emocional.

USOS FUNCIONALES DE LA MÚSICA EN LA ESCUELA

Adquisición de conocimientos

Llama la atención el hecho de que no se utilice la música dentro de la jornada escolar cuando en el pasado sí se hacía. Recuerdo que en la escuela rural a la que asistí en mi primera infancia, las clases empezaban siempre cantando una canción. Es un recuerdo gratificante, imborrable. Además, no sólo se cantaba al entrar en clase, sino al salir. El canto también formaba parte, con frecuencia, de la lección, que se explicaba en forma de canción alusiva al tema. Estas primeras vivencias fueron las que me sugirieron la utilización de la música de igual modo en mi primera experiencia docente (1951) no sólo por medio de canciones, sino también de música grabada.

En el capítulo «Utilización de la música en la enseñanza» (127) se describen los beneficios que puede aportar dicha utilización tanto en educación primaria como en secundaria. Los conocimientos que se imparten, si van precedidos o seguidos de una ilustración musical adecuada al tema, son asimilables más fácilmente por el niño. Es cierto que la imagen visual es el recurso por excelencia, pero se olvida la grandísima importancia del elemento musical.

Las conclusiones obtenidas a lo largo de diferentes investigaciones han sido las siguientes:

—La música ha sido poco empleada en la escuela como ayuda a la adquisición de conocimientos.

—La música ejerce un atractivo especial en los niños, de modo que si se utiliza adecuadamente, los conocimientos adquiridos con ayuda de tal medio se recuerdan más que aquéllos en los que no se ha empleado la música.

—La música ayuda a penetrar «en el alma de la situación» o del tema de que se trate, ya que tal como dijo Schopenhauer: «La música expresa lo que hay de metafísico en el mundo, la cosa en sí de cada fenómeno». Además, lo hace de un modo accesible a los niños porque llega a la comprensión afectiva de los fenómenos o de los hechos.

—Ayuda a captar los matices más humanos, emotivos y bellos de las situaciones o los hechos. Ni siquiera la fotografía, el dibujo o la poesía (aunque es el arte que más se le asemeja), poseen esta facultad en tan alto grado.

—Es un medio auxiliar de primer orden si se sabe utilizar convenientemente.

—La música no puede ni debe emplearse abusivamente porque resultaría contraproducente. (128)

Existe una gran diferencia entre empezar la jornada escolar sin música o empezarla con música; pude observarlo al establecer un programa de audición musical en un centro de educación especial de 400 alumnos en el que existía instalación de hilo musical en todas las aulas (véase el capítulo de musicoterapia aplicada: «Musicoterapia en el Centro de Educación Especial»).

El programa consistió en hacer escuchar música durante el período de la entrada de los niños al centro y al finalizar la jornada escolar. Duración: 15 minutos. La audición se ponía en marcha tan pronto como llegaban los primeros niños y la escuchaban en cuanto cruzaban el jardín. Dado que en aquel centro las edades oscilaban entre 4 y 17 años, era necesario programar música que pudiera interesar a todos. Se eligieron piezas cortas (o se acortaban) para facilitar la variación.

Piezas de interés general: —Como activación: valses, marchas, pasodobles, música folclórica: española, mexicana, del Tirol, etc.

—Para crear un clima afectivo: fragmentos de música clásica romántica, música religiosa, etc.

—Para crear un clima lúdico: canciones infantiles de corro, música de películas infantiles, canciones infantiles en general, etc.

—Para ayudar a la cohesión grupal: música coral.

En las escuelas de enseñanza primaria en las que se dan la misma variedad de edades se puede hacer una programación semejante, si bien deben introducirse piezas musicales actuales en las que predomine el elemento armónico y melódico y menos el rítmico, dado que los niños y los adolescentes ya están saturados de ritmo a través de la radio, la televisión y las discotecas.

Objetivos de la audición musical a la llegada al centro escolar. Crear un clima afectivo que predisponga a:

a) Olvidar los malos recuerdos (familiares, por ejemplo).
b) Paliar las carencias afectivas del niño.
c) Ayudar a la integración grupal y escolar.
d) Formar su gusto estético musical de un modo indirecto.
e) Predisponer al trabajo escolar.

Al finalizar la jornada escolar. Puede hacerse escuchar música desde cinco minutos antes de dar la señal de la finalización de las clases y tal vez seguir la audición mientras los niños abandonan las aulas. O tal vez dedicar siete minutos a audición musical mientras los niños están en las aulas. El contenido de la audición puede tratar de fomentar sentimientos de serenidad, de alegría. Puede ayudar a ello la música coral, la de películas, folclórica, lúdica, etc.

El objetivo que se fija con la audición es el de crear una atmósfera afectiva que predisponga a:

—Polarizar la atención fuera de los niños mismos y de problemas existentes.

—Serenar el ánimo y abrirlo a realidades positivas.

—Alegrar el ánimo.

—Formar el gusto estético-musical indirectamente.

—Si se trata de una escuela confesional, puede hacerse escuchar unos minutos de música religiosa acorde con el tiempo litúrgico que se vive. La música religiosa, por sí misma, espiritualiza sin necesidad de explicaciones.

UTILIZACIÓN DE LA MÚSICA COMO AYUDA A LA ADQUISICIÓN DE CONOCIMIENTOS

En la práctica docente, llama la atención el impacto de los medios audiovisuales, y ahora del ordenador, como ayuda a la adquisición de conocimientos. No se concibe la enseñanza sin la utilización del dibujo, la fotografía, los documentales. En cambio, la música sólo es utilizada como fondo en los documentales y, aun así, no siempre.

Se han realizado estudios de la música como ayuda para la adquisición de conceptos académicos con niños pequeños y con niños con retraso mental, como los llevados a cabo por Isern, (129) Lathom, (130) Gfller, (131) Wolfe y Stambaugh, (132) entre otros. Igual puede decirse de la utilización de la música en el aprendizaje de lenguas, en especial de lenguas extranjeras. En este caso, el hecho de saber entonar y cantar ha demostrado ser una ayuda enorme para adquirir una buena pronunciación. El niño capta con mayor facilidad la «musicalidad» de las lenguas extranjeras, ya que cada lengua tiene su propia entonación. Investigaron esta cuestión, entre otros, Jett; (133) Rener, Jellison y Day; (134) Madsen, Madsen y Michel; (135) Madsen; (136) Wolfe, Hom (137) y Staum (138).

Para los efectos de la música en prematemáticas y en prelenguaje, véase el apartado «Educación especial», capítulo VI.

Cómo utilizarla

Se trata de hacer escuchar la pieza de música que se considere que mejor refleje o describa el tema objeto de la lección que se va a explicar. Esta audición puede emplazarse como introducción al tema, en medio de la lección o como final. Puede tratarse de fragmentos de música o de una pieza corta, entresacada de la música folclórica, de películas, de danza, etc., que tengan relación con el tema de la lección.

Puede ser: —Audición musical de una pieza.
—Cantar una canción.
—Inventar una canción.
—Inventar una melodía con instrumentos musicales.
—Un baile folclórico.
—Inventar una danza.

Todo ello como reflejo de la lección explicada. Un aspecto más de los hechos objeto de la lección.

Qué aporta la música como medio auxiliar en la adquisición de conocimientos (139)

a) Polariza la atención en el tema que se explica.

b) Aumenta el interés en el tema.

c) Crea un clima de asombro, de sorpresa, que enlaza con la necesidad de lo maravilloso que el niño experimenta, con lo cual el texto expuesto se graba profundamente en el alma infantil. Podría llamarse a esto pedagogía del asombro (véase el capítulo «Autismo infantil»).

d) Graba profundamente en la memoria el tema explicado.

e) Impregna el tema de afectividad, de emoción, necesidad fundamental en los niños.

f) Impone la disciplina de atender espontáneamente, y esta disciplina nace de dentro, sin los inconvenientes de todo cuanto se impone desde fuera.

g) Hace atractiva la lección sorteando el peligro del aburrimiento.

h) Actúa a modo de juego mental.

Debe conseguirse que la música esté presente en la vida escolar no sólo como asignatura, sino como algo más fundamental, por lo que tiene de formativo.

En qué asignaturas puede utilizarse la música (140)

Ciencias Sociales: Geografía e Historia. No se puede conocer a un pueblo si se ignora su música. Los libros de texto de Geografía e Historia resultan incompletos porque no relacionan ni la fisonomía física de un pueblo ni sus avatares históricos con su música, que es como un reflejo de su alma.

Un modo de adentrarse en el alma de un pueblo es a través de su modo de ser colectivo, manifestado en sus obras de arte y en especial en su música. Incluso a través de la música folclórica de cada región natural podrían deducirse a grandes rasgos su geografía física y su historia. Por ejemplo, el poema sinfónico de Sibelius Finlandia hace intuir grandiosidad, soledad, tristeza, frío, luchas primarias contra agentes externos, entremezclados con momentos de serenidad infinita.

En cuanto a la historia, es indispensable conocer el tipo de música que se escuchaba en cada época histórica o tratar de intuir la que se pudo escuchar en momentos determinados de ella. Sin ello se carece de un aspecto importante, ya que la música es siempre el reflejo del modo de ser de los seres humanos de cada época, de sus logros, conflictos, complejos y su filosofía.

La geografía que se enseña en la escuela ha dejado de ser únicamente la descripción de unos fenómenos y accidentes físicos para pasar a formar parte de las ciencias sociales, con el estudio de los seres humanos que habitan cada país. En este sentido, la doctora Montessori ya soñaba con una geografía que fuera «la ciencia de la paz». La Unesco insiste en esta finalidad desde hace muchos años.

La música es un medio de ayuda para la promoción de estas ideas, y resulta especialmente eficaz con los niños. Ellos no son capaces de captar conceptos filosóficos complejos, pero sí de percibir el clima afectivo que rodea a las personas, a los pueblos o a los hechos históricos.

Tipo de música adecuada: música descriptiva. La denominación de música descriptiva era común hace bastantes años. En la actualidad ha caído en desuso. Sin embargo, esta denominación es útil para el propósito concreto que nos ocupa. Se da el nombre de música descriptiva a la que trata de sugerir realidades concretas.

Todos sabemos que la música en sí misma no quiere decir nada concreto. Cada ser humano se proyecta y le parece que una pieza determinada le sugiere tristeza, alegría, nostalgia, cualquier sentimiento o determinados fenómenos de la naturaleza, seres, cosas.

La música descriptiva puede dividirse en: *a)* Música descriptiva de realidades físicas: accidentes geográficos, agentes atmosféricos, países, modo de ser de los integrantes de un país, el cosmos. *b)* Música descriptiva de realidades humanas, emociones, sentimientos. Personajes históricos, hechos históricos.

Música descriptiva de realidades físicas. Puede ser útil para acompañar las clases de Geografía y Ciencias Naturales. Por ejemplo, se explica un país determinado y sin duda el mejor complemento es hacer escuchar alguna danza folclórica de aquel país o un fragmento de una obra sinfónica que se refiera a él. Si se explica astronomía, el Sol, los astros, la Luna, etc., pueden ser adecuadas piezas como jotas o sardanas, porque son danzas solares, o una danza griega, o un baile en corro. Escuchar algún canto dedicado al Sol o a la Luna (*Claro de luna*, de Debussy), o relativo al sistema solar (*Los planetas*, de Holtz), etc.

DISCOGRAFÍA PEDAGÓGICA (141)

Geografía

Danzas folclóricas de cada comunidad autónoma (en España) o de cada país.

ESPAÑA
Albéniz, I. «Evocación» *(Iberia).*
Borodín, A. Serenata española.
Debussy, C. Iberia.
Cassadó, J. Serenata española.
Corelli, A. La follie d'Espagne.
Falla, M. de Canciones populares españolas. Noches en los jardines de España.
Granados, E. Danzas españolas.
Lalo, E. Sinfonía española.
Malats, Serenata española.
Mompou, F. «Suburbis» *(Geografía urbana).*
Ravel, M. Rapsodia española.
Rimsky-Korsakov, N. Capricho español.
Rodrigo, J. Danzas de España.
Sarasate, P. Canciones de España
Strauss, J. Marcha española.
Turina, J. Mujeres de España.
La oración del torero.

ANDALUCÍA:
Albéniz, I. Suite española: «Granada». «Sevillanas». «Malagueña». Canción (Cádiz), Córdoba, op. 232, n.º 4. Iberia: «Córdoba». «Sevilla». «Rondeña». El Corpus en Sevilla. Cantos de España: «Seguidillas». Recuerdos de viaje: «Rumores de la Caleta».
Bretón, T. Escenas andaluzas. Recuerdos de la Alhambra.
Campo, C. Paisajes andaluces.
Falla, M. de. Canciones populares españolas. El paño moruno. Piezas españolas: «Andaluza». Fantasía bética.
Lamote de Grignon, Andalucía.
Lara, A. Granada.
Lecuona, E. Andalucía. Malagueña.
Malats, Malagueña. Serenata.
Rodrigo, J. A la sombra de Torre Bermeja.
Rossini, F. El barbero de Sevilla.
Rubinstein, A. Bal costumé: «Toreador» y «Andalouse», op. 103, n.º 7.
Tárrega, F. Recuerdos de la Alhambra. Escena andaluza. Jardines de Andalucía. Poema de una sanluqueña. Rincones sevillanos.
Turina, J. Danzas gitanas. «El barrio de Santa Cruz». Sinfonía sevillana. «Canto a Sevilla».

ARAGÓN:
Albéniz. I. Suite española: «Fantasía» (Aragón).
Bretón, T. La Dolores (jota).
Falla, M. de.: «Aragonesa». Canciones populares españolas: «Jota». Tres danzas: El sombrero de tres picos: «Jota».
Glinka, M. Jota aragonesa.
Gombau, G. Siete claves de Aragón: «Ebro», «Moncayo», Albarracín», «Pilar», «Jota», «Pirineo», «Zaragoza».
Serrano, Los de Aragón (zarzuela). La Dolorosa (zarzuela).

ASTURIAS:
Albéniz, I. Asturias, op. 47, n.º 5.
Falla, M. de. Canciones populares españolas: «Asturiana». Piezas españolas: Montañesa.
Lavilla: Cuatro canciones españolas: «Asturiana».
Moreno Torroba, F. Asturias.
Popular. Asturias, patria querida (himno de la comunidad autónoma).

CANARIAS:
Popular. Caldera de Taburiente.
Tarridas, J. M. Islas Canarias (pasodoble).

CASTILLA:
Albéniz, I. Suite española: «Seguidillas» (Castilla).
Behrend, S. (arreglo). Burgalesa (romance español del siglo XVI).
Guridi. Seis canciones castellanas.
Moreno Torroba, F. Suite castellana.
Rodrigo, J. Concierto de Aranjuez. Pastoral. Sonata de Castilla.

CATALUÑA:
Albéniz, I. Suite española: «Curranda».
Casals, P. Tarragona.
Garreta, J. Suite empordanesa.
Lamote de Grignon, Suite catalana.
Manén. Camprodón. Manresana.
Massana, A. Canigó (ópera).
Martínez Valls . Cançó d'amor i guerra (zarzuela).
Morera, E. L'Empordà.
Popular. El cant dels ocells.
Vives, A. L'emigrant.
Webber-Wright. Friends for life (himno oficial de los Juegos Olímpicos de Barcelona, 1992).

GALICIA:
Ayné. Alborada gallega.
Halfter C. Rapsodia gallega.

MADRID:
Barbieri, A. El barberillo de Lavapiés (zarzuela).
Bretón, T. La verbena de la Paloma.
Chapí, R. El barquillero (zarzuela).
Chueca, F. Agua, azucarillos y aguardiente (zarzuela).
Chueca y Valverde . La Gran Vía (zarzuela).
Glinka, M. Sábado noche en Madrid.
Lara, A. Madrid.
López de Sa. Madrid: «Canción de la maja».
Moreno Torroba, F. La chulapona (zarzuela).
Rodrigo, J. Concierto de Aranjuez.

El burgués gentilhombre
Serrano. Los claveles (zarzuela).

MALLORCA:
Albéniz, I. Mallorca op. 202.
Noguera. Tres danzas mallorquinas.
Samper. Danzas mallorquinas.

MURCIA:
Chueca, F. La alegría de la huerta (zarzuela).
Esplá, O. Tres danzas levantinas.
Falla, M. De. Seguidilla murciana. Himno a Murcia. Himno a la Virgen de la Fuensanta. Nana huertana. Amanecer en la huerta.

NAVARRA:
Albéniz, I. Navarra.
Larregla, J. Viva Navarra.
Sarasate, P. Navarra.

VALENCIA:
Esquembra. La entrada.
Franco, J. M. Camino de rosas.
Giner, S. L'entrà del valencià (marcha).
Larrañaga, J. La valenciana.
López-Chávarri. Danzas valencianas.
Padilla, J. Valencia.
Pahisa, J. Dança dels fallaires.
Penella, J. Rapsodia valenciana.
Serrano, J. Himno regional.
El fallero (pasacalle).
Sosa, P. Lo cant del valencià (marcha).

PAÍS VASCO:
Donosti. Cuatro preludios vascos. Tres danzas.
Garbizu. Tres danzas vascas.
Guridi, J. Mirentxu (ópera).Diez melodías vascas.
Pierné, G. Ramuntxo (ópera).
Popular. Agur Jaunak.
Sarasate, P. Capricho vasco. Zorzicos.
Usandizaga. Cuarteto sobre temas vascos, op. 31.

OTROS PAÍSES MEDITERRÁNEOS
Beethoven. Marcha turca a las ruinas de Atenas (Grecia).
Berlioz. Carnaval romano.
Bloch, E. Israel.
Cassella. Italia.
Charpentier. Impresiones de Italia.
Don Costa. Never on sunday (película), (Grecia).
Esplà. Mediterránea.
Fauré. Siciliana.
Mendelssohn. Sinfonía italiana.
Mozart. Marcha a la turca.
Prokofiev. Obertura sobre temas judíos.
Respighi. Fiestas romanas. Pinos de Roma. Fuentes de Roma.
Rossini. La italiana en Argel.
Tchaikovski. Capricho italiano. Recuerdos de Florencia.

OTROS PAÍSES DE EUROPA
Addinsell. Concierto de Varsovia.
Bach, J. S. Suite francesa, n.º 1 a la n.º 6. Suite inglesa, n.º 1 y n.º 2. Conciertos de Brandenburgo.
Balakirev. Rusia (poema sinfónico).
Bartók. Sinfonía Hébridas. Danzas rumanas. Hungarian Folk songs. Hungarian Peasant songs. Slovak Folksongs.
Beethoven. Danzas alemanas. Scottish Songs. Sonata op. 25, n.º 79 Alla Tedesca.
Bizet. La Arlesiana.
Block. Helvetia. Schelomo (rapsodia hebrea). Sinfonía Israel.
Brahms. Danzas húngaras.
Bruch, M. Kol Nidrei (basado en temas tradicionales hebreos).
Cassella, A. Il convento veneziano (ballet).
La Giara (danza siciliana).
Copland, A. Vitebsk (estudio sobre un tema judío).
Cowen. Sinfonía n.º 3 (nórdica).
Chopin. Polonesas.
Escocesa n.º 1, op. 72, n.º 3.
Escocesa n.º 2, op. 72, n.º 4.
Delius, F. París nocturno.
Dohnnyi, E. Ruralia Hungarica, op. 32a n.º 1, n.º 2 y n.º 7.
Dvorák. Danzas eslavas. Rapsodia eslava.
Enesco. Rapsodias rumanas, n.º 1 y n.º 2. Poema rumano (suite sinfónica).

Fauré. Siciliana, op. 78.
Gaie. Cuadros nórdicos.
Gershwin. Un americano en París.
German, E. Rapsodia Welsh.
Glazunov. El Kremlin. Una fiesta eslava.
Glinka. Kamarinskaya. Russian and Ludmila.
Greef. Cuatro viejas canciones flamencas.
Grieg, E. Danzas noruegas, op. 35. Aires nórdicos. Serenata francesa, op. 62, n.º 3. Norwegian Bridal Procession, op. 19, n.º 2. Melodías noruegas, op. 63.
Halfter, E. Rapsodia portuguesa.
Harty. Sinfonía irlandesa.
Haydn. Sinfonía n.º 6 (Oxford), n.º 92. Sinfonía en do (Londres, 1), n.º 97. Sinfonía en re (Londres, 2), n.º 93. Sinfonía en fa menor (Londres, 4), n.º 98. Sinfonía en do menor (Londres, 5), n.º 95. Sinfonía en fa menor (Londres, 9), n.º 102. Sinfonía en mi menor (Londres, 10), n.º 99. Sinfonía en do n.º 104, (Londres).
Ippolitov-Taneiev. Sketchs caucasianos.
Ivannivich-Taneiev. Obertura sobre temas rusos.
Janekin. Les cris de Paris.
Kodaly. Danzas de Galanta, Hungría.
Lalo. Rapsodia noruega.
Liadov. Ocho danzas populares rusas.
Liapunov. Rapsodia ucraniana.
Liszt. Rapsodias húngaras.
Mendelssohn. Sinfonía escocesa. Las Hébridas.
Mozart. Sinfonía en re mayor K 297 (Parisina).
Sinfonía en do mayor K 225 (Linz).
Sinfonía en re mayor K 504 (Praga).
Offenbach. La vida parisiense.
Ravel. Tzigane (Hungría).
Rimsky-Korsakov. Gran Festival de la Pascua Rusa.
Rubinstein. Cracovienne (Polonia).
Sibelius. Finlandia.
Saint-Saëns. Tarantelle, op. 6 (Italia).
Sarasate. Aires zíngaros (Hungría).
Scharwenka. Danza polonesa, op. 3, n.º 1.
Schmitt, F. Rapsodia vienesa, op. 53, n.º 3. Reflets d'Allemagne.
Smetana. Mi patria (My Vlast), Danzas checas. Moldau.
Strauss, J. Valses vieneses.

Strauss, R. Sinfonía de los Alpes.
Suppé, F. Mañana, tarde y noche en Viena.
Svensen, J. S. Carnaval en París. Festival polonés, op. 12. Carnaval de artistas noruegos.
Tchaikovski. Sinfonía n.º 2 en do menor, op. 17 «Pequeña Rusia».Sinfonía n.º 3 en re, op. 29 «Polonesa».
Tcherepnin. Suite Georgiana.
Williams. Sinfonía Londres. English Folk Songs.English Folk Song Suite.
Wieniawski. Carnaval ruso.

AMÉRICA
Albéniz. Cuba. Tango (Argentina).
Allende. Escenas campesinas chilenas.
Bernstein, L. West Side Story (ballet y película).
Busoni. Estudio sobre temas indios.
Castro. Sinfonía argentina.
Copland, A. Primavera apalache. Billy el Niño. Salón Méjico. Las calles de Laredo.
Chávez, C. Sinfonía india.
Delius, F. Appalachia.
Dvorák. Cuarteto en fa, op 96, «América»,
Falla, M. de. Cuatro piezas españolas: «Cuba».
Figueroa. Danzas portorriqueñas.
Gershwin. Rapsodia en azul.
Ginastera. Sinfonía porteña.
Gómez. El guaraní (ópera).
Grieg. Two sketches (basados en temas de los indios Chippewa).
Grofé, F. Gran Cañón (suite). Mississippi (suite).
Milhaut. Saudades do Brasil.
Montsalvatge. Canciones negras (Cuba).
Morricone. La Misión (temas de la película).
Offenbach. Danza apache.
Plaza. Sonatina venezolana.
Ponce. Rapsodias mexicanas.
Chapultepec.
Puccini. La fanciulla de West.
Sousa. Manhattan Beach March.The Washington Post (marcha). Barras y estrellas.
Williams. El rancho abandonado. Danzas argentinas. Sinfonía Antártica.

ÁFRICA
Albéniz. Suite morisca.
Meyyerbeer. La africana (ópera).
Mozart. L'oca del Cairo (ópera).
Rossini. La italiana en Argel.
Verdi. Aida (ópera).
Memorias de África (banda de la película).

ASIA
Balakireff, M. Islamey (fantasía oriental).Thamar (poema sinfónico).
Bartók. Le merveilleux mandarin.
Boïeldieu, F. El Califa de Bagdad.
Borodin. En las estepas del Asia Central.Danzas Polovetsianas.
Cornelius, P. El barbero de Bagdad.
Debussy. Arabesque, n.º 1 y n.º 2.
Glazunoff. Una melodía árabe.
Goldmark. Sakuntala, op. 13.
Khachaturian. I sinfonía (sobre temas armenios).
Ketelbey. En un mercado persa. En el jardín de un templo chino.
Kreisler. Tambourin chinois.
Puccini. Madame Butterfly (ópera).
Rimsky-Korsakov. Canción india.
Saint-Saëns. Capricho árabe, op. 96.
Schumann. Arabeske, op. 10.
Tchaikovski. «Danza árabe» (El cascanueces). «Danza china» (El cascanueces).

Geografía física

Relacionado con la meteorología:

Beethoven. Sonata n.º 5 para piano (Primavera).
Bloch. Sinfonía de invierno.Sinfonía de primavera.
Buhoslav Martini. Medianoche.
Britten. Sinfonía primaveral.
Chamande. Otoño.
Debussy. Ronde de printemps.
Durand. Primavera.

Durey. Primavera en el fondo del mar.
Glazunov. Las estaciones.
Gluck. Fruhlingffeir (Fiesta de primavera).
Grieg. La última primavera. La mañana.
Haydn. Las estaciones.
Honegger. Pastoral de verano.
Liszt. Armonía de la tarde.
Mahler. La canción de la tarde.
Malapiero. Sinfonía en cuatro tiempos (Las cuatro estaciones).
Mendelssohn. Sueño de una noche de verano.
Milhaut. Printemps.
Mozart. Serenata nocturna. Paseo matinal en trineo.
Poulenc. Aubade (Amanecer).
Respighi. Sinfonía de invierno.
Schumann. 1ª sinfonía (Primavera).
Sporh. Las cuatro estaciones.
Stravinski. La consagración de la primavera.
Tchaikovski. Los meses del año.
Ugarte. Paisajes de estío.
Vivaldi. Las cuatro estaciones.
Wagner. «Canto de la aurora» (Lohengrin).

Naturaleza:

Beethoven. Sinfonía n.º 6 (Pastoral).
Bloch. Poèmes de la mer.
Borodin. En las estepas del Asia Central.
Castro. Sinfonía de los campos.
Chausson. Poèmes de l'amour et de la mer.
Shostakovich. Le chant des forêts (El canto de los bosques).
Debussy. Jardines bajo la lluvia. La catedral sumergida. Ronde de printemps. Claro de luna. Nubes. El mar.
Dvorák. El espíritu de las aguas.
Esplá. Cantos de vendimia. La sierra. Canciones playeras. Crepúsculos.
Falla. Danza ritual del fuego.
Faleni. El terremoto.
Glazunov. El mar.
Grofé. «Tempestad» (de Gran Cañón).
Händel. Música del agua.
Khachaturian. Escenas del incendio (Gayanéch).

Knecht. Le portrait musical de la nature.
Lamote de Grignon. Boires. «Tormenta» (suite El rusch).
Malapiero. Sinfonía del mar.
Morera. Dança del foc (Tassarba).
Ravel. Jeux d'eau (Juego de agua).
Rimsky-Korsakov. Himno al sol.
Rubinstein. El océano.
Schumann. Canciones de ruta.
Segovia. Neblina.
Tartini. Pastoral en la mayor.
Toldrà. Sol ixent. Vistas al mar.
Ugarte. La rebelión del agua. Entre las montañas.
Vaugham-Williams. Sinfonía del mar.
Wagner. El oro del Rhin. «Murmullos de la selva» (Sigfried). «El fuego mágico» (Walkirias).
Zamacois. La siega.

Ciencias naturales

Zoología:

Bacarisse. El abejorro.
Couperin. Las abejas. Le rossignol en amour.
Chabrier. Pastoral des couchons roses. Balada des gros dindons.
Daquin. L'Hirondelle.
Debussy. Poissons d'or.
Esplá. La pájara pinta.
Grieg. Papillon, op. 43, n.º 1.
Harty. Con el pato silvestre.
Honegger. La danza de la cabra.
Janequin. Le chant des oiseaux.
Prokofiev. Le vilan petit cana. Pedro y el Lobo.
Ravel. Histoires naturalles: Le paon, le grillon, le cigne, le martin pêcheur, la pintade, Ma mère l´oye.
Rimsky-Korsakov. El gallo de oro. El vuelo del moscardón.
Roussel. El frestín de la araña.
Saint-Saëns. El carnaval de los animales (el cisne, peces, etc.).
Schubert. La trucha.
Schumann. El pájaro poeta. Papillons.

Stravinski. Le rossignol. El pájaro de fuego.
Tchaikovski. El lago de los cisnes.

Física

Casella. Minas de azufre.
Hindemith. Nenes un Tages (acerca de una máquina de escribir).
Händel. El herrero armonioso.
Honegger. Pacific 831 (una locomotora).
Mossolov. La fundición de acero.

Música descriptiva de realidades humanas: sentimientos, personajes históricos, hechos históricos. Este tipo de mmúsica sirve maravillosamente para ilustrar las clases de Religión, Historia, Literatura e Historia de la Literatura de las lenguas autóctonas y extranjeras.

Los compositores se han inspirado en personajes de los libros sagrados, de la historia y de la literatura de cada país. Por tanto, es un buen medio para ayudar a los niños y a los adolescentes a captar la realidad subjetiva de los personajes objeto de atención. Su estudio deja de ser frío para llenarse del contenido, del halo emocional que le presta la música. Sin duda,de este modo se graba más profundamente el hecho histórico o el personaje estudiado, en el niño y el adolescente.

Historia. Pueden ser muy adecuadas las composiciones sinfónicas de clásicos del pasado y actuales, música de películas sobre el tema que se vaya a explicar, música folclórica de cada país, marchas militares. Incluso los himnos nacionales.

Historia sagrada

Antiguo Testamento:

Carissimi. Trois oratorios bíbliques: Le jugement de Salomon, Histoire de Jacob et Le festin de Batthazar.
Gelinau. 24 salmos de David.
Gounod. La reina de Saba.
Händel. Oratorios: Baltazar. Israel en Egipto. Judas Macabeo. Salomón. Saúl. Sansón y Dalila. Xerxes.

Haydn. La Creación (oratorio), El regreso de Tobías (oratorio).
Honegger. El Rey David.
Liszt. Los salmos.
Martin. Musique pour la Bible.
Mendelssohn. Eliah, op.70.
Milhaud. La création du Monde.
Mozart. Davidde penitente.
Nascimbene. Salomón y la reina de Saba (tema de la película).
Rossini. Moisés en Egipto.
Saint-Saëns. Sansón y Dalila.
Schönberg. Moisés y Aaron.
Strauss R., Salomé.
Stravinski. Sinfonía de los salmos.
Tansman. Isaïe, le Prophète.
Verdi. Nabucodonosor Triumphans.
Vivaldi. Juditha.
Young. Sansón y Dalila (tema de la película).

Nuevo Testamento:

Bach. Oratorio de Navidad. Oratorio de Pascua. La Pasión según san Mateo. La Pasión según san Juan. Magníficat.
Beethoven. Christus am Oelberg.
Berlioz. La infancia de Cristo. Oratorio de Navidad. Te Deum.
Bruckner. Te Deum.
Buxtehude. Oratorio de Navidad (cantata), Pasión según san Mateo. Die sieben Worte Jesu Cristi.
Casals, P. El pesebre.
Charpentier. Le reniement de St. Pierre. Magníficat.
Debussy. La Navidad que no tiene hogar. El martirio de san Sebastián.
Dvorák. Stabat Mater.
Elgar. Geronio. El sueño de Geronio.
Gounod. Ave María.
Händel. El Mesías. Oda para la fiesta de santa Cecilia. Magníficat.
Hindemith. Mathis der Mater.
Honegger. Cantata de Navidad. Santa Juana en la hoguera. La dance des morts.
Liszt. San Francisco predicando a los pájaros. San Francisco de Paula caminando sobre las olas.
Mendelssohn. Paulus, op. 36.
Messiaen. Apparition sur l'Église éternelle.

Marqués. San Francisco de Asís y el lobo de Gubia.
Nascimbene. Barrabás (temas de la película).
Palau. Tríptico catedralicio.
Pergolesi. Stabat Mater.
Poulenc. Stabat Mater. Letanías de la Virgen Negra.
Rimsky-Korsakov. Gran festival de la Pascua rusa. La noche de Navidad.
Scarlatti. Cantata pastorale (para la Navidad), Passion selon St. Jean. Stabat Mater.
Schubert. Ave María.
Schütz. Magníficat.
Stainer. Crucifixión.
Sweeling. Ángeles y pastores.
Teleman. Pasión de Jesús según Marcos.
Tippett. Magníficat y Nunc dimitis.
Thompson. Escenas de la divina Infancia: José y los ángeles.
Verdi. Ave María.
Victoria. Pastores loquebantur. Ave María.
Messiaen. Apparition sur l'Église éternelle.

Mitología

Auric. Phedre.
Mozart. Sinfonía n.º 41 en do mayor K 551
Purcell. Dido y Eneas.
Rameau. Castor.
Schönberg. Pelleas y Melisande.
Schubert. Prometeo.
Sibelius. El cisne de Tuonella (mitología escandinava).
Wagner. El anillo de los Nibelungos.
Weber. Euryante. Oberon.

Historia

Himnos nacionales.
Azerbaijanian Folk Melodies. Melodie (Rusia).
Antifonario mozárabe de Silos (siglo IX), y Antifonario mozárabe de León (siglo IX): coro de monjes de Santo Domingo de Silos.
Códice Calixtino (siglos XII-XIII): coro de monjes de Santo Domingo de Silos.

Eastern on Mount Athos. Archiv.
Musique de la Grèce Antique. Atrium musicae de Madrid. Harmonia Mundi.
Música cortesana del barroco. Archiv.
Ravi Shankar: Chappaqua (India).
Tarantule Tarantelle. Atrium musicae de Madrid. Harmonia Mundi.

Anka. El día más largo (tema de la película), (segunda guerra mundial).
Beethoven. Concierto n.º 5 (Emperador), Egmond Coriolano. Sinfonía n.º 3 (Heroica, pensando en Napoleón).La marcha fúnebre de esta sinfonía la dedicó al general inglés Abercromby, que falleció en la batalla de Alejandría).
Berlioz. Muerte de Cleopatra. El rey Lehar.
Cotte. Danceries de la Renaissence.
Cherubini. Los Abencerrajes (Reconquista española).
Chopin. Polonesas y Estudio op. 10 n.º 12
Debussy. Canciones de Carlos de Orleans.
Donizetti. Lucrecia Borgia.
Dvořák. Sinfonía n.º 5, op. 27. Nuevo Mundo.
Elgar. Marchas de pompa y circunstancia (Inglaterra).
German. Enrique III (Inglaterra).
Glinka. Una vida por el zar (Pedro II).
Gold. Éxodo (tema de la película), (nacimiento del Estado de Israel).
Gould, M. World War I: Sarajevo suit; Verdun suite, etc.
Sinfonía n.º 4. West Point.
Gretry. Ricardo Corazón de León (Gran Bretaña), La Rosière Republicaine (Francia, la Revolución Francesa).
Guridi. Amaya (Reconsquista española).
Händel. Julio César. Xerxes.
Ibert. Diana de Poitiers.
Khachaturian. Espartaco. 2ª sinfonía (Impresiones sobre la invasión alemana de 1944).
Lean. Doctor Zhivago (temas de la película), (Revolución Rusa).
Marchant. Misa para la coronación de Carlos V (España).
Massenet. El Cid.
Mendelssohn. Sinfonía n.º 5, op. 107. De la Reforma.
Meyerbeer. Los hugonotes (Francia).
Monteverdi. La coronación de Popea (Roma).
Morera. Indíbil y Mandonio (España).
Moszkowski. Boabdil (Reconquista española).
Mozart. Mitridate. Lucio Scilia. La coronación de Tito. El sueño de Escipión. Zaida (Solimán el Magnífico).

Mussorgsky. Boris Godunov.
Nascimbene. Los vikingos (tema de la película).
Offenbach. Danza apache.
Purcell. Música para el funeral de la reina Mary (Inglaterra). El rey Arturo.
Prokofiev. Alexander Nevsky.
Ravel. Pavana para una infanta difunta (El Escorial: sepulcro de infantas).
Rimsky-Korsakov. La novia del zar. El zar Saltan.
Rodrigo. Fantasía para un gentilhombre (Corte de España).
Rossini. William Tell (Suiza), Semiramis.
Saint-Saëns. Enrique III. Enrique VIII (Inglaterra).
Shostakovich. 7ª Sinfonía (Leningrado. segunda guerra mundial).Sinfonía 9ª (celebra el triunfo de Rusia en 1945).Sinfonía Octubre. Sinfonía 1.º de Mayo.
Sibelius. El rey Christian II, op. 27.
Tchaikovski. Francesca da Rimini. La doncella de Orleans (Santa Juana de Arco).
Tiomkin. El Álamo (tema de la película), (guerra de Secesión norteamericana).
Verdi. Don Carlo (España), Vísperas sicilianas.
Wagner. Gran marcha para el centenario de la Independencia de Estados Unidos.
Walton. Enrique V (Inglaterra), (batalla de Agincourt).
Webber. Evita (Argentina).

Marchas militares

Costa. El novio de la muerte.
Ganne. Marcha de Lorena.
Jiménez. Los voluntarios.
Leroux. El valiente.
Mario. La leyenda del Piave. Marcha de desfile de la Marina italiana.
Meister. El granadero del Cáucaso.
Oudrid. El sitio de Zaragoza.
Palanca. Badajoz. Cartagena.
Petit. Saludo al 85º Regimiento.
Planquette y Rausky. Sambre y Meuse.
Ponsa. Heroína.
Pope. Anochecer en el campamento.
Robert. La Madelone.
Romain. Suenan los clarines.
Rouget de l'Isle. La Marsellesa.
Saco del Valle. Legionarios y regulares.

Serrano. La canción del soldado.
Sousa. Barras y estrellas.
G. Wagner. Bajo la doble águila.
Lilí Marlen.

La música como estimulante de la facultad creadora. La música, presentada de un modo adecuado, es un poderoso estimulante de la sensibilidad, de la inteligencia y de los sentidos del niño, escribió Juliette Alvin.

(Véase el capítulo de metodología: "La audición musical como estimuladora de la creatividad" y el capítulo: "Psicología de la música, IV Efectos intelectuales".)

Un modo de utilizar la música con esta finalidad es dejar dibujar a los niños libremente, sin dar ninguna consigna. A continuación se les hace escuchar una pieza corta y se les pide que dibujen lo que les sugiera aquella composición. No debe decirse el nombre de la pieza para no condicionarles.

Las composiciones musicales que se pueden utilizar son fragmentos de conciertos de piano como los n.º 2 de Grieg, Schumann, etc. Tienen que ser fragmentos que gusten a quien los escuche. No debe ser música cantada porque polariza la imaginación en las palabras de la canción, ni música sincopada porque mueve a la acción física en detrimento de la acción interior como es la imaginación.

A continuación detallo algunos ejemplos de piezas musicales que pueden ser adecuadas.

Música de ballet

Bebar. Ballet des petits pantins.
Bizet. La arlesiana.
Dalcroze. Jolis bras blancs. L'ondine. La ronde des petits.
Debussy. Children's corner. Boite joujoux.
Delibes. Copelia. Naila. Lakme. Sylvia.
Falla. Algunos fragmentos de El amor brujo y El sombrero de tres picos.
Glazunov. Las estaciones.
Granados. Danzas españolas.
Grieg. «La mañana» (Peer Gynt).
Guridi. Diez melodías vascas.
Mompou. Cançons i dances.

Poulenc. Historia de Babar.
Saint-Saëns. «El cisne». «Peces» (El carnaval de los animales).
Schubert. Rosamunda.
Tchaikovski. El lago de los cisnes. Cascanueces. Romeo y Julieta. La bella durmiente.

Música inspirada en composiciones pictóricas

Berlioz. Benvenuto Cellini.
Giordano. Andrea Chenier.
Granados. Goyescas: (Quejas o la maja y el ruiseñor. El pelele. El fandango del candil.
Coloquio en la reja. Los requiebros).
Hindemith. Matías el pintor (Retablo de Matías Grunewald), en Colmar.
Mussorgsky. Cuadros de una exposición.
Poncchieli. La Gioconda.
Respighi. Tríptico botticelliano.

Literatura
Composiciones inspiradas en obras literarias
[Autor literario, Composición, Autor músico]

ESPAÑA
Alarcón, El sombrero de tres picos, Falla
Alarcón, La pícara molinera, Luna
Alfonso X el Sabio, Cantigas de Santa María
Álvarez-Quintero, Amores y amoríos, Menéndez-Aleyxandre
Anónimo, «El Cid» (Cantar de Mío Cid), Massenet
Bécquer, Treinta y dos rimas, F. Olmedo
Cervantes, «El huésped del sevillano» (Don Quijote), Guerrero
Cervantes, «El retablo de maese Pedro» (Don Quijote), Falla
Cervantes, Don Quichotte à Dulcinée, Ravel
Cervantes, Don Quijote, R. Strauss
Cervantes, Don Quijote velando las armas, Esplà
Cervantes, Don Quijote, Minkus
Cervantes, El hombre de la Mancha (musical).
Duque de Rivas, La fuerza del destino , Verdi (La forza del destino)
Feliu y Codin, La Dolores (zarzuela). Breton

García Gutiérrez, El trovador, Verdi
García Lorca, Fiançailles pour rire, Poulenc
J. Janés,.Combat de somnis, Mompou
Machado, Canciones, Turina
Machad, Homenaje a Antonio Machado, R. Halffter
Maragall, L'Empordà, Morera
Maragall, Vistes al ma, Toldrà
Francisco de Rojas, Don Lucas del Cigarral, Vives
Martínez Sierra, Las golondrinas., Usandizaga
Tirso de Molina, Don Juan, Mozart
Tirso de Molina, Don Juan, Gluck
Valle-Inclán, La cabeza del dragón, Lamote de Griñón
Verdaguer, La Atlàntida, Falla-Halffter
Verdaguer, El Canigó, Massana
Verdaguer, El Canigó, Pahisa

ALEMANIA
Collins, Coriolano, Beethoven
Goethe, Werther, Massenet
Goethe, Mefistófeles, Boito
Goethe, Roberto el Diablo, Meyerbeer
Goethe, La condenación de Fausto, Berlioz
Goethe, Fausto, Gounod
Goethe,.Sinfonía Fausto, Liszt
Goethe, Fausto (obertura), Wagner
Goethe, Egmont, Beethoven
Goethe, El aprendiz de brujo, Dukas
Goethe, Margarita en la rueca (canción), Schubert
Goethe, El rey de Elfos, Schubert
Goethe, Rosa silvestre, Schubert
Goethe, El rey de Thule. , Schubert
Heine, En alas de mi canción, Mendelssohn
Heine, El amor de un poeta, Schubert
Hoffmann, Cuentos, Offenbach
Hoffmann, Rosamunda, Schubert
Schiller, Guillermo Tell, Rossini

ESTADOS UNIDOS
Poemas chinos antiguos, La flauta china, Polack
Michel, M., Lo que el viento se llevó, Polack

FRANCIA
Juglares, Les Jougleurs, Sauteurs et Saltimbanques (Les Fastes et la Grande et Ancienne Ménestrandises (acto III), Couperin
Anouih., La Poucelle d'Orléans, Honegger
Beaumarchais, El barbero de Sevilla, Rossini
Beaumarchais, Las bodas de Fígaro, Mozart
Bernanos, Diálogo de carmelitas, Poulenc
Cazalis, Danza macabra, Saint-Saëns
Cocteau, La primavera en el fondo del mar. Durey
Dumas (hijo), La dama de las camelias (La Traviata), Verdi
France, Thaïs, Massenet
Hugo, Le roi s'amusse (Rigoletto). Verdi
Loti, Ramuncho, Pierne
Merimée, Carmen, Bizet
Mistral, Mireille, Gounod
Musset, La Bohème, Puccini
Abate Prévost, Manon, Massenet
Abate Prévost, Manon, Puccini

DINAMARCA
Andersen, El patito feo, Prokofiev
Andersen, El ruiseñor, Stravinski

GRECIA
Sófocles, Ifigenia en Áulida, Gluck

INGLATERRA
Milton, El paraíso perdido, Olmeda
Shaw, El soldado de chocolate, O. Strauss
Shakespeare. Romeo y Julieta, Gounod
Shakespeare. Romeo y Julieta, Prokofiev
Shakespeare. Romeo y Julieta, Tchaikovski

Shakespeare.Romeo y Julieta, German
Shakespeare, Capuletti ed i Montecchi (Romeo y Julieta).Bellini
Shakespeare. Flastaff, , Verdi
Shakespeare. Macbeth, Verdi
Shakespeare. Otel.lo, , Verdi
Shakespeare, Otel.lo, Coleridge-Taylor
Shakespeare, El sueño de una noche de verano.Mendelssohn
Shakespeare. Julio César, Händel
Shakespeare. Coriolano, Beethoven
Shakespeare, Las alegres comadres de Windsor, Nicolai
Wilie, Salomé, R. Strauss

ITALIA
Dante, Francesca da Rimini, Tchaikovski
Goldoni, La pinta simpli, Mozart

NORUEGA
Ibsen, Peer Gynt, Grieg

RUSIA
Pushkin, Eugene Onegin, Tchaikovski
Shakespeare, Romeo y Julieta, Prokofiev
Tolstói, Guerra y paz, Prokofiev

Cuentos y leyendas

Debussy, «Boîte à joux». Prélude à l'après-midi d'une faune.
Delibes, Copelia. Sylvia.
Granados, Cuentos para la juventud.
Haydn, Sinfonía de los juguetes.
Humperdinch, Hansel y Gretel.
Liszt, Danza de los gnomos.
Pierné, Danza de los soldaditos de plomo.
Prokofiev, Pedro y el lobo. La cenicienta. El amor de las tres naranjas. Cuentos de la anciana abuela.
Purcell, La reina de las hadas.

Rimsky-Korsakov. La ciudad invisible de Kitej. El gallo de oro.
Rimsky-Korsakov. La noche de Navidad. El hada de las nieves. Scherezade. La historia del príncipe de Kalander
Rodrigo, Per la flor del lliri blau.
Rossini, La Cenerentola.
Stravinski, Pulcinella. Le roussignol. El pájaro de fuego. Petrouska.
Tchaikovski, La bella durmiente. Cascanueces. El lago de los cisnes. Danza del soldado de plomo.
Toch, E, Pinocchio. Peter Pan (Fairy Tale, op. 76).
Turina, Cuentos de España. Carnaval de los niños.

La formación del gusto estético musical en el niño y en el adolescente

La utilización de la música-arte como auxiliar en la enseñanza puede contribuir además a la formación de la sensibilidad estética en niños y adolescentes, lo cual es de gran importancia con vistas a su futuro.

La sensibilidad hacia la música de buena calidad puede ayudar al adolescente en los siguientes aspectos:

—Saber elegir la música que verdaderamente le guste, independientemente de lo que la publicidad le dicte a través de los medios de comunicación (por ejemplo, en programas al estilo de Los 40 principales), No sirve para nada, a nivel personal, saber qué música gusta a la mayoría. Cada uno de nosotros no es «la mayoría», y por tanto es la música que gusta a cada uno la que puede ayudarnos. Hay que educar a los adolescentes a que no sean víctimas de intereses comerciales comprando lo que otros desean que compren. Sólo lo que responde a las preferencias personales es lo que no cansa. Si una pieza musical nos gusta es porque responde a unas necesidades íntimas personales.

—A que constituya un soporte emocional frente a los avatares de su vida.
—A que sea un lenitivo a la soledad o a la incomprensión.
—A enriquecer su vida emocional ayudándole a profundizar en su mundo emocional y en el de los demás.
—A que sea una válvula de escape que le aleje de las drogas.
—A que sea un medio de espiritualización.
—A que se convierta en una profesión.
—A que se convierta en su afición.

La musicoterapia desea contribuir a despertar el gusto por la música de buena calidad porque es uno de los regalos más maravillosos que nos ha hecho la vida..

ÁMBITO ESPIRITUAL

La razón de ser de la música en todas las culturas ha sido la de existir para la divinidad. Se ha utilizado como medio de promover e inspirar la relación del hombre con lo trascendente. A ello se debe el que la música haya sido empleada en todas liturgias de la mayor parte de las religiones, por no decir de todas.

En la actualidad se da en nuestra sociedad un resurgir de la necesidad de espiritualidad para contrarrestar el materialismo y el vacío interior que experimenta el hombre actual. El filósofo Eugenio Trías comentaba en una entrevista radiofónica el hecho de que los estudiantes de La Sorbona ya no silban ni patalean, como hace años, cuando se introduce el tema religioso. La juventud actual empieza a estar de vuelta de muchos falsos valores.

López-Ibor escribió: «El hombre es siempre más que hombre. Su inquietud permanente deriva de este ser más, de ese poder recibir y mantenerse en contacto con la trascendencia». (142)

«El verdadero problema filosófico ha sido siempre el de averiguar la verdad sobre el ser del hombre. Después de apelar a la razón o a los instintos, ha tenido que realizar la versión sobre el hecho mismo del existir para llegar a una verdad más profunda sobre sí mismo. Y así ha visto que el hombre es, constitutivamente, un ser ansioso de verdades trascendentes; por eso, todo lo que sea reducir, anonimizar la vida humana es falsearla».(143)

Comentando la obra de Malraux, López-Ibor viene a decir: «La necesidad de absoluto que hay en el hombre moderno la satisface el arte», y agrega: «Pero el hombre, aunque viva la mayor parte de su tiempo sumergido en la corriente de la vida cotidiana, siente de vez en cuando el rescoldo de la necesidad de absoluto, que ni el arte, ni ninguna otra actividad humana pueden saciar. Para mí éste es el gran y el único problema del hombre contemporáneo. Enmascara su necesidad de absoluto, lo cual le conduce al nihilismo en sus más diversas formas. O a reconocer su presencia». (144)

Ciertamente, nada puede sustituir la necesidad del hombre de encuentro con el absoluto y con lo divino. Ni la música.

Federico Sopeña, en su discurso de ingreso en la Real Academia de Bellas Artes de San Fernando, se refería a ello: «...se ha visto a la música, no como camino, sino como fin en sí; se ha creído —y fue éste un gran error de los romànticos, especialmente de los wagnerianos— que ella nos dispensaba de la plegaria, de la fe en misterios determinados; que el Paraíso, de verdad, era la nada, el silencio sin bordes que la música trae al alma … Si el fin de la música, como dice Stravinski, es construir un orden entre el hombre y el tiempo, la consecuencia para el tratadista católico de estética es bien clara: ese orden consistirá en salvar lo temporal acercándolo al misterio de la eternidad, pero no una eternidad como "nada", como aniquilación.

La vida espiritual auténtica es imposible sin un esfuerzo continuo de interioridad, de intimidad, sin el doloroso afán de vaciarse de las cosas para, en el silencio del corazón sólo encontrar la cercanía del corazón de Dios. Toda la mística cristiana, frecuentemente, alude a importancia de la música como instrumento para facilitar esa "soledad sonora", esa "música callada" de nuestro san Juan de la Cruz. Y esto, señores, no es retórica piadosa, sino rigurosa consecuencia estética. Paul Valéry habla de la música como arte radicalmente puro». (145)

Las demás bellas artes, el cine y hasta los deportes de masas, ayudan a salir de uno mismo hacia lo externo para olvidar, pero la música, un determinado tipo de música como es el auténticamente religioso, «…nos vacía pero no nos lleva fuera; nos mete dentro de nosotros mismos, parece salir a la vez de la sangre y del alma para hacernos radicalmente interiores. Tiene la mágica capacidad de crear ese silencio sonoro desde el cual el diálogo con Dios no es difícil porque la música despierta lo mejor, lo más noble de nuestra vida: la vida amorosa». (146)

Los grandes compositores tuvieron presentes en sus obras el aspecto religioso; por ejemplo, J. S. Bach componía toda su música *In nomine Iesu*. Al final de sus partituras anotaba: *Soli Deo gloria*. (147) Esta misma expresión repetía Weber. Beethoven había escrito repetidas veces: «Sacrifica, sacrifica siempre a tu arte las frioleras de la vida. Dios sobre todo». (148) Rolland —refiriéndose a Beethoven— añade: «Dios es para él la primera, la más grande realidad». Chopin, en uno de sus últimos momentos, consciente, pide a la condesa Potocka que le cante una canción a la Virgen María y repite: «¡Qué hermoso, Dios mío, qué hermoso!». (149) San Francisco de Asís, antes de morir, decía a sus compañeros: «Buscad un laúd y me daréis una música que servirá de algún consuelo al hermano cuerpo». (150) Händel, Mozart, César Franck, Liszt, Falla, Stravinski, etc., fueron creyentes y escribieron maravillosas obras religiosas imposibles de componer sin poseer hondas vivencias religiosas.

Características de una música genuinamente religiosa (151)

El ambiente ideal que mejor induce a la oración y, por tanto, el que el ser humano trata de crear a su alrededor, y también el que busca en la música religiosa, tiene unas ciertas características, como:

Serenidad. La mejor preparación para la oración, o sea, para el diálogo con Dios, es el silencio, tanto físico como interior. A Dios se le encuentra en el silencio porque Dios está más allá de toda realidad imaginable; es la única auténtica realidad, es el Ser. Por tanto, el silencio hecho de adoración, agradecimiento y amor del ser humano es la actitud más adecuada.

El poeta Rabindranath Tagore se refiere al silencio de Dios en estos términos: «El silencio de Dios hace madurar con palabras los pensamientos de los hombres». (152) «Llevadme al interior de vuestro silencio (Señor), para llenar mi corazón con canciones». (153)

La música, por su capacidad de despertar emociones, puede ayudar a crear este clima de silencio y serenidad. La música puede ayudar incluso a enmascarar el ruido del entorno que dificulta tales momentos.

Afectividad. Es un hecho que con la pérdida de valores, una de las características del momento presente, se ha perdido también el sentido del amor auténtico. Los medios de comunicación social, el cine y la televisión se hacen eco de ello y, voluntaria o involuntariamente, lo fomentan. Pero el ser humano necesita cambiar esta realidad porque le va en ello su equilibrio psíquico y su felicidad. Necesita encontrar el amor auténtico en el Ser absoluto y en su reflejo, que es el ser humano, y poder expresar este amor a través de sus sentimientos más profundos. A la divinidad a través de la música religiosa y el amor humano por medio de la música romántica.

Trascendencia. La música puede acercarnos al misterio, al Absoluto, delante del cual la palabra enmudece; nos queda la música y, más allá, sólo la música del silencio, ante el asombro que se experimenta frente al misterio del Amor de Dios al hombre. Este misterio trasciende a todo conocimiento y a toda Ciencia. Por ejemplo, los astrónomos tienen que sentirse como perdidos ante el día a día de los nuevos descubrimientos acerca de la inmensidad y los orígenes del universo.

Tal vez la música pueda intentar expresarlo por medio de la grandiosidad de las grandes corales, la unción del canto gregoriano, la religiosa afectividad viril de la música ortodoxa, la música de órgano, la música religiosa sinfónica y la música religiosa nacida del corazón de cada pueblo y de cada ser humano.

Características musicales de la música religiosa

De acuerdo con Hevner (véase: «Importancia relativa de seis variables», en el capítulo «Psicología de la música»), los adjetivos que mejor expresan el sentimiento religioso parece que pueden ser: serenidad, suavidad; soñador, sentimental; feliz, luminoso; dignidad, solemnidad.

En la lista de Hevner se especifican las características musicales para sugerir cada uno de estos estados de ánimo, que sólo sirve a título orientativo, nunca de un modo matemático.

Aspectos negativos de la música religiosa actual

Es un hecho la corriente desacralizadora que desde hace años se empezó a instaurar en nuestra sociedad como consecuencia de la pérdida de valores. La música religiosa lo acusó marcadamente dentro del ámbito litúrgico en la cultura occidental. Se pensó que el mejor modo de atraer de nuevo a la juventud era haciéndole escuchar música del tipo que ellos interpretaban o escuchaban fuera de la iglesia: música con guitarras, con ritmo y temática sociorreligiosa.

El efecto sorpresa funcionó por cierto tiempo, pero como era de esperar no originó los efectos que se buscaban. Ciertamente que contribuyeron a ello otras causas más profundas, como la pérdida del auténtico sentido de la religión religare, relación entre Dios y el hombre, para dar todo el énfasis al hombre y a su relación con sus semejantes. Por ello se ha olvidado el hacer escuchar música que promueva esta relación personal, afectiva, con Dios para sustituirla por la presencia de lo social, por el interés del ser humano por sus hermanos. Por supuesto que esto último es esencial, pero tal vez no se tiene en cuenta que es esencial al ser humano el misterio, lo absoluto, como punto de partida y como motivación para volcarse en el hermano. Son los dos mandamientos esenciales dados por Jesucristo: el amor a Dios y el amor a los hermanos, pero que se resume en uno; el amor a Dios. Sin el amor a Dios difícilmente se podrá amar auténtica y profundamente al hermano.

Por tanto, una música genuinamente religiosa es aquélla que trata de ayudar a establecer esta relación afectiva. No es adecuada, por tanto, la que utiliza ritmo de fondo, ya que el ritmo, por definición, mueve especialmente a la acción física. Ni la guitarra es el instrumento adecuado, ni el tema ramplón y amanerado de muchas canciones que se escuchan en las iglesias. Ni canciones folclóricas de otras latitudes traducidas, convertidas en canciones religiosas con olvido de la auténtica expresión popular autóctona y que contiene auténticas maravillas del pasado, ya olvidadas. Ciertamente, hay que renovarse, pero siempre y cuando sea para mejorar.

La música religiosa y los jóvenes

Trabajando con adolescentes marginados se puede constatar lo siguiente:
a) Encuentran adecuado el que puedan expresarse libremente, con sus propios medios, en funciones organizadas para ellos solos.

b) Su sentido de la autenticidad se demuestra en el hecho de que no encuentran adecuadas las canciones con ritmo de fondo porque no desean encontrar en las funciones litúrgicas lo mismo que hallan en la discoteca o fuera del templo.

c) Les gusta sentirse rodeados de una atmósfera llena de afectividad, belleza y sentido del misterio.

La música religiosa coral que se le dé a escuchar, por ejemplo, debe sugerirles sentimientos de trascendencia y de belleza. La música vocal que puedan cantar debe ser no sólo inspirada musicalmente, sino que los pensamientos que contenga también deben estar expresados poéticamente. El mensaje que contienen ha de ser claro y auténtico, pero sin olvidar el ropaje con que se vista.

GÉNEROS DE MÚSICA RELIGIOSA

Canto gregoriano

No es algo accidental sino más bien un fenómeno sociológico,el *boom* de ventas de discos de canto gregoriano, desde que en 1994 la casa de discos Emi-Odeón lanzó al mercado *Las mejores obras del Canto Gregoriano* por el Coro de los monjes de Santo Domingo de Silos (Burgos), del que se vendieron en medio año tres millones de discos en más de 30 países, y más de siete millones hasta 1998. Sin duda sido una respuesta al clima de violencia y estrés que vive el hombre en este final del siglo XX.

J.L. Angulo (154), Director del coro mencionado escribe: «Por su sistema melódico, rítmico y modal, el canto gregoriano proporciona al cuerpo y a la mente del hombre actual, estresado, materialista y racionalista, el ambiente más adecuado para conseguir la quietud, la serenidad y la paz; y al hombre espiritualmente inquieto le añade el mensaje religioso expresado por el texto unido a la melodía».

Para Soques, el canto gregoriano «Es música vocal, de ritmo libre y melodía diatónica».

Evolución histórica. El canto gregoriano tiene su origen en la liturgia cristiana de los primeros siglos y así «cada región de Occidente cristiano fue adquiriendo su repertorio de canto sacro: una sola lengua (el latín) pero textos y música diferente» según las regiones geográficas: el *beneventano* (sur de Italia); el *romano* (Roma); el *ambrosiano* (Milán); el *hispánico* (ambos lados de los Pirineos); el *galicano* (la Galia romana). En la evolución histórica del canto gregoriano, se pueden distinguir cinco etapas (155).

1.ª etapa: «Una fase primitiva o de *recto tono*, que se caracteriza por la recitación uniforme y muy ligada sobre una cuerda o nota bastante elevada, donde la acentuación de las palabras latinas produce una especie de milagro musical bajo forma de canto oscuro («Cicerón»). Una fase de *cantilación,* que es posterior a las catacumbas. Se compone de dos elementos, el tono recitado y las cadencias (al modo de los *taamin* hebreos).

2.ª etapa: A partir del Edicto de Constantino (313), y conseguida la libertad para la Iglesia, el canto litúrgico adquiere un gran desarrollo, gracias a los padres de la Iglesia san Ambrosio, san Agustín, san Jerónimo y, en especial, a san Benito (529), fundador de la orden benedictina, quien adopta la liturgia romana con sus melodías gregorianas. Dada la gran expansión de la Orden, a ella se debe sin duda, el desarrollo del canto gregoriano por todo Occidente.

3.ª etapa, de los siglos IV a VII: El papa san Gregorio I hizo una reforma litúrgica en la que unificó el canto litúrgico en toda la Iglesia. A este canto litúrgico se le llamará, más tarde, canto gregoriano, pero no porque este papa lo inventara.

4.ª etapa. apogeo del canto gregoriano, de los siglos VII a X: Se debió a la feliz fusión del canto romano y el galicano, al introducirse la liturgia romana en las Galias (Francia) en tiempos de Pipino el Breve (753) y Carlomagno (789): «Por una parte el rigor estructural de las melodías romanas... y por otra, la ornamentación más rica de las melodías galicanas; por una parte la sobriedad del canto romano, y por otra la riqueza la inspiración melódica galicana. De ahí le viene, sin duda, el carácter sobrio y rico a la vez de las melodías gregorianas». (156)

5.ª etapa: Desde el siglo XI hasta la restauración litúrgica de Solesmes del siglo XIX.

Características del canto gregoriano. El canto gregoriano interesa en Musicoterapia por sus efectos psicológicos sobre el estado de ánimo, no sólo por sus efectos sedantes. Estos efectos provienen, sin duda, de las características de cada uno de sus elementos esenciales.

Aspecto rítmico. «Siendo la melodía gregoriana esencialmente expresión y ornamentación de un texto literario, hay que buscar en él un elemento fundamental susceptible de cierta individualidad. Este elemento primario es la sílaba; por eso, el tiempo de base del gregoriano corresponde a la duración normal de una sílaba (una corchea de música figurada).» (157)

A este tiempo, D. Cardin, el padre de la semiología gregoriana, le llama «tiempo silábico» o «tiempo medio». También distingue (usando la terminología convencional) «tiempo disminuido» y «tiempo aumentado». Pero como puede deducirse, no se trata en ningún caso de mediciones matemáticas, ni de patrones preestablecidos, sino que el ritmo estará al servicio de la intencionalidad expresiva del ejecutante. De ello se deriva la aparente ausencia de ritmo (convencional) marcado, para el profano. En realidad el ritmo del canto gregoriano es muy parecido al de una conversación: espontáneo, natural y nada mecanizado. Sin duda, por ello produce un marcado efecto sedante.

Melodía diatónica. Para el profesor Trenti, de la Universidad de Roma, que utiliza el canto gregoriano como terapia con enfermos mentales y depresivos, esta cualidad es la más científica y válida. El canto gregoriano, afirma, «es capaz de insinuar en el hombre sentimientos y afectos de un modo ordenado, porque es la expresión músico-rítmica más espontánea y natural. Esto hace que pueda convertirse en una terapia que engendra serenidad, calma, quietud y distensión». (158)

La sucesión de intervalos más bien conjuntos que predomina en el canto gregoriano, contribuye a su marcado carácter sedante.

Modalidad. El canto gregoriano está escrito en ocho modos (derivación de los modos griegos). En la Abadía de Cluny (Francia), existen ocho capiteles del coro, fechados alrededor del año 1120, que representan a los ocho modos gregorianos, mediante una escultura y una inscripción.

Jeannneteau (159) define el modo gregoriano como: «... un conjunto definido por una o varias cuerdas (cada una con su propia su estética) en torno a las cuales se desarrolla una ornamentación. Cada modo tiene también un vocabulario propio y, en consecuencia, un *ethos* muy particular.

Ethos, para este autor, significa «el clima moral, el estado de alma, expresado o provocado no sólo por la melodía, en el sentido amplio del término, sino más específicamente por la estructura misma de las melodías, es decir, el impacto de los grados privilegiados, estructurales. La arquitectura melódica provoca, mediante la elección de estos grados estructurales y sus relaciones, diferentes según los modos, una resonancia sobre nuestra fisiología...La palabra *ethos* expresa esta tendencia fisiológica y estética del oído del receptor en el alma informada» (160). «...Los datos psicofisiológicos recientes, el estudio del contenido expresivo de los intervalos, el problema de la circulación del sistema nervioso, las investigaciones sobre la musicoterapia, deben poner una atención especial en el análisis modal si se interesa por las causas y las formas del *ethos*.» (161) Para un estudio exhaustivo de este interesante tema puede consultarse a este autor. En la tabla de la página siguiente se resume el *ethos* de cada uno de los ocho modos gregorianos

Según el esquema de Hevner *Importancia relativa de seis variables* (véase el capítulo «Psicología de la Música»), el canto gregoriano puede sugerir serenidad y suavidad.

Con ser muy importante el efecto sedante del canto gregoriano, no es el único efecto que produce en el hombre actual. El ser humano busca paliar en la música carencias de todo tipo, y en la música religiosa especialmente, paliar el vacío interior de realidades que trasciendan a la vida diaria, que rocen el misterio de lo divino capaz de llenar todas las carencias de amor, de ideales, etc. Todo esto puede encontrarlo el hombre en el tipo de música que es simplemente fruto de la contemplación. Sólo llenando este vacío puede uno sentirse en paz consigo mismo y con el universo.

El canto gregoriano podría estar contraindicado para quien tuviera recuerdos negativos asociados a él o por otras causas.

No es de extrañar, pues, el éxito impensable, hace unos años, del cante gregoriano que bien puede calificarse como de fenómeno sociológico, como se ha dicho. Lo mismo podrìa decirse sobre la afluencia masiva, diaria, que se registra en Montserrat, año tras año, para escuchar el canto de composiciones polifónicas —a pesar de que no sean estrictamente canto gregoriano—; todo ello habla a las claras de la necesidad que tiene el ser humano de trascender lo cotidiano.

Ejemplos discográficos: grabaciones de los monjes benedictinos de Sto. Domingo de Silos, de Montserrat, de Solesmes, etc.

Música ortodoxa eslava

Los cantos litúrgicos búlgaros, rusos, serbios, ucranianos... tienen unos valores espirituales y terapéuticos semejantes a los del canto gregoriano. Estos valores derivan de una línea melódica fluyente, fácil de seguir, serena y emotiva. Sobresalen el vigor y la modulación alternados y en especial la calidad de las voces eslavas, principalmente los bajos profundos, que le prestan un sentido de intimidad, mientras que la melodía llena de unción y emotividad contenida forman un conjunto, el más adecuado para la plegaria y la terapia. Sorprende el efecto de serenidad que se deriva de este tipo de música y de su capacidad para despertar la actividad interior del espíritu y hasta la creatividad.

Ejemplos discográficos:
—Grande Liturgie Orthodoxe Slave. (Vol. I y II), Harmonia Mundi.
—Tchaikovski: Liturgia divina de san Juan Crisóstomo.

Música polifónica y organística de todos los tiempos

La voz humana es sin duda el instrumento musical más maravilloso que el hombre posee. La fuerza emotiva que genera es superior con mucho a la que puedan llevar a cabo unos instrumentos musicales puesto que, como es evidente, son objetos inanimados.

Son muy conocidos los efectos psicológicos del canto (véase el capítulo de metodología) y de la música coral como medio de expresión de la gama de sentimientos y matices de éstos. En el canto coral, cada participante expresa sus sentimientos, pero el resultado es la suma de todos ellos. Por tanto, es sin duda un medio universal y de todas las épocas como expresión del sentimiento religioso.

Son compositores excelentes de este tipo de música: Bach, Händel, Victoria, Guerrero, Palestrina, Mozart, Liszt y Purcell. Las obras más representativas son misas, oratorios, motetes y antífonas.

Por lo general, son mejor aceptadas las composiciones tonales que las atonales; por ello, la música de vanguardia no suele ser la preferida.

Música religiosa tradicional de cada país

Todo cuanto nos une a nuestras raíces tiene un gran valor humano, y puede tenerlo también religioso. Se ha dicho que los pueblos que pierden sus raíces se empobrecen. Y en este caso, se empobrecen espiritualmente.

Todo canto religioso que ha perdurado a través de los tiempos nos llega impregnado por el sentir religioso, las vivencias dramáticas, emotivas o felices de generaciones pasadas; son testigos de excepción de cada ser humano, de cada pueblo, de cada país. Del mismo modo que conservamos los monumentos arquitectónicos, ¿por qué no conservar nuestros cantos?

No hay nada tan frío como una canción nueva, recién estrenada, porque no puede albergar ningún recuerdo, por perfecta e inspirada que sea.

Cada pueblo expresa sus sentimientos religiosos de un modo peculiar, que le es propio, porque nacen de su idiosincrasia, de su geografía, de sus modos de vida, de su filosofía de la vida, de sus gestas históricas, de sus creencias y de los hechos históricos que estas creencias le han llevado a realizar.

La psicología actual no está en condiciones de medir —y tal vez no lo esté nunca— el sustrato de emociones y sentimientos que subyacen atrapados, provenientes de las generaciones pasadas, que impregnan los cantos religiosos tradicionales y que de algún modo nos influyen al cantarlos. Todo esto tiene un peso específico que está latente en el llamado subconsciente colectivo.

Estos cantos populares que han sobrevivido al paso de los años lo han hecho, fundamentalmente, porque expresan la esencia de los sentimientos religiosos de cada país. Hay pueblos o naciones que guardan como reliquias sus cantos religiosos tradicionales; por ejemplo, Estados Unidos, aunque posee una cortísima tradición en comparación con Europa. ¿Por qué en España no sucede así? ¿Por qué se tienen que importar cantos religiosos de otras latitudes y de dudoso gusto, si España posee una riqueza enorme?

Otro aspecto que hace reflexionar es una cierta ausencia del elemento afectivo en los cantos religiosos, demasiado impregnados de racionalismo religioso. Los niños son quienes más acusan esta frialdad. Ellos sólo pueden acercarse a Dios a través del sentimiento, y se les ha privado de ello. Para muchos, es lo único que les quedaba. Y el sentimiento religioso auténtico, equilibrado, esperanzador, es uno de los elementos básicos para la formación integral y equilibrada de la personalidad del niño y del adolescente.

La música contribuye a la espiritualización porque, como escribió Wagner: «La música expresa lo eterno y lo ideal». «No puedo concebir que el espíritu de la música pueda residir fuera del amor». «Sólo lo humano, en su forma perdurable, puede convertirse en divino, gracias a la expresión musical».

CITAS BIBLIOGRÁFICAS

(1) CARDINELL, R. L. «Music in Industry», en: Dorothy Sullian y Max Schoen (ed.). Music and Medicine. Henry Schuman. Nueva York, 1948, p. 352.

(2) GASTON, E. T. «Functional Music», en: Basic concepts in Music Education: Fiftyseventh Yearbook of the National Society for the Study of Education. I parte. National Society for the Study of Education. n.º 57, Chicago, 1958, p. 292.

(3) ALTSHULER, I. Music Therapy: Retrospect and Perspectives. Book of Proceedings. NAMT, 1952, p. 7.

(4) JEREZ, M. «Al son de la radio: casi un millón de barceloneses sintonizan a diario una emisora musical», en: La Vanguardia. La Revista, Barcelona, 9 de diciembre de 1996, p. 5.

(5) Asociación para la Investigación de Medios de Comunicación: «Ranking de Cadenas y Emisoras». Febrero a noviembre de 1996, Madrid, p. 39.

(6) BONCOMPTE, E. Programació cultural en els nous models de TV competitiva, en I Congrés de Música a Catalunya. Consell Català de la Música. Barcelona.

(7) BURÉS, P. La música a la radio i a la televisió, en I Congrés de la Música a Catalunya. Consell Català de la Música. Barcelona, 1994, p. 530.

(8) POCH, S. La influencia de la música en el niño. Tesina de licenciatura. Universidad de Barcelona, 1964, p. 119.

(9) DUHAMEL, G. La musique consolatrice. Rocher. Mónaco, 1944, p. 103.

(10) JONES, G. R.; HEMPSTOCK, T. I.; MULHOLLAND, K. A. y SCOTT, M. A. Teach yourself Acoustics. The English Universities Press. Londres, 1967, p. 2.

(11) SCHAEFFER, P. Traité des objects musicaux. Ed. Seuil. París, 1966.

(12) KRYTER, K. D. Overview of Noise Annoyance Research. Ponencia. Jornadas Nacionales de Acústica. Barcelona, 1996, p. 1.

(13) KRYTER, K. D. (12), p. 26.

(14) LEVY-LEBOYER, C. «Les gênes dues aux bruits», en: Le pouvoir des sons. Cahiers Recherche/Musique. INA-GRM. París, 1978, pp. 195-209.
(15) MERY, J. «Nuisances sonores», en Le pouvoir des sons. Cahiers Recherche/Musique INA-GRM. París, 1978, p. 178.
(16) TREMOLIÈRES, C. Nuisances sonores (13), p. 179.
(17) ANDO, Y.; HATTORI, H. «Effects of Noise on Human Placental Lactogen (HPL) Levels in Maternal Plasm». British J. Obstet. and Gynaecol., 84, 1977, pp. 115-118.
(18) ANDO, Y. «Effects of Daily Dose on the Fetus and Cerebral Hemisphere Specialisation of Children». Inter-noise 87. Vol. 2. Acoustical Society China. Beijing, 1987, pp. 941-944.
(19) SAPOLSKY, R. M. «Why stress is bad for your brain». Science. N.º 273, 9 de agosto de 1996, pp. 749-750.
(20) SCHELL, L. M.; ANDO, Y. «Postnatal Growth of Children in Relation to Noise from Osaka International Airport». J. Sound and Vibration. N.º 151, 1991, pp. 371- 382.
(21) KARAGODINA, I. L.; SOLDATKINA, S. A.; VINOKUR, I. L.; KLIMUKHIN, A. A. «Effects of Aircraft Noise on the Population Near Airports». Hyg. and Sanity. (USSR). N.º 34, pp. 182-187.
(22) ANDO, Y. (18).
(23) KNIPSCHILD, P. «Medical Effects of Aircraft Noise: Community Cardiovascular Survey». Int. Arch. Occup. Environ. Health. N.º 40, 1977a, pp. 185-190.
(24) KNIPSCHILD, P. «Medical Effects of Aircraft Noise: General Practice Survey». Int. Arch. Occup. Environ. Health. N.º 40, 1977b, pp. 191-196.
(25) KNIPSCHILD, P. «Aircraft Noise and Hypertension», en: J. V. Tobias; G. Hansen y W. D. Ward (ed.). Noise as a Public Health Problem. ASHA Rep. 10, American Speech-Language-Hearing Assoc. Rockville, Md., 1980.
(26) KNIPSCHILD, P.; OUDSHOORN, N. «Medical Effects of Aircraft Noise: Drug Survey». Int. Arch. Occup. Environ. Health. N.º 40, 1977, pp. 197-200.
(27) KNIPSCHILD, P.; MEIJER, H.; SALLE. H. «Aircraft Noise and Birth Weigth». Int. Arch. Occup. Environ. Health. N.º 48, 1981, pp. 131-136.
(28) KRYTER, K. D. «Community Annoyance From Aircraft and Ground Vehicle Noise», en: J. Acoust. Soc. Am. N.º 72, 1982, pp. 1.222-1.242.; 1.253-1.257; 1.066-1.068.
(29) KRYTER, K. D. «Aircraft Noise and social factors in psychiatric hospital admission rates: a re-examination of some data». Psychoalogical Medicine. N.º 20, 1991, pp. 395-411.
(30) MIESZKOWSKI, P.; SAPER, A. M. «An Estimate of the Effects of Airport Noise on Property Values». J. Urban Econ. N.º 5, 1978, pp. 425-440.
(31) NATIONAL RESEARCH COUNCIL (NRC): Guidelines for Preparing Environmental Impact Statement on Noise. Assembly of Behavioral and Social Sciences, Committee on Hearing, Bioacoustics and Biomechanics (CHABA). Report of Working Group 69, National Academy of Sciences. Washington, D.C., 1977.
(32) PETERSON, P. K.; CHOA, C. C.; MOLITOR, T.; MURTAUGH, M.; STRGAR, F.; SHARP, B. M. «Stress and Pathogenesis of Infectious Disease». Rev. Infect. Diseases. N.º 13, 1991, pp. 700-710.
(33) SCHELL, L. M. «Environmental Noise and Human Prenatal Growth». Amer. J. Phys. Anthropol. N.º 56, 1981, pp. 63-70.
(34) KRYTER, K. (12), p. 7.
(35) POCH, S. (8), p. 96.
(36) GRIMM, E. «Psychological tension in pregnancy». Psychosomatic Medicine. N.º 23, 1961, pp. 520-527.
(37) McDONALD, R. «The rol of emotional factors in obstetric complications». Psychosomatic Medicine. N.º 30, 1968, pp. 222-237.
(38) LEDERMAN, R.; LEDERMAN, E.; WORK, B.; McCANN, D. «The relationship of maternal anxiety, plasma a-catecolaminas, and plasma cortisol to progree in labor». American of Obstetrics and Gynecology. N.º 132, 1978, pp. 495-500.
(39) LIEBMAN, S. S.; McLAREN, A. «The effects of music and relaxation on third trimester anxiety in adolescent pregnancy». Journal of Music Therapy. Vol. 28. (2). NAMT. Washington, 1991, pp. 89-100.

(40) LAMAZE, F. Painless childbirth. Henry Regnery. Chicago, 1958.

(41) CLARK, M.; McCORKLE, R.; WILLIAMS, S. «Music Therapy-Assisted Labor and Delivery». Journal of Music Therapy. Vol. 18 (2). NAMT, 1981, pp. 88-100.

(42) SEARS, W. W. «Los procedimientos en musicoterapia», en: Thayer Gaston (ed.). Tratado de musicoterapia. (1ª edic. americana, 1968). Paidos. Barcelona, 1982. p. 58.

(43) LUNDIN, R. W. An objective psychology of music. The Ronald Press. N.Y., 1967, p. 199.

(44) DAVENPORT-SLACK, B. «A comparative evaluation of obstetrical hypnosis antenatal childbirth training». International Journal of Clinical and Experimental Hypnosis. N.º 23, 1975, pp. 266-281.

(45) JAYNES, J. The origin of consciousness in the breakdown of the bicameral mind. Houghton-Mifflin. Boston, 1976, pp. 96-97.

(46) LANGER, S. K. Feeling and Form. Charles Scribner and Sons. NuevaYork, 1953, p. 32.

(47) MERSMANN, H. «Véasesuch einer musikalischen wertaesthetik». Zeitschrift fur Music Wissenschaft. Vol. XVII, 1935, pp. 33-47.

(48) LAMAZE, F. (40).

(49) BONNY, H. L. «Music and Consciousness». Journal of Music Therapy. Vol. 12, 1975, pp. 121-135.

(50) DOWNEY, J. E.; KNAPP, G. E. «The effects on a musical programme of familiarity and of sequence of selections», en: Max Shoen (ed.). The effects of music. Harcourt. Nueva York, 1927.

(51) GILLILAND, A. R.; MOORE, H. T. «The immediate and long-term effects of classical music and popular phonograph selections», en: Max Schoen (ed.). The effects of music. Hartcourt. Nueva York, 1927.

(52) LUNDIN, R. W. An objective psychology of music. (2ª edic.), The Ronald Press. Nueva York, 1967.

(53) BONNY, H. L. The role of taped music programs in the GIM process. ICM Publicaciones. Baltimore, 1978.

(54) BONNY, H. L.; SAVARY, L. La música y su mente. Traducción: Elías Sarhan. EDAF. Madrid, 1993. Edicusa, 1973.

(55) CLARK, M.; McCORKLE, R.; WILLIAMS, S. (41), pp. 97-98.

(56) CLARK, M. An evaluation of music therapy assisted labor. Tesina inédita. Universidad de Kansas (EE UU), 1980.

(57) CODDING, P. An exploration of uses of music in the birthing process. Tesina. Florida State University, 1982.

(58) HANSER, S.; LARSON, S.; O'CONNELL, A. «The effect of music on relaxation of expectand mothers during labor». Journal of Music Therapy. N.º 20, 1983, pp. 50-58.

(59) CLARK, M.; MACCORKLE, R.; WILLIAMS, S. (39).

(60) CAMPBELL, L. «The very low weight infant: sensory experience and development». Topics in Clinical Nursing, enero de 1985, pp. 19-33.

(61) BIRNHOLZ, J.; BENACERRAF, B: «The development of human fetal hearing». Science. N.º 222, 1983, pp. 516-518.

(62) WALKER, D.; GRIMWADE, J.; WOOD, C. «Intrauterine noise: A component of the fetal environment». American Journal of Obstetrics and Gynecology. N.º 109 (1), 1971, pp. 91-95.

(63) RUBEL, E. «Special topic: Advances in the psysiology of auditory information processing». Ontogeny of the Auditory System, Annual Review of Psysiology. N.º 46, 1984, pp. 213-229.

(64) RUBEL, E. (63).

(65) STANDLEY, J. «The role of music in pacification/stimulation of premaure infants with low birthweights». Music Therapy Perspectives. Vol. 9. NAMT, 1991, p. 29.

(66) Mac FARLANE, A. The Psychology of Childbirth. Harvard University Press. Cambridge, MA., 1977.

(67) ANNIS, L. The child before birth . Cornell University Press. Ithaca: Nueva York, 1978.

(68) FERREIRA, A. Prenatal environment. Charles C. Thomas. Springfield, Ill., 1968.

(69) DE CASPER, A. J.; FIFER, W. P. Science. N.º 208, 1980, p. 1.174.

(70) SMOTHERMAN, W. P. «Odor aversion learning by the rat fetus». Psychology and Behavior. N.º 5, 1982, pp. 769-771.

(71) PANNATON, R. K. «Prenatal auditory experience with melodies: effects on postnatal auditory preferences in human newborns». Tesis de doctorado inédita. Universidad North Carolina at Greensboro, 1985.

(72) WEDENBERG, J. B.; WESTIN, B.; JOHANSSON, B. «When the fetus isn't listening». Medical World News. N.º 4, 1985, p. 28.

(73) SHETLER, D. J. «Response of the Prenatal Infant to músical Stimuli: A Report of the Eastman Project, 1980-1985». Rosalie Rebollo Pratt (ed.). First Research Seminar of the ISME Commission on Music Therapy in Special Education. Proceedings de 1986. Bad Honnef, Alemania, p. 9.

(74) SHETLER, D. J. (73), p. 14.

(75) MUIR, D.; FIELD, J. «Newborn infants orient to sound». Child Development. N.º 50, 1979, pp. 431-436.

(76) BUTTERFIELD, E.; SIPERSTEIN, G. «Influence of contingent auditory stimulation upon nonnutritional suckle», en: J. Bosma (ed.). Oral sensation and perception: The mouth of the infant. Charles C. Thomas: Springfield, Ill., 1972, p. 313-333.

(77) BLACKBILL, Y.; ADAMS, G.; CROWELL, D.; GRAY, M. «Arousal level in neonates and preschool children under continous auditory stimulation». Journal of Experimental Child Psychology. N.º 4, pp. 178-188.

(78) DETTERMAN, D. «The effects of heartbeat sound on neonatal crying». Infant Behavior and Development. N.º 1, 1978, pp. 36-48.

(79) De CASPER, J.; PRESCOTT, P. «Human newborns perception of male voices: Preference, discrimination and reinforcing values». Developmental Psychobiology. N.º 17 (5), 1984, pp. 481-491.

(80) BRODY, L.; ZELAZO, P.; CHAIKA, H. «Habituation-dishabituation to speech in the neonate». Developmental Psychology. N.º 20 (1), 1984, pp. 114-119.

(81) MENDELSSOHN, L. Lullabies of the World. Disco. Folkways Records. Ethnic Library. Serie I-II-III-IV. FE4511C. Nueva York, 1962.

(82) UNICEF: Hi Neighbor Record 5. Disco. U. S. Committee for UNICEF. MB-385.

(83) BACH, A. M. La pequeña crónica de Ana Magdalena Bach. 4.ª edic. Editorial Juventud. Barcelona, 1959, p. 66.

(84) KATZ, V. Auditory stimulation and development behavior of the premature infant». Nursing Research. N.º 20, 1971, pp. 196-201.

(85) KATZ, V. (84), pp. 196-201.

(86) KRAMER, L. I.; PIERPONT, M. E. «Rocking waterbeds and auditory stimuli to enhance growth of preterm infants: Preliminary report». Pediatrics. N.º 88, 1976, pp. 297-299.

(87) KORNER, A. F. «Infant stimulation: Issues of theory and research», en Gunzenhauser (ed.). Infant stimulation: For whom, what kind, when, and how much? Pediatric Round Table Series: 13. Johnson and Johnson Babies Products. Skillman, NJ., 1987, pp. 88-97.

(88) SCHAEFER, M.; HATCHER, R.; BARGLOW, P. «Prematurity and infant stimulation: A review of research». Child Psychiatry and Human Development. N.º 10, 1980, pp. 199-212.

(89) SCHANBERG, S. M.; FIELD, T. M. «Sensory deprivation stress and supplemental stimulation in the rat pup and the preterm human neonate». Child Development. N.º 58, 1987, pp. 1.431-1.447.

(90) CAINE, J. «The effects of Music on the Selected Stress Behaviors, Weigth, Caloric and Formula Intake, and Length of Hospital Stay of Premature and Low Birth Weigth Neonates in a Newborn Intensive Care Unit». Journal of Music Therapy. Vol. XXVIII (4). NAMT, 1991, pp. 180-192.

(91) FIELD, T. M.; SCHANBERG, S. M.; SCAFIDI, F.; BAUER, C. R.; VEGA-LAHR, N.; GARCIA, R.; NYSTROM, J.; KUHN, C. M. «Tactile/kinesthetic stimulation effects on preterm neonates». Pediatrics. N.º 77, 1986, pp. 654-658.

(92) WHITE-THAUT, R. C.; TUBESZEWSKI, K. A. «Multimodal stimulation of the premature infant». Journal of Pediatric Nursing. N.º 1, 1986, pp. 90-95.

(93) BIRNS, B.; BLANK, M; BRIDGER, W. H.; ESCALONA, S. K. «Behavioral inhibitio in neonates and preschool children under continous auditory stimulation». Journal of Experimental Child Psychology. N.º 4, 1965, pp. 178-188.

(94) SMITH, C. R.; STEINSCHNEIDER, A. «Differential effects of prenatal rhythmic stimulation on neonatal arousal states». Child Development. N.º 46, 1975, pp. 574-578.
(95) KRAMER, L. I.; PIERPONT, M. E. (86).
(96) WHITE-THAUT, R. C.; TUBESZEWSKY, K. A. (92).
(97) CHAPMAN, J. S. «Influence of varied stimuli on development of motor patterns in the premature infant», en: G. Anderson and B. Raff (ed.). Newborn behavioral organization: Nursing research and implications, 1979, pp. 61-80.
(98) SEGALL, M. E. «Cardiac responsivity to auditory stimulation in premature infants». Nursing Research. N.º 21, 1972, pp. 15-19.
(99) LORCH, C. A.; LORCH, V.; DIEFENDORF, A. O.; EARL, P. W. «Effects of Stimulative and Sedative Music on Systolic Blood Pressure, Heart Rate, and Respiratory Rate in Premature Infants». Journal of Music Therapy. Vol. XXXI (2), 1994, pp. 105-118.
(100) GERBER, S. «Stimulus, response, and state variables in the testing of neonates». Ear and Hearing. N.º 6 (1), 1985, pp. 15-19.
(101) STANDLEY, J. (65), pp. 21-25.
(102) POCH, S. Musicoterapia para niños autistas. Historia de la musicoterapia española. Tesis de doctorado. Universidad Complutense de Madrid. Publicada en extracto por S. Poch. Madrid, 1972, pp. 45-46.
(103) POCH, S. Musicoterapia para minusválidos físicos. Actas Luso-Españolas de Neurología, Psiquiatría y Ciencias Afines. Vol. II. 2ª etapa. N.º 1. Madrid, 1974, pp. 67-72.
(104) FRIDMAN, R. Los comienzos de la conducta musical. Paidos. Buenos Aires, 1974.
(105) POCH, S. Telecomunicaciones y medios de comunicación complementarios como ayuda a los discapacitados. Fundesco. Madrid, 1980, p. 78. Y en R. PUIG DE LA BELLACASA y J. LÓPEZ KRAHE, Comunicaciones y discapacidad. Fundesco y Technos. Madrid, p. 389.
(196) POCH, S. La música a la ràdio i a la televisió. Debate. I Congrès de la Música a Catalunya. Consell Català de la Música. Universidad de Barcelona, 1994, p. 541.
(107) POCH, S. (8), 1964, p. 179.
(108) POCH, S. (8), p. 180.
(109) CENTRE d'ÉTUDES PROSPECTIVES. Prospective. París. N.º 8, 1961.
(110) TORRALBA, F. Blanquerna. L'herència d'un estil. Universitat Ramon Llull, 1996, p. 106.
(111) TORRALBA, F. (110), p. 57.
(112) TAGORE, R. «Conferencia a los niños y estudiantes de la Escuela Normal de Tokio. Obra Escogida». Traducción: Zenobia Camprubí. En: F. DELCLAUX. El silencio creador. Rialp. Madrid, 1969, p. 402.
(113) MARÍAS, J. La educación sentimental. Alianza. Ediciones del Prado. Madrid, 1994, p. 25.
(114) POCH, S. (8), p. 79.
(115) LE DOUX, J. En The New York Times. 15 de agosto de 1989. Entrevistado por Daniel Goleman. En Daniel GOLEMAN Inteligencia emocional. Kairós. Barcelona, 1996, p. 49.
(116) GOLEMAN, D. Inteligencia emocional. Kairós. Barcelona, 1996, p. 49.
(117) MARÍAS, J. (113), p. 27.
(118) LE DOUX, J. «Sensory Systems and Emotions». Integrative Psychiatry. N.º 4, 1986, y «Emotions and the Limbic System Concept». Concepts in Neuroscience. N.º 2, 1992.
(119) LE DOUX, J. «Emotional Memory Systems in the Brain». Behavioral and Brain Research. N.º 58, 1993.
(120) GOLEMAN, D. (116), p. 43.
(121) LE DOUX, J. (115), p. 44.
(122) LE DOUX, J. En: GOLEMAN (120), pp. 48-49.
(123) LE DOUX, J. (120), p. 51
(124) DAMASIO, A. «Descartes Error: Emotion, Reason and the Human Brain». Grosset/Putman. Nueva York, 1994. En: GOLEMAN (116), p. 473.
(125) GOLEMAN, D. (116), p. 58.
(126) GARDNER, H. «Multiple Intelligences go to School». Educational Researcher. N.º 18, 1989, p. 8.

(127) POCH, S., Véase (8), pp. 81-117.
(128) POCH, S. (8), pp. 89- 91.
(129) ISERN, B. «Influence of music upon the memory of mentally retarded children». Proceeding of The National Association for Music Therapy. N.º 8, 1960, pp. 149-153.
(130) LATHOM, W. B. Retarded children's retention of songs, stories and poems. Tesis de doctorado. Universidad de Kansas, 1970. Dissertation Abstracts International, 31, 4819A (microfilmes de la Universidad, n.º 71-06483), 1971.
(131) GFELLER, K. L. «Musical mnemonics as an aid to retention with normal and learning disabled students». Journal of Music Therapy. N.º 20, 1983, pp. 179-189.
(132) WOLFE, D. E.; STAMBAUGH, S. «Musical Analysis of Sesamo Street: Implications for Music Therapy». Journal of Music Therapy. Vol. 30, 1993, pp. 224-235.
(133) JETT, A. «The Analogy of Learning a Language and Learning Music». Modern Language Journal. N.º 52: 7. Nueva York, 1968, pp. 436-439.
(134) RENNER, E., JELLISON, J.; DAY, S. «Emphasis in music as a prompt for verbal imitation». En: S. B. Day; E. S. Benson, R. A. Good (ed.). Miscelaneous Papers of the Bell Museum of Pathobiology. Bell Museum of Pathobiology. Minneapolis, 1973, pp. 17-25.
(135) MADSEN, C. K.; MADSEN, C. H.; MICHEL, D. E. «The use of music stimuli in teaching language discrimination». En: C. K. Madsen; R. D. Greer, C. H. Madsen (ed.). Research in music behavior: Modifying music behavior in the classroom. Teachers College Press. Nueva York, 1975, pp. 182-190.
(136) MADSEN, S. A. «The effect of music paired with and without gestures on the learning and transfer of new vocabulary: Experimenter-derived nonsense words». Journal of Music Therapy. Vol. 28, 1991, pp. 222-230.
(137) WOLFE, D. E.; HOM, C. «Use of melodies as structural prompts for learning and retention of sequential verbal information by preschool students». Journal of Music Therapy. Vol. 30, 1993, pp. 100-118.
(138) STAUM, M. J. «Music as an intonational cue for bilingual language acquisition». En: C. K. Madsen, C. A. Prickett (ed.). Applications of research in music behavior. Universidad de Alabama Press. Tuscaloosa, AL., 1987, pp. 285-296.
(139) POCH, S., (8), pp. 98-106.
(140) POCH, S., (8), pp. 81-117.
(141) POCH, S., (8), pp. 81-117.
(142) LÓPEZ-IBOR, J. J. De la noche oscura a la angustia. Rialp. Madrid, 1973, pp. 111-112.
(143) LÓPEZ -IBOR, J. J. (142), pp. 136-137.
(144) LÓPEZ -IBOR, J. J. (142), p. 111.
(145) SOPEÑA, F. La música en la vida espiritual. Taurus. Madrid, 1958, pp. 29-30.
(146) SOPEÑA, F. (145), p. 30.
(147) BACH, A. M. (83), 1959, p. 51.
(148) ROLLAND, R. Vida de Beethoven. Losada. Buenos Aires, 1958, p. 66.
(149) CORTEJOSO, L. El dolor en la vida y en el arte. Iberia, Joaquín Gil. Barcelona, 1943, p. 201.
(150) SOPEÑA, F. (148), p. 31.
(151) POCH, S. La música religiosa desde el punto de vista de la musicoterapia. Comunicado presentado en el III Congreso Litúrgico de Montserrat, junio de 1990.
(152) TAGORE, R. «Pájaros perdidos», n.º 304, en Obra Selecta. Publicaciones de la Abadía de Montserrat, 1995, p. 88.
(153) TAGORE, R. (152), p. 86.
(154) LÓPEZ, C. M. «Los valores terapéuticos del canto gregoriano». La Vanguardia. Barcelona, 13 de noviembre de 1990, p. 78.
(155) LÓPEZ, C. M. (154).
(156) ANGULO, J.L. (155).
(157) ANGULO, J.L. (155).
(158) LÓPEZ, C.M. «Los valores terapéuticos del canto gregoriano».-La Vanguardia. Barcelona, 13 de nov. Pág. 78.-1990.
(159) JEANNETEAU, J. «Los modos gregorianos».- Colec. Studia Silensia XI.- Abadía de

Silos, 1985.- Pág. 65.
(160) JEANNETEAU, J. (160) .- Pág. 63.
(161) JEANNETEAU, J. (160).- Pág. 63.
(162) ANGULO, J.L. Por gentileza de este autor.

�# BIBLIOGRAFÍA GENERAL

AIGEN, K. A. Guide to Writing and Presenting in Music Therapy. Barcelona Publishers. Gilsum, NH, 2003.

AIGEN, K. Playin in the band: A qualitative study of popular music styles as clinical improvisation. Nordoff-Robbins Center for Music Therapy. New York University, 2003.

AIGEN, K. Path of Development in Nordoff-Robbins Music Therapy. Lower Village. Barcelona Publishers. Gilsum, NH, 1998.

American Music Therapy Association. Using Music Therapy Response to Crisis and Trauma: A Resource Book, 2002.

American Music Therapy Association. Effectiveness of Music Therapy Procedures: Documentation of Research and Clinical Practice. (3.ª ed.). Springfield, MD, 2000.

ALDRIDGE, D. Music Therapy Research and Practice in Medicine. From Out of the Silence. Jessica Kingsley Publishers. Londres, 1996.

ALDRIDGE, D. (ed.) Music Therapy in Dementia care. Jessica Kingsley Publishers. Londres, 2000.

ALDRIDGE, D. (ed.) Music Therapy in Palliative Care: New Voices. Jessica Kingsley Publishers, 1999.

BETES, M. (Comp.) Fundamentos de Musicoterapia. Morata. Madrid, 2000.

BITCON, C. H. Alike and Different: The Clinical and Educational Use or Orff-Schulwerk. Barcelona Publishers. Gitsum, 2000.

BITCON, C. H. Risk It... Expression in Creative Practice. MMB Music. St. Louis, MO, 1993.

BONDE, L. O. Music Therapy in Aalborg University. Special issue of NJMT. Music Therapy in Aalborg University 8(1), 1999.

BONDE, L. O. Music Therapy Training – A European Bachelor's/Master's Model. A Comprehensive Guide to Music Therapy. T. Wigram, I. N. Pedersen and L. O. Bonde., Jessica Kingsley Publishers. Londres, 2002, 267-282.

BOXILL, E. Music Therapy for the Developmentally Disabled. Pro-Ed. / MMB Music. Texas, 1985.

BRIGHT, R. Grieving, a Handbook for those who care. MMB Music. St. Louis, MO, 1993.

BRIGHT, R. Supportive Eclectic Music Therapy for Grief and Loss. A Practical Handbook for Professionals. MMB Music, Inc. St. Louis, 2002.

BRUSCIA, K. E. Improvisational Models of Music Therapy. Ch. C. Thomas. Springfield, Ill., 1987.

BRUSCIA, K. E. (ed.) Case Studies in Music Therapy. Barcelona Publisher. Phoenixville, PA, 1991.

BRUSCIA, K. E. Modelos de Improvisación en Musicoterapia. Colección Música, Arte y proceso. Agruparte. Vitoria-Gasteiz, 1999.

BRUSCIA, K. E.; GROCKE, D. E. Guided Imagery and Music: The Bonny Method and Beyong. Bruscia-Grocke (ed.). Barcelona Publishers, Lower Village. Gilsum, NH, 2002.

BUNT, L.; HOSKYNS, S. The Handbook of Music Therapy. East Surrex, Brunner-Routledge, 2002.

CASSITY, M. D.; CASSITY, J. E. Multimodal Psychiatric Music Therapy. CyC Publications. Westherford, OK, 1991.

CLARK, C.; CHADWICK, D. Clinically adapted instruments for the multiply handicapped: A sourcebook. Modulations Co. Westford, MA, 1979.

DAVIS, W. B.; GEFELLER, K. E.; THAUT, M. H. An Introduction to Music Therapy. Theory and Practice. MMB Music. Texas, 1992.

DAVIS, W. B., GFELLER, K. R. y THAUT, M. H. Introducción a la musicoterapia: teoría y práctica. Melissa Mercadal (trad.). Edit. Boileau. Barcelona, 2000.

DEUTSCH, D. (ed.) The Psychology of Music. MMB Music / Academic Press. Texas, 1982.

DILEO, Ch. (ed.) Music Therapy and Medicine: Theoretical Applications. American Music Therapy Association. Silver Spring, MD, 1999.

DILEO, CH. Ethical Thinking in Music Therapy». Jeffrey Books. Cherry Hill, NJ, 2000.

DISSANAYAKE, E. University of Washington Press. Seattle, 2000.

EAGLE, Ch. T.; SEARS, W. W. Music Therapic Index. Vol. I. NAMT, 1976.

EAGLE, Ch. T. Music Psychologic Index. Vol. II. Institute for Therapeutic Research, Denton, TX, 1976.

ESCHEN, J. (ed) Analytical Music Therapy. Jessica Kingsley Publishers. Londres, 2000.

ESPENAK, L. Dance Therapy, Theory and Application. Ch. C. Thomas. Springfield, Ill., 1981.

FRIDMAN, R. El nacimiento de la inteligencia musical. Guadalupe. Buenos Aires, 1988.

FROHNE– HAGEMANN, I. Fenster zur Musiktherapie. Reichert Verlag. Wiesbaden, 2002.

GASTON, T. E. (ed.) Tratado de musicoterapia. Paidós. Barcelona, 1982.

GRAHAM, R. M.; BEERS, A. S. Teaching music to exceptional children: A Handbook for mainstreaming. Prentice Hall. Englewood Cliffs, NJ, 1980.

HADLEY, S. Psychodinamic Music Therapy – Case Studies. Barcelona Publishers, Gilsum, NH, 2003.

HAMSER, S. The New Music Therapist´s Handbook. Berklee Press. Boston, MA, 1999.

HODGES, D. A. Handbook of Music Psychology. IMR Pres. San Antonio, TX, 1999.

HORNYAK, L. M.; BAKER, E. K. (ed.) Experiential Therapies for Eating Disorders. The Guilford Press. Nueva York, 1989.

HOSHIZAKI, M. K. Teaching mentally retarded children throught music. Ch. C. Thomas. Springfield, Ill., 1983.

IBARROLA LÓPEZ DE DAVALILLO, B. Música para antes de nacer: el sonido y la música, elementos terapéuticos en la etapa prenatal. Begoña Ibarrola López de Davalillo, 1998.

KENNY, C. B. The mhythic arthery. The Magic of Music Therapy. MMB Music, 1982.

KENNY, C.; STIGE, B. Contemporary Voices in Music Therapy – Communication, Culture and Community. Unipub Forlag, Oslo, 2002.

KLEIN, P. S. Seeds of Hope. Unipub forlag. Oslo, 2001.

KOOLE, R. Caminos de la musicoterapia: la musicoterapia y su relación con las teorías terapéuticas actuales. Even Ruud, 1993.

LANGENBERG, M.; AIGEN, K. Y FRÖMMER, J. (eds.) Qualitative Music Therapy Research: Beginning Dialogues. Barcelona Publishers. Gilsum, NH, 1996.

LATHOM, W. B.; EAGLE, Ch. T. (ed.) Messeraull Printing / MMB Music. Lawrence, KS, 1984.

Vol. I: Music Therapy for hearing impaired children visually impaired children, deaf-blind children.

Vol. II: Music Therapy for emotionally disturbed children.

Vol. III: Music Therapy for multihandicapped children, orthopedically handicapped children, other health impaired children.

LATHOM, W. B. The role of Music Therapy in the Education of Handicapped children and youth. NAMT. Washington, DC, 1980.

LATHOM-RADOCY, W. Pediatric Music Therapy. Springfield, Ill. Charles C. Thomas, 2002.

LECOURT, E. Analyse de groupe et musicothérapie. ESF Editeur. Paris, 1993.

LECOURT, E. L'expérience misicale. Résonances psychoanalytiques. L´Harmatt. París, 1994.

LEE, M. H. M. (ed.) Rehabilitation, Music and Human Well-Being. MMB Music, 1989.

LOEWY, J. V. (ed.) Music Therapy and Pediatric Pain. Jeffrey Books. Cherry Hill, NJ, 1997.

LOEWY, J. V. (ed.) Caring for the Caregiver: The Use of Music and Music

Therapy in Grief and Trauma. The American Music Therapy Association. Silver Spring, MD, 2001.

MADSEN, CL. K. A behavioral guide for the mentally retrarded. NAMT. Washington, 1981.

MADSEN, CL. K.; PRICKETT, C. A. Applications of research in music behavior. The University of Alabama Press. Tuscaloosa / Londres, 1987.

MARANTO, Ch. (ed.), Music Therapy International Perspectives. Jeffrey Books. Pipersville, PA, 1993.

MARTIN, J. (ed.) Music Therapy with the terminally III. MMB Music, 1988.

McGUIRE, M. (ed.) Psychiatric Music Therapy in the Community: The Legacy of Florence Tyson. Barcelona Publishers. Gilsum, NH, 2004

MICHEL, D. E. Music Therapy; an introduction to Music Therapy and Special Education through music. Ch. C. Thomas. Springfield, Ill., 1976, 1985.

MORENO, J. J. Activa tu música interior. Musicoterapia y Psicodrama. Serafina, P. (trad.) Herder. Barcelona, 2004.

MUNRO, S. Music Therapy in Palliative/Hospice Care. MMB Music, 1984.

NATANSON, T. Wstep do naukl o muzkyoterapii. ZNIO. Wroclaw, 1979.

NORDOFF, P.; ROBBINS, C. Music Therapy in Special Education. MMB Music, 1983.

NORDOFF, P.; ROBBINS, C. Therapy in Music for handicapped children. MMB Music, 1971.

ORFF, G. Orff Music Therapy. MMB Music, 1980.

PAVLICEVIC, M.; ANSDELL, G. (eds.) Jessica Kingsley Publishers, Londres, 2004.

PAVLICEVIC, M. (ed.) Music Therapy in Children´s Hospices. Jessie´s Fund in Action. Jessica Kingsley Publishers. Londres, 2005

PELLIZZARI, P. Musicoterapia psicoanalítica: el malestar en la voz. Patricia Pellizzari 1993.

POCH, S. Influencia de la música en el niño (musicoterapia). Tesina de licenciatura. Facultad de Filosofía y Letras, Universidad de Barcelona, 1964.

POCH, S. «Conceptos musicoterapéuticos de autores españoles del pasado, válidos en la actualidad». En Anuario del Instituto Español de Musicología. CSIC. Barcelona, 1971, pp. 147-171.

POCH, S. Musicoterapia para niños autistas. Historia de la musicoterapia española. Tesis de doctorado. Facultad de Filosofía y Letras, Universidad Complutense. Madrid, 1971. (Publicada en extracto por la autora, 1972.)

POCH, S. «Ben. Un caso de esquizofrenia infantil». En Actas Luso-Españolas de Neurología, Psiquiatría y Ciencias Afines. Madrid, julio de 1973, pp. 603-617.

POCH, S. «Musicoterapia para minusválidos físicos». En Actas Luso-

Españolas de Neurología, Psiquiatría y Ciencias Afines. Madrid, enero de 1974, pp. 76-72.

POCH, S. «Musicoterapia en una clínica psiquiátrica» (H. C. de Barcelona). En Revista del Departamento de Psiquiatría de la Universidad de Barcelona. Vol. IV, enero de 1977, pp. 43-70.

POCH, S. «Posibles relaciones entre el tipo de pensamiento del hombre primitivo y el esquizofrénico». En Revista de Psiquiatría y Psicología Médica de Europa y América Latina. Vol. XII, n.º 11, abril de 1977, pp. 97-106.

POCH, S. «Case Study: Art Expression as a guide to Music Therapy». En American Journal of Art Therapy. Vol. 17, n.º 2, enero de 1978, pp. 51-56.

POCH, S. «Importancia de la música en autismo infantil». En Autismo infantil: Cuestiones actuales. I Simposium Internacional sobre autismo. SEREM (M.S.). Madrid, 1978, pp. 215-230.

POCH, S. «La música com a vehicle de salut». En La parella avui i altres escrits. Branca de Psicologia de l'Ateneu / La Llar del Llibre. Barcelona, 1988, pp. 63-103.

POCH, S. «Music Therapy in Spain». En Maranto, Ch. (ed.), Music Therapy: International Perspectives. Jeffrey Books. Pipersville, 1993, pp. 533-547.

POCH, S. «La professió de musicoterapeuta». En Actes del I Congrés de Música a Catalunya. Barcelona, 1994, pp. 262-270, 541 y 1.133.

POCH, S. «Importancia de la Musicoterapia en el área emocional del ser humano». En Revista Interuniversitaria de Formación del profesorado. núm. 42, diciembre. Universidad de Zaragoza, 2001, 91-113.

POCH, S. «Introducción a la Musicoterapia». En Musicoterapia 2002: Programa de formación para mediadores en musicoterapia y discapacidad. ASPACE, FEISD y Confederación Autismo España, 2002.

PRIESTLEY, M. Essays on Analytical Music Therapy. Barcelona Publishers. Phoenixville, PA, 1994.

RADOCY, R.; BOYLE, J. Psychological Foundations of músical behavior. Ch. C. Thomas. Springfield, Ill., 1979.

RIDDER, H. M. O. Musik und Demens. Musikaktiviteter og musikterapi med demens Ramte. Formidlingscenter Nord. Aalborg, 2002.

ROBARTS, J. (ed.) Music Therapy Research. vol. I. East Barnet: Bristish Society for Music T, BJMT Publications. 2000.

RYKOV, M.; HEWITT Last songs-AIDS and the Music Therapy. MMB Music, 1991.

RUUD, E. Music Therapy and its relationship to current treatment theories. Barcelona Publishers. Gilsum, 1980.

RUUD, E. Los caminos de la musicoterapia. La musicoterapia y su relación con las teorías terapéuticas actuales. Bonum. Buenos Aires.

SCARTELLI, J. Music and self-management methods. A Physiological Model. MMB Music, 1989.

SCHWABE, C. Regulative musiktherapie. Gustav Fischer Verlag. Jena, 1979.

SHAW, J. The Joy of Music in Maturity. MMB Music, 1993.

SMEIJSTERS, H. Musiktherapie als Psychotherapie. Gustav Fischer Verlag. Stuttgart, 1994.

SNYDER, B. Music and Memory. MIT Press. Cambridge, MA, 2000.

SPINTGE, R.; DROH, R. Music Medicine. MMB Music. St. Louis, MO, 1992.

STANDLEY, J.; PRICKETT, C. A. Resarch in Music Therapy: A Tradition of Excellense. Outsiding Rereints from the Journal of Music Therapy, 1964-1993. NAMT. Washington, 1994.

STIGE, B. Culture-Centered Music Therapy. Barcelona Publishers. Gilsum, NH, 2002.

SUMMER, L.-J. Summer Music: The New Age Elixir. Prometheus Books. 1996.

TYSON, F. Psychiatric Music Therapy. Creative Arts Rehabilitation Center. Nueva York, 1981.

UNKEFER, R. F. Music Therapy in the treatment of adults with mental disorders. Schrimer Books. Nueva York, 1990.

WHEELER, B. Music Therapy Research: Quantitative and Qualitative Perspectives. Editado por Barbara Wheeler. Phoenixville. Barcelona Publishers, 1995.

WILLS, H. Musiktherapie bei psychotischen Erkrankungen. Gustav Fischer Verlag. Stuttgart, 1975.

WIGRAM, T.; SAPERTON, B.; WEST, R. (ed.): «The Art and Science of Music Therapy: A Handbook».– Suiza, Harwood Academic Publishers, 1995.

WIGRAM, T.; DE BACKER, J. (ed.) Clinical applications of Music Therapy in Developmental Disability, Paediatrics and Neurology. JessicaKingsley Publisher. Londres, 1999.

WIGRAM, T.; DE BACKER (ed.) Clinical applications in Music Therapy in Psychiatry. Jessica Kingsley Publishers. Londres, 1999.

WIGRAM, T.; I. N. Pedersen, et al. A Comprehensive Guide to Music Therapy. Jessica Kingsley Publishers. Londres, 2002.

WILSON, B. L. (ed.) Models of Music Therapy Interventions in School Settings: From Institution to Inclusion. American Music Therapy Association. Silver Spring, MD, 1996.

ÍNDICE TEMÁTICO

acceso a lo real, 19
aceptación de la realidad, 579
– del paciente, 115
actitud del musicoterapeuta, 115
– de facultades, 363
– sensorial, 364
actividad artística, 21
– muscular, 61
– con niños y adolescentes, 171
activos, métodos, 130
adagio, 532
adaptación al medio, 556
adolescentes, 102, 105, 171, 176, 178, 246, 323, 650
– drogadictos, 370
adquisición de conocimientos, 207, 625-627
adultos, 102, 105, 176, 178, 323
afectividad, 15, 206, 269, 542
– atmósfera afectiva, 345
– y retraso mental, 210
África, 637
agresividad, 559
alcohol, 377
Alemania, 461, 647
alfa, ondas, 62
– ritmo, 64
alimento de dioses, 386
allegro, 532
Altshuler, 85
altura tonal, 524
Alzheimer, 354
amanecer, 182
amaneramiento, 20
ámbito de la musicoterapia, 45
América, 636
análisis de la improvisación, 157
– de la información, 100
ancianos, 357
Andalucía, 631
andante, 532

anfetaminas, 377
anomalías cromosómicas, 209
ansiedad, 335, 353
Antiguo Testamento, 640
aplicación de la musicoterapia, 578
apoyo al ego, 580
– emocional, 363
– psicoterapéutico, 332
aprendizaje, 224
– del genio, 18
Aragón, 631
Argentina, 463
armonía, 402, 529
arpa, 527
arte, 15-35
– como conocimiento, 26
– psicología, 16-25
artes creativas-terapia, 39
arte-sueño, 30
Asia, 637
asignaturas y música, 629
asociaciones de musicoterapeutas, 476-487, 509-511
asombro, 272
aspectos negativos de la música religiosa, 654
assessment , 101
Asturias, 631
ataxia, 231
atención sostenida, 229
atetosis, 231
atributos de la melodía, 423
atrofia muscular progresiva, 246
audición musical, 131-140, 132, 617
aula de educación especial, 98, 120
Australia, 464
Austria, 465
autismo infantil, 251
autoestima, 580
autores españoles, 414
Avicena, 415

bandurria, 527
baile, 608
– clásico español, 179
– de las flores, 183
– folclórico, 180
– social, 180
ballet, 179, 645
Bard, 71
Bélgica, 467
bellas artes, 19-20
belleza, 17, 19
Ben, caso clínico, 304-320
beta, ritmo, 64
bienvenida, 217
biología, 58
Brasil, 467
brazos y manos en la danza, 177
Bruscia, 157

C, caso clínico, 283-290
calor emocional, 604
Canadá, 469
Canarias, 632
canción de cuna 613
– individual, 385
canciones infantiles, 168, 222
– para adolescentes, 171
– tipos, 171
Cannon, 71
canto, 15, 131, 156, 167
– coral, 659
– gregoriano, 655
– y contracanto, 384
cantos divinos, 383
– mágicos medicinales, 452
capacidad de la música, 57
– intelectual, 215
– liberadora, 31
características de la música religiosa, 653
carrera de musicoterapia, 53
casamiento, ritos, 389
caso clínico Gretta, 135-140
– Robert, 153-154
– Ben, 304-320
– C, 283-290
– C.C., 346-347
– Dani, 230-231
– Edu, 236-239
– J.A., 344-345

caso clínico J.J., 348-351
– Kenneth, 233-234
– Lucy, 213-214
– Nina, 290-304
– Pedro, 211-212
– Santi, 278-282
castañuelas, 527
Castilla, 632
Cataluña, 632
catarsis, 31
catatónica, esquizofrenia, 342
categoría temporal, 81
causas de retraso mental, 209
celtas, 410
centro, 95
centro de educación especial, 98, 205
– de interés, 218
– de rehabilitación social, 98
– geriátrico, 100, 357
– penitenciario, 551-587
cerebro, funcionamiento, 65
– respuesta, 65
– ritmo, 65
– teoría holográfica, 68
cerebrovasculares, lesiones, 103
Cerone, Domingo Pedro, 423
China, 472
Chipre, 473
chispeante, 536
Cid, F. J., 88, 431
ciencias naturales, 639
circuncisión, 388
clarinete, 527
claustro materno, 198, 611
cliente, 100
cocaína, 377
Código Ético, 51
Colombia, 470
colonización de Hispanoamérica, 416
coma, estados de, 103
compensación, , 89
composiciones musicales, 259
compulsión, 155
comunicación, 31, 357, 537
condiciones de efectividad, 598
conductas agresivas, 559
– antisociales, 568, 581
congresos mundiales,508
conocimiento, 26

consonancia de sonidos, 404
contenido de las sesiones, 326
contrabajo, 527
contracanto, 384
contraindicaciones de la danzaterapia, 174
conversión, 338
copia servil, 20
coplas, 454
Corea, 470
corno, 527
córtex, 67
cosmología del hombre primitivo, 383
creación artística, 22
creatividad, 23, 132, 147, 180, 267, 605
creativos, métodos, 130
Croacia, 471
Crocker, 151
cualidad de la música, 269
– del canto, 167, 535
– psicológica de los instrumentos, 527
– tímbrica, 526
cuentos , 649
cultura antigua, 390-392
curación, 44, véase también Ripoll, claustro
– ritos, 389, 393
cursos de formación, 511

Dani, caso clínico, 230-231
danza, 15, 41, 131, 174, 207, 407
– clásica, 179
– como diagnóstico, 174
– de la lluvia, 411
– del abanico, 184
– infantil, 190
– solar, 411
danzaterapia, 173-191
– dirigida, 178
– libre expresión, 175
definición de musicoterapia, 39
delicadeza de sentimientos, 117
delincuencia, 552
delta, ritmo, 64
demencia, 353
– alcohólica, 354
– senil, 354
departamento de musicoterapia, 95
departicularización, 69

depresión, 328, 353, 557
deprivación sensorial, 15-16
desarrollo, 159
deseos inconscientes, 30
desorganizada, esquizofrenia, 342
despedida, 218-219
despertar el interés, 227
diagnóstico, 132, 205, 323, 324
– psicopedagógico, 205
diálogo musical de Orff-Schulwerk, 150
diario clínico de sesiones, 123
dibujo-música, 223, 265
dignidad, 536
Dinamarca, 473, 648
discografía pedagógica, 630
disonancia, 404
distrofia muscular, 246
división de la musicoterapia, 44
Do, 442
drogadicción, 370, 565
dualismo, 391
duración de las sesiones, 121

edad cronológica, 216, 526
Edu, caso clínico, 236-239
educación especial, 98, 114, 119, 180, 197, 204
– integral del niño, 621
efectos de la música, 537
– artísticos, 25
– biológicos, 58
– espirituales, 77
– fisiológicos, 58
– intelectuales, 73
– psicológicos, 70
– sociales, 76
Egipto, 394
ejecución musical libre, 108
elección del tema musical, 586
electromiograma, 62
emociones, 79, 346, 356, 526, 540
– compartidas, 22
energía física, 604
enfermedad, 389, 391
– de Alzheimer, 354
ensueño, 29
entorno familiar, 210
entrevista con niños, 106
envejecimiento, 351

epilepsia, 228
– musicogénica, 229
escalas, 402
Escocia, 473
escuela, 621, 625
esencia sonora, 384
España, 43, 392, 406, 474, 630, 646
espasticidad, 231
espina bífida, 243
– dorsal, 102
esquizofrenia, 62, 341, 353, 441
– infantil, 251, 254
estadio mágico, 383
estadios del tratamiento, 275
estado de ánimo, 145, 146, 327, 331, 531
– – depresivo, 557
Estados Unidos, 42, 487, 648
estimulación, 70
– de imágenes y fantasías, 140
– de la creatividad, 132
– física, 615
– precoz, 198, 202
– sensorial, 615
estómago, 60
Estrabón, 412
estrellas, 183
estructura, 122
– de la sesión, 585
etapas de la sesión, 217
– del tratamiento, 121, 323
ethos, 84, 397-398
Europa, 634
evaluación, 155
– continua, 123
– de la improvisación musical, 155
– criterios, 261
evangelización, 418
evasión, 581
evocación de sentimientos, 365
exaltado, 536
excitante, 536
experiencia clínica con ancianos, 360
exploración, 33
– del niño, 106, 111
expresión, 270
– corporal, 176
– de emociones, 79, 81
– de la obra de arte, 22, 34

expresión de motivaciones, 376
– de sentimientos, 177, 365
– de sentimientos
– escrita, 133
– plástica, 134
– verbal, 133, 578
– vocal, 111

Fa, 442
factores ambientales, 210
– perinatales, 209
– personales de la drogadicción, 372
– socioculturales, 210
familia, 210, 607
fantasía, 140
Federación Mundial de Musicoterapia, 508
Feijóo, Benito Jerónimo, 424
feliz, 536
finalización del tratamiento, 125
Finlandia, 493
firmeza de carácter, 117
física, 640
fisiología, 58
flauta, 527
folclore, 180
forma con significado, 22
formación de grupos , 119, 216
Francia, 42, 493, 648
frecuencia de sesiones, 217
Friedelman 158
función del arte, 29
– del musicoterapeuta, 52, 156, 575

Galicia, 632
géneros de música religiosa, 655
genio, 18, 19
geografía, 630, 637
geriatría, 100, 351, 357
gerontopsiquiatría, 100, 351, 359
gestación, 608
Gordon y de Acosta, A.M., 440
gracioso, 536
grafirritmo, 267
Graham, 159
Grecia, 396, 494, 648
Gretta, caso clínico, 135-140
grupo, 216
guided imagery and music, 143

guitarra, 527
gusto estético, 650

hachís, 377
hemisferios cerebrales, 67
héroe civilizador, 385
historia, asignatura, , 642
– de la musicoterapia, 383-507
hoja de evaluación, 124
hombre actual, 593
– primitivo, 441
homeostasis, 85
horario de las sesiones, 121
hospital general, 97
– psiquiátrico de adultos, 96
Hungría, 495

iberos, 410
identidad del musicoterapeuta, 52
identificación personal, 217
– temporal, 218
imaginación, 140
imitación, 110, 158
improvisación, 148, 155-157, 159, 172
– musical de Schmoltz, 149
– musical en grupo, 221
India, 392
indicaciones de la danzaterapia, 174
– de la musicoterapia, 42
indígenas, 417
indoeuropea, cultura, 390
inestabilidad rítmica, 155
infancia, 209
influencia del arte sobre los sentimientos, 21
información en arte, 26-27
informe final del tratamiento, 126
Inglaterra, 648
iniciación al ritmo, 184
iniciativa, 149
instrumentos musicales, 398, 527
inteligencia emocional, 624
intensidad de la pulsación, 265
– de sonido, 525
interpelación, 33
intervalos, 524
intimidad, 598, 651
investigación, 131, 162-163, 191
– de preferencias musicales, 258

Irlanda, Norte Y Sur, 495 Islandia, 496
Isidoro de Sevilla, 415
iso, 87
isomorfismo, 145
Israel, 395, 496
Italia, 497, 648

J.A., caso clínico, 344-345
J.J., caso clínico, 348-351
Japón, 497
Jost, 142
jota, 411
jóvenes, 654
juegos de intercambio y contraste, 158
Juvenal, 413

Kant, 17-20
Kenneth, caso clínico, 233-234

La, 444
Laguna, Andrés de, 415
Langer, 22-23
largo, 532
Le Doux, 623
lenguaje, 32, 537
lento, 532
lesión cerebral, 235
– – mínima, síndrome, 239
– en la espina dorsal, 102
– cerebrovascular, 103
Letamendi, José de, 439
leyendas, 649
liberación, 88, 581
libertad rítmica, 155
ligures, 411
literatura, 646
lluvia, 182
lóbulo frontal, 67
– parietal, 67
– temporal, 67
LSD, 377
Lucy, 213-214
luminoso, 536
luz, 384

Madrid, 632
magia, 386
– medicinal, 452
mago cantor, 386

majestuoso, 536
Mallorca, 633
mandolina, 527
manifestaciones fónicas del niño, 201
mar, 182
marcha, 534, 644
Marcial, 412, 414
Marín Corralé, V., 440
maternidad, 198, 608
medición de la depresión, 329
– de la pulsación, 265
– de la respuesta afectiva a la música, 542
– del dolor, 103
medio hospitalario, 96
Mediterráneo, 634
melodía, 522
melodía diatónica, 657
– e intensidad de sonido, 525
– y altura tonal, 524
– y timbre, 525
memoria, 357
mensaje, transmisión, 31
meteorología, 637
metodología, 129, 577
método Nordoff-Robbins, 152
– Orff-Schulwerk, 150
– receptivo de Jost, 142
métodos activos o creativos, 147
– de investigación, 191
– en musicoterapia, 129
– isomórficos, 145
– modificadores, 145
– que utilizan el canto, 172
– que utilizan la danza, 173
Mexía, Pedro de, 415
México, 498
Mi, 444
mínima disfunción cerebral, síndrome, 239
minusvalía física, 101, 243
mitología, 642
modelo Bruscia, 157
– J.J. Moreno, 164
– Mary Priestley, 162
moderato, 532
modificación del estado de ánimo, 145, 146, 331, 531
modo, 403, 657

modo estético, 20
– griego, 398
– lógico, 20
Moreno, J.J., 164
motricidad, 60, 227, 348, 356, 364
movilización del paciente, 333
movimientos peristálticos, 60
muerte, ritos, 388
multimodal, método, en psiquiatría, 166
Murcia, 633
músculos, 60, 61
música descriptiva, 629
– emotiva, 618-619
– estimulante, 70
– funcional, 206
– grabada, 131
– ortodoxa eslava, 658
– para despertarse, 619
– para dormir, 619
– para el embarazo, 198
– para el recién nacido, 199
– religiosa, 652, 654, 659
– sedante, 70
– viva, 132
musicoterapeuta, 49
-, actitud, 115
musicoterapia analítica, 162
– curativa, 44-45
– en drogadicción, 373, 379
– en el trastorno bipolar, 334
– en el trastorno de ansiedad, 336
– en el trastorno de conversión, 339
– en geriatría, 355, 357, 359
– en la depresión, 330-333
– en la esquizofrenia, 343
– infantil, 197
– preventiva, 41-45, 358, 404

nacimiento, ritos, 388
NAMT, 125, 193
Narváez, L., 454
naturaleza, 17, 638
Navarra, 633
neocórtex, 67
neurosis de ansiedad, 335
– histérica, 338
nieve, 182
Nina, 290-304

niño, 102, 106, 168, 178, 197, 198, 611, 615
noche, 183
Nordoff, 152
Noruega, 498, 648
notas musicales, 224, 499
Nuevo Testamento, 641

objetivos, 40, 112, 132, 148, 190213, 324, 324, 343, 363, 365, 366
observación, 275, 259
ondas alfa, 63
– cerebrales, 63
opiáceos, 377
optimismo, 116
ordenación, 86
Orff, 150
orgánicas, causas de retraso mental, 209
organismo, 84
organización, 95, 117, 362, 578
órgano, 527
– música para, 659
orientación personal, espacial y temporal, 347
oyente, 542

paciente, 100
País Vasco, 633
Países Bajos, 500
pandereta, 527
parálisis cerebral, 231
paranoide, esquizofrenia, 342
parto, 198, 611
– trauma, 241
pasivos, métodos, 130
peces, 183
Pedro, 211-212
pensamiento, 82
– simbólico, 441
percepción tímbrica, 526
perfil personal y profesional, 49
peristaltismo, 60
personalidad del paciente, 113, 324
– estable, 213
pesadumbre, 536
piano, 156, 527
piel, 59
pintura, 646
– rupestre, 406

Piñera y Siles, Bartolomé, 434
placer, 89
planificación del tratamiento, 112, 323
Poch, S., 89
poder del arte, 33, 29
Polonia, 501
Portugal, 502
precoz, estimulación, 198
preescritura, 227
preferencias musicales, 104, 111, 258, 261-264, 269, 356, 373, 617
preparación al parto, 611
presión sanguínea, 58
preso, 552
presto, 532
prevención, 44
Priestley, Mary, 162
primavera, 183
primera infancia, 617
principio de compensación, 89
– de iso, 87
– liberación, 88
– del placer, 89
– homeostático, 85
– masculino-femenino, 85
principios básicos, 83
problemas afectivos, 210
– del envejecimiento, 352
– psiquiátricos como eximente, 568
procedimiento de la improvisación musical, 148
proceso musicoterapéutico, 100
programas, 244
– de música funcional, 206
– docentes en musicoterapia, 54-57, 483-484, 511-516
– musicales infantiles, 618
prosperidad, ritos, 411
proyección, 30, 151, 330
psicodrama, 164
psicología de la música
– del arte, 16
psicosis esquizofrénica, 353
– infantil, 253
psicoterapia, 129
psiquiatría, 113, 166
– de adultos y adolescentes, 323
– infantil, 114
pueblos primitivos, 388

Puerto Rico, 503
pulsación, 265
pulso, 58

Quintiliano, 414

ranking de emisoras y programas de radio, 595
Re, 443
receptivos, métodos, 130
recién nacido, 611-612
recluso, 552
recogida de información, 100
recolección, ritos, 389
reconocimiento de sonidos, 111
recreación, 358, 364, 605
reeducación de sentimientos, 583
reestructuración de la vida emocional, 582
– – espiritual, 585
– – social y laboral, 584
rehabilitación social, 98
Reino Unido, 504
relajación, 61, 222
relámpago, 182
remotivación, 348
– del paciente, 333
representación de la belleza, 19
residual, , esquizofrenia, 343
resistencia al dolor, 61
respiración, 59
respuesta, 33
– afectiva a la música, 542
– cerebral, 62
– galvánica de la piel, 59
– muscular, 60
– rítmica, 155
retraso mental, 202, 210, 216
– – técnicas a emplear, 220
revistas profesionales de musicoterapia, 516-517
rigidez, 231
Ripoll, claustro, 445
ritmo, 149, 155, 185, 267, 399, 533, 656
– cardiaco, 58
– cerebral, 65
ritmos físicos, 201
ritos, 388
Robbins, 152

Robert, 153
robo, 559
rock, 62
Rodríguez Méndez, Rafael, 437
Rodríguez, Antonio José, 428
Roma, 404
Ross, 23
ruido, 599, 601
Rusia, 648

Sabuco, Olivia, 420
sacrificio sonoro, 384
salud de los presos, 554
Santi, 278-282
sardana, 411
Schmoltz, 149
Schneider, M., 383
Schulwerk, 150
sedación, 70
seducción, 270
seguimiento, 123
semítica, cultura, 390
Séneca, 414
sensiblidad, 268
– a la música, 198
sentimental, 536
sentimiento, 21, 23, 35, 82, 540, 583
– de lo sublime, 20
serenidad, 536
sesión de musicoterapia, 115, 216, 217, 326
– contenido, 218
Si, 444
sida, 565-566
significado, 540
silencio, 599
símbolo, 163
síndromes demenciales, 353
síntesis del yo, 33
sintomatología, 323
sistema límbico, 66
situación actual, 370
sociabilidad, 189, 271, 357, 364
socialización, 207, 333
sociedad, 210, 593
Sokolov, 172
Sol, 443
solemnidad, 536
sonido, 41, 111, 383, 599, 600

sonido fundamental, 385
soñador, 536
soporte del ego, 114
– emocional, 579
suavidad, 536
subconsciente, 163
subjetivismo, 17
Sudáfrica, 505
suicidio, 564
Suiza, 506

tambor, 527
tartesios, 411
técnica proyectiva de Crocker, 151
– de tratamiento, 275
– en musicoterapia, 129, 220, 324
temblor, 231
tempo, 532
teoría de la musicoterapia, 39
teoría del genio, 18
– holográfica del cerebro, 68
teorías psicoterapéuticas, 129
terapia, 15-35, 57, 167, 324
terapia del asombro, 272
– productiva de Friedelman, 158
tercera edad, 357
testimonios literarios, 412
theta, ritmo, 64
timbre, 525
tipos de oyente, 542
Tolstoi, 21-22
tonalidad, 530
tone educator, 226
tonos, 401
trabajo en centros, 95
– individual o en grupo, 117
– intelectual, 605
trastorno afectivo, 353
– antisocial de la personalidad, 561
– bipolar, 334
– de conducta disocial, 559
– de conversión, 338
– del control de los impulsos, 562
– depresivo mayor, 328
– explosivo intermitente, 563
– generalizado del desarrollo, 251
trastornos asociados a conductas agresivas, 581
– de adaptación al medio, 556

trastornos de ansiedad, 335, 353
– del estado de ánimo, 327
– fisiológicos, 197
– metabólicos, 209
– musculoesqueléticos, 358
– neurológicos, 228, 353
– psiquiátricos, 555
– – en la vejez, 353
tratamiento, 121, 140, 275, 323
– de la depresión, 329
– en grupo, 118
– individual, 117
trauma del parto, 241
traumatismos, 103
trazado de objetivos, 112
tristeza, 536
trompeta, 527
tuberculosis, 566

unicidad del organismo, 84
uniformidad rítmica, 111
universalidad subjetiva del gusto, 17
Uruguay, 507
usos funcionales de la música en la escuela, 625
utilización científica de la música, 40

Valencia, 633
valores, 15
vals, 179, 534
verano, 183
viajes musicales, 144, 222
vida emocional, 582, 622
– ética y espiritual, 585
– social y laboral, 584
Vidal y Careta, Francisco, 437
vigoroso, 536
Vilanova, Arnau de, 415
viola
violencia, 559, 567
violín, 527
violoncelo, 527
vivace, 532
vivo, 532
voz creadora, 384

Wood, 159

zoología, 639